2-28-02
Un Jueves 12M
$ 7:99 + tax

ANTIGUEDADES
DE LOS JUDIOS

tomo II

Flavio Josefo

ANTIGUEDADES DE LOS JUDIOS

tomo II

Libros CLIE
Galvani, 113
08224 TERRASSA (Barcelona)

ANTIGUEDADES DE LOS JUDIOS
(Tomo II)

Depósito Legal: B. 45.834 - 1988
ISBN 84-7645-130-X

Impreso en los Talleres Gráficos de la M.C.E. Horeb,
E.R. nº 265 S.G. - Polígono Industrial Can Trias,
calles 5 y 8 - VILADECAVALLS (Barcelona)

Printed in Spain

INDICE

LIBRO VII

Comprende un lapso de cuarenta años

Libro VIII

Comprende un lapso de ciento sesenta y tres años

Libro IX

Abarca un lapso de ciento cincuenta años y siete meses

Libro XI

Contiene un lapso de doscientos cincuenta y tres años

Libro XII

Abarca un espacio de ciento setenta años

Libro XIII

Contiene un período de ochenta y dos años

Comprende un lapso de cuarenta años

CAPITULO I

David es rey de una sola tribu, en Hebrón, mientras el
resto de la multitud reconoce como rey al hijo de Saúl

1. Aquel combate se libró precisamente el día en que David
volvió a Ziclag, después de vencer a los amalecitas. Dos días más
tarde, o sea el tercero después de la batalla, fué a verlo el hombre que había dado muerte a Saúl. Huyendo del combate entre
israelitas y filisteos, llegaba con los vestidos rasgados y la cabeza
cubierta de cenizas. Se prosternó delante de David y éste le preguntó de dónde venía.

—De la batalla de los israelitas —respondió el hombre. Le informó que la lucha había tenido un fin infortunado, muriendo
decenas de miles de israelitas, entre ellos Saúl y sus hijos. Añadió
que él lo sabía porque había presenciado la victoria obtenida contra los hebreos, y estaba con el rey cuando huyó. No negó tampoco que él mismo había dado muerte al rey, cuando estaba a
punto de ser tomado prisionero por el enemigo, habiéndole pedido
el mismo rey que lo hiciera, porque aunque se hallaba caído sobre su espada las grandes heridas que recibió lo habían debili-
tado tanto que no tenía fuerza suficiente para terminar de matar-
se. Como prueba de lo que decía, el hombre le mostró el braza-
lete de oro y la corona que había sacado al cuerpo muerto de Saúl
para llevárselos a David.

Ya no pudo dudar David de que Saúl había muerto y rasgándose la ropa pasó todo el resto del día llorando y lamentando su
muerte junto con sus compañeros. El dolor aumentó aún más por
Jonatás, hijo de Saúl, que había sido su amigo más fiel y el que

le había salvado la vida. David reveló poseer tanta virtud y tanta generosidad con Saúl, que no sólo sintió su muerte, aunque había estado muchas veces en peligro de perder la suya a sus manos, sino que castigó además al que lo había matado. David le dijo que se había acusado a sí mismo declarando que había dado muerte al rey, y al enterarse de que era un hijo de amalecita ordenó que lo mataran. Escribió también lamentaciones y encomios fúnebres de Saúl y Jonatás, que se conservan hasta ahora.

2. Después de rendir honores al rey y concluído el duelo, David preguntó a Dios por medio del profeta qué ciudad de la tribu de Judá le señalaría como residencia. Dios le contestó que le acordaba la ciudad de Hebrón. Dejó entonces a Ziclag y se trasladó a Hebrón, llevando a sus dos esposas, y sus hombres. Allí lo recibió el pueblo de la tribu y lo proclamó rey.

Enterado de que los habitantes de Jabes de Galaad habían sepultado a Saúl y sus hijos les envió sus felicitaciones y elogió su acción y les prometió recompensarlos por la piedad que habían tenido con los muertos. Al mismo tiempo les informó que la tribu de Judá lo había elegido rey.

3. No bien Abner hijo de Ner, general del ejército de Saúl, hombre activo y de buen carácter, supo que el rey, Jonatás y sus otros dos hijos habían caído en la batalla, se dirigió apresuradamente al campamento y llevándose al hijo restante de Saúl, cuyo nombre era Isboset, pasó al otro lado del Jordán y lo proclamó rey de toda la multitud, con excepción de la tribu de Judá; e instaló la sede real en un sitio llamado en nuestra lengua Mahanaim y en griego Campamentos. De ahí se dirigió Abner con un cuerpo selecto de soldados para luchar con la tribu de Judá, indignado de que hubiese nombrado rey a David.

Les salió al encuentro, de acuerdo con la indicación de David, el general de su ejército Joab, hijo de Suri y de Saruia, hermana de David. Lo acompañaban sus hermanos Abisai y Asahel y los hombres de David. Se encontraron con Abner junto a una fuente de la ciudad de Gabeón, y se prepararon para la lucha. Abner manifestó su deseo de saber quién tenía los soldados más valientes, y convinieron en que pelearan entre ellos doce soldados de cada bando.

Los elegidos por cada general se adelantaron, quedando entre los dos ejércitos; después de arrojarse las lanzas cada cual sostuvo a su contrincante la cabeza y todos se traspasaron mutuamente, con la espada, un costado y la ingle, hasta que todos murieron juntos, como si se hubiesen puesto de acuerdo. Caídos esos hombres, entre los restantes de los dos ejércitos se entabló una enconada lucha, y los soldados de Abner fueron derrotados.

Joab no dejó de perseguirlos, incitando a sus hombres a que los siguieran bien de cerca y no se cansaran de matarlos. También sus hermanos los persiguieron con gran decisión, especialmente el más joven de ellos, Asahel, famoso por la ligereza de sus pies; no solamente ganaba en velocidad a los hombres sino que, según se decía, había sobrepasado a un caballo corriendo con él [1].

Asahel partió violentamente tras de Abner, sin apartarse de la línea recta ni hacia la izquierda ni hacia la derecha. Abner, volviéndose hacia atrás, trató repetidamente de detener su impulso. A veces le ordenaba que abandonara la persecución y tomara las armas de uno de sus soldados caídos; otras veces, no pudiendo convencerlo, lo exhortaba a que se contuviera y dejara de perseguirlo, y que no lo obligara a matarlo, por que luego no podría presentarse delante de su hermano.

Asahel no aceptaba ningún argumento y proseguía la persecución. Abner, entonces, sin dejar de correr, arrojó hacia atrás la lanza y le infirió una herida mortal; murió instantáneamente.

Los que corrían detrás de Asahel en persecución de Abner, cuando llegaron al sitio donde yacía aquél, lo rodearon y abandonaron el seguimiento del enemigo. Pero Joab y su hermano Abisai pasaron de largo junto al cadáver, intensificando la muerte de Asahel el enojo y el celo con que seguían a Abner. Continuaron corriendo con increíble celeridad y decisión hasta un sitio llamado Amá. Era cerca de la puesta del sol. Joab subió a una colina, en el territorio de la tribu de Benjamín, y desde allí vió al enemigo y entre él divisó a Abner.

Abner alzó la voz y gritó que no era propio excitar a los hombres de una misma nación para luchar enconadamente entre sí, que en cuanto a su hermano Asahel éste había hecho mal al no

---

[1] Detalles agregados por Josefo. La Biblia dice que era como un corzo del campo.

aceptar su consejo de suspender la persecución; fué en esas circunstancias que lo había herido de muerte. Joab aceptó sus palabras como explicación, y haciendo sonar la trompeta como señal de retirada, ordenó a sus soldados que dieran fin al seguimiento. Joab instaló allí el campamento para pernoctar, pero Abner marchó toda la noche, atravesó el Jordán y llegó a Mahanaim donde se reunió con Isboset hijo de Saúl. Al día siguiente Joab contó los muertos, y se ocupó en sus funerales. Habían caído de los soldados de Abner unos trescientos sesenta, y diecinueve de los de David, además de Asahel, cuyo cuerpo Joab y Abisai transportaron a Belén; después de sepultarlo en la tumba de sus padres, fueron a Hebrón a ver a David. Comenzó entonces una guerra intestina de larga duración, en la que los partidarios de David se hicieron más fuertes, dominando en los combates, mientras que los sirvientes y súbditos del hijo de Saúl se volvían cada día más débiles.

4. Por aquel entonces David fué padre de seis hijos nacidos de otras tantas madres. El mayor, hijo de Ahinoam, se llamaba Amnón; el segundo era Daniel, hijo de su esposa Abigail; el nombre del tercero era Absalón, hijo de Maacá, hija de Talmai, rey de Gesur; al cuarto lo llamó Adonías, y era hijo de su esposa Hagit; el quinto, Sefatia, era hijo de Abitail y el sexto, llamado Istream, hijo de Eglá.

Durante el transcurso de esta guerra intestina los súbditos de los dos reyes entraban frecuentemente en acción librando batallas. Abner, el general del ejército del hijo de Saúl, con su prudencia y el predicamento que tenía entre la multitud, logró mantenerlos fieles a Isboset, a cuyo lado siguieron mucho tiempo. Pero luego Abner fué acusado de estar en relaciones con la concubina de Saúl, que se llamaba Rispá, hija de Aiá. Al recibir los reproches de Isboset, se sintió ultrajado y colérico porque Isboset lo trataba con ingratitud e injusticia después de la devoción que le había demostrado. Amenazó transferir el reino a David y demostrar que Isboset no había gobernado al pueblo del otro lado de Jordán por su capacidad y sabiduría, sino por la fidelidad y el talento de Abner para conducir su ejército.

Envió embajadores a Hebrón a ver a David pidiéndole que le prometiera con juramento que lo aceptaría como compañero y amigo, si persuadía al pueblo que dejara al hijo de Saúl y lo eligiera a él rey de todo el país. Complacido por el mensaje, David hizo el pacto con Abner y le pidió que, como primera señal de su ejecución, le devolviera a su esposa Mijal, a la que había adquirido a costa de grandes riesgos con aquellas seiscientas cabezas de filisteos que había llevado a su padre Saúl.

Abner separó a Mijal de Faltíel, que era entonces su marido, y se la envió a David, con la ayuda del mismo Isboset, porque David le había escrito diciéndole que tenía derecho a que le devolvieran su esposa.

Abner reunió a los ancianos del pueblo, a los comandantes y a los capitanes de milicias, y les habló diciéndoles que antes los había disuadido de su resolución de abandonar a Isboset para plegarse a David, pero que ahora les daba licencia para hacerlo, si lo querían, porque él había sabido que Dios, por medio del profeta Samuel, había señalado a David para ser rey de todos los hebreos, prediciendo que castigaría a los filisteos, y los subyugaría.

Los ancianos y jefes, viendo que Abner había adoptado ahora los sentimientos sobre los asuntos públicos que ellos tenían anteriormente, se pronunciaron en favor de David. Obtenida la aprobación de su propuesta por aquellos hombres, Abner reunió a la tribu de Benjamín, que formaba la guardia personal de Isboset, y le habló de la misma manera. Viendo que no se oponía a sus palabras y se conformaba con su opinión, acompañado por veinte amigos se dirigió a ver a David para recibir su juramento de seguridad. Siempre debemos considerar más firmes las cosas que hacemos nosotros mismos que las hechas por medio de otros.

Informó a David de lo que había hablado con los jefes y con la tribu de Benjamín. David los recibió cortésmente y los atendió con gran hospitalidad durante varios años. Al retirarse, Abner le pidió que le permitiera traer a la multitud para entregarle el gobierno en su presencia.

5. En seguida de haber despedido David a Abner, llegó a Hebrón Joab, el general del ejército, y al enterarse de la visita de Abner y de que había partido poco antes después de pactar y convenir la entrega del gobierno a David, temió que éste pusiera a Abner, por ayudarlo a ganar el trono, en primera fila, sobre todo

porque era un hombre astuto que entendía las cosas y las sabía manejar hábilmente, y que le quitara a él el mando.

Joab adoptó una conducta taimada y perversa. Comenzó por calumniar a Abner ante el rey, exhortando a David a desconfiar de aquél y a no prestar atención a lo comprometido con él, porque sólo buscaba afirmar el gobierno del hijo de Saúl; le aseguró que lo había ido a ver con engaños y estratagemas con la esperanza de hacer triunfar sus propósitos ocultos.

Viendo que David no se convencía ni se exasperaba, resolvió poner en práctica otro proyecto más audaz que el anterior. Decidió matar a Abner. Para eso le envió mensajeros con instrucciones de que le dijeran de parte de David que éste tenía que decirle algo de que se había olvidado hablarle cuando estaban juntos.

Abner (a quien los mensajeros alcanzaron en un sitio llamado Besira, a veinte estadios de Hebrón), no sospechó nada y regresó. Joab lo esperó en la puerta y lo recibió muy amablemente, como si fuera su mejor y más atento amigo; porque los que emprenden una acción vil suelen fingir la actitud de un hombre de buena voluntad para alejar las sospechas. Apartándolo de sus acompañantes, como si quisiera hablarle en privado, lo llevó a un sitio solitario de la puerta, acompañado solamente por su hermano Abisai; allí sacó la espada y se la hundió en la ingle.

Abner murió por la traición de Joab que, según éste, fué en castigo por la muerte de su hermano Asahel, a quien Abner hirió y mató cuando lo perseguía después de la batalla de Hebrón [1], pero que en realidad había sido por su temor de perder el mando del ejército y su dignidad ante el rey y de que Abner obtuviera el rango más alto en la corte de David.

Este ejemplo enseña cuántos y a qué viles recursos pueden acudir los hombres para lograr riqueza y poder y conservarlos después de obtenidos. Cuando quieren conseguirlos recurren a diez mil manejos perversos, y cuando temen perderlos emplean prácticas peores aún, como si no pudiera haber calamidad más grande que la de no lograr una elevada autoridad o la de perderla después de haberla adquirido y probado su dulzura. Como esto último

---

[1] La batalla tuvo lugar en Gabaón, y no en Hebrón; dice así en el párrafo 3, y lo confirma la Biblia en II *Samuel*, 3, 30.

sería la más dolorosa de las aflicciones, imaginan y aventuran las acciones más criminales para evitarlo. Pero basta con estas breves reflexioines sobre el tema.

6. Enterado David de la muerte de Abner se sintió apenado en el alma. Poniendo a todo el mundo de testigo, tendió los brazos a Dios y a grandes voces proclamó que él no tenía nada que ver con el asesinato de Abner; su muerte no se había producido ni por su orden ni con su aprobación. Lanzó las más terribles maldiciones contra el que lo había matado y contra toda su casa, y adjudició el mismo castigo a los que lo habían ayudado en el crimen. David no quería aparecer complicado en el crimen, contrario a las seguridades y los juramentos que había hecho a Abner.

Ordenó que todo el pueblo llorara y lamentara al muerto y honrara su cadáver con la solemnidad habitual, es decir, desgarrándose los vestidos y poniéndose sacos. Con esos hábitos precedieron al féretro, yendo a continuación el rey con los ancianos y los jefes, llorando y demostrando David con sus lágrimas la amistad que tuvo con el muerto cuando vivía y el dolor que sentía ante su muerte, producida sin su consentimiento.

Lo enterró en Hebrón con toda magnificencia y luego escribió por él endechas. Permaneció delante de la tumba llorando y haciendo llorar a los demás; tan profundamente lo afectó la muerte de Abner, que a pesar de la insistencia de sus compañeros no probó bocado y afirmó con juramento que no comería nada hasta la puesta del sol. Esta conducta le conquistó la buena voluntad de la multitud; los que tenían afecto por Abner se sintieron grandemente satisfechos con los honores que David rindió al difunto, cumpliendo el compromiso que había contraído con él; lo demostró observando las ceremonias usuales que se practican con un pariente y un amigo, y no permitiendo que fuera abandonado e injuriado con un sepelio deshonroso, como si hubiese sido su enemigo. Toda la nación se alegró por la amabilidad y la honestidad del rey, suponiendo que tomaría por ellos en las mismas circunstancias los mismos cuidados que demostró en el entierro de Abner.

David se proponía lograr ante todo buena reputación; por eso tomó todas las precauciones necesarias para que nadie llegara a sospechar que él pudiera ser el autor de la muerte de Abner. Y declaró al pueblo que estaba muy apenado por la muerte de un gran hombre como él; los asuntos de los hebreos sufrirían mucho con su pérdida, porque era un hombre de gran capacidad que los protegía con sus excelentes consejos y el vigor de sus brazos en la guerra.

—Dios —añadió—, que considera las acciones de todos los hombres, no permitirá que su muerte quede impune. Vosotros sabéis que yo no puedo hacer nada contra los hijos de Saruia, Joab y Abisai, que tienen más poder que yo, pero Dios hará caer sobre sus cabezas su insolente atentado.

Ese fué el fin de la vida de Abner.

CAPITULO II

Después del asesinato de Isboset, por la traición de sus amigos, David recibe todo el reino

1. Enterado Isboset hijo de Saúl de la muerte de Abner, lamentó mucho verse privado de un hombre que era de su familia y que lo había afirmado en el trono. Se sintió muy afligido y perturbado pero no lo sobrevivió mucho tiempo, porque fué traicioneramente atacado y muerto por los hijos de Jieremón (llamados Banast y Tanus). Eran éstos de una familia de benjaminitas, de primera categoría, y pensaron que si mataban a Isboset obtendrían grandes presentes de parte de David y serían nombrados comandantes, o encargados de cualquier otra misión.

Un día lo encontraron solo, acostado, tomando su descanso del mediodía; no estaba presente ninguno de los guardias y la mujer que cuidaba la puerta se había dormido, vencida por el cansancio y por el calor del día. Los dos hombres penetraron en el cuarto donde dormía el hijo de Saúl y lo mataron. Luego le cortaron la cabeza y partieron, y marcharon toda la noche y todo el día siguiente, para huír de su víctima y dirigirse hacia esa persona que ellos creían que tomaría su acción como un favor y les ofrecería seguridad. Llegaron a Hebrón, mostraron a David la cabeza y se presentaron como partidarios suyos, diciéndole que habían dado muerte al que era su enemigo y antagonista.

—¡Viles y despreciables! Inmediatamente recibiréis el castigo que merecéis. ¿Ignoráis, acaso, la venganza que tomé con el que mató a Saúl y me trajo su corona de oro, aunque lo mató a su ruego para impedir que cayera en manos enemigas? ¿Os imagináis que cambió mi disposición, suponéis que no soy el mismo hombre de antes y que me complacen los perversos y que estimaré como un favor vuestro regicidio, la vil acción de haber asesinado a un hombre virtuoso en su cama, a un hombre que nunca hizo mal a nadie y que siempre os trató con amabilidad y respeto? Sufriréis el castigo debido, por haber matado a Isboset y por suponer que yo recibiría de buen grado su asesinato. Esta suposición es el mayor baldón que podríais arrojar sobre mi honor.

David les hizo aplicar toda clase de tormentos y luego les dió muerte[1]. Luego, con grandes honores fúnebres, hizo sepultar la cabeza de Isboset en la tumba de Abner.

2. Terminado este episodio, los principales del pueblo hebreo fueron a Hebrón a ver a David, con los jefes de las milicias y otros jefes y se entregaron a él, recordándole la buena voluntad que le habían demostrado y el respeto que no habían dejado de tributarle desde que era capitán de milicias; le expresaron que había sido elegido por Dios, mediante el profeta Samuel, para que reinara, lo mismo que sus hijos, y que le había acordado el poder para que salvara el país de los hebreos venciendo a los filisteos.

David recibió amablemente su decisión y los exhortó a perseverar en ella, asegurándoles que no tendrían motivo para arrepentirse. Después de comer con ellos y tratarlos amistosamente, los despidió encargándoles que volvieran con todo el pueblo. Llegaron unos seis mil ochocientos hombres armados de la tribu de Judá, con lanza y escudo, que habían quedado con el hijo de Saúl cuando el resto de la tribu de Judá había ordenado rey a David. La tribu de Simón envió siete mil guerreros; la de Leví cuatro mil setecientos, al mando de Jodam. Luego llegaron el sumo pontífice Sadoc, con veintidós capitanes de su familia. De la tribu de Benjamín fueron cuatro mil hombres; los restantes quedaron esperando que alguno de la casa de Saúl reinase sobre ellos. La tribu de Efraím envió veinte mil, hombres de gran valor y fuerza.

---

[1] En la Biblia los condenan a muerte, y les cortan luego las manos y los pies.

De la media tribu de Manasés fueron dieciocho mil de los más fuertes. De la tribu de Isacar, doscientos adivinos del porvenir y veinte mil hombres de armas. De la tribu de Zabulón, cincuenta mil hombres selectos; fué la única tribu que se reunió íntegramente con David, todos con iguales armas que las de la tribu de Gad. De la tribu de Neftalí acudieron mil hombres escogidos y jefes, armados de escudos y lanzas, seguidos de la tribu que formaba una multitud innumerable. De la tribu de Dan había veintisiete mil seiscientos hombres selectos. De la tribu de Aser cuarenta mil. De las dos tribus del otro lado del Jordán, y del resto de la tribu de Manasés, que usaban escudos, lanzas, yelmos y espadas, ciento veinte mil. Las demás tribus también usaban espadas.

La multitud se reunió en Hebrón, ante David, con gran cantidad de trigo, vino y otros alimentos, y confirmó a David en su reinado con unánime consentimiento. Después de tres días de regocijo en Hebrón, David y el pueblo se trasladaron a Jerusalén.

CAPITULO III

David pone sitio a Jerusalén, toma la ciudad, expulsa a los cananeos e instala en la ciudad a los judíos

1. Los jebusitas, habitantes de Jerusalén, que eran de origen cananeo, cerraron las puertas e hicieron subir a las murallas a los ciegos, los cojos y los lisiados de la ciudad, para hacer mofa del rey, declarando que bastaban los cojos para impedirles la entrada. Tanta confianza tenían en la solidez de las murallas.

Indignado, David puso sitio a Jerusalén empleando sus mayores esfuerzos y gran decisión, y proponiéndose con la toma de la plaza demostrar su poder e intimidar a todos los que abrigaran las mismas intenciones y quisieran imitar a los jebusitas. Tomó por la fuerza la parte baja de la ciudad, pero la fortaleza resistió. Sabiendo que el ofrecimiento de dignidades y recompensas animaría a los soldados a realizar mayores acciones, prometió dar el mando de todas las fuerzas al primero que atravesara las zanjas abiertas al pie de la fortaleza, subiera a la ciudadela y la tomara. Todos intentaron lograrlo sin escatimar esfuerzos, para conquistar el mando superior. Pero Joab, el hijo de Saruia, se adelantó a los demás, y en cuanto subió a la fortaleza llamó a gritos al rey reclamando el comando prometido.

2. Expulsados los jebusitas de la ciudadela, David reconstruyó a Jerusalén y la llamó La Ciudad de David, y vivió allí durante todo su reinado. En Hebrón, en la tribu de Judá, había reinado siete años y seis meses. Después de haber elegido a Jerusalén como ciudad real, sus asuntos fueron cada vez más prósperos, por la providencia de Dios, que se cuidó de que mejoraran y aumentaran.

Hiram, el rey de los tirios, le envió embajadores, e hizo con él un pacto de amistad y asistencia mutua. También le mandó presentes, árboles de cedro y mecánicos, hombres hábiles en construcciones y arquitectura, para levantarle un palacio real en Jerusalén. David hizo construir edificios alrededor de la ciudad baja, y unió con ella la ciudadela formando un solo cuerpo. Lo rodeó de murallas y puso a Joab a su cuidado.

Fué, pues, David, el primero que expulsó a los jebusitas de Jerusalén, y la llamó con su propio nombre, La Ciudad de David. En los tiempos de nuestro antepasado Abram se llamaba Solima [1]. Posteriormente alguien dijo que Homero la mencionó con el nombre de Solima; llamó al Templo con la palabra hebrea solima, que significa seguridad.

El tiempo que transcurrió desde la guerra de nuestro general Josué contra los cananeos, y de la guerra en la que los derrotó distribuyendo la tierra entre los hebreos, sin que pudieran los israelitas expulsar a los cananeos de Jerusalén hasta que David la tomó sitiándola, fué en total de quinientos quince años.

3. Haré ahora mención de Oronas, un jebusita opulento que no fué muerto por David en el sitio de Jerusalén por la buena voluntad que demostró a los hebreos y por ciertos servicios que prestó al rey; más adelante usaré otra oportunidad más propicia para hablar de ello.

David contrajo matrimonio con otras esposas además de las que ya tenía. También tuvo concubinas. Sus hijos eran once y se llamaban Amnón, Emno, Ebán, Natán, Salomón, Jebar, Elién, Falna, Enafér, Jena y Elifal; y una hija llamada Tamara. Nueve

---

[1] En la *Guerra* (VI, 10, 1) dice concretamente que Melquisédec, rey de Solima, cambió el nombre de la ciudad por el de Jerusalén (Hierosolima).

de aquéllos eran hijos legítimos; los dos últimos de concubinas. Tamara nació de la misma madre que Absalón.

CAPITULO IV

V David derrota dos veces a los filisteos que atacan a Jerusalén

1. Enterados los filisteos de que David había sido hecho rey de los hebreos, marcharon contra él a Jerusalén. Se apoderaron del valle llamado de los gigantes, cerca de la ciudad, e instalaron allí su campamento. El rey de los judíos, que jamás se permitía hacer nada sin profecías, sin la orden de Dios y sin depender de él como garantía para lo futuro, pidió al sumo pontífice que le predijera cuál era la voluntad de Dios y cuáles serían los acontecimientos de la batalla.

El sumo sacerdote le predijo que obtendría la victoria y el dominio y David condujo a su ejército contra los filisteos. Entablada la batalla, cayó de improviso sobre la retaguardia del enemigo, mató a una cantidad y puso en fuga a los demás. Y no se crea que era un ejército pequeño el que habían llevado los filisteos contra los hebreos; por la rapidez con que fué derrotado, o porque no hicieron grandes acciones que merecieran ser registradas, no debe pensarse que fueron descuidados o que les faltó valor. Participaron del ejército toda Siria y Fenicia, y muchas otras naciones en pie de guerra. Habiendo sido derrotados tantas veces, perdiendo cada vez muchas decenas de millares de hombres, y cuando volvían a atacar a los hebreos lo hacían siempre con ejércitos más numerosos. Y volvieron una vez más contra David con un ejército tres veces más grande que el anterior.

El rey de Israel volvió a preguntar a Dios sobre las alternativas de la batalla. El sumo sacerdote le indicó que mantuviera al ejército en la selva llamada De los Lamentos, cerca del campamento enemigo, y que no se moviera ni comenzara la batalla hasta que los árboles del bosque se agitaran sin que hubiera viento. Cuando se agitaron, señal de que había llegado el momento predicho por Dios, salió sin demora y obtuvo una victoria que ya estaba preparada. Las diversas filas del ejército enemigo no lo resistieron, y se retiraron a la primera acometida; David los persiguió hasta la ciudad de Gaza (el límite de su país); luego volvió y saqueó el campamento, donde halló grandes riquezas, y destruyó sus dioses.

2. Después del feliz resultado de la batalla, David creyó conveniente, consultándolo con los ancianos, los jefes y los capitanes de las milicias, enviar a buscar a los compatriotas de todo el país que estaban en la flor de la edad, a los sacerdotes y a los levitas, para dirigirse a Cariatiarima a sacar el arca de Dios de esa ciudad y transportarla a Jerusalén, donde la conservarían, ofreciendo ante ella los sacrificios y las honras que complacían a Dios. Si lo hubiesen hecho en el reinado de Saúl, no habrían sufrido tantas desventuras.

Reunido el pueblo como lo habían resuelto, el rey se dirigió hacia el arca, que el sacerdote sacó de la casa de Aminadab, y la depositó en un carro nuevo, permitiendo a sus hermanos e hijos que la arrastraran junto con los bueyes. Delante marchaba el rey y toda la multitud del pueblo, cantando himnos a Dios y todas sus canciones habituales y así llevaron el arca a Jerusalén, entre los sones de los instrumentos musicales, trompetas y címbalos, danzando y entonando salmos.

Al llegar a la era de Cidón, Ozas fué muerto por la ira de Dios; porque como los bueyes sacudían el arca tendió la mano para sostenerla. Como no era sacerdote y tocó el arca, Dios lo hirió de muerte.

El rey y el pueblo quedaron muy afligidos por la muerte de Ozas; aquel sitio se llama desde entonces Quiebra de Ozas.

Temeroso David de que si recibía el arca en la ciudad podría sufrir la misma suerte que Ozas, la llevó a la casa de un hombre justo, llamado Obedam, de familia levita, y la depositó allí. Quedó en ese sitio tres meses, durante los cuales hizo prosperar a la casa de Obedam y le confirió muchas bendiciones.

Cuando el rey supo lo que le había ocurrido a Obedam, que de hombre pobre que era se había vuelto de pronto opulento y era la envidia de todos los que veían o preguntaban por su casa, y animado por la esperanza de que no sufriría desgracias, transfirió el arca a su casa. La transportaron los sacerdotes, precedidos por siete compañías de cantores, preparados por el rey, y él mismo que tocaba el arpa y acompañaba la música. Cuando lo vió su esposa Mijal, la hija de nuestro primer rey Saúl, se echó a reír. Trajeron el arca y lo instalaron bajo el tabernáculo preparado por David y éste ofreció costosos sacrificios y ofrendas de paz. Luego convidó a toda la multitud, repartiendo a las mujeres, los hombres y los niños hogazas de pan, tortas, bizcochos de miel y porciones de los sacrificios. Hecho este festejo por el pueblo, lo despidió y él regresó a su casa.

3. Su esposa Mijal, la hija de Saúl, se presentó ante él y le deseó toda clase de felicidades y rogó a Dios que le concediera todo lo que podía darle cuando era favorable. Pero le reprochó el que un rey tan grande como él danzara de una manera tan indecorosa, destapándose mientras bailaba, delante de los sirvientes y los esclavos.

David respondió que no se avergonzaba de hacer lo que agradaba a Dios, que lo había preferido a su padre y a todos los demás, y que seguiría orando frecuentemente y danzando, sin fijarse en lo que pudieran pensar los sirvientes o ella misma. Mijal de la unión con David no tuvo hijos; pero cuando estuvo casada con aquel a quien se la había dado su padre (y fué entonces cuando David se la había quitado, llevándosela consigo), dió a luz cinco hijos. De esto ya hablaré en su momento oportuno.

4. Viendo el rey que sus cosas progresaban a diario, por la voluntad de Dios, pensó que sería ofenderlo si dejaba el arca en un tabernáculo, mientras él vivía en casas de cedro de gran altura magníficamente arregladas. Decidió construir un templo dedicado a Dios, como el que Moisés había predicho que se levantaría. Después de discutirlo con el profeta Natán, que lo animó a hacer lo que pensaba, puesto que Dios estaba con él y era su asistente en todo, se dispuso con más ánimo a edificar el templo.

Pero aquella misma noche se apareció Dios a Natán y le ordenó decir a David que veía bien sus propósitos y sus deseos, ya que nadie había pensado anteriormente en levantarle un templo, pero que no se lo permitiría porque había hecho muchas guerras y estaba profanado con la matanza de los enemigos. Después de su muerte, que ocurriría cuando fuera viejo y hubiese vivido muchos años, el templo lo edificaría uno de sus hijos, que tomaría el trono después de él y se llamaría Salomón; a éste prometió asistirlo como un padre a un hijo, conservando el trono para los hijos de sus hijos, pero anunció que lo castigaría, si pecaba, con enfermedades y con la esterilidad de la tierra. Cuando el profeta le dió esa información, David, jubiloso al conocer la segura continuación de su dominio en su posteridad y al saber que su casa sería espléndida y famosa, se postró de cara frente al arca y comenzó a adorar a Dios y a agradecerle por todos sus beneficios, tanto por el de haberlo levantado de la baja condición de pastor a la gran dignidad del poder y la gloria, como por lo que le había prometido para su posteridad y por la providencia que había ejercido con los hebreos dándoles la libertad de que gozaban. Luego cantó un himno de alabanza a Dios, y se retiró.

CAPITULO V

David hace un pacto de amistad con Hiram, rey de Tiro

1. Poco tiempo después consideró que debía hacer la guerra contra los filisteos, sin dejarse llevar por el ocio o la pereza, para probar lo que Dios le había predicho, o sea que una vez derrotados sus enemigos dejaría a su posteridad reinar en paz. Reunió al ejército y le ordenó que estuviera listo y preparado para la guerra; cuando juzgó que en sus fuerzas todo estaba en orden, salió de Jerusalén y se dirigió hacia los filisteos. Los derrotó, separó una buena parte de su territorio, y lo agregó al país de los hebreos; luego pasó a hacer la guerra a los moabitas. Victorioso de nuevo destruyó dos tercios de su ejército y tomó prisionero al tercio restante al que impuso un tributo anual.

Luego marchó contra Adrazar hijo de Araos, rey de Sofen. Entablada la batalla junto al río Eufrates, mató a veinte mil hombres de infantería y siete mil de caballería. Tomó asimismo mil carros y destruyó la mayor parte de ellos, ordenando que sólo se conservaran cien.

2. Cuando Adad, rey de Damasco y de Siria, supo que David peleaba contra Adrazar, que era su amigo, fué a ayudarlo con un poderoso ejército. Entablada la batalla con David junto al Eufrates, fracasó en su propósito y perdió en la lucha gran número de soldados; fueron muertos veinte mil hombres del ejército de Adad, huyendo el resto.

También Nicolás menciona a este rey, en el cuarto libro de su historia, donde dice: "Mucho después de ocurrir estas cosas, un hombre de ese país llamado Adad se hizo muy poderoso, y reinó en Damasco y otras partes de Siria, exceptuando a Fenicia. Hizo la guerra a David, rey de Judea, y probó fortuna en muchas batallas, la última de ellas junta al Eufrates, donde fué derrotado. Parece haber sido el mejor de sus reyes por su fuerza y su valor". Acerca de su posteridad dice que después de su muerte sus descendientes se fueron transmitiendo el trono y el nombre. Lo expresa de este modo: "Cuando murió Adad su posteridad reinó durante diez generaciones, recibiendo cada cual de su padre el poder y el nombre, como los ptolomeos en Egipto. El tercero fué el más poderoso de todos y quiso vengar la derrota sufrida por sus antepasados. Hizo una expedición contra los judíos y arrasó la ciudad que ahora se llama Samaria." No estaba equivocado; es aquel Adad que hizo la expedición contra Samaria, durante el reinado de Acab, rey de Israel. Al respecto hablaremos más adelante en el lugar correspondiente.

3. Después David hizo una expedición contra Damasco y el resto de Siria y los sometió, dejó guarniciones en el país, determinó que sus habitantes pagaran tributo, y regresó a su casa.

En Jerusalén dedicó a Dios las aljabas de oro y las armaduras que llevaban los guardias de Adad. Más tarde el rey de Egipto Susac, que peleó con el nieto de David, Roboam, se llevó esos despojos junto con otras riquezas de Jerusalén. Pero estas cosas quedarán explicadas luego en el momento debido.

En cuanto al rey de los hebreos, asistido por Dios, que le aseguraba el triunfo en la guerra, hizo una expedición contra las mejores ciudades de Adrazar, Batea y Majón, las tomó por la fuerza y las devastó. Encontraron en ellas una gran cantidad de oro y plata, aparte del bronce que consideraban más valioso que el oro; este bronce fué el que usó Salomón, cuando construyó el templo para Dios, para hacer ese gran vaso llamado el mar y las curiosísimas palanganas.

4. Informado el rey de Amata de la desgracia de Adrazar y de la ruina de su ejército, temió por su propia suerte y resolvió hacer

una alianza de amistad y fidelidad con David antes que éste lo atacara. Le envió a su hijo Adoram con el encargo de agradecerle por haber peleado contra Adrazar, que era su enemigo, y de ofrecerle un pacto de asistencia mutua y amistad. También le envió presentes, vasos de antigua hechura, de oro, plata y bronce.

David aceptó la alianza de ayuda mutua con Teno (que era el nombre del rey de Amata), y recibió sus presentes; luego despidió a su hijo con los debidos homenajes de ambas partes. David dedicó a Dios los presentes, así como el resto del oro y la plata tomados en las ciudades que había conquistado.

Pero Dios le procuraba triunfos y victorias no solamente cuando combatía y dirigía personalmente sus fuerzas; cuando envió contra Idumea un ejército mandado por Abeseo, hermano del general Joab, por la mano de ese teniente Dios le dió la victoria sobre los idumeos. Abeseo exterminó a dieciocho mil enemigos. El rey dejó guarniciones en todo el país y fijó tributos sobre la tierra y por cada habitante.

David era justo por naturaleza y tomaba sus decisiones respetando la verdad. Tenía como general de todo su ejército a Joab. A Josafat hijo de Aquil lo nombró archivero, y a Sadoc, de la familia de Finees, que era su amigo, sumo sacerdote, junto con Abiatar. Hizo escriba a Sisa, y dió el mando de su guardia personal a Banajas hijo de Joad. También estaban con él como custodios sus hijos mayores.

5. David no olvidó la alianza y los juramentos que lo habían ligado a Jonatás hijo de Saúl, y la amistad y el afecto que Jonatás le demostraba. Además de las excelentes cualidades de que estaba dotado, era sumamente atento con los que le habían hecho favores. Ordenó por lo tanto que se averiguara si quedaba algún miembro del linaje de Jonatás a quien pudiera devolver los beneficios que todavía debía a Jonatás.

Le llevaron un hombre, librado por Saúl, que podía informarle, y le preguntó si conocía algún sobreviviente de la familia de Jonatás, a quien pudiera darle la recompensa por los favores que le debía.

El hombre le respondió que había quedado un hijo, llamado Memfibost, pero que era cojo de ambos pies. Al enterarse la nodriza de que su padre y su abuelo habían caído en la batalla, se apoderó del niño y huyó con él y cuando huía se le cayó de la espalda y quedó cojo. David hizo averiguar dónde y en la casa de quién se estaba criando, y envió mensajeros a la casa de Majir, en la ciudad de Labata, con quien estaba el hijo de Jonatás, con orden de que lo trajeran a su presencia.

Llegó Memfibost y se postró ante el rey. David lo animó diciéndole que tuviera valor y esperanza de tiempos mejores. Le dió la casa de su padre y todo el patrimonio que poseía su abuelo Saúl, y le pidió que comiera con él en la mesa sin faltar un solo día. El joven se arrodilló para agradecerle sus palabras y su generosidad. David llamó a Siba y le comunicó que había dado al joven la casa de su padre y el patrimonio de Saúl. Ordenó asimismo a Siba que le cultivara la tierra y le llevara el producido a Jerusalén. Además debía conducir a Memfibost todos los días a su mesa. David donó al joven a Siba y sus hijos, que eran quince, y a sus criados, que eran veinte. Hechas estas indicaciones, Siba se inclinó ante el rey, prometiéndole hacer todo lo que le había ordenado, y se retiró.

El hijo de Jonatás vivió en Jerusalén, comiendo en la mesa del rey y recibiendo de éste los cuidados de un padre. Tuvo un hijo a quien puso el nombre de Mica.

CAPITULO VI
La guerra con los amonitas y su feliz conclusión

1. Esos fueron los honores que recibió de David el que había quedado vivo del linaje de Saúl y Jonatás. En aquella época murió Naas, rey de los amonitas, que era amigo de David. Lo sucedió en el trono su hijo y David le envió embajadores con sus condolencias, exhortándolo a sobrellevar con resignación la muerte de su padre y ofreciéndole mantener con él la misma amistad que lo había unido con su padre.

Pero los principales de los amonitas tomaron de mala manera el mensaje, contrariamente a las buenas intenciones de David. Excitaron al rey contra David, diciendo que había mandado espías al país para averiguar sus fuerzas, pretextando un acto de gentileza. Le aconsejaron que tuviera cuidado y no diera crédito a las palabras de David, para no ser engañado por él y caer en una inconsolable calamidad.

El hijo de Naas, rey de los amonitas, creyó que sus dignatarios decían la verdad e injurió torpemente a los embajadores. Les hizo afeitar la mitad de la barba y cortar la mitad de la ropa y los envió de vuelta sin más respuesta que este acto ultrajante.

El rey de los israelitas se indignó y manifestó que no pasaría por alto ese trato injurioso y ofensivo; haría la guerra a los amonitas y vengaría en el rey el perverso atentado cometido contra sus embajadores [1]. Los parientes y comandantes del rey amonita, comprendiendo que habían violado la alianza y podían ser castigados por ese motivo, hicieron preparativos de guerra. Enviaron mil talentos a Siro, rey de Mesopotamia, tratando de inducirlo a aliarse con ellos por esa paga, y otro tanto al de Suba. Estos reyes tenían veinte mil hombres de a pie. Contrataron además al rey Amalec y a un cuarto rey de nombre Istob; juntos tenían doce mil hombres de armas.

2. A David no le preocupó esa confederación, ni las fuerzas de los amonitas. Poniendo su confianza en Dios y en la justicia de la guerra que iba a emprenderse por la injuria recibida, envió inmediatamente contra ellos a Joab, el capitán de su ejército, dándole la flor de sus fuerzas. Joab instaló el campamento frente a Rabat, la capital de los amonitas [2] El enemigo salió en formación de combate, no en un solo conjunto sino en dos cuerpos separados. Los ayudantes se desplegaron en la llanura, mientras que los amonitas lo hacían en las puertas frente a los hebreos.

Viendo esto Joab opuso a la estratagema otra estratagema; eligiendo a los más robustos de sus hombres los puso delante del rey Siro y los reyes que estaban con él, y dió la otra parte a su hermano Abiseo, ordenándole que los pusiera frente a los amonitas; y le dijo que si veía que los sirios presionaban y lo dominaban, ordenara a sus tropas que acudieran en su ayuda. Añadió que él haría lo mismo, si lo veía en apuros con los amonitas.

Envió, pues, a su hermano, animándolo a actuar con valor y decisión, como cuadraba a los hombres que temían la deshonra,

---

[1] Según la Biblia (2 *Samuel*, 10, 5), David manda decir a los enviados que se queden en Jericó hasta que les crezca la barba.
[2] El nombre de la ciudad no figura en la Biblia.

a luchar con los amonitas, mientras él caía sobre los sirios. Aunque opusieron al principio una fuerte resistencia, Joab mató a muchos de ellos y obligó al resto a emprender la huída. Viéndolo los amonitas, y temiendo a Abiseo y su ejército, suspendieron la lucha e imitando a sus auxiliares huyeron a la ciudad.

Derrotado el enemigo, Joab volvió jubiloso a Jerusalén a informar al rey.

3. La derrota no indujo a los amonitas a sosegarse, ni a reconocer la superioridad de sus adversarios; enviaron a buscar a Calamas, rey de los sirios, al otro lado del Eufrates, y lo contrataron como auxiliar. Sabec era capitán de su ejército, con ochenta mil hombres de a pie y diez mil de a caballo.

Cuando el rey de los hebreos supo que los amonitas habían reunido de nuevo un ejército tan grande, resolvió no delegar más el mando en sus generales; él mismo pasó el Jordán con todo su ejército, encontró al enemigo, entabló batalla y lo venció, matando mil de sus soldados de a pie y siete mil de los de a caballo. Hirió asimismo a Sabec, el general de las fuerzas de Calamas, que murió de la herida. El pueblo de Mesopotamia, se rindió a David y le envió presentes. David al llegar el invierno regresó a Jerusalén. Al comenzar la primavera envió a Joab, capitán de su ejército, a combatir con los amonitas; Joab invadió y devastó el país y encerró al enemigo en su capital, Rabat, a la que puso sitio.

CAPITULO VII

David se enamora de Betsabé y mata a su marido Uría, por lo que es reprobado por Natán

1. Pero David incurrió en un gravísimo pecado, aunque siempre había sido un hombre justo y piadoso y observaba firmemente las leyes de nuestros antepasados. Una tarde mientras miraba en derredor desde la terraza de su palacio real, donde solía pasear a esa hora, vió una mujer que se estaba bañando con agua fría en una casa vecina. Era de extraordinaria belleza, superior a la de todas las mujeres. Se llamaba Betsabé [1].

---

[1] La historia de David y Betsabé figura en la Biblia en el 2º libro de *Samuel* (11, 2 y sig.) y no se repite luego en las *Crónicas*.

Seducido por la belleza de la mujer y no pudiendo refrenar sus deseos, envió a buscarla y se acostó con ella. La mujer quedó embarazada y avisó al rey, instándolo a que buscara algún medio de ocultar su pecado. (Porque de acuerdo con las leyes de sus antepasados el pecado de adulterio se castigaba con la muerte.)

El rey mandó a buscar al lugar del asedio al escudero de Joab, que era el marido de la mujer; se llamaba Uría. El rey lo interrogó acerca del ejército y del sitio. Obtenida en respuesta la información de que todo salía en la medida de sus deseos, el rey tomó varias porciones de carne de su cena y se las dió, ordenándole que fuera a su casa a reunirse con su esposa y a acostarse con ella. Pero Uría no lo hizo, y durmió cerca del rey con los demás escuderos.

Informado el rey, le preguntó por qué no se había ido a su casa, a reunirse con su mujer después de tan larga ausencia, como acostumbran a hacer todos los hombres cuando regresan de un largo viaje.

Uría respondió que no era justo que descansara y se solazara con su mujer cuando sus camaradas y el general de su ejército dormían en el suelo, en el campamento, en territorio enemigo. El rey le ordenó entonces que se quedara allí esa noche, para que al día siguiente pudiera enviarlo a reunirse con su general.

Luego el rey lo invitó a cenar y con habilidad y destreza lo hizo beber hasta que quedó embriagado; a pesar de lo cual se quedó a pernoctar junto a la puerta del rey, sin deseos de ver a su mujer.

El rey quedó sumamente irritado y escribió a Joab ordenándole que castigara a Uría, porque lo había ofendido, y le sugirió de qué modo podría hacerlo para que no descubriera que él era el autor del castigo. Le encomendó que lo enviara a la parte donde el ataque al ejército enemigo sería más accidentado y donde pudiera ser abandonado ordenando a los soldados que se retiraran.

David escribió la carta, la selló con su sello y se la dió a Uría para que se la entregara a Joab. Éste la recibió y la leyó y enterado del propósito del rey, situó a Uría en el lugar donde sabía que la resistencia enemiga sería más difícil de vencer. Le dió varios de los mejores soldados del ejército y le dijo que iría personalmente a ayudarlo con todo el ejército si lograban abrir una brecha en la muralla y penetrar en la ciudad. Añadió que lejos de estar desconforme debía sentirse satisfecho de que le diera la oportunidad de afrontar una misión tan peligrosa, porque era un valiente soldado apreciado por su bravura por el rey y sus compatriotas.

Uría asumió la tarea con decisión, y Joab ordenó privadamente a sus compañeros que si veían salir al enemigo lo dejaran solo. Cuando los hebreos llevaron un ataque contra la ciudad, los amonitas, temerosos de que el enemigo escalara la muralla y entrara en la ciudad precisamente en el sitio donde había sido apostado Uría, pusieron a sus mejores soldados al frente y abriendo las puertas repentinamente cayeron sobre el enemigo con gran vehemencia.

Frente al ataque los acompañantes de Uría retrocedieron, de acuerdo con las instrucciones de Joab; pero Uría, no queriendo huir y abandonar el puesto, hizo frente al enemigo recibiendo la violencia de la arremetida; mató a muchos de ellos pero fué rodeado y muerto, junto con algunos de sus compañeros.

2. Joab envió mensajeros al rey con orden de decirle que había hecho todo lo posible por tomar rápidamente la ciudad, pero que al llevar un ataque contra las murallas fueron obligados a retirarse con grandes pérdidas. Encargó a los mensajeros que si veían al rey enojado, añadieran que Uría también había muerto en el encuentro.

El rey recibió el mensaje muy mal y dijo que habían cometido un error al asaltar las murallas, en lugar de minarlas y usar otras estratagemas de guerra, olvidando el ejemplo de Abimélec hijo de Gedeón, que quiso tomar la torre de Tebas por la fuerza y fué muerto por una piedra arrojada por una vieja; aunque era un hombre de grandes hazañas, murió ignominiosamente por la manera inconveniente de llevar el asalto. Añadió que debían recordar el accidente y no acercarse a las murallas del enemigo, porque el mejor método de hacer la guerra con buen éxito era tener presentes los antecedentes de las guerras anteriores y las consecuencias de los casos peligrosos similares.

Estando el rey en ese estado de ánimo, los mensajeros le dijeron que Uría también había caído muerto, y se aplacó. Ordenó a los mensajeros que volvieran y dijeran a Joab que esa desgracia era natural en la vida humana y que la guerra era así y tenía sus accidentes. A veces el enemigo obtiene buen éxito y otras veces no. Ordenó que siguiera ocupándose en el asedio y evitando nuevos percances en lo sucesivo; y que levantaran baluartes y usaran máquinas en el sitio de la ciudad. Y que cuando la tomaran, la arrasaran hasta los cimientos y exterminaran a todos los que estaban en ella.

Los mensajeros se apresuraron a llevar el recado del rey a Joab. Betsabé, informada de la muerte de su esposo, lo lloró durante muchos días. Pasado el duelo, y secas las lágrimas que derramó por Urías, el rey la tomó por esposa, naciendo luego un hijo.

3. Dios no quedó complacido con ese matrimonio; enojado, por el contrario, con David, aparecióse en sueños al profeta Natán y se quejó de la conducta del rey. Natán era un hombre sincero y prudente, y considerando que cuando se apodera de los reyes una pasión su ímpetu los guía más que la justicia, resolvió ocultar las amenazas de Dios, y hablarle de buena manera. Para eso pidió al rey que le diera su opinión sobre el siguiente caso: Había una vez dos hombres que habitaban en la misma ciudad; uno era rico y el otro pobre. El rico tenía muchos rebaños de ganado, ovejas y vacas, y el pobre no tenía más que una sola ovejita, a la que había criado junto con sus hijos, haciéndole comer junto con ellos y sintiendo por ella el mismo afecto que puede sentirse por una hija. Un día que llegó un extranjero a visitar al rico, éste no quiso que se matara ninguno de sus animales y para festejar a su amigo mandó a buscar la ovejita del pobre, se la quitó, la aderezó y convidó con ella al extranjero.

El discurso perturbó sobremanera al rey, quien declaró que el hombre capaz de hacer eso era un perverso; debía devolver la oveja cuadruplicada y hasta merecía que se le diera muerte.

Natán le dijo inmediatamente que él era el hombre que debería sufrir esos castigos, de acuerdo con su propia sentencia, porque él era el que había perpetrado ese horrible crimen. Le reveló en seguida que Dios estaba irritado. Él lo había hecho rey del ejército de los hebreos y señor de todas esas numerosas y grandes naciones que los rodeaban; lo había librado de las manos de Saúl y le había dado todas las esposas con las que había contraído matrimonio legal y justamente. Ahora David lo había despreciado y afrentado tomando la esposa de otro hombre a quien había expuesto al enemigo, para hacerlo asesinar. Dios lo castigaría por esa maldad; sus mujeres serían forzadas por uno de sus hijos [1], quien conspiraría contra él, y aunque él había cometido su perversidad en secreto, el castigo le sería infligido públicamente.

—Además —agregó—, el niño que te dará morirá pronto.

Perturbado el rey por esos mensajes y muy confundido, dijo, con lágrimas y pesar, que había pecado (porque era sin disputa un hombre piadoso y sin ningún pecado en toda su vida, salvo el de aquel asunto de Uría). Dios se compadeció y se reconcilió con él, y prometió que le conservaría la vida y el trono, porque, dijo, viendo que se había arrepentido de lo que había hecho, ya no estaba disgustado con él.

Natán le comunicó esa profecía y se retiró.

4. Sin embargo Dios envió una grave enfermedad al niño de David que dió a luz la esposa de Uría. Perturbado el rey, no probó alimento alguno durante siete días, a pesar de la insistencia de sus servidores. Se vistió de negro y se tiró al suelo envuelto en un saco, rogando a Dios por la recuperación del niño, porque amaba vehementemente a la madre.

Al séptimo día el niño murió y los sirvientes no se atrevieron a decírselo a David; suponían que si cuando el niño estaba enfermo se había mostrado tan afligido y apesadumbrado, ahora que había muerto se negaría no sólo a ingerir alimentos sino también a tomar otros cuidados por su persona. Pero cuando el rey advirtió que los sirvientes estaban perturbados y parecían afectados, como si quisieran ocultar algo, comprendió que el niño había fallecido. Llamó a uno de los sirvientes y al confirmarle su suposición, se levantó, se puso ropa blanca y entró en el tabernáculo de Dios.

Luego ordenó que le sirvieran de comer, sorprendiendo grandemente a sus parientes y criados; no lo había hecho cuando el niño estaba enfermo y lo hacía ahora que estaba muerto. Después de pedirle permiso para formularle una pregunta, le pidieron que

---

[1] Se refiere a Absalón, pero la Biblia no especifica que sería un hijo; dice "daré tus mujeres *a tu prójimo*". (2 *Samuel*, 12, 11).

les dijera la razón de su conducta. David los llamó torpes y les explicó que mientras vivía tenía esperanzas de que mejorara, e hizo todo lo que era apropiado, pensando que de ese modo volvería propicio a Dios; pero después de muerto el niño, la pena era inútil y sin objeto.

Todos encomiaron la sabiduría y la inteligencia del rey. Luego se unió con su mujer Betsabé, que concibió y dió a luz un hijo; por orden del profeta Natán lo llamaron Salomón.

5. Joab puso en un grave aprieto a los amonitas asediados cortándoles el agua y privándolos de abastecimientos para la subsistencia; no tardaron en sufrir hambre y sed, porque dependían de un solo pozo, pequeño, de agua, del que no se permitían beber libremente para no agotarlo. Joab escribió al rey informándolo de la situación e invitándolo a que fuera a tomar personalmente la ciudad para asumir el honor de la victoria.

El rey aceptó, alabando la buena voluntad y fidelidad de Joab, y seguido por su guardia personal se presentó a completar la destrucción de Rabat. Después de tomarla por asalto la entregó a los soldados para que la saquearan. David por su parte tomó la corona del rey de los amonitas, que pesaba un talento de oro y tenía en el centro una piedra preciosa llamada sardónice, y con la que en adelante ciñóse siempre la cabeza. Halló asimismo en la ciudad muchos otros vasos espléndidos y de gran valor.

En cuanto a los hombres los hizo morir en las torturas; y cuando tomó por la fuerza las demás ciudades de los amonitas las trató de la misma manera.

CAPITULO VIII

Absalón mata a Amnón, que violó a su propia hermana, y es desterrado y luego vuelto a llamar por David

1. Cuando el rey regresó a Jerusalén cayó una triste desgracia sobre su casa, con la siguiente ocasión: David tenía una hija, virgen aún y de una belleza que sobrepasaba a las mujeres mejor dotadas. Se llamaba Tamara y era de la misma madre que Absalón. Amnón, el hijo mayor de David, se enamoró de Tamara; no pudiendo satisfacer su deseo, debido a que la doncella, siendo

virgen, estaba custodiada, cayó en la desesperación, adelgazó y perdió el color.

Un tal Jonatás, pariente y amigo de Amnón, hombre de extraordinaria inteligencia y aguda sagacidad, descubrió la pasión que lo consumía. Advirtiendo que día a día Amnón se ponía más delgado, le pidió que le dijera la causa, aunque él ya había adivinado que debía de ser un mal de amores. Amnón le confesó que estaba enamorado de una hermana de él, del mismo padre. Jonatás le sugirió de qué manera y con qué recursos podría lograr su deseo. Lo indujo a que se fingiera enfermo y que pidiera a su padre que le enviara a su hermana para cuidarlo, seguro de que de ese modo mejoraría.

Amnón se acostó en su cama y se fingió enfermo, como le había indicado Jonatás. Cuando fué a verlo el padre y le preguntó cómo estaba, le pidió que le enviara a su hermana. Accedió David y ordenó que fuera llevada a su presencia.

Llegó Tamara y Amnón le pidió que le hiciera bizcochos con sus propias manos, porque así los comería con más gusto.

La joven amasó la harina delante de su hermano, le hizo bizcochos y se los ofreció. Amnón se negó a probarlos y ordenó a los criados que hicieran salir a todos los que estaban en el cuarto, porque deseaba descansar, libre de ruidos y alborotos.

Cumplida la orden, pidió a su hermana que le llevara la cena a la sala interior, y cuando lo hizo, Amnón la tomó en sus brazos y trató de persuadirla de que se acostara con él.

—No —exclamó la doncella—, no me fuerces, hermano, y no cedas a la maldad transgrediendo las leyes y acarreándote el oprobio. Refrena tu injusta e impura lujuria que sólo reproches y desgracias traerá a nuestra casa.

Le aconsejó, para eludir momentáneamente la pasión de su hermano, que le hablara al padre al respecto, que indudablemente se lo permitiría. Amnón no cedió e inflamado de amor y enceguecido por la vehemencia de su pasión, violó a su hermana.

Pero en cuanto hubo satisfecho su lujuria, le tomó inmediatamente odio y con palabras de reproche le ordenó que se levantara y se marchara. Replicó la mujer que el ultraje de ahora era más injurioso que el anterior, porque después de haberla violado ni siquiera le permitía quedarse hasta la noche y la mandaba salir de día, a plena luz, con el testimonio de su vergüenza. Amnón ordenó entonces a los criados que la echaran de la casa.

Dolorosamente apenada por la injuria y la violencia de que había sido objeto, se rasgó la túnica (antiguamente las vírgenes llevaban un ropaje suelto atado a las manos y caído hasta los tobillos, para que no se viera el vestido interior), y echándose ceniza en la cabeza salió a la ciudad llorando y lamentándose. Acertó a encontrarla su hermano Absalón, quien le preguntó qué le había ocurrido. Ella se lo contó y Absalón la consoló pidiéndole que se tranquilizara y no considerara la corrupción de su hermano como una injuria. Tamara aceptó su consejo y dejó de gritar y de descubrir a la multitud su deshonra. Luego vivió durante mucho tiempo con su hermano Absalón como viuda.

2. Cuando David lo supo se apenó por el acto de Amnón, pero como sentía por él extraordinario afecto, porque era su hijo mayor, no lo castigó. Absalón, en cambio, que lo odiaba, esperó una oportunidad propicia para vengar el crimen. Dos años después del atentado inicuo sufrido por su hermana, Absalón se dispuso a hacer la esquila de sus ovejas en Belsefón, ciudad de la tribu de Efraím, y rogó a su padre y a sus hermanos que fueran a festejarlo con él. David se negó, no queriendo ser una carga para él, y Absalón insistió en que por lo menos le enviara a sus hermanos.

Absalón encargó entonces a sus sirvientes que cuando vieran a Amnón embriagado por el vino y adormecido y cuando recabaran una señal de él, lo mataran sin temer nada.

3. Así lo hicieron, tal como se lo habían mandado. Los demás hermanos atónitos y temiendo por sus vidas, montaron a caballo y regresaron a la casa de su padre. Pero alguien se adelantó e informó al rey que todos sus hijos habían sido asesinados por Absalón. Agobiado de dolor por la pérdida de sus hijos y por el hecho de que hubieran recibido la muerte a manos de otro hijo, David no preguntó la causa, ni quiso averiguar nada, lo que hubiera sido razonable frente a una desgracia tan grande y tan increíble, y rasgándose los vestidos se tiró al suelo a llorar la pérdida de sus hijos.

Jonatás, el hijo de su hermano Sam, le rogó que no se entregara al dolor hasta ese punto, porque no encontraba motivo para creer que todos sus hijos habían sido asesinados; sólo en cuanto a Amnón podía caber la duda, porque Absalón probablemente había querido vengar la ofensa que infirió a su hermana Tamara. En ese momento se oyó un gran ruido de caballos y tumulto de gente que venía. Eran los hijos del rey, que habían huído de la fiesta. El padre les salió al encuentro y los abrazó llorando, desolado a pesar de encontrarse de nuevo con los que no había esperado ver después de haber sido informado de su muerte. Todos gemían y sollozaban, los hijos por el hermano y el rey por el hijo que había perdido.

Absalón, por su parte, huyó a Getsura, donde era rey su abuelo por parte de su madre, y se quedó allí tres años.

4. Pasados con el tiempo los efectos de su enojo, David quiso que Absalón volviera, no para ser castigado sino para estar con él. Fué sobre todo Joab, el capitán del ejército, el que lo persuadió de que lo mandara llamar. Joab contrató a una mujer de edad para que fuera a ver al rey vestida de luto, y le dijera que dos de sus hijos habían disputado ásperamente, llegando finalmente a pelear entre sí; cayó herido uno de ellos que luego murió. La mujer le pedía ahora al rey que interviniera para salvar al otro hijo, a quien sus parientes querían matar porque había dado muerte a su hermano, y no la privara del apoyo que esperaba de él en su vejez. Si impedía que lo mataran, le haría una gran merced; sólo el temor al rey podía hacerlos desistir de sus propósitos.

El rey le dió su consentimiento y la mujer replicó:

—Debo darte las gracias por tu bondad al compadecerte de mi vejez y evitarme la pérdida del único hijo que me quedaba; pero para asegurarme de tu favor, te ruego que te reconcilies primeramente con tu propio hijo y le retires tu enojo. Porque, ¿cómo podré convencerme de que realmente me concediste esa gracia si mantienes tu cólera contra tu hijo? Sería injusto añadir voluntariamente otra muerte al sacrificio de tu hijo, cometido sin tu consentimiento.

El rey comprendió que la pretendida historia era una estratagema de Joab; al confirmar su sospecha interrogando a la mujer, mandó llamar a Joab y le dijo que había logrado lo que se había propuesto, y le ordenó que trajera a Absalón porque ya se le había disipado el enojo.

Joab se prosternó ante el rey escuchando con júbilo sus palabras, y se trasladó inmediatamente a Getsura, de donde volvió a Jerusalén con Absalón.

5. Pero el rey envió un mensaje a su hijo antes de que llegara ordenándole que se retirara a su casa, porque por el momento no estaba dispuesto a recibirlo. Obedeciendo la orden de su padre, Absalón se abstuvo de presentarse ante el rey, y vivió atendido por su familia. La belleza de Absalón no sufrió menoscabo, ni por el pesar ni por la falta de los honores que suelen recibir los hijos de los reyes; seguía sobresaliendo a todos los hombres en estatura y prestancia y tenía mejor aspecto que los que vivían con lujo; sus cabellos eran tan espesos que con dificultad se lo cortaban cada ocho días; pesaban doscientos siclos, que equivalen a cinco minas.

Absalón vivió en Jerusalén dos años y fué padre de tres hijos y una hija; ésta era de gran belleza y luego se casó con ella Roboam hijo de Salomón, dándole un hijo llamado Abiá. Absalón mandó a buscar a Joab y le pidió que le hiciera las paces por completo con su padre y que le consiguiera permiso para ir a verlo y hablarle. Como Joab no se cuidó de cumplir su pedido, Absalón mandó a varios de sus criados a prender fuego a un campo vecino de la casa de Joab. Joab fué a ver a Absalón y le reprochó lo que había hecho y le preguntó la causa de su conducta.

—Me pareció una buena estratagema —respondió Absalón—, para traerte aquí, ya que no te ocupaste en satisfacer mi pedido de reconciliarme con mi padre. Ahora que estás aquí, te ruego que lo pacifiques conmigo, porque considero mi presencia en esta ciudad más afrentosa que el destierro, mientras continúe el enojo de mi padre.

Compadecido Joab de la desazón del joven, intercedió ante el rey. Habló con él y no tardó en ponerlo en favorable disposición para recibir a su hijo; David no tardó en mandar a buscar a Absalón. Cuando estuvo en su presencia éste se arrojó al suelo y le pidió perdón por sus ofensas. El rey lo levantó y le prometió olvidar lo que había hecho.

CAPITULO IX

La insurrección de Absalón contra David

1. Después de este buen éxito obtenido con el rey, Absalón se procuró, en bastante poco tiempo, un gran número de caballos y carros. Tenía además cincuenta escuderos que lo rodeaban. Diariamente se dirigía al palacio del rey, a hora temprana, y hablaba amablemente con los que iban a pedir justicia y perdían la causa, sugiriendo que si la habían perdido injustamente era porque el rey carecía de buenos consejeros, o quizá porque el juez había dado una sentencia equivocada; de este modo se ganaba su buena voluntad, y añadía que si él tuviese autoridad, impartiría justicia de manera más equitativa.

Se hizo popular entre la multitud y cuando juzgó que tenía asegurada la buena voluntad del pueblo, cuatro años después de la reconciliación, fué a ver al padre y le pidió permiso para trasladarse a Hebrón a hacer un sacrificio a Dios, que había prometido ofrecer cuando huyó del país. David se lo concedió y Absalón se dirigió a aquella ciudad, donde se reunieron con él grandes multitudes a las que había mandado llamar.

2. Entre ellos estaba Ajitofel el gilonita, consejero de David, con doscientos hombres de Jerusalén, que ignoraban sus intenciones y habían acudido solamente por asistir al sacrificio. Valiéndose de esa estratagema Absalón se hizo proclamar rey por toda la multitud.

Cuando la noticia llegó a oídos de David, quien se enteró de algo que no esperaba de su hijo, quedó espantado ante su acción impía y audaz; se extrañó de que Absalón, olvidando que sólo recientemente le había sido olvidada su ofensa, se lanzase a nuevas empresas peores y más perversas, aspirando a un trono que Dios no le había dado, y despojando a su propio padre.

Resolvió por lo tanto huír hacia el otro lado del Jordán. Reunió a sus más íntimos amigos y les comunicó las noticias sobre la locura de su hijo. Se encomendó a Dios, que juzgaría las acciones de ambas, y dejando el palacio real al cuidado de diez concubinas, partió de Jerusalén, voluntariamente acompañado por una numerosa multitud, que se empeñó en acompañarlo, y especialmente por aquellos seiscientos hombres que habían estado con él despúes de su primera huída en los tiempos de Saúl.

A Abiatar y Sadoc, los sumos sacerdotes, que querían partir con él, lo mismo que a todos los levitas, los convenció de que se quedaran con el arca, esperando que Dios lo salvara sin necesidad de moverla de su lugar. Pero les recomendó que secretamente le informaran de todo lo que pasara. Tenía además consigo como fieles servidores a Aquimás y Jonatás, hijos de los pontífices Sadoc y Abiatar [1]. Eti el giteo fué también con él, aunque David no quiso llevarlo y trató de persuadirlo de que se quedara, demostrando Eti con ello que era su mejor amigo.

Cuando subía descalzo el monte de los Olivos, seguido por toda su compañía que lloraba, le informaron que Ajitofel estaba del lado de Absalón y se encontraba con él. La noticia aumentó su pesar y pidió a Dios que hiciera perder a Ajitofel la confianza de Absalón, porque temía que lo hiciera seguir sus perniciosos consejos y sabía que era un hombre prudente y de previsión muy aguda.

Al llegar a la cima de la montaña David miró la ciudad, y oró a Dios con abundantes lágrimas, como si ya hubiese perdido el trono. Allí fué donde lo encontró un fiel amigo de él, llamado Cus. David lo vió con sus ropas rasgadas y ceniza en la cabeza, y lamentándose por el cambio de la situación; lo consoló y lo exhortó a que refrenara su dolor, y finalmente le pidió que fuera a reunirse con Absalón como si fuera partidario de él, para averiguar sus recónditas intenciones y contradecir los consejos de Ajitofel; porque no podría serle tan útil estando con él que estando junto a Absalón. Aceptó aquél la indicación de David y partió a Jerusalén, adonde llegó Absalón poco después.

3. David avanzó un poco más y se encontró con Siba, el siervo de Memfibost (a quien había enviado a cuidar las posesiones que le dió a Memfibost, por ser hijo de Jonatás hijo de Saúl); Siba llevaba un par de asnos cargados de provisiones, y le pidió que tomara todo lo que él y sus acompañantes necesitaran. El rey le preguntó dónde había dejado a Memfibost; respondió que en Jeru-

---

[1] Según la Biblia, David dice a Sadoc que vuelva a la ciudad con Abiatar y los hijos de ambos (2 *Samuel*, 15, 27).

salén, donde esperaba que a favor de la confusión presente, el pueblo lo proclamaría rey recordando los beneficios que Saúl le había conferido. Indignado por la traición el rey cedió a Siba todo lo que antes había acordado a Memfibost, juzgando que tenía más derecho a poseerlo que su amo. Por lo cual Siba se regocijó sobremanera.

4. Estando David en un lugar llamado Bacures llegó un pariente de Saúl de nombre Semei, hijo de Ger, que le arrojó piedras y le dijo palabras de reproche. Los amigos del rey rodearon a David para protegerlo y el hombre insistió en sus reproches, llamándolo sanguinario y declarándolo culpable de todos los males. Le ordenó que se fuera del país, por ser impuro y maldito y agradeció a Dios por haberle quitado el trono haciéndole aplicar, por la mano de su propio hijo, el castigo de las ofensas inferidas a su amo.

Indignados y furiosos quedaron los que rodeaban al rey, y Abiseo quiso matar a Semei. David lo contuvo.

—No aumentemos nuestros infortunios con uno más —dijo—. No me preocupa ese perro que me ladra; me someto a Dios, que mandó a este hombre para lanzarnos su furor. No es extraño que deba aguantar esas injurias, cuando sufro la misma impiedad de mi propio hijo. Pero quizá Dios se compadezca de nosotros, si su voluntad es que triunfemos.

Prosiguió su marcha sin prestar atención a Semei, que corría por el otro lado de la montaña y lanzaba sin cesar su injurioso lenguaje. Al llegar al Jordán, David permitió a los que iban con él que descansaran, porque estaban fatigados.

5. Cuando llegaron a Jerusalén Absalón y su consejero Ajitofel, con todo el pueblo, Cus se presentó ante él, le hizo una reverencia y le deseó que su reinado se prolongara a través de las edades. Absalón le preguntó por qué, siendo un amigo íntimo de su padre, a quien siempre le fué fiel, no estaba ahora con él y había venido en cambio a ponerse a su servicio.

La respuesta de Cus fué muy oportuna y prudente.

—Debemos seguir a Dios y a la multitud del pueblo; éste, señor y amo mío, está contigo; corresponde por lo tanto, que lo siga, porque tú recibiste el reino de Dios. Si me crees tu amigo, te demostraré la misma fidelidad y benevolencia que tú sabes he tenido siempre para con tu padre. No hay ningún motivo para no estar satisfecho con el presente estado de cosas, porque el trono no pasa a otros, queda en la misma familia, recibiéndolo el hijo después del padre.

Estas palabras persuadieron a Absalón, que había sospechado de Cus.

Llamó luego Absalón a Ajitofel y lo consultó sobre lo que debía hacer. El consejero le recomendó que se juntara con las concubinas de su padre.

—Con ese acto —dijo—, el pueblo tendrá la certeza de que tu diferencia con tu padre es irreconciliable, y peleará con decisión contra él, porque por ahora todavía temen asumir una actitud de franca enemistad, por las dudas de que se reconcilien.

Absalón aceptó el consejo y ordenó a sus sirvientes que le pusieran una tienda en la terraza del palacio real, delante de la multitud; y entró y se acostó con las concubinas de su padre. Todo lo cual ocurrió de acuerdo con la predicción de Natán, quien le profetizó el futuro atentado de su hijo.

6. Después de hacer lo que Ajitofel le había aconsejado, Absalón le volvió a pedir consejo acerca de la guerra con su padre. Ajitofel le pidió que le diera diez mil hombres elegidos y le prometió que mataría a su padre y traería de vuelta a los soldados sanos y salvos. Le aseguró que sólo podría afirmarse en el trono estando su padre muerto.

A Absalón le agradó el consejo, y llamó a Cus, el amigo de David (así lo llamaba), e informándole de la opinión de Ajitofel le preguntó cuál era la suya al respecto. Cus comprendió que si seguía el consejo de Ajitofel David correría peligro de ser apresado y muerto; y trató de presentar una opinión contraria.

—Tú no desconoces, ¡oh, rey! —dijo—, la valentía de tu padre y de los que están con él. Hizo muchas guerras y siempre salió de ellas victorioso; ahora vive probablemente en el campamento, pero como es hábil en urdir estratagemas y en prever los engañosos ardides del enemigo, sin duda dejará a sus soldados por la noche y se ocultará en algún valle o tenderá una celada en una roca. Cuando nuestro ejército entre en batalla con sus fuerzas, éstas se retirarán al principio, para volver a atacarnos envalentonadas por la proximidad del rey. Entretanto tu padre aparecerá de improviso en medio del combate, infundiendo valor en su gente cuando estén en peligro y trayendo consternación en la tuya. Considera, por lo tanto, mi consejo, y razona, y si no puedes menos que reconocer que es el mejor, rechaza la opinión de Ajitofel. Reúne a todo el país de los hebreos y ordénale pelear contra tu padre, y tú toma personalmente el ejército, asume en esta guerra el puesto de general y no lo confíes a nadie más que a ti mismo. De este modo lo vencerás fácilmente, dominándolo abiertamente con sus pocos partidarios mientras que tú tendrás muchas decenas de miles de hombres deseosos de demostrarte su diligencia y decisión. Y si tu padre se encierra en alguna ciudad y sostiene el sitio, derribaremos la ciudad por medio de máquinas de guerra y de minas [1].

Dicho esto por Cus, su punto de vista prevaleció sobre el de Ajitofel, porque Absalón prefirió su opinión a la otra. En realidad fué Dios mismo el que le hizo juzgar mejor el consejo de Cus.

7. Cus se dirigió apresuradamente a encontrarse con los sumos sacerdotes Sadoc y Abiatar y les comunicó los consejos de Ajitofel y de él mismo, y de que se había resuelto seguir el de él. Les pidió que mandaran a avisar a David, comunicándole las decisiones adoptadas y rogándole que pasara sin demora el Jordán, por las dudas de que su hijo cambiara de parecer, lo persiguiera y lo apresara antes de ponerse a salvo. Los sumos sacerdotes tenían escondidos a sus hijos en un sitio adecuado fuera de la ciudad, preparados para llevar a David las noticias de lo que se hubiese resuelto.

Enviaron a una criada de confianza a comunicarles las noticias de la resolución de Absalón, ordenándoles que se las llevaran a toda velocidad a David. Sin pérdida de tiempo, al recibir las instrucciones de sus padres como fieles y piadosos delegados, juzgaron que la rapidez sería la mejor expresión de fidelidad y se apresuraron a dirigirse hacia el lugar donde se hallaba David.

Cuando estaban a dos estadios de la ciudad, varios jinetes los vieron [2], e informaron a Absalón, que inmediatamente envió soldados a detenerlos. Al saberlo los hijos de los sumos sacerdotes

---

[1] Anacronismo propio de Josefo. La Biblia (2 *Samuel*, 17, 13), dice "...con cuerdas la arrastraremos hasta el arroyo..."

[2] En el texto bíblico es *un mozo* quien los ve y avisa a Absalón (*ibid*, 17, 18).

abandonaron el camino y penetraron en una aldea llamada Bacures, donde pidieron a una mujer que los ocultara en algún sitio seguro. La mujer los hizo descender por medio de una cuerda a un pozo, que tapó con vellones de lana. Cuando llegaron los perseguidores le preguntaron si los había visto, no lo negó, pero agregó que se habían quedado con ella un tiempo, marchándose luego; y que si los seguían sin demora los apresarían.

Después de buscarlos largo tiempo sin encontrarlos, los soldados se volvieron. Pasado el peligro de que fueran sorprendidos, la mujer subió a los jóvenes por medio de la cuerda y les indicó que siguieran su camino. Los jóvenes partieron a toda prisa y llegaron hasta donde se hallaba David, a quien informaron detalladamente de las decisiones de Absalón. David ordenó a los que estaban con él que atravesaran el Jordán en el transcurso de la noche, sin pérdida de tiempo.

8. Al serle rechazado su consejo, Ajitofel montó en su asno y se transladó a su ciudad de Gelmón. Allí reunió a su familia y les comunicó lo que había recomendado a Absalón, añadiendo que como éste no lo había escuchado, su caída se produciría indudablemente dentro de poco tiempo; David lo derrotaría y volvería a ocupar su trono. Por lo tanto prefería quitarse la vida libre y valientemente, antes que exponerse al castigo que David le infligiría por haberlo traicionado apoyando enteramente a Absalón.

Dicho esto se dirigió a su alcoba y se ahorcó. Este fué el fin de Ajitofel, que se condenó a sí mismo. Sus parientes lo descolgaron de la cuerda y se ocuparon en su funeral.

En cuanto a David, pasó el Jordán, como ya hemos dicho, y llegó a Campamentos [1], una excelente ciudad muy bien fortificada. Los principales de la ciudad lo recibieron amistosamente, compadecidos por su desdicha y respetuosos por su prosperidad pasada. Eran ellos Berzeleo el galadita, Sifar, jefe de los amonitas y Maquir, el principal de Galaad. Le suministraron abundantes provisiones para él y sus partidarios, camas, mantas, hogazas de pan, vino. Les trajeron gran cantidad de ganado para carnear y les dieron los muebles que necesitaban.

<hr>

[1] Παρεμβυλὰς, *Mahanaim* en la Biblia.

CAPITULO X

Absalón es derrotado y muerto por Joab

1. Mientras David y sus partidarios pernoctaban allí Absalón, que había reunido un enorme ejército de hebreos para oponerlo contra su padre, pasó el Jordán, y se instaló cerca de Campamentos, en el país de Galaad. Nombró a Amasa capitán general del ejército, en lugar de su pariente Joab; el padre de Amasa era Jetrán y la madre Abigal, que igual que Saruia, la madre de Joab, era hermana de David. David contó sus partidarios, que eran unos cuatro mil, y resolvió no esperar a que Absalón lo atacara. Nombró capitanes de milicias y centurias, y dividió el ejército en tres partes: la primera la encomendó a Joab, la segunda a Abiseo, el hermano de Joab, y la tercera a Eti, el compañero y amigo de David que había ido de la ciudad de Gita.

David quiso participar personalmente de la lucha, pero sus amigos no lo dejaron, fundándose en razones muy prudentes. Si somos derrotados estando él con nosotros, decían, perderemos todas las esperanzas de recobrarnos; en cambio si pierde la batalla una parte del ejército, las restantes pueden retirarse y reunirse con él y preparar una fuerza mayor. Además su ausencia haría suponer al enemigo, como es natural, que tiene otro ejército a su lado.

Aceptando el consejo, David decidió quedarse en Campamentos. Despidió a sus amigos y comandantes pidiéndoles que demostraran la mayor decisión y fidelidad posibles, y que recordaran los beneficios que habían recibido de su mano, que aunque no muy grandes, tampoco fueron insignificantes. Les pidió también que perdonaran la vida al joven Absalón, para no acarrearse desgracias con su muerte. De este modo envió al ejército a la lucha, deseándole la victoria.

2. Joab dispuso su ejército en orden de batalla en la llanura, frente al enemigo, y delante de un bosque. Absalón también condujo su ejército al campo para hacerle frente. Entablóse la batalla y ambos bandos demostraron valor y decisión; uno exponiéndose a los mayores peligros y usando todo su empeño para que David recuperara su trono; el otro sin ceder ni en acción ni en sufrimiento, para que Absalón no fuera privado del reino y castigado por su padre por su desvergonzada tentativa. Los que eran los más numerosos se esforzaban para no sufrir la vergüenza de ser derrotados por el escaso número de los que seguían a Joab y sus comandantes; sería la peor desgracia que podría ocurrirles. Por su parte los soldados de David luchaban denodadamente para vencer a tantos millares de adversarios.

Triunfaron los hombres de David, por ser superiores en fuerza y habilidad guerrera; persiguieron a los vencidos por bosques y valles, tomaron algunos prisioneros y mataron a muchos, más en la huída que en la batalla; ese día cayeron unos veinte mil hombres. Todos los soldados de David corrieron detrás de Absalón, fácilmente distinguible por su estatura y su belleza.

Temeroso de que lo prendieran, Absalón montó en la mula real y huyó; pero al salir corriendo con gran prisa y violencia, se enredó los cabellos en las largas ramas de un árbol nudoso que se extendían sobre el camino, y quedó colgando de curiosa manera. El animal, llevado por su impulso, siguió avanzando rápidamente como si llevara siempre a su amo en el lomo; Absalón, colgado de las ramas, fué divisado por el enemigo. Uno de los soldados de David lo vió e informó a Joab. El general le prometió cincuenta siclos si mataba a Absalón de un lanzazo.

—Jamás mataría al hijo de mi amo —replicó el soldado—, ni aunque me dieses mil siclos, sobre todo después de haberte encargado delante de todos nosotros que su vida fuera respetada.

Joab le ordenó que le mostrara dónde había visto colgando a Absalón, le disparó una flecha al corazón y lo mató. Los escuderos de Joab rodearon el árbol, descolgaron el cuerpo y lo arrojaron en un gran pozo que estaba fuera de la vista, llenando luego la cavidad con una gran montaña de piedras, con lo que adquirió la dimensión y la apariencia de una tumba. Luego Joab tocó retirada, ordenando a sus soldados suspender la persecución del ejército enemigo, para no matar más compatriotas.

3. Absalón se había erigido una columna de mármol en el Valle del Rey, a dos estadios de Jerusalén, a la que había denominado La Mano de Absalón, diciendo que si sus hijos eran muertos su nombre quedaría en la columna. Tenía tres hijos y una hija, llamada Tamara, como dijimos antes, quien, al casarse con Roboam, nieto de David, tuvo un hijo llamado Abia, que sucedió a su padre en el reino. Pero de esto hablaremos en una parte más apropiada de nuestra historia. Después de la muerte de Absalón, cada cual regresó a su casa.

4. Ajimás hijo de Sadoc el sumo sacerdote, fué a ver a Joab y le pidió que le permitiera llevar a David la noticia de la victoria y comunicarle que Dios le había acordado su ayuda y providencia. Joab no lo autorizó.

—Tú que siempre has sido mensajero de buenas nuevas —le dijo —¿quieres ir ahora a informar al rey que ha muerto su hijo?

Y le pidió que desistiera de su propósito. Llamó entonces a Cus y le encargó la misión de informar al rey de todo lo que había visto. Pero Ajimás insistió en que le permitiera hacer de mensajero, asegurándole que sólo le contaría lo referente a la victoria y se callaría lo de la muerte de Absalón. Joab lo autorizó.

Ajimás tomó un camino distinto del que había seguido Cus y que sólo él conocía y llegó antes que aquél. David estaba sentado entre las puertas aguardando a que alguien llegara del campo de batalla a informarle sobre su desarrollo. Uno de los centinelas vió venir corriendo a Ajimás y antes de poder distinguir quién era anunció a David que llegaba un hombre corriendo; David manifestó que era un mensajero de buenas nuevas. Un rato más tarde el centinela le informó que detrás venía corriendo otro mensajero. El rey respondió que también ése era un buen mensajero. Cuando el centinela reconoció a Ajimás, que ya estaba cerca, comunicó al rey que era el hijo del sumo sacerdote Sadoc el que venía. David se alegró, diciendo que era portador de buenas noticias, de las que él quería conocer sobre la batalla.

5. Sobre estas palabras llegó Ajimás e hizo su reverencia al rey. Preguntado por éste sobre la batalla, respondió que le traía la buena nueva de la victoria y el triunfo. Interrogado sobre lo que podía decirle acerca de su hijo, replicó que había partido no bien derrotado el enemigo y que había oído un gran alboroto de los que perseguían a Absalón, pero que no se pudo enterar de nada por la prisa con que Joab lo había enviado a informar al rey de la victoria.

Pero cuando llegó Cus, después de reverenciar al rey e informarle de la victoria, el rey le preguntó por su hijo.

—Ojalá sufran todos tus enemigos la suerte que le cupo a Absalón —respondió Cus.

Esas palabras no le permitieron ni a él ni a sus soldados celebrar la victoria, aunque era grande. David subió a la parte más alta de la ciudad [1] y lloró por su hijo, golpeándose el pecho, mesándose los cabellos, atormentándose de mil modos y gritando: "¡Hijo mío, ojalá hubiese muerto yo, terminando mis días contigo!" Era de naturaleza afectuosa y por aquel hijo tenía especial predilección.

Al enterarse los soldados y Joab que el rey lloraba a su hijo, sintieron vergüenza de entrar en la ciudad con fausto de conquistadores, y lo hicieron apesadumbrados derramando lágrimas, como si hubiesen sido derrotados. Mientras el rey se velaba la cabeza y lamentaba dolorosamente la muerte de su hijo, Joab lo consoló diciéndole:

—¿No adviertes, ¡oh, señor!, que echas un baldón sobre ti mismo con lo que ahora haces? Pareces odiar a los que te aman y arrostran peligros por ti; pareces odiarte a ti mismo y a tu familia, y amar a los que son tus acérrimos enemigos, y desear la compañía de los que ya no existen y que han sido justicieramente muertos. Si Absalón hubiese obtenido la victoria y se hubiese asentado firmemente en el trono, ninguno de nosotros habría quedado vivo. Todos nosotros, empezando por ti mismo y tus hijos, habríamos perecido miserablemente; y nuestros enemigos no llorarían, se regocijarían y castigarían incluso a los que se compadecieran de nuestra desgracia. Y tú no te avergüenzas de hacerlo tratándose de alguien que fué tu enconado enemigo y que, siendo tu propio hijo, se portó tan mal contigo. Deja, pues, tu injusto dolor y sal afuera a que te vean tus soldados, y dales las gracias por la decisión que demostraron en la lucha. Porque si continúas con esta actitud, yo mismo diré al pueblo que te abandone y que dé el trono a otro, y entonces te ocasionaré un dolor más amargo y más justificado.

Con estas palabras Joab obligó al rey a abandonar su pena y

---

[1] O más bien, como dice la Biblia, *a la sala* (más alta) *de la puerta* (2 *Sam.* 18, 33). Recordemos que "David estaba sentado entre las puertas" (párr. 4), siendo las puertas de las ciudades amplios espacios donde solían instalarse, entre otras cosas, los tribunales de justicia (Cf. 2 *Crónicas*, 31, 2; *Salmos*, 9, 14; 127, 5, etc.).

lo llevó a la consideración de los asuntos. David se cambió de ropa y se presentó apropiadamente ante la multitud, sentándose en las puertas. Enterado el pueblo, se reunió y corrió a saludarlo. Este era el estado en que se hallaban las cosas de David.

CAPITULO XI

Recuperado el trono, David se reconcilia con Semei y con Siba, y demuestra gran afecto a Berzeleo; y al estallar una sedición nombra a Amasa capitán del ejército, para perseguir a Sabeo, siendo Amasa muerto por Joab

1. Los hebreos que habían estado con Absalón y habían escapado de la batalla, cuando volvieron a sus casas enviaron mensajeros a todas las ciudades para recordarles los beneficios recibidos de David y de la libertad que les había dado a costa de tantas y tan grandes guerras. Y se quejaban de que habiendo expulsado a David del trono para dárselo a otro gobernante, y habiendo muerto el otro gobernante a quien habían elevado, no rogaran a David que depusiera su enojo y volviera a concederles su amistad, reasumiendo como antes la atención de los asuntos y retomando el trono.

Esa información llegó a oídos de David. No obstante, envió a los sumos sacerdotes Sadoc y Abiatar a que hablaran con los jefes de Judá y les dijeran que sería vergonzoso para ellos que permitieran a las otras tribus elegir de nuevo rey a David antes que su tribu, siendo ellos parientes y de la misma sangre. Mandó también que dijeran lo mismo a Amasa, el capitán de sus fuerzas, que aunque era hijo de su hermana no había persuadido a la multitud de que restableciera a David en el trono. Y le anunció que podía esperar de él no solamente la reconciliación, que ya se la concedía, sino también el mando supremo del ejército, que antes le había dado Absalón.

Después de hablar con los jefes de la tribu diciéndoles lo que el rey les había ordenado, los sumos sacerdotes conversaron con Amasa, quien persuadió a la tribu que enviara inmediatamente embajadores para rogar a David que volviera al trono. Lo mismo hicieron los israelitas, incitados por Amasa.

2. Cuando los embajadores fueron a verlo, David se trasladó a Jerusalén. La tribu de Judá fué la primera que salió al encuentro del rey en el río Jordán. Semei hijo de Ger fué con mil hombres que trajo consigo de la tribu de Benjamín, y Siba, el liberto de Saúl, con sus quince hijos y veinte siervos. Todos ellos tendieron un puente sobre el río, para que el rey y los que estaban con él pudieran pasarlo fácilmente.

En cuanto llegó al Jordán la tribu de Judá lo aclamó. Semei subió al puente, se arrojó al suelo y abrazándole los pies le rogó que le perdonara sus ofensas y no le guardara rencor ni tomara con él la primera medida severa de su nuevo poder, y considerara que se había arrepentido de su falta y había sido el primero en acudir a recibirlo.

Mientras rogaba de ese modo al rey, moviéndolo a compasión, dijo Abiseo, hermano de Joab:

—¿Con esto se libraría de la muerte este hombre, que maldijo al rey nombrado por Dios?

David se volvió hacia él.

—¿Nunca cejaréis, vosotros los hijos de Saruia? —dijo—. Os lo ruego, no promováis nuevos disturbios y sediciones entre nosotros, ahora que terminó la otra. Porque no os ocultaré que hoy comenzaré a reinar y por eso juro perdonar a todos los ofensores sus castigos, y no me ensañaré con ninguno que haya pecado. Por consiguiente, tú, Semei —agregó dirigiéndose a éste—, anímate y no temas que te castiguen con la muerte.

Semei le hizo una reverencia y siguió marchando delante de él.

3. También Memfibost, el nieto de Saúl, fué al encuentro de David, vestido con ropas sórdidas y con el cabello crecido y descuidado. Después de la huída de David sintió tanta pena que no se cortó el pelo ni se hizo lavar la ropa, previendo las desventuras que le tocaría sufrir con el cambio de la situación.

Porque había sido injustamente calumniado ante el rey por su cuidador Siba. Después de hacer la reverencia al rey y saludarlo David le preguntó por qué no había salido de Jerusalén acompañándolo en la huída. Memfibost echó la culpa a Siba; cuando le ordenó que le preparara las cosas para partir, no lo obedeció y lo trató, en cambio, como si fuera un esclavo.

—Si tuviese las piernas sanas y fuertes, no te habría desertado, las habría usado para huir. Pero eso no es toda la ofensa que me infirió, con respecto a mi deber para contigo, señor; además me calumnió, contándote mentiras de su invención. Pero sé que tu inteligencia no admitirá esas calumnias, sé que eres justo y amante de la verdad, y sé que es también voluntad de Dios que esta última prevalezca. Después de haber estado expuesto a los peores peligros por mi abuelo y cuando luego mi familia pudo haber sido, con razón, totalmente destruída, fuiste moderado y misericordioso, y olvidaste todas las injurias, precisamente cuando estabas en condiciones de castigarlas. Me consideraste tu amigo y me sentaste diariamente a tu mesa, y me trataste como al más estimado de tus parientes.

David resolvió no castigar a Memfibost ni condenar a Siba, por haber traicionado a su amo. Le dijo que habiendo concedido todo su patrimonio a Siba por no haberse ido con él, ahora le prometía olvidarlo y ordenó que le fuera restituída la mitad del patrimonio.

—Que Siba se lo lleve todo —repuso Memfibost—. Me basta con que hayas recobrado tu trono.

4. David pidió a Berzeleo el galadita, ese hombre grande y espléndido que le había llevado numerosas provisiones a Campamentos y lo había conducido al Jordán, que lo acompañara a Jerusalén, porque había prometido rodear su vejez de respeto y honores, atenderlo y mantenerlo. Pero Berzeleo quería vivir en su casa, y le rogó que lo disculpara. Su edad, le dijo, era demasiado avanzada para esos placeres; tenía ochenta años y estaba haciendo preparativos para su muerte y sepultura. Le pidió como único favor que lo despidiera; su edad no le permitiría gozar de su comida y su bebida, y sus oídos estaban demasiado cerrados para oír el sonido de las flautas, o las melodías de otros instrumentos musicales, con los que se encantan los que viven en las cortes de los reyes.

Ante su sincero pedido respondió el rey:

—Te despido, pero déjame a tu hijo Aquimán, a quien colmaré de atenciones.

Berzeleo le dejó a su hijo, hizo una reverencia al rey, le deseó que todos sus cosas salieran a la medida de sus deseos y regresó a su casa. David llegó a Galgala con casi la mitad del pueblo y la tribu de Judá.

5. Los principales hombres del país fueron a verlo a Galgala con una gran multitud, y se quejaron de que la tribu de Judá

hubiese ido a verlo privadamente, debiendo haber ido todos juntos con la misma y única intención, de darle la bienvenida. Los jefes de la tribu de Judá les pidieron que no se disgustaran por eso. Ellos, añadieron, eran parientes de David; por eso le debían más afecto y solicitud, y fueron los primeros en salirle al encuentro.

Les aseguraron que no por eso habían recibido ninguna donación que pudiera desazonar a los que llegaran después. Los jefes de las demás tribus no se aplacaron con estas palabras de los principales de la tribu de Judá.

—No podemos menos que extrañarnos, hermanos —dijeron—, al oíros decir que el rey es pariente vuestro solamente; el que recibió de Dios el poder sobre todos nosotros en común, debe ser estimado como pariente de todos nosotros, por cuya razón al conjunto del pueblo le corresponden once partes[1] y a vosotros sólo una. Además nosotros somos más viejos que vosotros, por lo tanto no habéis hecho bien en dirigiros al encuentro del rey de esa manera privada y oculta.

6. Mientras los jefes disputaban entre sí, un hombre perverso que se complacía en practicar la sedición (se llamaba Sabeo hijo de Bocorías, de la tribu de Benjamín), entró en medio de la multitud y exclamó en voz alta:

—¡A nosotros no nos corresponde ninguna parte de David, ni queremos nada del hijo de Isaí!

Dicho esto hizo sonar la trompeta y declaró la guerra contra el rey. Todos abandonaron a David y lo siguieron, excepto la tribu de Judá, que lo instaló en su palacio real de Jerusalén. En cuanto a sus concubinas, con las que se acompañó su hijo Absalón, las trasladó a otra casa y ordenó a los que las cuidaban que les dieran todo lo que necesitaban, pero él nunca más se acercó a ellas.

Nombró asimismo a Amasa capitán de las fuerzas, y le dió el mismo cargo elevado que había tenido Joab. Luego le ordenó que reuniera en la tribu de Judá el mayor ejército que fuera posible y se presentara ante él dentro de tres días; le entregaría entonces todo su ejército y lo enviaría a luchar contra el hijo de Bocorías.

Amasa partió pero no se apresuró a reunir la fuerza encomendada y no volvió a los tres días. Dijo entonces David a Joab que

[1] Según la Biblia "diez partes" (2 *Sam.* 19, 43).

no convenía demorar este asunto de Sabeo, para no darle tiempo a que reuniera un ejército numeroso y provocara mayores contratiempos y dañar las cosas más aún que el mismo Absalón.

—No esperes más —dijo—, toma las fuerzas que tengas a mano, junto con ese cuerpo de seiscientos hombres, y que vaya tu hermano Abiseo contigo; sal contra el enemigo y trata de derrotarlo. Apresúrate y adelántate a él, para evitar que tome algunas ciudades fortificadas y nos dé mucho trabajo y penas dominarlo.

7. Joab resolvió hacerlo sin pérdida de tiempo; llevando consigo a su hermano y aquellos seiscientos hombres y ordenando que lo siguiera el resto del ejército que se hallaba en Jerusalén, marchó a toda velocidad contra Sabeo. Cuando estaban cerca de Gabaón, que es una aldea situada a cuarenta estadios de Jerusalén, Amasa, con un gran ejército, salió al encuentro de Joab. Joab llevaba coraza y espada al cinto. Cuando Amasa se acercó a saludarlo, con particular cuidado se arregló para que su espada se le cayera, al parecer espontáneamente. La levantó y se acercó a Amasa, y como si fuera a besarlo le tomó la barba con la otra mano mientras le hundía la espada en el vientre. Amasa cayó al suelo, muerto.

Joab cometió ese acto impío y completamente repudiable con un hombre bueno, pariente de él, que jamás lo había ofendido; lo hizo sólo por celos, porque había sido designado comandante en jefe del ejército y tenía ahora el mismo grado de dignidad que él; por la misma razón había matado anteriormente a Abner. En aquella perversa acción la muerte de su hermano Asael, que simuló vengar, le dió un pretexto aceptable, justificando su crimen perdonable. Pero para el asesinato de Amasa no tenía ninguno.

Después de matar al general, Joab persiguió a Sabeo, dejando un hombre junto al cadáver de Amasa, con la orden de proclamar a voces ante el ejército que había sido muerto justamente y obtenido un merecido castigo. Y que si estaban con el rey, que siguieran a Joab su general y a Abiseo el hermano de Joab.

Como el cuerpo estaba en medio del camino y toda la multitud corría a verlo y, como es habitual en las multitudes, se quedaban haciendo comentarios, el cuidador lo retiró de ese lugar y lo llevó a otro sitio alejado del camino, donde lo dejó cubierto con su ropa. Hecho esto, todo el pueblo siguió a Joab.

Mientras perseguía a Sabeo por todo el país de Israel, alguien le dijo que el buscado se hallaba en una ciudad fuerte llamada Abelmaquea. Hacia allí se dirigió Joab, la rodeó, tendió una valla y ordenó a sus soldados que minaran las murallas y las derribaran. Estaba indignado con los habitantes de la ciudad por no haberle permitido la entrada.

8. Una mujer de poca importancia pero sabia e inteligente, viendo a su ciudad al borde del abismo, subió al muro y por medio de los hombres armados llamó a Joab. Cuando éste se acercó le dijo la mujer:

—Dios ordenó reyes y generales de ejércitos para suprimir a los enemigos de los hebreos y obtener para ellos la paz y la tranquilidad; tú en cambio te empeñas en derribar y despoblar una urbe de los israelitas, que no ha cometido ningún delito.

Joab protestó y rogó que Dios le siguiera siendo propicio. Aseguró a la mujer que no quería hacer morir a ninguno de sus habitantes y mucho menos destruir una ciudad tan grande como aquélla; si le entregaban a Sabeo hijo de Bocorías, que se rebeló contra el rey, abandonaría el asedio y retiraría el ejército.

Oyendo estas palabras de Joab la mujer le pidió que suspendiera momentáneamente el sitio, el tiempo suficiente para hacerle tirar por el muro la cabeza de su enemigo. Descendió y dirigiéndose a los ciudadanos les dijo:

—¿Sois tan perversos que preferís morir miserablemente, con vuestras mujeres e hijos, por salvar a un ser vil a quien nadie conoce? ¿Lo aceptaréis como rey en lugar de David, que es vuestro gran benefactor, y opondréis vuestra ciudad a un ejército fuerte y poderoso?

La mujer los convenció; cortaron la cabeza a Sabeo y la arrojaron al campamento de Joab. El general del rey tocó entonces retirada y levantó el sitio de la ciudad. Cuando regresó a Jerusalén fué nombrado nuevamente general de todo el pueblo. El rey designó asimismo a Banajas capitán de la guardia y de los seiscientos hombres, a Adoram encargado de los tributos y a Sabatés y Aquilao para cuidar lor archivos. Nombró escriba a Susa y sumos sacerdotes a Sadoc y Abiatar [1].

---

[1] Omite la designación de *Ira el jaireo* como *jefe principal* de David (2 *Samuel*, 20, 25).

CAPITULO XII

Los hebreos son salvados del hambre mediante la venganza
de los gabaonitas. Las grandes acciones de David contra los
filisteos. Hazañas de los valientes que lo rodean

1. Posteriormente, cuando el hambre azotó gravemente al país, David rogó a Dios que se compadeciera del pueblo y le descubriera cuál era la causa de la aflicción y qué remedio se le podía aplicar. Los profetas respondieron que Dios haría vengar a los gabaonitas, a los que el rey Saúl mató a traición con tanta perversidad, sin observar el juramento que el general Josué y el senado le habían formulado. Si el rey permitía que se vengase a los que fueron muertos como lo quisieran los gabaonitas, Dios prometía reconciliarlos con ellos, librando a la multitud de sus desdichas.

Enterado David de lo que buscaba Dios, envió a llamar a los gabaonitas y les preguntó qué era lo que querían. Respondieron que querían que les entregaran a siete hijos de Saúl, para castigarlos. David los entregó, exceptuando a Memfibost hijo de Jonatás. Los gabaonitas los recibieron y los castigaron como quisieron. Después de lo cual Dios comenzó a enviar lluvias y a devolver a la tierra la producción de sus frutos habituales, librándola de la sequía anterior; y el país de los hebreos volvió a florecer.

Poco después el rey hizo la guerra a los filisteos; trabada la batalla, los puso en fuga y, muy fatigado, quedó aislado durante la persecución del enemigo. Lo vió un soldado contrario, llamado Acmón hijo de Arafos; era uno de los descendientes de los gigantes y tenía una lanza cuyo mango pesaba trescientos siclos, una cota de malla y una espada. Cuando lo vió se volvió y corrió violentamente para matar al rey de sus enemigos, que estaba dominado por el cansancio.

De pronto apareció Abiseo, el hermano de Joab, protegió al rey con su escudo y mató al enemigo. La multitud quedó muy intranquila por el peligro que había corrido el rey. Y los jefes le hicieron jurar que no volvería a salir a la batalla con ellos, para que su valor y su osadía no les acarrearan una desgracia, privando al pueblo de los beneficios de que ahora gozaba por su intermedio y de los que podía gozar si vivía muchos años.

2. Enterado el rey de que los filisteos se habían reunido en la ciudad de Gazara, envió un ejército contra ellos. Allí Sobaquis el jeteo, uno de los hombres más valientes de David, mereció gran encomio por su comportamiento, porque mató a muchos de los que se jactaban que eran de la posteridad de los gigantes, trayendo la victoria a los hebreos.

Después de esta derrota y a pesar de ella los filisteos volvieron a hacer la guerra. David envió un ejército a enfrentarlos y su pariente Nefán luchó en combate singular con el más robusto de los filisteos, y lo mató, poniendo en fuga a los demás. Muchos de ellos fueron muertos en la huída. Poco tiempo después los filisteos instalaron el campamento en una ciudad que estaba cerca de los confines del país de los hebreos. Había entre ellos un hombre que medía seis codos de altura y tenía en las manos y los pies un dedo más de los usuales. Un hombre peleó con él en combate singular y lo mató. Decidió con su acción la suerte de la batalla y ganó reputación de valiente.

Aquel hombre también se había jactado de que era hijo de los gigantes. Pero después de este combate los filisteos no volvieron a hacer la guerra contra los israelitas.

3. Libre David de guerras y peligros, y gozando en lo futuro de una profunda paz, compuso himnos y canciones a Dios de distintos metros; algunos eran trímetros y otros pentámetros. Hizo también instrumentos musicales y enseñó a los levitas a cantar himnos a Dios, durante los días llamados del sabat y en otros festivales.

Los instrumentos musicales estaban hechos del siguiente modo: la cinira era un instrumento de diez cuerdas que se tocaba con un plectro; la nabla tenía veinte notas musicales, y se tocaba con los dedos; los címbalos eran unos instrumentos anchos y grandes, que se hacían de bronce. Con esto será suficiente acerca de los instrumentos, para que el lector no desconozca completamente su naturaleza.

4. Todos los hombres que rodeaban a David eran valientes. Pero había treinta y ocho que eran famosos por sus acciones y sus hazañas; voy a relatar los hechos de sólo cinco de ellos, lo que será suficiente para poner de manifiesto las virtudes de los demás, porque todos fueron poderosos y capaces de someter países y conquistar grandes naciones. El primero era Jesaem hijo de Aque-meo, que solía saltar sobre las tropas enemigas y no dejaba de pelear hasta que derribara novecientos hombres. Después Eleazar hijo de Dodia, que estuvo con el rey en Arasán. Este hombre, una vez que los israelitas, consternados por la gran multitud de los filisteos, se dieron a la fuga, quedó solo, cayó sobre el enemigo y mató hasta que la espada se le quedó pegada a la mano por la sangre derramada; los israelitas, viendo que los filisteos se daban a la fuga, bajaron de las montañas y los persiguieron, y obtuvieron una famosa y sorprendente victoria; mientras tanto Eleazar ma-taba hombres y la multitud lo seguía y despojaba los cuerpos de sus muertos.

El tercero era Cesabeo hijo de Il. Este hombre, cuando en la guerra contra los filisteos éstos instalaron el campamento en un lugar llamado Siagón y los hebreos, temerosos de nuevo ante la magnitud de su ejército, no les hicieron frente, luchó solo como si fuera un ejército; mató a algunos y persiguió a otros que no pudieron dominar su fuerza y su ímpetu.

Eso fué lo que hicieron estos tres hombres. Una vez que el rey estaba en Jerusalén, y el ejército filisteo lo atacó, David subió a la cima de la ciudadela, como ya hemos dicho, para consultar a Dios acerca de la batalla; el campamento enemigo se hallaba en el valle que se extendía hasta la ciudad de Betlem, a veinte estadios de Jerusalén.

—En mi ciudad hay un agua excelente —dijo David a sus com-pañeros—, especialmente la del pozo que está cerca de la puerta.

Y afirmó que si alguien le trajera un poco de esa agua para beber, la apreciaría más que una gran suma de dinero. Lo oyeron los tres hombres, salieron corriendo inmediatamente, atravesaron el campamento enemigo, llegaron a Betlem, sacaron agua del pozo, volvieron a pasar por el campamento enemigo y le llevaron el agua al rey. Los filisteos, entretanto, sorprendidos por su audacia y su decisión, no se movieron ni hicieron nada, como si despre-ciaran su reducido número.

Pero el rey no quiso probar el agua, porque, dijo, se la habían llevado sus hombres con peligro de sus vidas y no sería justo que la bebiera. La derramó ante Dios, y le agradeció la salvación de sus valientes.

Después estaba Abiseo, el hermano de Joab, que en un solo día mató seiscientos soldados enemigos. El quinto de ellos era Banajas, de linaje sacerdotal; desafiado por eminentes hombres en el país de Moab, los venció por su valor. En otra ocasión lo retó un hombre de la nación de los egipcios, de gran corpulencia; lo afrontó desarmado y lo mató con su propia lanza; lo tomó por la fuerza, le arrebató las armas, mientras estaba vivo y peleando, y lo mató con ellas.

Otra acción se puede añadir a las anteriores de este hombre, que supera o iguala a las restantes. Una vez que Dios había mandado nieve, un león resbaló y cayó en un pozo; la boca del pozo era estrecha y era evidente que moriría, encerrado por la nieve. No pudiendo salir del pozo la fiera comenzó a rugir.

Banajas oyó el rugido, fué hacia allí, orientado por el ruido, bajó a la boca del pozo y lo hirió, luchando, con una estaca que allí había, y lo mató.

Los otros treinta y tres guerreros de David eran tan valientes como éstos.

CAPITULO XIII
David hace contar a la población. El castigo

1. El rey David quiso conocer cuántos millares de personas había en el pueblo, y olvidando el mandamiento de Moisés que prescribía el pago de medio siclo por cabeza para Dios, cada vez que el pueblo era contado, ordenó a Joab, el capitán del ejército, que hiciera el recuento de la multitud. Aunque Joab opinó que no era necesario, el rey no se dejó convencer y dispuso que procediera sin demora.

Joab llevó consigo a los jefes de las tribus y a los escribas y recorrió el país de los israelitas, anotando el número de personas que integraban la multitud. Regresó a Jerusalén después de nueve meses y veinte días, y entregó al rey las sumas obtenidas que no incluían a la tribu de Benjamín, no contada aún, ni a la tribu de Leví, porque ya para ese entonces el rey se había arrepentido de su pecado contra Dios.

El número de los israelitas restantes era de novecientos mil hombres capaces de portar armas e ir a la guerra; la tribu de Judá tenía cuatrocientos mil hombres.

2. Cuando los profetas señalaron a David que Dios estaba enojado con él, comenzó a rogarle que fuera misericordioso y le perdonara su pecado. Dios le envió al profeta Gad, para proponerle que eligiera entre tres plagas la que mejor le pareciera: que hubiese hambre en el país durante siete años, que hubiese una guerra y fuese subyugado por el enemigo durante tres meses, o que Dios enviara peste y enfermedad a los hebreos durante tres días.

Compelido a una penosa elección de grandes desdichas, David se sintió apesadumbrado y dolorosamente confuso. El profeta le dijo que debía imprescindiblemente elegir y le urgió a que lo hiciera sin demora, para poder anunciar a Dios su opción. El rey razonó que si pedía el hambre, podría suponerse que la pedía para los demás, sin riesgo para él, que tenía gran acopio de trigo; si optaba por ser derrotado durante tres meses, parecería que había elegido la guerra porque tenía hombres valientes y plazas fuertes y que por lo tanto no podía temer las consecuencias; eligió por lo tanto una aflicción que es común a los reyes y a sus súbditos, y en la que el miedo es igual en todas partes; y dijo que "era mejor caer en las manos de Dios que en las de sus enemigos".

3. Enterado el profeta, se lo comunicó a Dios, quien envió peste y mortandad a los hebreos; pero no todos murieron de la misma manera, ni era fácil conocer la enfermedad de que se trataba. La desdichada plaga tenía la misma acción, pero se llevaba sus víctimas con diez mil causas y ocasiones, cayendo sobre los afectados súbitamente. Algunos expiraban con grandes dolores y amargas penas, y otros eran consumidos por la enfermedad no quedando luego nada para sepultar.

Algunos se sofocaban, y caían atacados por una súbita oscuridad; otros caían muertos mientras enterraban a un pariente, sin poder terminar los ritos fúnebres. Esta peste comenzó por la mañana y hasta la hora de comer habían muerto setenta mil personas. El ángel tendió la mano sobre Jerusalén, para desencadenar la misma terrible peste. David se puso un saco y tendiéndose en tierra rogó a Dios que hiciera cesar el mal y se contentara con las víctimas que habían muerto hasta entonces. Al alzar los ojos al cielo vió en el aire al ángel dirigiéndose a Jerusalén con la espada desenvainada. Dijo entonces a Dios que era justo castigar al pastor pero que las ovejas debían ser perdonadas, porque no habían pecado. E imploró a Dios que enviara su cólera sobre él y su familia, y salvara al pueblo.

4. Oyendo esta súplica Dios hizo cesar la peste y le envió al profeta Gad para ordenarle que fuera inmediatamente a la era de Oronas el jebusita a levantar un altar a Dios y ofrecer sacrificios[1]. Entonces David no demoró en cumplir su deber, dirigiéndose apresuradamente al lugar señalado.

Oronas se encontraba aventando trigo y cuando vió al rey que se aproximaba con sus hijos, le salió corriendo al encuentro y le hizo una reverencia. Era de linaje jebusita pero tenía amistad con David y por esa causa éste no le hizo daño cuando derribó la ciudad, como hemos dicho anteriormente.

Oronas preguntó a David a qué había ido el amo a la casa de su siervo. A comprarle la era, respondió el rey, para edificar un altar y ofrecer sacrificios a Dios. Oronas le dijo que le daba gratuitamente la era, con los arados y los bueyes para los holocaustos, y rogaba a Dios que aceptara graciosamente su sacrificio.

El rey replicó que le complacía su generosa magnanimidad y aceptaba su ofrecimiento, pero insistió en pagarle su precio, porque no era justo ofrecer un sacrificio que no cuesta nada. Oronas respondió que haría como él quisiera y David le compró la era por cincuenta siclos[2]. Erigió un altar, realizó un servicio divino, y ofreció un holocausto y ofrendas de paz. Dios con esto se aplacó y volvió a ser favorable.

Aquel mismo sitio fué donde Abram había ido a ofrecer en holocausto a su hijo Isaac; cuando el joven estaba por ser degollado, apareció de pronto, junto al altar, un carnero al que Abram sacrificó en lugar de su hijo, como hemos relatado anteriormente. Viendo David que Dios había escuchado sus ruegos y aceptado graciosamente sus sacrificios, resolvió llamar a aquel sitio el altar de todo el pueblo y edificar un templo a Dios. Sus palabras

[1] Según la Biblia (2 *Samuel*, 24, 16), cuando Dios detuvo al ángel, éste se hallaba junto a la era de Arauna (Oronas).

[2] Josefo repite el precio que figura en *Samuel*. En *Crónicas*, en cambio, dice que David pagó a "Ornán" *seiscientos siclos de oro* (21, 26).

se cumplieron posteriormente. Dios le envió al profeta y le dijo que su hijo, el que subiría al trono después de él, edificaría un templo a Dios en aquel lugar.

CAPITULO XIV

David hace preparativos para la construcción del Templo.
Sublevación de Adonías. David nombra sucesor a Salomón

1. Después de esa profecía el rey ordenó que fueran contados los extranjeros, hallándose que sumaban ciento ochenta mil. David destinó ochenta mil para picapedreros y el resto para transportar las piedras, y puso tres mil quinientos para vigilar a los obreros.

Preparó asimismo una gran cantidad de hierro y bronce para las obras, con muchos árboles de cedro, sumamente grandes, que les enviaron los tirios y los sidonios, a quienes había pedido provisión de madera. Y dijo a sus amigos que preparaba esas cosas para dejar listos los materiales con los que su hijo, el que reinaría después de él, levantaría el templo. De ese modo no tendría que buscarlos, a una edad en que le faltaría experiencia; teniéndolos preparados vería facilitada la tarea.

2. David llamó a su hijo Salomón y le encargó que cuando recibiera el trono levantara un templo a Dios. El mismo, le dijo, quiso edificar el templo, pero Dios se lo prohibió, porque estaba manchado de sangre y guerras. Pero le predijo que lo levantaría Salomón, un hijo suyo muy inteligente que sería llamado con ese nombre, y al que le prometió que lo cuidaría como un padre a un hijo. Le prometió también que haría feliz al país de los hebreos durante su reinado, dándole, entre otras cosas, paz, y librándolo de guerras y de sediciones internas, que es la mayor de las bendiciones.

—Puesto —dijo—, que fuiste ordenado rey por Dios antes de nacer, trata de hacerte digno de su providencia, siendo poderoso, justo y valiente. Observa sus mandamientos y sus leyes, las que nos dió por medio de Moisés, y no permitas que nadie las viole. Empéñate con fervor en dedicar un templo a Dios, el que él prefirió que fuera erigido durante tu reinado. No te asustes ante la magnitud de la obra, ni la mires con aprensión, porque te prepararé todas las cosas antes de morir. Y toma nota de que ya hay reunidos diez mil talentos de oro y cien mil talentos de plata. También aparté innumerable cantidad de bronce y hierro y un inmenso acopio de madera y piedras. Tienes, además, muchos millares de picapedreros y carpinteros; y si quieres algo más agrégalo tú mismo. Si cumples esta empresa serás aceptable para Dios y él te protegerá.

David exhortó a los jefes del pueblo a que asistieran a su hijo en la construcción, y que luego, libres de desventuras, emplearan el tiempo libre en honrar a Dios. De este modo gozarían de paz y de una vida dichosa, con cuyas bendiciones Dios recompensa a los piadosos y justos. Ordenó además que cuando estuviese construído el templo, depositaran en su interior el arca y los vasos sagrados, y les aseguró que habrían poseído un templo desde mucho tiempo atrás si sus antepasados no hubiesen descuidado los mandamientos de Dios, quien les había encargado que lo construyeran cuando estuvieran en posesión de esa tierra. Estas fueron las palabras que David dirigió a los gobernadores y a su hijo.

3 · David llegó a la vejez y su cuerpo, por el transcurso del tiempo, se volvió frío y entumecido; no lograba entrar en calor ni aunque se cubriera con numerosas cobijas. Los médicos se reunieron y coincidieron en aconsejar que una bella virgen, elegida entre todas las del país, durmiera junto al rey; la doncella le comunicaría calor y remediaría su entumecimiento. Encontróse en la ciudad una mujer de belleza superior a la de todas las mujeres (se llamaba Abesacé), que calentaba al rey con sólo acostarse a su lado, porque David estaba demasiado viejo para conocerla como un marido a su esposa. Pero de esta mujer hablaremos más adelante.

4. El cuarto hijo de David era un joven hermoso y alto, nacido de su esposa Agita. Se llamaba Adonías y abrigaba las mismas intenciones que Absalón. Adonías tenía la esperanza de ser rey, y declaró a sus amigos que debía hacerse cargo del gobierno. Preparó numerosos carros y caballos y cincuenta hombres que lo precedían. Su padre lo supo pero no lo reprobó ni refrenó sus propósitos, ni siquiera le preguntó las causas de su conducta.

Adonías tenía como asistentes a Joab, el capitán del ejército, y a Abiatar, el sumo sacerdote. Las únicas personas que se le oponían eran el sumo sacerdote Sadoc, el profeta Natán, Banajas, el capitán de la guardia, Semeí, el amigo de David y los paladines del rey. Adonías organizó una cena fuera de la ciudad, cerca de la fuente que estaba en el jardín del rey, e invitó a todos sus hermanos excepto a Salomón; llevaba consigo a Joab, el capitán del ejército, a Abiatar y a los jefes de la tribu de Judá; pero no invitó a la fiesta a Sadoc, el sumo pontífice, ni a Natán el profeta, ni a Banajas, el capitán de la guardia, ni a ninguno del bando contrario.

El profeta Natán informó a Betsabé, la madre de Salomón, anunciándole que Adonías era rey y que David no sabía nada; le aconsejó que para salvarse ella y su hijo fuera personalmente a comunicar a David que si bien él había jurado que Salomón reinaría después de él, entretanto Adonías se había apoderado del trono. Agregó que él iría luego a ver al rey, y confirmaría las palabras de Betsabé.

De acuerdo con Natán, Betsabé fué a ver al rey, se inclinó ante él y después de pedirle permiso para hablarle, le dijo todo lo que Natán le había sugerido, refiriéndole que Adonías había hecho una fiesta, invitando al sumo sacerdote Abiatar, al general Joab y a los hijos de David, con exclusión de Salomón y sus amigos íntimos. Añadió que el pueblo tenía puestos los ojos en él, para saber a quién elegiría para rey. Le pidió, además, que tuviera en cuenta que cuando él partiría, Adonías, si era rey, la mataría a ella y a su hijo Salomón.

5. Mientras Betsabé hablaba, el guardián de las cámaras reales le anunció que Natán deseaba verlo. El rey ordenó que fuera introducido a su presencia. Natán entró y preguntó a David si había designado rey a Adonías entregándole el gobierno.

—Adonías —dijo— preparó un espléndido banquete, invitando a todos los hijos del rey, menos a Salomón, así como también a Joab, el capitán del ejército; en este momento están festejando con aplausos y alegres sones de instrumentos, y brindando que su reinado dure para siempre. Pero no me invitó a mí, ni al sumo sacerdote Sadoc ni al capitán de la guardia, Banajas. Y es justo que el pueblo sepa si lo hizo con tu aprobación o no.

El rey ordenó que llamaran a Betsabé, que había salido al entrar el profeta. Cuando entró Betsabé dijo David:

—Juro por Dios todopoderoso que tu hijo Salomón será rey, como lo juré anteriormente, y que ocupará mi trono, hoy mismo. Betsabé le hizo una reverencia, deseándole larga vida; el rey mandó llamar al sumo pontífice Sadoc, y a Banajas el capitán de la guardia, y les ordenó que llevaran consigo al profeta Natán, que hicieran montar a su hijo Salomón en la mula real y lo llevaran fuera de la ciudad, a la fuente llamada Geón, y que allí lo ungieran con el óleo sagrado proclamándolo rey.

Dió este encargo al sumo sacerdote Sadoc y al profeta Natán, y les ordenó que siguieran a Salomón por el centro de la ciudad, haciendo sonar las trompetas y deseando a voces "que el rey Salomón ocupe para siempre el trono real", para que todo el pueblo supiera que había sido ordenado rey por su padre, y que dieran a Salomón sabias recomendaciones acerca del gobierno, para que rigiera a toda la nación de los hebreos, y a la tribu de Judá, piadosa y justicieramente.

Después de haber rogado Banajas a Dios que fuera propicio a Salomón, sin más demoras hicieron montar a Salomón en la mula, lo llevaron fuera de la ciudad hasta la fuente, lo ungieron con óleo y lo condujeron por la ciudad, aclamándolo y deseándole que su reinado durara mucho. Luego lo introdujeron en la casa del rey y lo hicieron sentar en el trono. El pueblo se entregó a manifestaciones de alegría y celebró un festival, bailando y divirtiéndose al son de las flautas, hasta que la tierra y el aire se llenaron con los ecos de los instrumentos musicales de la multitud.

6. Cuando Adonías y sus invitados percibieron ese ruido quedaron confundidos. Joab, el capitán del ejército, declaró que no le gustaban esos ecos, ni el resonar de esas trompetas. La cena quedó suspendida, nadie probó bocado, y todos se sintieron intrigados acerca de lo que había ocurrido.

Llegó entonces corriendo Jonatás, el hijo del sumo sacerdote Abiatar; Adonías lo recibió amablemente y lo llamó buen mensajero, y el joven le contó lo referente a Salomón y le comunicó la determinación del rey David. Adonías y sus invitados abandonaron apresuradamente la fiesta y huyeron cada cual a su casa.

Adonías, temeroso por lo que había hecho, suplicó a Dios aferrándose a los cuernos que sobresalían del altar.

Salomón fué informado de esa actitud de Adonías, y de que

deseaba recibir seguridades de que olvidaría la ofensa que le había inferido y no lo castigaría severamente. Salomón le respondió con mucha suavidad y prudencia que le perdonaba la ofensa, pero que si era descubierto intentando otras innovaciones, nadie más que él sería el causante de su castigo. Envió a buscarlo, retirándolo del sitio de su súplica. Una vez en presencia del rey, se prosternó ante su hermano y recibió la orden de volver a su casa sin temor, pero que en lo sucesivo se portara como un hombre digno, para su propia conveniencia.

7. Deseoso David de confirmar a su hijo como rey de todo el pueblo, reunió a los jefes en Jerusalén, con los sacerdotes y los levitas. Los contó y halló un total de treinta y ocho mil cuya edad oscilaba entre los treinta y los cincuenta años. De ellos señaló veintitrés mil para ocuparse en la construcción del templo, seis mil como jueces del pueblo y escribas, cuatro mil para porteros de la casa de Dios y otros tantos para cantores, para cantar con los instrumentos que David había preparado, como ya dijimos. Además los dividió en series, y después de separar a los sacerdotes, resultaron estos últimos veinticuatro series, dieciséis de la casa de Eleazar y ocho de la casa de Itamar. Ordenó que cada serie oficiara a Dios durante ocho días, de sabat a sabat. Las series fueron distribuídas por sorteo en presencia de David, los sumos sacerdotes Sadoc y Abiatar y todos los jefes. La que salió primero fué anotada para el primer turno, y así sucesivamente hasta la vigésima cuarta; la división se sigue manteniendo hasta el día de hoy.

Dividió también a la tribu de Leví en veinticuatro partes; echaron suertes y fueron distribuídas de la misma manera para servicios de ocho días. Honró asimismo a la posteridad de Moisés, haciéndola guardadora de los tesoros de Dios y de la donaciones ofrecidas por los reyes. Ordenó que toda la tribu de Leví, lo mismo que los sacerdotes, sirviera a Dios noche y día, como mandara Moisés.

8. Luego dividió al ejército en doce partes, con sus jefes, capitanes de centurias y tribunos. Cada parte tenía veinticuatro mil hombres, a los que se ordenó servir al rey Salomón treinta días por turno, del primero al último día del mes, con los capitanes de las milicias y los capitanes de las centurias. Nombró jefes para

cada parte, a los que conocía como hombres buenos y justos. Nombró a otros para hacerse cargo de los tesoros, las aldeas, los campos y los animales; sus nombres no creo necesario mencionarlos.

9. Después de llenar todos esos cargos de la manera referida, David llamó a los jefes de los hebreos, a los principales de las tribus, a los funcionarios de las diversas divisiones y a los nombrados para cada actividad y cada posesión, y subiendo a una alta tribuna habló de este modo a la multitud:

—Hermanos y compatriotas: Quiero haceros saber que me propuse edificar una casa para Dios, y preparé una gran cantidad de oro y cien mil talentos de plata; pero Dios, por medio del profeta Natán, me prohibió hacerlo, por las guerras que libré para vosotros, y porque mi diestra estaba profanada por la matanza de nuestros enemigos. Pero ordenó que mi hijo, que me sucedería en el trono, levantara el templo para Dios. Vosotros sabéis que de los doce hijos de nuestro antepasado Jacob, Judá fué señalado para ser rey, y que yo fuí preferido a mis seis hermanos y recibí de Dios el poder, sin que ninguno de ellos lo tomara a mal; deseo ahora, por lo tanto, que mis hijos no se levanten el uno contra el otro, porque Salomón haya recibido el trono, y que lo reconozcan jubilosamente como señor, sabiendo que Dios lo eligió. Si cuando es ésa la voluntad de Dios se acepta y obedece a un jefe extranjero, debe ser ocasión para regocijarse cuando es un hermano el que ha obtenido esa dignidad, ya que los demás participan también de ella junto con él. Ruego que las promesas de Dios sean cumplidas, y que la felicidad que prometió conceder al rey Salomón para todo el país, persista para siempre. Esas promesas, hijo mío, quedarán firmes, y se cumplirán felizmente, si te muestras piadoso y justo y observas las leyes del país. En caso contrario, tu desobediencia te traerá la adversidad.

10. Dichas estas palabras el rey descendió, pero delante de todos dió a Salomón la descripción y el plan del edificio del Templo, de los cimientos y de las cámaras, inferiores y superiores, su número y sus dimensiones en alto y ancho. También determinó el peso de los vasos de oro y plata y lo instó encarecidamente a emplear la mayor decisión en la obra; exhortó también a los jefes, y particularmente a la tribu de Leví, a prestarle asistencia, tanto porque era joven como porque Dios lo había elegido para ocuparse en la erección del Templo y en el gobierno del reino. Les manifestó que la obra sería fácil, no muy laboriosa para ellos, porque había preparado para ella muchos talentos de oro y más aún de plata, lo mismo que madera, gran cantidad de carpinteros y picapedreros, y numerosas esmeraldas y otras clases de piedras preciosas. Y agregó que daría de sus propios bienes tres mil talentos de oro puro [1], para el sanctasanctórum, la carroza de Dios y los querubines que cubrirían el arca.

Cuando David terminó de hablar, los jefes y los sacerdotes y los levitas [2] demostraron mucho entusiasmo, hicieron grandes promesas y aportaron su colaboración. Se comprometieron a traer cinco mil talentos de oro, diez mil estateras [3] de oro, diez mil talentos de plata y muchos millares de talentos de hierro. El que tenía alguna piedra preciosa la llevaba y la donaba para ser agregada a los tesoros, de los que cuidaba Jal, descendiente de Moisés.

11. Todo el pueblo se regocijó, y especialmente David al ver el fervor y la iniciativa de los jefes y los sacerdotes y de todos los demás. Y comenzó a bendecir a Dios en voz alta, llamándolo padre y genitor del universo, autor de las cosas humanas y divinas, que ordenó y adornó, patrón y guardián de la nación hebrea y de su felicidad, y de ese reino que le había dado. Además oró por la felicidad de todo el pueblo, y pidió que su hijo Salomón fuera justo y virtuoso. Luego ordenó a la multitud que bendijera a Dios.

Todos cayeron al suelo y lo adoraron. Y dieron gracias a David, por todas las bendiciones que de él habían recibido desde que subiera al trono. Al día siguiente presentó sacrificios a Dios, mil bueyes y otros tantos corderos, que ofrecieron en holocausto. También hicieron ofrendas pacíficas, e inmolaron muchos millares de sacrificios. El rey hizo fiesta todo el día, junto con todo el pueblo. Ungieron a Salomón por segunda vez con el óleo, nombrándolo rey, y a Sadoc como sumo pontífice de toda la multitud. Luego condujeron a Salomón al palacio real y lo sentaron en el trono de su padre, y desde aquel día le prestaron obediencia.

---

1 Y 7.000 de plata, según la Biblia.
2 Los levitas no figuran en la Biblia.
3 Daricos.

CAPITULO XV

Los encargos que da David a su hijo Salomón, al aproximarse la hora de su muerte, y las numerosas cosas que deja para la construcción del Templo

1. Poco después David cayó enfermo, por causa de su edad; percibiendo que estaba por morir, llamó a su hijo Salomón y le habló de esta manera:

—Hijo mío, yo me iré a la tumba, a reunirme con mis padres; es el camino común a todos los hombres que existen ahora o que existirán en lo futuro, y del que no es posible retornar para conocer las cosas que se hacen en este mundo. Te exhorto, por lo tanto, en lo que me resta de vida y cerca ya de la muerte, lo mismo que te dije en mi anterior consejo, a que seas un hombre justo con los súbditos y piadoso con Dios, que te dió este reino; a que observes sus mandamientos y sus leyes, los que nos envió por medio de Moisés, y a que no permitas que la lujuria u otras pasiones te hagan descartarlos, ni por favor ni por adulación. Porque sin transgredes las leyes de Dios perderás su favor y te enajenarás su providencia en todas las cosas. Pero si te conduces como te corresponde y como te exhorto, conservarás el trono en nuestra familia, y ninguna otra casa gobernará a los hebreos, fuera de nosotros, por todas las edades. Pero no olvides las transgresiones de Joab, el capitán del ejército, que mató a dos generales por envidia, hombres justos y buenos, Abner hijo de Ner y Amasa hijo de Jetrán; tú vengarás sus muertes como te parezca mejor, ya que Joab fué más fuerte que yo y pudo escapar hasta ahora a su castigo. Te encargo asimismo al hijo de Berzeleo el galadita, a quien, por mi favor, concederás honores y cuidados; no le haremos ningún regalo tratándolo bien, sólo le pagaremos la deuda que tenemos contraída con su padre por lo que hizo conmigo en ocasión de mi huída. En cuanto a Semeí hijo de Ger, de la tribu de Benjamín, quien después de lanzarme muchos reproches, cuando, en mi huída, me dirigía a Campamentos, me salió luego al encuentro en el Jordán y recibió seguridades de que en ese entonces no sufriría ningún daño. Busca ahora alguna ocasión justa, y castígalo.

2. Después de dar estas recomendaciones a su hijo sobre los asuntos públicos, los amigos y aquellos que merecían castigo, David murió, habiendo vivido setenta años. Reinó siete años y seis meses en Hebrón, en la tribu de Judá, y treinta y tres años en Jerusalén en todo el país. Fué un hombre excelente, dotado de todas las virtudes que son deseables en un rey y en el que tiene a su cargo el cuidado de tantas tribus. De extraordinario valor, decidido y primero en todos los peligros cuando luchaba por sus súbditos, animaba a los soldados a la acción con su propia actividad, y luchaba junto con ellos en lugar de mandarlos despóticamente.

Hábil y muy inteligente en el manejo de los asuntos públicos, sabía apreciar las circunstancias presentes y prever las futuras. Era prudente, moderado, amable con los que sufrían, justo y humano, que son buenas cualidades, particularmente convenientes para un rey. No cometió ninguna ofensa en el ejercicio de su gran autoridad, excepto en el asunto de la esposa de Uría. Dejó mayores riquezas que cualquier otro rey, ya sea de los hebreos o de cualquier otra nación.

3. Fué sepultado por su hijo Salomón, en Jerusalén, con gran magnificencia y con toda la pompa fúnebre que suele emplearse para enterrar a los reyes. Se inhumaron junto con él grandes e inmensas riquezas, de cuya vastedad puede dar fácilmente una idea el hecho siguiente: mil trescientos años después, cuando el sumo sacerdote Hircano fué sitiado por Antíoco hijo de Demetrio, al que llamaban el Pío, y quiso darle dinero para que levantara el asedio y retirara el ejército, como no tenía otro medio para conseguirlo, abrió una de las cámaras del sepulcro de David y sacó tres mil talentos; entregó una parte de esa suma a Antíoco, consiguiendo de este modo que levantara el sitio, como ya hemos informado al lector en otra parte. Más aún: posteriormente, muchos años después, el rey Herodes abrió otra cámara y se llevó grandes riquezas, y sin embargo ninguno de ellos llegó hasta los féretros de los reyes, porque los cuerpos fueron sepultados bajo tierra con tanta destreza que no se distinguía el sitio ni aun entrando dentro de los monumentos. Pero con esto será suficiente acerca de estos temas.

LIBRO VIII

Comprende un lapso
de ciento sesenta y tres años

CAPITULO I

Salomón ocupa el trono y elimina a sus enemigos

1. Ya hemos hablado en el libro anterior de David y su virtud, de los beneficios que trajo a sus compatriotas, de sus guerras y batallas que manejó con buen éxito, y de su muerte al llegar a la vejez. Su hijo Salomón, que era muy joven, se hizo cargo del reino, siendo declarado por David, antes de su muerte, señor del pueblo por la voluntad de Dios. Ocupó el trono aclamado jubilosamente por todo el pueblo, como es habitual en los comienzos de todo reinado, deseándole la multitud que todos sus asuntos tuviesen un fin feliz y que alcanzara una avanzada edad dentro de la mayor felicidad.

2. Adonías, que cuando vivía su padre había tratado de apoderarse del gobierno, fué a ver a Betsabé, la madre del rey, y la saludó con gran cortesía. Ella le preguntó si necesitaba ayuda, y le pidió que se explicara, que gustosamente le daría su apoyo.

Comenzó diciendo Adonías que, como ella bien lo sabía, el trono le correspondía a él, tanto por su mayor edad como por haberlo así dispuesto la multitud; pero como le fué transferido a su hijo por voluntad de Dios, estaba conforme con ser su siervo, y satisfecho con la situación, pero le rogaba que intercediera para que su hermano le diera en matrimonio a Abesacé, la que había dormido con su padre, pero que, como su padre, por ser demasiado viejo, no había tenido comercio con ella, seguía siendo virgen.

Betsabé le prometió ayudarlo empeñosamente y tratar de que se realizara la boda; no dudaba que tendría buen éxito, porque el rey trataría de complacer a su hermano y porque ella lo presionaría encarecidamente. Adonías se retiró esperanzado.

La madre de Salomón fué a ver al rey para hablarle, como lo había prometido, acerca de la súplica de Adonías. Su hijo salió a recibirla, la abrazó y la llevó a la sala del trono, ordenando que se colocara otro trono a la derecha del suyo. Sentóse Betsabé y dijo:

—Quiero pedirte un favor, hijo mío; concédemelo, para evitarme el disgusto que sufriría si me lo negaras.

Salomón le rogó que le expresara su deseo; él tendría el grato deber de acordarle todo lo que pidiera; y le reprochó amablemente por no haber comenzado sus palabras con la confianza de obtener lo que deseaba, sino con la sospecha de una negativa. Betsabé le rogó entonces que permitiera a su hermano Adonías desposar a Abesacé.

3. El rey, vivamente indignado por esas palabras, despidió a su madre diciendo que Adonías tenía sin duda grandes pretensiones. Le extrañaba, añadió, que Betsabé no le pidiera que le cediera el trono, ya que era el hermano mayor y tenía amigos poderosos, como Joab el capitán del ejército y el sacerdote Abiatar.

Llamó a Banajas, el capitán de la guardia, y le ordenó que diera muerte a su hermano Adonías. Luego llamó al sacerdote Abiatar y le dijo:

—No te haré morir en consideración a la labor que cumpliste para mi padre, y porque llevaste el arca con él, pero te impongo el siguiente castigo, por haber sido partidario de Adonías: no seguirás aquí ni volverás a presentarte jamás ante mi vista; te irás a tu ciudad y vivirás de tus campos, todo el resto de tu vida. Porque tu ofensa ha sido tan grande, que no es justo que retengas tu cargo.

Por esa razón la casa de Itamar fué privada de la dignidad sacerdotal, como Dios había predicho a Elí, el abuelo de Abiatar. Fué transferida a la familia de Finees, recibiéndola Sadoc. Los miembros de la familia de Finees, que vivieron como particulares durante el tiempo en que el sumo sacerdocio fué transferido a la casa de Itamar (de cuya familia Elí fué el primero en recibirla), fueron los siguientes: Bocias hijo de José, el sumo sacerdote; su hijo Jotam; el hijo de Jotam, Mareto; el de éste, Arofeo; el de Arofeo, Aquitob; y el hijo de Aquitob, Sadoc, que fué hecho sumo sacerdote por primera vez durante el reinado de David.

4. Enterado Joab, el capitán del ejército, de la muerte de Adonías, tuvo mucho miedo, porque era más amigo de él que de Salomón. Sospechando, no sin razón, que corría peligro por su apoyo a Adonías, huyó al altar suponiendo que allí hallaría seguridad gracias a la piedad del rey. Informado el rey del propósito de Joab, envió a Banajas con orden de retirarlo del altar y conducirlo al tribunal para que hiciera su defensa.

Joab declaró que no abandonaría el altar y que prefería morir allí y no en otra parte. Banajas llevó su respuesta al rey y Salomón le ordenó que le cortara la cabeza allí mismo, como él quería, y como castigo por los dos capitanes del ejército a quienes había asesinado. Le ordenó que enterrara su cuerpo, para que sus pecados no abandonaran jamás a su familia, y que ni él, Salomón, ni su padre, fueran culpables de la muerte de Joab [1].

Banajas cumplió la orden y fué luego designado capitán de todo el ejército. El rey nombró a Sadoc único sumo sacerdote, en lugar de Abiatar, a quien había destituído.

5. En cuanto a Semei, Salomón le mandó que se construyera una casa y se quedara en Jerusalén, sin derecho a cruzar el torrente de Cedrón; si desobedecía la orden, recibiría en castigo la muerte. Lo amenazó terriblemente y lo obligó a jurar que obedecería la orden. Semei se declaró conforme y prestó el juramento requerido.

Abandonó su ciudad y se instaló en Jerusalén. Pero tres años más tarde, al enterarse de que habían huído de su casa dos de sus siervos y se hallaban en Gita, fué apresuradamente a buscarlos, y regresó. Informado el rey, se sintió irritado de que hubiese desoído sus órdenes y, lo que era más grave, que no hubiese cumplido el juramento hecho ante Dios. Lo llamó y le dijo:

—¿No juraste que jamás me dejarías, ni te trasladarías de esta ciudad a otra? Pero no escaparás al castigo de tu perjurio. Te castigaré, vil y perverso, por este crimen y por aquellos con los

---

[1] Texto probablemente alterado. 1 *Reyes*, 2, 31, dice que la "casa de David quedaría libre *de la sangre derramada injustamente por Joab*".

en tan alto grado que ningún otro mortal, ni rey ni hombre co-que injuriaste a mi padre cuando huía. Así aprenderás que los perversos al final no ganan nada, aunque no sean castigados inmediatamente por sus maldades. Durante todo el tiempo en que creen sentirse seguros, porque no han sufrido pena, su castigo aumenta y es cada vez más pesado, y es mayor que si fueran castigados en seguida de haber cometido el crimen. Banajas, por orden del rey, mató a Semei.

CAPITULO II

Acerca de la sabiduría de Salomón, su ciencia y su piedad

1. Afirmado en su trono y castigados sus enemigos, Salomón casó con la hija del faraón rey de Egipto, edificó nuevas murallas para Jerusalén, mucho más grandes y fuertes que las anteriores y se dedicó a gobernar en paz y tranquilidad. Su juventud no le impidió practicar la justicia, observar las leyes, o cumplir los encargos que su padre le había dado antes de morir. Atendía todas sus obligaciones con una gran exactitud, propia de los hombres maduros y de gran prudencia.

Salomón resolvió ir a Hebrón a sacrificar a Dios en el altar de bronce edificado por Moisés. Ofreció holocaustos en número de mil, demostrando su gran veneración por Dios; y aquella misma noche Dios se le apareció en sueños y le ordenó que le pidiera los dones que quisiera como recompensa por su piedad. Salomón le pidió lo más grande y de mayor valor, lo que a Dios más agrada acordar y lo que mejor aprovecha al hombre. No pidió oro ni plata, ni otras riquezas, como habría hecho naturalmente cualquier hombre, y más aún siendo joven, y que son las cosas estimados por la mayoría de los hombres como los únicos bienes valiosos y los mejores dones de Dios. Salomón, en cambio, dijo:

—Dame, Dios mío, un juicio sano y buen entendimiento, para hablar y juzgar al pueblo con verdad y justicia.

Dios quedó complacido con su petición y le prometió darle todas aquellas cosas que no había pedido, riquezas, gloria, victorias sobre los enemigos; y en primer término inteligencia y sabiduría, en tal alto grado que ningún otro mortal, ni rey ni hombre co-

mún, jamás lo haya tenido. También le prometió conservar el
.rono para su posteridad por mucho tiempo, siempre que siguiera
siendo justo y obedeciera a Dios e imitase a su padre en las virtudes que lo destacaron. Oyendo estas palabras de Dios, Salomón
saltó de la cama y se prosternó ante él. Luego regresó a Jerusalén,
ofreció grandes sacrificios frente al tabernáculo y festejó con
toda su familia.

2. Por aquellos días se le presentó un caso complicado, al que
no se le podía encontrar fácilmente solución. Creo conveniente
explicar el hecho, para que aquellos que lean mis escritos conozcan el difícil asunto que Salomón tuvo que encarar y para que,
si se les presenta un problema semejante, puedan inspirarse en
la sagacidad del rey para dictar sentencia más fácilmente en la
cuestión que les sea sometida. Dos mujeres meretrices fueron a
verlo, y la que pretendía ser la ofendida tomó primero la palabra.

—Yo y esta mujer, ¡oh rey! —dijo— vivimos juntas en la
misma habitación. Sucedió que ambas dimos a luz un hijo el
mismo día y a la misma hora [1]; al tercer día esta mujer se acostó
sobre su hijo y lo mató; tomó entonces a mi hijo de mi lado,
cuando yo estaba durmiendo, se lo llevó consigo y depositó su
hijo muerto en mis brazos. A la mañana siguiente, cuando quise
darle el pecho a mi hijo, no lo encontré a mi lado, y vi junto a mí
al niño muerto de esta mujer, al que reconocí examinándolo dete-
nidamente. Reclamé mi hijo, y como no logré recuperarlo, acudo,
señor, a tu ayuda. Como estábamos solas, y no había nadie que
pueda desmentirla, insiste en su resuelta negativa de los hechos.

Concluído el relato de la mujer, el rey preguntó a la otra qué
tenía que alegar en oposición a su relato. La otra mujer negó la
imputación que se le había hecho, afirmando que el niño vivo era
el suyo y el de su antagonista el que había muerto. Nadie acer-
taba con la sentencia que debía darse; la corte vacilaba, como si
todos tuvieran el entendimiento enceguecido y no vieran la solución del enigma. El rey, entonces, discurrió el siguiente medio para
descubrir la verdad. Ordenó que trajeran a los dos niños, al muerto y al vivo; llamó a uno de los guardias y le mandó que sacara

---

[1] El hijo de la segunda mujer nació, según la Biblia, al tercer día del
nacimiento del hijo de la primera (1 *Reyes*, 3, 18).

la espada y partiera en dos a los dos niños, para que cada mujer pudiese llevarse la mitad del vivo y la mitad del muerto [1].

Toda la gente rió en voz baja de ese rey adolescente. Pero la quejosa, que era la verdadera madre del niño vivo, lanzó un grito, pidiendo al rey que no lo hiciera, que entregara el niño a la otra mujer, porque a ella le bastaba con que el niño viviera y ella lo viera, aunque fuera considerado hijo de la otra. Esta, en cambio, declaróse conforme con que se dividiera al niño, para que sufriera tormento la primera mujer.

Comprendiendo el rey por las manifestaciones de ambas mujeres cuáles eran sus verdaderos sentimientos, adjudicó el niño a la mujer que había gritado, porque era la verdadera madre, y condenó la perversidad de la otra, que no sólo había matado a su hijo, sino que había tratado además de que muriera también el de su amiga.

El pueblo vió en esa resolución la prueba y señal de la sagacidad y la sabiduría del rey, y desde entonces lo miraron como a un hombre de inteligencia divina.

3. Los capitanes de los ejércitos y los funcionarios regionales designados para todo el país, fueron los siguientes: en la parte de Efraím, Ures; en la toparquía de Betlem, Dióclero; Abinadab, casado con la hija de Salomón, tenía bajo su mando la región de Dora y la costa marítima; la gran llanura estaba bajo el gobierno de Banajas hijo de Aquilo, que también gobernaba toda la zona que llegaba hasta el Jordán; Gabares gobernaba Galaad y Gaulanitis, y tenía bajo su mando sesenta grandes ciudades fortificadas; Aquinadab, casado también con una hija de Salomón llamada Basima, manejaba los asuntos de toda la Galilea, hasta Sidón; Banacates dirigía la región de la costa de Arce; Safates, el monte Iturio, el Carmelo y la Galilea inferior hasta el río Jordán; a uno de ellos lo constituyó superior sobre todas las regiones. Semeis fué encargado de la parte de Benjamín; Gabarés dirigía el territorio de allende el Jordán. También aquí fué propuesto un solo gobernador.

El pueblo de los hebreos, y particularmente la tribu de Judá, recibió un magnífico incremento cuando se dedicaron a la agri-

---

[1] Según la Biblia, Salomón sólo ordenó partir al niño vivo.

cultura y el cultivo de la tierra; gozando de paz, sin ser distraídos por guerras y disturbios, y poseyendo con abundancia y amplitud la tan deseada libertad, cada cual se ocupaba en aumentar el producto de la tierra y hacerla más valiosa.

4. El rey tenía otros gobernadores que dirigían la tierra de Siria y de los filisteos, comprendida entre el río Eufrates y Egipto, y que cobraban los tributos de las naciones. Ellos suministraban para la mesa del rey y su comida, todos los días, treinta coros de harina flor y sesenta de harina común; además diez bueyes engordados, veinte bueyes de pasto y cien ovejas gordas; todo esto era aparte de lo que se tomaba en las cacerías, ciervos, búfalos, aves y peces, que todos los días traían al rey los extranjeros.

Salomón poseía un gran número de carros, cuyos caballos guardaba en cuarenta mil caballerizas. Tenía doce mil jinetes, la mitad de los cuales residían cerca del rey, en Jerusalén; el resto se dispersaba fuera de la ciudad y vivía en las aldeas reales. El mismo funcionario que manejaba los gastos del rey suministraba el forraje de los caballos y lo llevaba al lugar donde se encontraba el rey.

5. La sagacidad y sabiduría que Dios concedió a Salomón eran tan grandes que sobrepasaba a los ancianos; no era en nada inferior a los egipcios, de quienes se decía que eran los más inteligentes del mundo, pero cuya sagacidad era evidentemente inferior a la del rey. También superaba Salomón en sabiduría a aquellos hebreos que eran en ese entonces eminentes por su perspicacia; me refiero a Etán, Emán, Calceo y Dardán, los hijos de Emaón. Compuso mil cinco libros de odas y canciones, tres mil de parábolas y similitudes; hizo una parábola sobre cada clase de árboles, desde el hisopo hasta el cedro; también sobre los animales y todos los seres vivos de la tierra, el mar o el aire, porque no ignoraba ninguna de sus características, ni dejaba de investigar acerca de ellas; los describía como un filósofo, revelando un exquisito conocimiento de sus diversas propiedades.

Dios también lo capacitó para aprender el arte de expulsar a los demonios, ciencia útil y curativa de los hombres. Compuso encantamientos para aliviar las enfermedades y dejó la manera de usar los exorcismos mediante los cuales se alejan los demonios para que no vuelvan jamás. Este método curativo se sigue usando mucho entre nosotros hasta el día de hoy; he visto a un hombre de mi propia patria, llamado Eleazar, librando endemoniados en presencia de Vespasiano, sus hijos y sus capitanes y toda la multitud de sus soldados. La forma de curar era la siguiente: acercaba a las fosas nasales del endemoniado un anillo que tenía en el sello una raíz de una de las clases mencionadas por Salomón, lo hacía aspirar y le sacaba el demonio por la nariz. El hombre caía inmediatamente al suelo y él adjuraba al demonio a que no volviera nunca más, siempre mencionando a Salomón y recitando el encantamiento que había compuesto. Cuando Eleazar quería convencer y demostrar a los espectadores que poseía ese poder, ponía a cierta distancia una copa llena de agua o una palangana y ordenaba al demonio, cuando salía del interior del hombre, que la derramara, haciendo saber de este modo al público que había abandonado al hombre. Hecho esto quedaban claramente expresadas las habilidad y la sabiduría de Salomón.

Por esas razones todos los hombres pueden conocer la vastedad de los conocimientos de Salomón y el cariño que Dios le tenía. Para que la superioridad del rey en todas las virtudes no sea desconocida por ningún hombre bajo el sol, es que hemos hablado tan extensamente de este tema.

6. Hiram, rey de Tiro, al enterarse de que Salomón había sucedido a su padre, se alegró mucho, porque era amigo de David. Le envió embajadores para saludarlo y felicitarlo por su actual prosperidad. Salomón le contestó con una epístola, cuyo contenido era el siguiente:

DE SALOMON AL REY HIRAM

"Has de saber que mi padre quiso edificar un templo a Dios, pero se lo impidieron las guerras y las continuas expediciones; porque no cejó en derrotar a sus enemigos hasta que los obligó a todos a pagarle un tributo. Pero doy gracias a Dios por la paz de que gozo actualmente, y por esta razón tengo tiempo y me propongo edificar una casa de Dios, porque Dios predijo a mi padre que esa casa sería edificada por mí. Te pido, por lo tanto, que envíes algunos de tus súbditos junto con los míos a cortar madera en el monte Líbano, porque los sidonios son más hábiles que los nuestros para cortar árboles. En cuanto a los sueldos de los hacheros, pagaré el precio que tú indiques."

7. Hiram leyó la epístola con agrado y envió a Salomón la siguiente respuesta:

DE HIRAM AL REY SALOMON

"Dios debe ser alabado por haberte encomendado el gobierno de tu padre, a ti que eres un sabio dotado de todas las virtudes. En cuanto a mí, lo celebro y te serviré en todo lo que mandes; haré cortar una gran cantidad de troncos de cedro y cipreses y te los enviaré por mar; ordenaré a mis súbditos que hagan con ellos balsas y los manden al lugar de tu país que tú indiques, y los dejen allí; de ahí los tuyos podrán llevarlos a Jerusalén. Y tú procúranos trigo por esa madera, que nos hace falta, porque habitamos en una isla."

8. Las copias de esas epístolas las conservamos no sólo nosotros en nuestros libros, sino también los tirios; el que quiera comprobar su exactitud, puede pedir que se las muestren a los guardadores de los archivos públicos de Tiro, y hallará que lo que allí se encuentra registrado coincide con lo que decimos. Estas palabras tienen por objeto hacer saber a mis lectores que no decimos más que la verdad; no hemos compuesto una historia con relatos más o menos plausibles, que engañan y complacen al mismo tiempo a los hombres, ni tratamos de eludir el examen, ni queremos que nos crean bajo palabra. Tampoco tenemos inmunidad para apartarnos de la verdad, cuya manifestación es el decoro de los historiadores, y quedar exentos de culpa. Pedimos que no se acepte lo que decimos a menos que podamos poner de manifiesto su exactitud demostrándola con las pruebas más categóricas.

9. Cuando recibió la epístola del rey de Tiro, el rey Salomón elogió la atención y buena voluntad que en ella expresaba, y le concedió lo que pedía, mandándole anualmente veinte mil coros de trigo y otros tantos batos de aceite. Cada bato contenía setenta y dos sextarios. Le envió asimismo la misma medida de vino. La amistad con Hiram y Salomón creció posteriormente cada vez más y ambos juraron mantenerla para siempre. El rey fijó al pueblo una contribución de treinta mil obreros, a los que facilitó la tarea dividiéndola hábilmente entre todos; dispuso que cortaran madera en el Líbano diez mil cada mes, los que luego descansaban en sus casas dos meses, mientras cumplían su turno los otros veinte mil; de modo que les tocaba volver a cortar troncos cada cuatro meses. Adoram estaba a cargo de esa actividad.

De los extranjeros que había dejado David había setenta mil dedicados a transportar piedras y otros materiales, y ochenta mil para cortar las piedras. De estos últimos tres mil trescientos dirigían a los restantes. Les ordenó que cortaran piedras grandes para los cimientos del Templo y que las prepararan y unieran en la montaña y se las trajeran de este modo a la ciudad. El trabajo lo hicieron no solamente los obreros de nuestro país, sino también los que mandó Hiram.

CAPITULO III
La construcción del Templo. Sus dependencias.

1. Salomón comenzó a construir el Templo el segundo mes del cuarto año de su reinado, mes que los macedonios llaman artemisos y los hebreos íar, quinientos noventa y dos años después del éxodo de Egipto, mil veinte años después de la partida de Abram de Mesopotamia a Canaán y mil cuatrocientos cuarenta años después del diluvio. Desde Adán, el primer hombre que fué creado, hasta que Salomón edificó el Templo, pasaron en total tres mil ciento dos años. El año en que comenzó la construcción era el undécimo del reinado de Hiram en Tiro; de la construcción de Tiro a la construcción del Templo trascurrieron doscientos cuarenta años.

2. El rey hizo poner los cimientos del Templo bien profundamente en el suelo, y mandó hacerlos con piedra fuerte que resistiera el rigor del tiempo; debían unificarse con la tierra y formar una base y un fundamento seguros para la estructura que se levantaría encima. Tenían que ser suficientemente fuertes para sostener con facilidad la vasta estructura superior y los valiosos ornamentos, cuyo peso no sería inferior al de aquellos otros edificios grandes y pesados que el rey determinó que fueran muy adornados y magníficos.

Todo el cuerpo del edificio fué levantado hasta el techo con piedras blancas; tenía sesenta codos de alto y el mismo largo, y veinte de ancho. Encima se erigió otro edificio, de iguales dimensiones, de modo que la altura del Templo era de ciento veinte codos. El frente daba hacia el este. Delante del Templo construyeron el pórtico, de veinte codos de largo, armonizando con el ancho de la casa; tenía doce codos de anchura y su altura se elevaba a ciento veinte codos.

Alrededor del Templo construyó treinta cuartos pequeños, que por estar juntos uno al lado del otro y por su número, encerraban el Templo en una muralla exterior unida. Ordenó hacer pasajes que los unían entre sí. Cada uno de esos cuartos tenía cinco codos de ancho y el mismo largo, y veinte de alto. Encima de ellos había otros cuartos, y otros encima de éstos, de iguales dimensiones y cantidad. En conjunto llegaban a la misma altura que la parte inferior de la casa; la parte superior no tenía edificios alrededor.

El techo de la casa era de cedro. Cada uno de los cuartos tenía un techo propio que no se comunicaba con los demás. Pero en el resto había un techo común hecho con vigas larguísimas que pasaban por toda la construcción, de modo que las paredes intermedias quedaban unidas y reforzadas por esas mismas vigas de madera. La parte del techo que estaba debajo de las vigas estaba hecha del mismo material, alisado y con placas de oro clavadas encima.

Después de revestir las paredes con tablas de cedro, las recubrieron con placas de oro esculpidas; todo el Templo relucía y el esplendor del oro que tenía en todas partes deslumbraba a los que entraban. La estructura total del Templo estaba hábilmente formada con piedras pulidas, unidas con junturas exactas y bien moldeadas, para no presentar al espectador señales de martillos u otros instrumentos de arquitectura; parecía como si todo el material se hubiese unido armónicamente, concordando las partes más bien naturalmente que por la fuerza de las herramientas.

El rey tenía además, para ascender a los cuartos superiores del Templo, una escalera abierta en el espesor de la pared. Porque ese piso no tenía puerta grande al este, como la casa inferior, entrándose por los costados mediante pequeñas puertas. Recubrió además el Templo, por dentro y por fuera, con tablas de cedro, unidas con gruesas cadenas, recurso que servía a la vez de soporte y de refuerzo del edificio.

3. Después de dividir el Templo en dos partes, el rey hizo la casa interior de veinte codos para la cámara secreta, señalando la de cuarenta codos para el santuario. Abrió un vano en la pared intermedia y le puso puertas de cedro, cubriéndolas con una gran cantidad de oro y diversas incrustaciones. Puso cortinas delante de las puertas, con magníficas flores de jacinto, purpúreas y escarlatas, hechas de biso suavísimo y brillante.

Instaló en el sanctasantórum, que tenía veinte codos de ancho e igual dimensión de largo, dos querubines de oro macizo de cinco codos de alto cada uno; tenían dos alas cada uno tendidas en una extensión de cinco codos. Salomón los puso uno cerca del otro, de modo que con un ala tocaban la pared austral de la cámara, y con la otra la septentrional; las otras dos alas, que se tocaban entre sí, cubrían el arca, instalada entre ellas. Pero nadie sabe, ni se imagina siquiera, qué forma tenían esos querubines.

El piso del Templo lo cubrió con placas de oro. Agregó puertas a la entrada del mismo, proporcionadas a la altura de la pared. y de veinte codos de ancho, las que revistió con placas de oro. Y para decirlo en pocas palabras, no dejó una sola parte del Templo, interna o externa, sin cubrirla de oro. Tendió cortinas sobre esas puertas como había hecho con las puertas internas, con excepción del pórtico del Templo.

4. Salomón mandó a buscar a Tiro, al reino de Hiram, a un artífice llamado Ciram; era oriundo de la tribu de Neftalí por parte de su madre (que pertenecía a esa tribu), pero su padre era Uría, del linaje de los israelitas. Hábil en toda clase de actividades, era principalmente diestro para trabajar el oro, la plata y el bronce, y ejecutó todas las obras metálicas del Templo, de acuerdo con la voluntad de Salomón. Ciram hizo, también, dos pilares de bronce con metal de cuatro dedos de grueso, siendo la altura de los pilares de dieciocho codos y su circunferencia de doce codos. Cada columna tenía un capitel en forma de lirio, de cinco codos de altura, rodeado de una malla entretejida con pequeñas palmas de bronce y cubierta de lirios. De la malla pendían doscientas granadas en dos filas. Una de las columnas la instaló en la entrada del pórtico, a la derecha, y la llamó Iacín, y la otra a la izquierda, y la llamó Boaz.

5. También fundió Salomón un "mar de bronce", con la figura de un hemisferio. Este artefacto metálico fué llamado *mar* por su tamaño, porque la jofaina tenía diez codos de diámetro y una palma de espesor. La parte central descansaba sobre una columna corta que tenía diez espirales alrededor y un codo de diámetro. Alrededor había doce bueyes que miraban a los cuatro vientos, tres en cada dirección, y tenían la parte posterior deprimida para que reposara sobre ellas el hemisferio, que estaba también deprimido hacia adentro. El mar tenía una capacidad de tres mil batos.

6. Hizo también diez bases de bronce para otras tantas fuentes rectangulares; la longitud de cada base era de cinco codos, su ancho de cuatro codos y su altura de seis. La obra, en parte labrada, estaba formada de la siguiente manera: tenía cuatro pequeñas columnas cuadrangulares en cada esquina, a las que estaban adosados los costados de la base exactamente ajustados. Estos costados estaban divididos en tres partes; cada sección tenía una franja para sostenerlo, y llevaba grabados en un sitio un león y en otro un buey o un águila. Las pequeñas columnas tenían grabados los mismos animales que los costados.

Toda la obra se mantenía sobre cuatro ruedas, también de fundición, que tenían cubos y pinas y eran de un codo y medio de diámetro. Maravillaba ver la exactitud con que estaban labradas y unidas a los costados de las bases y la armonía con que concordaban con las pinas. Sin embargo su estructura era la siguiente: unos brazos con las manos extendidas sostenían las esquinas sobre las cuales descansaba una columna en espiral colocada bajo la parte hueca de la fuente y apoyada en la parte anterior del águila y el león, que estaban adaptados tan bien que el que los veía podía creer que eran de una sola pieza; entre ellos había palmeras grabadas. Así es como estaban construídas las diez bases.

Hizo también diez grandes vasos o fuentes redondas, de bronce, cada una de las cuales contenía cuarenta congios; tenían cuatro codos de altura y los bordes situados a la misma distancia. Colocó las fuentes sobre las diez bases, llamadas *meconot*; puso cinco fuentes a la izquierda del Templo, que era la parte que daba al norte, y otros tantos a la derecha, hacia el sud, pero mirando al este. Del mismo modo ubicó el mar. Después de llenar de agua las fuentes y el mar, señaló el mar para el lavado de las manos y los pies de los sacerdotes, cuando entraban en el Templo y debían subir al altar, y las fuentes para lavar las entrañas y las patas de los animales que serían ofrecidos en holocausto.

7. Hizo además un altar de bronce para los holocaustos, cuyo largo era de veinte codos, su ancho el mismo y su altura de diez. También hizo todos los vasos de bronce, los trípodes y los cuencos; Ciram fundió también las calderas y las tenazas y los demás vasos; todos de bronce, un bronce que era esplendoroso y bello como el oro.

El rey dedicó asimismo gran número de mesas, una de ellas grande y de oro en la que pusieron los panes de Dios. Hizo miles más que se parecían a aquéllas, pero estaban construídas de otra manera, y en ellas puso las redomas y las copas, que eran las de oro, veinte mil y las de plata, cuarenta mil. Hizo también diez mil candelabros, según el mandamiento de Moisés, uno de los cuales dedicó al Templo para que ardiera todo el día, de acuerdo con la ley [1]. Y una mesa con hogazas, al costado norte del Templo, frente al candelabro que colocó al sud; el altar de oro se hallaba entre ellos.

Todos esos vasos se encontraban en aquella parte de la casa que tenía cuarenta codos de largo y estaba frente al velo del sanctasanctórum, donde sería instalada el arca.

8. El rey hizo asimismo jarras de vino en número de ochenta mil, y cien mil redomas de oro, y el doble de redomas de plata. Platos de oro, para ofrecer en ellos, ante el altar, harina flor amasada, había ochenta mil, y de plata el doble de ese número. Grandes cuencos, en los que mezclaban la harina flor con aceite, había sesenta mil de oro y el doble de plata. De las medidas que Moisés llamó *hin* y *asarón* había veinte mil de oro y el doble de plata. Incensarios de oro, en los que llevaban el incienso al altar, veinte mil; de los otros incensarios, en los que llevaban fuego del altar grande al chico, dentro del Templo, cincuenta mil. Ropajes sacerdotales del sumo pontífice, con los mantos largos y el oráculo

[1] El número de mesas, vasos y candelabros es inverosímil e induce a creer que se trata de un error de copia.

y las piedras preciosas, había mil. Pero la corona en la que Moisés había escrito el nombre de Dios era una sola, y se conserva hasta hoy. Hizo diez mil vestidos sacerdotales de biso, con cinturones de púrpura para cada sacerdote, y doscientas mil trompetas, según las instrucciones de Moisés. Doscientos mil vestidos de biso para los cantores, que eran levitas. Hizo cuarenta mil instrumentos musicales para acompañar el canto de los himnos, nablas y ciniras, fabricadas con electro.

9. Salomón hizo todas esas cosas para glorificar a Dios, con gran variedad y magnificencia; no reparó en gastos y usó la mayor liberalidad para adornar al Templo, incluyendo todos los objetos en los tesoros de Dios. Puso además una cerca alrededor del Templo, a la que en nuestra lengua le decimos *gisión* y que en griego se llama *trigcos*; tenía tres codos de altura y era para evitar que la multitud penetrara en el santuario, sitio abierto solamente para los sacerdotes. Detrás de esa cerca levantó un santuario de forma cuadrangular con grandes y amplios pórticos cerrados por altos portales, orientados hacia los cuatro vientos y provistos de puertas de oro. A este edificio tenían acceso todas las personas que eran puras y observaban la ley. Pero el tercer santuario, erigido detrás de los dos anteriores, era una verdadera maravilla, imposible de describir con palabras, y por decirlo así, increíble para el que lo veía. Salomón hizo rellenar con tierra grandes valles cuya inmensa profundidad era difícil de distinguir a simple vista, y después de haberlos levantado hasta una altura de cuatrocientos codos los niveló con la cima de la montaña en la que se encontraba el Templo. De este modo el santuario exterior, que era hípetro, se hallaba a la misma altura que el Templo. Lo rodeó con pórticos dobles de altas columnas hechas con piedra del lugar; los pórticos tenían techos de cedro revestido de laca. Las puertas del santuario las hizo todas de plata.

CAPITULO IV

Salomón translada el arca al Templo, ruega a Dios y le ofrece sacrificios públicos

1. El rey Salomón concluyó esas obras, esos grandes y hermosos edificios, con todos los tesoros depositados en el Templo, en el término de siete años, dando una demostración de sus riquezas y su decisión al realizar en tan poco tiempo una obra de esa magnitud, que cualquiera que la viera creería que había demandado siglos para hacerla. Escribió entonces a los jefes y los ancianos de los hebreos ordenándoles que reunieran al pueblo en Jerusalén para que vieran el Templo y para transportar el arca de Dios. Recibida la citación de concurrir a Jerusalén, se reunieron finalmente en el séptimo mes, el que nuestros compatriotas llaman tisri y los madeconios hiperbereteon. Era precisamente la época de la fiesta de los Tabernáculos, celebrada por los hebreos como una de las solemnidades más santas e importantes.

Fueron a buscar el arca y el tabernáculo que había erigido Moisés y todos los vasos destinados al servicio de los sacrificios divinos, y los transportaron al Templo.

Marchaban a la cabeza el rey en persona con el pueblo y los levitas, remojando el suelo con las libaciones y la sangre de numerosos sacrificios y quemando gran cantidad de incienso; todo el aire se llenó de olores y el agradable aroma llegó hasta las personas más distantes, anunciándoles que Dios, según la creencia de los hombres, se dirigía a habitar el lugar recientemente edificado y consagrado en su honor; y no dejaron de cantar himnos y bailar hasta que llegaron al Templo. De este modo fué conducida el arca. Pero cuando hubo que introducirla en el sanctasanctórum el pueblo se retiró y únicamente los sacerdotes la transportaron y la colocaron entre los dos querubines, que con los extremos unidos de sus alas (así los había hecho el artífice), cubrieron el arca formándole encima una especie de tienda o cúpula.

El arca no contenía más que dos tablas de piedra que conservaban grabados los diez mandamientos transmitidos por Dios a Moisés en el monte Sinaí. El candelabro, la mesa y el altar de oro, los pusieron en el Templo delante del sanctasanctórum, en el mismo sitio que ocupaban hasta entonces en el tabernáculo. Luego ofrecieron los sacrificios del día. En cuanto al altar de bronce Salomón lo puso delante del Templo, frente a la puerta, para que apareciera a la vista al abrirse ésta y pudieran verse las ceremonias sagradas y la riqueza de los sacrificios. Por último reunió los utensilios restantes y los situó dentro del Templo.

2. No bien los sacerdotes pusieron todas las cosas en orden y salieron, una nube espesa penetró y se extendió en el Templo; era una nube blanda y suave, y no de las que se ven en invierno, opacas y cargadas de lluvia; la nube oscureció la vista de los sacerdotes de tal modo que no podían verse, pero todos se imaginaron que Dios había descendido al Templo y se complacía en fijar en él su residencia.

Mientras todos se reconcentraban en esa idea, el rey Salomón, que había estado sentado, se levantó y se dirigió a Dios con estas palabras, que juzgó propias para ser recibidas por la divinidad y correctas para ser pronunciadas por él:

—Sabemos, ¡oh señor!, que posees una morada eterna, digna de ti y que tú mismo has creado para ti; es el cielo, el aire, la tierra y el mar, por donde transitas, sin que puedan contenerte sus límites. Yo te he edificado este Templo, consagrado a tu nombre, para que desde este sitio podamos enviarte nuestros ruegos al espacio, realizar los sacrificios y las ceremonias sagradas y tener siempre la convicción de tu presencia, de que no te encuentras lejos de nosotros; tú que ves y oyes todo, aun en este sitio donde puedes ahora habitar, no dejarás de estar cerca de todos y asistirás noche y día a los que acudan a consultarte.

Después de esta solemne declaración a Dios, se dirigió al pueblo, le describió el poder de Dios y su providencia, le recordó que había revelado a David, su padre, los acontecimientos futuros, la mayor parte de los cuales ya se habían producido, como se cumplirían todos los demás, y que le había dado nombre a él antes de nacer anunciando de antemano que edificaría el Templo cuando fuera rey, después de la muerte de su padre. Ante el testimonio del cumplimiento de las predicciones, los invitó a bendecir a Dios y, basándose en lo que veían cumplido, a no desesperar o desconfiar jamás de sus promesas de felicidad para lo futuro.

3. Después de haber hablado de ese modo a la multitud, contempló nuevamente el Templo, y alzando la mano derecha, dijo:

—Los hombres no pueden con sus obras agradecer suficientemente a Dios por sus beneficios; la divinidad no tiene necesidad de nada y está por encima de esas demostraciones. Pero el don, señor, con el que nos hiciste superiores a los demás seres, debemos emplearlo para celebrar tu majestad y para agradecerte lo que has hecho por nuestra casa y por el pueblo de los hebreos.

Porque, ¿qué otro instrumento puede ser más apropiado que la palabra, que viene del aire y sabemos que vuelve por el aire, para aplacarte cuando estás resentido y obtener tu perpetuo favor? Gracias a ella te puedo declarar mi agradecimiento, primero por mi padre, a quien has hecho pasar de la oscuridad a una gloria tan grande, y luego por mí mismo, a quien favoreciste cumpliendo hasta ahora todas tus promesas. Y te ruego me concedas en adelante todo lo que Dios puede dar a los hombres que quiere honrar, y que agrandes nuestra familia a través de las edades, de acuerdo con lo que prometiste a mi padre David cuando vivía y en su muerte, o sea que conservaríamos el reino y que su raza lo transmitiría a sus descendientes durante innumerables generaciones. Dígnate acordarnos este favor y concede a mis hijos la virtud que a ti te agrada. Te suplico, además, que envíes a este Templo una parte de tu espíritu para que parezca que estás con nosotros en la tierra. En cuanto a ti, es verdad que todo el cielo con lo que contiene es una minúscula residencia para ti; tanto más este ínfimo Templo. A pesar de lo cual te ruego que lo consideres tuyo para siempre y lo protejas de las devastaciones enemigas y lo cuides como propiedad tuya. Si alguna vez el pueblo pecara, y tú le impusieras alguna plaga como castigo por su pecado, como ser escasez, peste, o uno de esos males que sueles infligir a los que violen la santa ley, y si corriera toda la multitud al Templo a implorar tu misericordia y pedirte que la salves, acógela, como si estuviera en tu casa, y apiádate y líbrala de sus calamidades. No te pido esta ayuda solamente para los hebreos que estén en falta; cualquiera que acuda a ti de cualquier punto de la tierra, apartándose de sus pecados para implorar tu perdón, escucha sus ruegos y dígnate concedérselo. Así sabrán todos, por una parte, que a ti te agradó que te levantáramos este Templo, y por otra parte, que no somos seres insociables, animados de sentimientos hostiles hacia los que no son de nuestro pueblo, y que por el contrario hemos querido hacer participar a todo el mundo de tu protección y del goce de tus favores.

4. Dicho esto, Salomón se prosternó y después de permanecer un rato largo en adoración se levantó y ofreció sacrificios a Dios en el altar; después de haberlo llenado de víctimas inmaculadas, advirtió de la manera más clara que Dios había aceptado con

agrado la ofrenda. Una llama que llegó corriendo por el aire se lanzó violentamente sobre el altar, a la vista de todos, se apoderó de los sacrificios y los consumió. El pueblo vió en esa aparición una prueba segura de que Dios consentía habitar en el Templo, y lleno de alegría se arrojó al suelo y lo adoró.

El rey comenzó a recitar bendiciones y exhortó al pueblo a que hiciera lo mismo; porque ahora tenía señales suficientes de la favorable disposición de Dios, y a que le rogara que siempre le diera los mismos signos y les mantuviera el alma pura y limpia de todo mal y conservada en la justicia, la piedad y la observancia de los preceptos que Dios les había dado por medio de Moisés. De este modo el pueblo hebreo sería feliz y dichoso y superaría a todo el género humano en felicidad. También los exhortó a recordar que con los mismos métodos con los cuales habían obtenido los bienes presentes debían asegurar su conservación y acrecentamiento en lo futuro. No debían limitarse a suponer que los habían obtenido por su piedad y equidad; debían saber también que ése era el único medio de conservarlos. No es hazaña tan grande para los hombres la de lograr lo que no tienen como la de retener lo que han logrado y la de no incurrir en ninguna falta que pudiera acarrear su pérdida.

5. Dichas estas palabras a la multitud, el rey disolvió la asamblea, pero antes ofreció sacrificios por sí y por todos los hebreos, inmolando veintidós mil bueyes y ciento veinte mil ovejas. Fué la primera vez que hizo probar en el Templo la carne de los sacrificios, y todos los hebreos, con sus mujeres e hijos, fueron convidados a participar del festín. Además el rey celebró delante del Templo, durante dos semanas, la fiesta llamada de los Tabernáculos, con brillo y esplendor y en compañía de todo el pueblo.

6. Cumplidas satisfactoriamente todas las solemnidades y no faltando nada por hacer del culto divino, cada cual se fué a su casa, con la venia del rey, a quien antes bendijeron por la atención con que los había tratado y por la obra que había realizado rogando a Dios que les conservara a Salomón como rey durante muchos años. Se retiraron llenos de júbilo, y riendo y cantando himnos a Dios olvidaron las fatigas del viaje.

Los hombres que habían introducido el arca en el Templo, que habían contemplado su magnificencia y su belleza y que habían participado de los grandes sacrificios y las fiestas que luego se cumplieron, se retiraron y volvieron cada cual a su ciudad; y entretanto un sueño que tuvo el rey le informó que Dios había escuchado su ruego, que protegería el Templo y habitaría en él perpetuamente, siempre que sus descendientes y todo el pueblo se condujeran con rectitud. En cuanto a él, si seguía fiel a las recomendaciones de su padre, Dios lo elevaría a una altura y a un grado de prosperidad ilimitados, y el dominio del país quedaría siempre en su nación y en la tribu de Judá. Pero si, por el contrario, traicionaba los principios y los olvidaba hasta el punto de adoptar el culto de dioses extranjeros, lo arrancaría de raíz y no dejaría subsistir a ningún miembro de su familia ni seguiría protegiendo al pueblo de Israel de la desgracia, y los aniquilaría en cambio con innumerables guerras y plagas, expulsándolos de la tierra que había dado a sus antepasados y obligándolos a vivir en países extranjeros. Ese Templo que ahora habían construído lo entregaría a los enemigos para que lo quemaran y saquearan; la ciudad sería totalmente destruída por la mano de los enemigos. Haría que su desgracia fuera proverbial e increíble por su enorme magnitud. Al enterarse del desastre, los vecinos quedarían estupefactos y preguntarían con curiosidad por qué causa los hebreos se habían hecho odiar por Dios, que antes los había conducido a la gloria y la fortuna. En su respuesta los sobrevivientes confesarían sus pecados y su infidelidad a las leyes de sus antepasados. Estas son las palabras que, según lo que nos ha llegado por escrito, dijo Dios a Salomón en su sueño.

CAPITULO V

Salomón hace construir el palacio real. Los enigmas de
Hiram y Salomón

1. Después de las obras del Templo que, como hemos dicho antes, duraron siete años, Salomón inició la construcción del palacio real, que tardó trece años en concluir, porque no le dedicó el mismo fervor que al Templo. Para éste, y a pesar de sus grandes dimensiones y la maravillosa y sorprendente actividad que requirió, gracias a la cooperación de Dios, para quien estaba destinado, fueron suficientes los años indicados; el palacio, en cambio, edificio de dignidad mucho menor que la del Templo, debido a que los materiales no habían sido preparados mucho tiempo antes ni con tanto cuidado, y a que tenía por objeto alojar reyes y no a Dios, reclamó un lapso mucho más largo para ser terminado. Sin embargo fué un edificio magnífico, digno de la prosperidad de los hebreos y de su rey. Tendré que describir toda la estructura y la disposición de sus partes, para que el lector de este libro pueda imaginarlo y formarse una idea de su magnitud.

2. Había una casa grande y hermosa, sostenida por numerosas columnas y dispuesta para contener a la gran cantidad de personas que acudirían a las audiencias de las causas y a conocer en los procesos. Era suficientemente amplia para albergar a toda la multitud de los litigantes. El edificio tenía cien codos de largo, cincuenta de ancho y treinta de alto; descansaba sobre columnas cuadrangulares, todas de cedro, tenía una cornisa de orden corintio, puertas rectangulares y ventanas con triglifos [1] que le daban al mismo tiempo solidez y belleza. Había luego otro edificio cuyo ancho total se hallaba en el centro; era cuadrangular y tenía treinta codos de ancho; delante había un pórtico, levantado sobre sólidos pilares. Allí había una magnífica sala, en la que el rey se instalaba para hacer justicia. Al lado había otra casa para uso de la reina, y otros edificios destinados a comer y descansar, después de concluídos los asuntos; todos ellos tenían pisos hechos con tablas de madera de cedro.

Algunos de ellos estaban construídos con piedras de diez codos, y tenían los muros incrustados con otras piedras más valiosas, aserradas, que suelen ser extraídas, para adornar templos y palacios reales, de una tierra famosa por sus vetas. Este revestimiento distinguido formaba tres hileras superpuestas, y una cuarta con admirables esculturas que representaban árboles y plantas diversas, cuyas ramas con las hojas que de ellas pendían dando som-

---

[1] La mención del orden corintio y de los triglifos parece ser una referencia de Josefo tendiente a ejemplificar su descripción; ejemplo que estaría de acuerdo con la opinión de los que sostienen que los órdenes arquitectónicos griegos y romanos contienen elementos ornamentales tomados de los palacios de Salomón.

bra estaban tan prodigiosamente cinceladas que parecían agitarse y ocultar las piedras que cubrían. La otra pared estaba cubierta hasta el techo por un revestimiento de vivos colores. El rey hizo construir otros edificios para placeres, e inmensos pórticos situados en gratos sitios del palacio; en el centro de los pórticos se levantaba un espléndido salón, resplandeciente de oro, para festejar y beber. Todos los utensilios necesarios para atender a los convidados eran de oro.

Es difícil enumerar la magnificencia y variedad de las dependencias reales, y decir cuántos salones grandes tenía, y cuántas salas menores, y referir las cámaras subterráneas e invisibles, y la belleza de las terrazas al aire libre, y los bosquecillos dispuestos para recrear la vista y para refugio y protección del cuerpo contra el calor. En suma, toda la construcción era de mármol blanco, cedro, oro y plata, y los techos y las paredes estaban adornados con piedras incrustadas de oro, como se había hecho en el Templo de Dios. Hizo tallar asimismo un enorme trono de marfil, construido como un estrado, con seis escalones, en cada uno de los cuales, a uno y otro lado, aparecían dos leones, habiendo otros dos arriba. Del asiento del trono salían dos brazos para recibir al rey; éste se reclinaba sobre medio toro, que lo miraba por detrás. Todo el conjunto estaba unido con oro.

3. Salomón terminó la obra en veinte años, porque Hiram, el rey de Tiro, le suministró para la construcción una gran cantidad de oro, y más aún de plata, y además cedro y pino. A su vez hizo a Hiram grandes obsequios, enviándole todos los años trigo, vino y aceite, productos que, por habitar en una isla, como ya hemos dicho, le hacían falta. Le dió, además, ciertas ciudades de Galilea, en número de veinte, que estaban situadas cerca de Tiro. Pero Hiram, después de visitarlas y examinarlas, quedó poco satisfecho del obsequio y mandó decir a Salomón que no le hacían falta. Esas ciudades recibieron desde entonces el nombre de tierra de Cabalón, vocablo que interpretado en lengua fenicia, significa "lo que no agrada". Además el rey de Tiro envió a Salomón sutilezas y enigmas, invitándolo a explicarlos y a librarlos de la ambigüedad que presentaban. Salomón era tan sagaz e inteligente que no se le escapó ninguno de ellos; salió triunfante de todos mediante el razonamiento, y descubrió y aclaró sus ocultos significados.

También Menandro, que tradujo del fenicio al griego los archivos tirios, menciona a los dos reyes, diciendo de este modo: "Después de la muerte de Abibal, recibió el trono su hijo Hiram, que vivió cincuenta y tres años y reinó treinta y cuatro. Rellenó el gran sitio y dedicó la columna de oro del templo de Zeus; luego fué a hacer cortar, en el monte llamado Líbano, numerosa madera para techar los templos. Después de haber demolido los templos antiguos, edificó los santuarios de Hércules y Astarté y primero erigió el de Hércules en el mes de peritio. Hizo además una expedición contra los pobladores de Utica, que no pagaban el tributo, y después de haberlos subyugado regresó. Durante su reinado vivió Abdémono, niño de corta edad que siempre salía triunfante de los problemas que le proponía Salomón, rey de Jerusalén."

Dío también lo nombra, en estos términos: "Después de la muerte de Abibal fué rey su hijo Hiram. Rellenó las partes orientales de la ciudad e hizo la ciudad más grande. Unió a la ciudad el templo de Zeus olímpico, que estaba aislado, rellenando con tierra el espacio intermedio, y lo adornó con ofrendas de oro. Finalmente fué al monte Líbano y cortó madera para la construcción de los templos." Agrega que Salomón, que reinaba a la sazón en Jerusalén, envió a Hiram enigmas y le pidió que le mandara otros; y le propuso que el que no pudiera resolverlos abonara una suma al que los supiera interpretar. Hiram aceptó las condiciones, y no habiendo resuelto los enigmas, tuvo que pagar como multa una importante suma de su dinero. Pero luego, por medio del tirio Abdemón, resolvió los problemas propuestos y propuso otros; Salomón no pudo solucionarlos y tuvo que devolver a Hiram una gran suma de dinero." Esto es lo que escribió Dío.

CAPITULO VI
Salomón fortifica la ciudad de Jerusalén y edifica otras ciudades. El rey recibe la visita de la reina de Egipto y Etiopía

1. El rey vió que las murallas de Jerusalén carecían de torres y necesitaban otros medios de defensa. Considerando que la solidez de las murallas debía responder a la importancia de la ciudad, las refaccionó y levantó y les hizo torres elevadas. Edificó además otras ciudades que pueden contarse entre las más fuertes, Asoro y Magedo, y una tercera, Gazara, que en realidad había pertenecido a los filisteos. Faraón, el rey de Egipto, en una expedición que hizo contra ella, le puso sitio y la tomó por asalto. Después de matar a todos sus habitantes, la arrasó completamente y se la dió como obsequio a su hija, casada con Salomón. Por eso el rey la reedificó, dado que tenía una fuerte posición natural, y podía ser de utilidad en caso de guerra, probable por las frecuentes vicisitudes del tiempo.

Fundó además otras dos ciudades, cerca de allí; una de ellas se llamaba Betcora, y la otra Balez. Y edificó otras más, en sitios apropiados para el goce de los placeres, favorecidos por la buena temperatura del aire, con buenas cosechas y abundantes fuentes de agua. Penetró asimismo en el desierto de la Siria superior, se apoderó de él y levantó una gran ciudad, a dos días de viaje de la Siria superior, uno del Eufrates y seis de Babilonia la grande. Fundó esa ciudad tan lejos de las partes habitadas de Siria, porque más cerca no había agua en ninguna parte, y sólo allí había manantiales y pozos. Construyó, pues, la ciudad, la rodeó de poderosas murallas y la llamó Tadamora, nombre que todavía hoy le dan los sirios. Los griegos, por su parte, la llaman Palmira.

2. Esas eran en aquel entonces las ocupaciones del rey Salomón. Por si alguien se pregunta por qué todos los reyes egipcios, desde Mineo, fundador de Menfis, que fué muchos años anterior a nuestro antepasado Abram, hasta Salomón, en un lapso de más de mil trescientos años, se han llamado *faraones*, creo necesario, para disipar su ignorancia y aclarar el origen del nombre, decir que *faraón* en egipcio significa *rey*. Yo creo que al nacer recibían otros nombres, pero cuando los hacían reyes, obtenían el título que en su idioma señalaba su autoridad. Por eso también los reyes de Alejandría, llamados al principio con otros nombres, cuando llegaban al trono recibían el de Ptolomeo, por el nombre de su primer rey. Lo mismo los emperadores romanos, después de haber llevado otros nombres desde su nacimiento, son llamados Césares, título impuesto por su imperio y su dignidad, y abandonan los nombres que les habían dado sus padres.

Supongo asimismo que Herodoto de Halicarnaso, cuando dice

que después de Mineo, fundador de Menfis, hubo trescientos treinta reyes en Egipto, no da los nombres porque eran todos designados con el nombre genérico de faraones. En cambio nos da el nombre, que es Nicaulis, de la mujer que subió al trono después de la extinción de los reyes, demostrando claramente que si los reyes masculinos podían llevar apelativo común, no sucedía lo mismo con una mujer; por eso nos indica su nombre.

Por mi parte he descubierto en los libros de nuestro pueblo, que después del faraón suegro de Salomón, ningún otro rey de Egipto fué llamado con ese nombre, y que más tarde Salomón recibió a la mencionada mujer reina, de Egipto y Etiopía, que fué a visitarlo. Pero sobre esto informaré en seguida al lector. Lo he mencionado ahora para demostrar que nuestros libros y los de Egipto coinciden en muchos puntos.

3. El rey Salomón sometió a los cananeos que todavía no habían sido subyugados, es decir, a los que vivían en el monte Líbano hasta la ciudad de Amate, y les impuso el pago de un tributo. Cada año seleccionaba además entre ellos a los que debían servirle de mercenarios, y para las ocupaciones domésticas y la labranza. Porque los hebreos no eran siervos (no era razonable que, habiéndoles sometido Dios tantas poblaciones, entre las cuales podían reclutar a los servidores, redujeran a los mismos hebreos a esa condición); todos preferían pasar la vida guerreando con los carros y los caballos antes que ser esclavos. A los cananeos que tomaron a su servicio, los pusieron a las órdenes de quinientos cincuenta jefes, a los que el rey les entregó su total vigilancia y el encargo de enseñarles las labores y actividades para las que serían empleados.

4. El rey construyó además muchos barcos en el golfo de Egipto, del mar Rojo, en un lugar llamado Gasiongabel, que está cerca de la ciudad de Elana y se llama ahora Berenice. Esa región, perteneció anteriormente a los judíos, y resultó apropiada para las embarcaciones por el presente que envió Hiram, rey de Tiro, consistente en un importante número de pilotos y expertos marinos. Salomón les ordenó que se hicieran a la vela, con sus mayordomos, rumbo a la antigua ciudad de Sofira, que es ahora la Tierra del Oro y pertenece a la India, para traerle de allí oro. Después de reunir cuatrocientos talentos, regresaron.

5. La mujer que por aquel entonces reinaba en Egipto y Etio-

pía [1], que era de consumada sabiduría y digna de admiración en
todos los conceptos, al enterarse de las virtudes y la inteligencia
de Salomón, sintió vivos deseos de verlo, e inducida por lo que
diariamente le contaban, decidió visitarlo para comprobarlo por
su propia experiencia, y no por la fama, que por su misma naturaleza podía responder a una falsa apariencia y dependía únicamente de la fe de los informantes. Quería sobre todo probar la
sabiduría del rey presentándole problemas muy difíciles para que
interpretara su oculto significado.

Se trasladó a Jerusalén con mucha pompa y gran despliegue
de riquezas. Llevó consigo camellos cargados de oro, perfumes
diversos y piedras preciosas. A su llegada el rey la recibió con
gran júbilo, se mostró muy solícito con ella y sobre todo resolvió
los problemas propuestos más rápidamente de lo que era de
esperar.

La reina quedó estupefacta y comprobó que la extraordinaria
sabiduría de Salomón sobrepasaba en la realidad a todo lo que
se había dicho. Se sintió especialmente maravillada por la belleza
y la magnificencia del palacio real, lo mismo que por la disposición de los edificios, en la que advirtió la notable capacidad
del rey. Pero lo que llevó su admiración al colmo fué la casa llamada *La selva del Líbano*, la esplendidez de las comidas diarias,
los preparativos, el servicio, la indumentaria de los criados, y la
hábil y correcta atención que ponían en sus funciones. No menor
admiración le produjeron los diarios sacrificios ofrecidos a Dios
y los cuidadosos servicios de los sacerdotes y los levitas.

Este espectáculo, renovado diariamente, la maravilló de tal manera, que no pudiendo contener su sorpresa, confesó abiertamente
su asombro dirigiéndose al rey con palabras que delataban sus
sentimientos.

—Las cosas, ¡oh, rey! —dijo—, que llegan a nuestro conocimiento a través de los rumores, nosotros en realidad las recibimos
con desconfianza. Pero en lo que respecta a los bienes que tú
posees, me refiero a la sabiduría y la prudencia, y a la felicidad
que te confiere tu reinado, la fama que nos ha llegado no ha sido

[1] La Biblia no nombra a Egipto ni a Etiopía y habla solamente de "la
reina de Seba" (2 *Crónicas*, cap. 9).

por cierto engañosa. Fué no sólo verdadera, sino que describía una dicha muy inferior a la que me es dado persenciar personalmente. Porque la fama sólo trataba de convencer al oído, pero no presentaba el valor de las cosas tal como puede hacerlo la observación directa de mis ojos. Yo, que no di crédito a los informes que me describían tantas cosas y tan grandes, veo ahora que son mucho más numerosas de lo que me habían dicho. Considero dichoso al pueblo hebreo, lo mismo que a tus servidores y amigos, que gozan todos los días de tu presencia y tienen el placer de servir todos los días tu persona y escuchar tu sabiduría. Se puede con razón bendecir a Dios que por amar tanto a este país y a sus habitantes te haya hecho su rey.

6. Después de haber expresado con sus palabras los sentimientos que le había inspirado el rey, los confirmó con sus presentes. Le dió veinte talentos de oro, una enorme cantidad de perfumes y piedras preciosas. Se dice también que la raíz del bálsamo, que nuestra tierra sigue produciendo todavía ahora, procede de un obsequio de esa mujer. Salomón, a su vez, le hizo muchos regalos de valor, siguiendo sobre todo sus propias inclinaciones; no sólo no le negó nada, sino que adelantándose a sus deseos demostró su generosidad concediéndole todo lo que ella prefería. Después de entregar y recibir los presentes, la reina de Egipto y Etiopía volvió a sus estados.

CAPITULO VII

Las riquezas de Salomón. El rey comete numerosas faltas,
impulsado por las mujeres. La revuelta de Jeroboam. Muerte
de Salomón

1. Por la misma época trajeron al rey de la llamada Tierra del Oro piedras preciosas y pinos; los usó como sostenes para el Templo y el palacio, y para hacer instrumentos musicales, cítaras y nablas, los que usaban los levitas cuando cantaban los himnos a Dios. La madera era la más grande y fina de todas las que le habían traído anteriormente. Pero no se imagine nadie que esos pinos eran los mismos que ahora llevan ese nombre; los comerciantes les dan ese nombre para seducir a los compradores. Aquéllos se parecían a simple vista a la higuera, pero la madera era más blanca y más brillante. Decimos esto para que nadie ignore la diferencia que hay entre ambas clases de madera y conozca la naturaleza del verdadero pino. Hemos creído oportuno y humano, al hablar de la madera y del uso que le dió el rey, explicar la diferencia tal como lo hemos hecho.

2. El peso del oro que le habían traído era de seiscientos sesenta y cinco talentos, sin incluir el aportado por los mercaderes, ni los regalos que le enviaron los jefes y reyes de Arabia. Fundió el oro para hacer doscientos escudos largos que pesaban seiscientos siclos cada uno. Hizo también trescientos escudos redondos, que pesaban tres minas de oro cada uno. Los llevó y los consagró en la casa llamada La selva del Líbano. Además hizo fabricar copas de oro y piedras preciosas para servir en los festines y numerosos vasos de oro de otras clases. No se hacía ninguna operación de venta ni de compra en plata. Numerosos navíos fueron botados por el rey en el mar llamado Társico, cargados con toda clase de mercaderías para las naciones del interior; trajeron en cambio al rey plata y oro y una gran cantidad de marfil, etíopes y monos. Hicieron el viaje de ida y vuelta en tres años.

3. Por todos los países vecinos se difundió una fama tan grande de las virtudes y la sabiduría de Salomón, que todos los reyes, que no podían dar crédito a tan excesivos elogios, ansiaban verlo personalmente y demostrarle sus respetos enviándole magníficos presentes. Le mandaron vasos de oro y plata, vestimentas de púrpura, numerosas clases de perfumes, caballos, carros y mulas de carga apropiadas para regocijar la vista del rey por su robustez y belleza.

Los envíos aumentaron el número de carros y caballos que tenía anteriormente, en más de cuatrocientos, porque tenía mil, y el número de sus caballos en dos mil, sobre los veinte mil que tenía antes. Los caballos estaban bien preparados para que tuvieran belleza y rapidez, sin que ningún otro pudiera comparársele en velocidad y buen aspecto; eran los más hermosos y los que más corrían. Los jinetes que los montaban acrecentaban su atractivo, porque eran hombres jóvenes, en la más grata flor de la edad, y se destacaban por su corpulencia y su alta estatura, mayor que la de todos los demás. Tenían largas cabelleras colgantes, y llevaban túnicas de púrpura tiria. Todos los días se empolvaban el cabello con polvo de oro, de tal modo que las cabezas les brillaban cuando el oro reflejaba los rayos del sol. El rey solía salir todas las mañanas en un carro hacia las afueras de la ciudad, vestido con un manto blanco y rodeado por esos hombres, que llevaban armadura y arco. A dos estadios de distancia de Jerusalén había una aldea, llamada Etam, agradable y magnífica por sus jardines y sus riachos; allí acostumbraba a ir a pasear con gran pompa.

4. Salomón, que tenía una gran sagacidad para todas las cosas y era diligente y empeñoso para hacerlo todo de la manera más elegante, no descuidó tampoco la atención de los caminos. Hizo pavimentar con piedras negras el camino que conducía a Jerusalén, la ciudad real, tanto para facilitar el tránsito como para poner de manifiesto la grandeza de sus riquezas y de su poder. Dividió, además, los carros, dejando en cada ciudad una cantidad determinada y quedándose él con varios; a las ciudades las llamó *las ciudades de los carros*.

El rey hizo la plata en Jerusalén tan abundante como las piedras, y multiplicó en los campos de Judea los cedros, que antes no los tenían, hasta que fueron tan comunes como el sicómoro. Ordenó además a los mercaderes que le trajeran de Egipto carros de dos caballos a razón de seiscientas dracmas de plata, y los envió a los reyes de Siria y del otro lado del Eufrates.

5. Aunque se convirtió en el más ilustre de los reyes y el más amado por Dios, superando en sabiduría y riquezas a todos los que habían gobernado a los hebreos antes que él, no perseveró en sus virtudes hasta la muerte. Descuidó la observancia de las leyes y las instituciones de su patria y tuvo un fin que no condecía con lo que hemos dicho anteriormente de él. Amó a las mujeres con un ardor insano, sin refrenar sus excesos, y no conformándose con las mujeres de su patria, tomó muchas esposas de países extranjeros, sidonias, tirias, amonitas, idumeas; de ese modo transgredió, las leyes de Moisés, que prohibían unirse con mujeres de otros pueblos, y comenzó a adorar a los dioses de sus esposas, llevado por su pasión y su debilidad por sus mujeres.

Precisamente el objeto que se propuso el legislador al exhortarlos a que no se casaran con mujeres de otros pueblos, fué evitar que, acostumbrándose a las normas extranjeras, los hebreos traicionasen los hábitos de sus padres, reverenciando los dioses de aquellas mujeres y descuidando honrar al de ellos. Salomón se entregó a los placeres irreflexivamente y sin escrúpulos. Contrajo matrimonio con setecientas mujeres, hijas de jefes y notables, y tuvo trescientas concubinas, sin contar a la hija del rey de Egipto, y no tardó en ser manejado por ellas hasta el punto de que llegó a imitar sus prácticas, y se vió obligado, para demostrarles su bondad y su ternura, a vivir de acuerdo con las costumbres de sus tierras.

A medida que se fué haciendo más viejo y su razón se fué debilitando por la edad, imposibilitándolo para oponer el recuerdo de las instituciones de su patria, fué abandonando cada vez más a su propio Dios para atender a los dioses que le habían introducido sus matrimonios. Ya anteriormente había incurrido en pecado y violado las leyes, al hacer las imágenes de bronce de los bueyes que sostenían el monumento del mar, y las figuras de los leones que rodeaban su trono; porque esas obras eran ilegales e impías, y él las ejecutó sin considerar el excelente ejemplo doméstico de virtud de su padre y el glorioso renombre que éste dejó de su piedad hacia Dios.

No lo imitó, a pesar de que Dios se le apareció en sueños, exhortándolo a imitar a su padre, y murió sin gloria.

Fué a verlo el profeta, enviado por Dios, y le dijo que sus transgresiones no se le ocultaban a Dios y le advirtió con amenazas que no gozaría mucho tiempo más de su conducta. El reinado no le sería retirado durante su vida, porque Dios había prometido a David que sería su heredero, pero después de su muerte a su hijo le ocurriría lo siguiente: Dios no le quitaría todo el pueblo, pero entregaría diez tribus a un esclavo suyo dejando sólo dos al nieto de David, en recuerdo de este último, porque había amado a Dios, y por la ciudad de Jerusalén, donde quiso erigir un templo.

6. Oyendo estas palabras Salomón se sintió afligido y profundamente turbado, porque su felicidad, que todos le envidiaban, cambiaba de tal modo para mal.

No pasó mucho tiempo después de la predicción, cuando Dios levantó contra él a un enemigo llamado Ader, cuya enemistad tuvo el siguiente origen: era un joven idumeo, de estirpe real, y cuando

Joab, el capitán del ejército de David, arrasó a Idumea y exterminó en seis meses a todos los hombres capaces de portar armas, fué el único que logró huir a la corte del faraón, rey de Egipto. Este lo recibió amablemente, le dió una casa para vivir y tierra para su sustento, y cuando llegó a la adolescencia, era tanto el cariño que le había cobrado que le dió en matrimonio a la hermana de su esposa, que se llamaba Tafín.

Tuvieron un hijo que fué criado junto con los hijos del rey. Cuando Ader se enteró en Egipto de la muerte de David y de Joab, pidió permiso al faraón para volver a su patria. El rey le preguntó por qué necesidad, o por qué contratiempo, se proponía dejarlo, y a pesar de sus frecuentes ruegos e insistencias, en aquel momento no lo autorizó. Pero en la época en que los asuntos de Salomón comenzaban a empeorar, a causa de las referidas violaciones y de la cólera con que Dios las recibió, el faraón le dió finalmente permiso y Ader volvió a Idumea.

No logró separar al país de Salomón, porque estaba ocupado por numerosas guarniciones que hacían difícil y peligrosa toda innovación. Partió entonces hacia Siria. Allí se encontró con un tal Raazar, que había huído del lado de su amo Adrazar, rey de Sofen, y se dedicaba al pillaje en esa zona. Hizo amistad con él y reuniendo una banda de ladrones, invadió la parte alta del país, ocupó esa región de Siria y se proclamó rey. Luego, haciendo incursiones en la tierra de Israel, causó daños y depredaciones, durante la vida de Salomón.

Estos fueron los males que ocasionó Ader a los hebreos.

7. Luego Salomón vió alzarse contra él a un hombre de su propia nación, Jeroboam hijo de Nabateo, quien tenía ambiciones de subir por una profecía que le habían hecho mucho tiempo antes. Huérfano de padre desde que era una criatura, había sido criado por su madre, y luego Salomón, viendo que era activo y animoso, lo había nombrado cuidador de los muros que construyó alrededor de Jerusalén. Jeroboam puso tanto empeño en la dirección de las obras, que el rey lo felicitó, y para recompensarlo le dió el gobierno de la tribu de José.

En aquella oportunidad Jeroboam, al salir de Jerusalén, se encontró con un profeta de la ciudad de Siló llamado Aquías. Este lo saludó y lo llevó a un lugar desierto, a cierta distancia del camino.

Allí se rasgó el manto que llevaba puesto en doce trozos, y dando diez a Jeroboam, le dijo:

—Esta es la voluntad de Dios. Dividirá el dominio de Salomón y dará a su hijo, por la promesa que hizo a David, una tribu y la contigua, y a ti te otorgará las otras diez, porque Salomón pecó contra él y se entregó a sus mujeres y a sus dioses. Sabiendo por qué cambió Dios de sentimientos con respecto a Salomón, trata de ser justo y observar las leyes, porque tienes delante de ti, como precio de la piedad y de tu devoción a Dios, la más grande de todas las recompensas, la promesa de llegar a ser tan grande como tú sabes que fué David.

8. Exaltado por las palabras del profeta, Jeroboam, joven de temperamento ardiente y ambicioso de grandeza, no se dió descanso, y habiendo obtenido la gobernación y recordando las revelaciones de Aquías, se entregó inmediatamente a la tarea de convencer al pueblo de que abandonara a Salomón, se rebelara contra él y le confiriera el poder a él.

Enterado de sus propósitos y su conspiración, Salomón decidió prenderlo y darle muerte. Pero informado a tiempo, Joroboam huyó al país de Suseo, rey de Egipto. Allí residió hasta la muerte de Salomón, obteniendo de este modo la doble ventaja de eludir la persecución de Salomón y de reservarse para el reinado.

Salomón murió muy viejo, después de haber reinado ochenta años y vivido noventa y cuatro. Fué sepultado en Jerusalén. Sobrepasó a todos los demás reyes en prosperidad, riqueza y sabiduría, menos en las transgresiones que cometió al volverse viejo inducido por las mujeres. Sobre estas transgresiones y las desdichas que acarrearon a los hebreos, creo conveniente hablar en otra oportunidad.

CAPITULO VIII

Después de la muerte de Salomón el pueblo abandona a su
hijo Roboam y ordena a Jeroboam rey de diez tribus

1. Muerto Salomón, lo sucedió en el trono su hijo Roboam, nacido de una amonita llamada Nooma. Los jefes del pueblo mandaron a buscar inmediatamente a Jeroboam a Egipto, para que

se reuniera con ellos en la ciudad de Siquem. Allí fué también
Roboam, porque los israelitas habían resuelto reunirse en aquella
ciudad para proclamarlo rey.

Los jefes del pueblo fueron a verlo y le suplicaron que aligerara
un poco la servidumbre y se mostrara más amable que su padre,
que les había impuesto un yugo tan pesado. De este modo estarían
mejor dispuestos hacia él, haciéndolos la moderación más dóciles
que el temor. Roboam les dijo que volvieran tres días después a
recibir la contestación a su pedido. Se hizo de este modo sospechoso por no haberles dado en seguida una respuesta favorable,
porque consideraban que la bondad y la generosidad debían ser
espontáneas, sobre todo en un hombre joven. De todas maneras
pensaron que el hecho de que quisiera consultar y no les hubiera
negado al instante el pedido, permitía por lo menos abrigar buenas
esperanzas.

2. Roboam reunió a los amigos de su padre y los consultó
sobre la respuesta que debía dar al pueblo. Estos le dieron un
consejo propio de hombres bien intencionados y conocedores del
alma popular, le aconsejaron que hablara a la multitud amablemente y con más familiaridad de la que correspondía a la pompa
real.

De esta manera los haría someterse espontáneamente y con la
mejor voluntad, porque a los súbditos les agrada que el rey se
muestre condescendiente y se ponga al mismo nivel que ellos.

Roboam rechazó ese consejo tan bueno y que tantas ventajas
le hubiera otorgado, al menos en aquel momento en que estaba su
porvenir en juego. Me imagino que debe de haber sido Dios quien
lo impulsó a repudiar lo que podía serle beneficioso.

Llamó a los jóvenes que se habían criado con él, les comunicó
el consejo de los ancianos y les pidió que le expresaran su opinión
sobre la conducta a seguir. Estos, a quienes su juventud y la voluntad de Dios les impedía discernir lo que era justo, le aconsejaron
que respondiera al pueblo que su dedo más pequeño era más
grueso que los lomos de su padre; que si conocieron la severidad
de Salomón, recibirían de su parte un tratamiento más duro aún,
y que si su padre los castigaba con látigos, él lo haría con
escorpiones.

Al rey le agradó el consejo y juzgó que esa respuesta cuadraba a su dignidad real. El pueblo se reunió al tercer día para escuchar su contestación, y cuando la multitud aguardaba atenta la palabra del rey, suponiendo que sería amable, benigna y humana, Roboam les dió como respuesta la que le habían aconsejado los jóvenes, desdeñando la opinión de sus amigos. Esta conducta le había sido dictada por la voluntad divina para que se cumpliera la profecía de Aquías.

3. Sacudidos por esas palabras, como si hubiesen sido golpeados por un martillo de hierro, y consternados por lo que había dicho como si ya hubiesen experimentado sus efectos, se indignaron de gran manera y gritaron todos al mismo tiempo que en adelante ya no había nada en común entre ellos y David o sus descendientes; y que sólo dejarían a Roboam el Templo que había construído su padre. Amenazaron abandonarlo, pero era tan grande la irritación del pueblo y tan intenso su encono que cuando el rey envió a Adoram, el encargado de los impuestos, para calmarlos y pedirles que lo disculparan si había dicho algo áspero u ofensivo atribuible a su juventud, no quisieron escucharlo y lo mataron a pedradas.

Ante aquel episodio Roboam se consideró el destinatario de las piedras que habían matado a Adoram, y temiendo sufrir el mismo castigo, subió a su carro y huyó a Jerusalén. Allí la tribu de Judá y la de Benjamín lo eligieron rey, pero el resto del pueblo se separó desde ese día del hijo de David y puso a su frente a Jeroboam. Roboam hijo de Salomón reunió en asamblea a las dos tribus que le seguían sometidas, y se dispuso a alistar un ejército de ciento ochenta mil hombres selectos para marchar contra Jeroboam y su gente y someterlos por la fuerza. Pero Dios, por medio del profeta, le prohibió hacer la guerra, porque no era justo que los hermanos de una misma nación pelearan entre sí. Además, dijo también, la defección del pueblo se produjo de acuerdo con los designios de Dios. Roboam abandonó su propósito.

Ahora voy a referir primeramente los actos de ᵀeroboam, rey de Israel, y luego los de Roboam, rey de las dos tribus; de este modo conservaré el buen orden de toda la historia.

4. Jeroboam construyó un palacio en la ciudad de Siquem, donde estableció su residencia, y se edificó otro en la ciudad llamada Fanuel. Luego, y como dentro de poco tiempo debía celebrarse la fiesta de los Tabernáculos, pensó que si permitía a sus súbditos que fueran a Jerusalén a rendir culto a Dios y a pasar allí la fiesta, podía suceder que se arrepintieran de lo hecho, seducidos por el Templo y la adoración que en él recibía Dios, y que lo abandonasen y volvieran a su rey anterior; en tal caso correría el peligro de perder la vida. Concibió por lo tanto el siguiente recurso. Mandó hacer *dos becerros de oro* [1] y dos capillas, una en la ciudad de Bezel y la otra en Dan, que está situada cerca de las fuentes del Jordán menor, instalando un becerro en cada santuario. Luego convocó a las diez tribus que él gobernaba y habló al pueblo con estas palabras:

—Supongo que vosotros sabéis, compatriotas, que todos los sitios contienen a Dios, que su presencia no está limitada a un lugar determinado, que él oye y ve en todos lados a los que lo adoran. Por eso creo que no debo aconsejaros hoy hacer un viaje tan largo hasta Jerusalén, la ciudad de nuestros enemigos, para rendirle culto. El Templo lo edificó un hombre; y yo también fabriqué dos becerros de oro que llevan el nombre de Dios. Uno lo consagré en la ciudad de Bezel y el otro en Dan, para que puedan ir a prosternarse ante Dios los que vivan cerca de esas ciudades. Designaré, además, a algunos de vosotros como sacerdotes y levitas, para que podáis prescindir de la tribu de Leví y de los hijos de Aarón. Aquellos de vosotros que quieran ejercer el sacerdocio deberán ofrecer a Dios un toro joven y un carnero, como dicen que hizo Aarón, el primer sacerdote.

Con estas palabras Jeroboam engañó al pueblo, lo apartó del culto de sus antepasados y le hizo violar las leyes. Este fué para los hebreos el origen de sus males y la causa de que fueran derrotados en la guerra con las naciones extranjeras y cayeran en el cautiverio. Pero todo esto lo referiremos luego, en el lugar que le corresponda.

5. Al acercarse la fiesta de los Tabernáculos, en el séptimo mes, Jeroboam quiso celebrarla en Bezel, como lo hacían las dos tribus en Jerusalén. Erigió un altar delante del becerro, y oficiando de sumo pontífice subió al altar con sus propios sacerdotes. Pero cuan-

---

[1] Es la misma traducción, Δύο δαμάλεις χρυσᾶς, que dan los Setenta de la expresión hebrea עֶגְלֵי זָהָב.

do iba a ofrecer los sacrificios y los holocaustos a la vista del pueblo, llegó hasta él un profeta de Jerusalén, llamado Jadón, enviado por Dios, quien poniéndose en medio de la multitud pronunció estas palabras en presencia del rey y dirigiéndose al altar:

—Dios predice que vendrá un hombre de la familia de David, llamado Josías, que sacrificará sobre ti, altar, a los falsos sacerdotes que existen en ese momento y quemará sobre ti los huesos de estos impostores, embaucadores e impíos. Y para que nadie dude de que así será, les anticipo una señal que ocurrirá también: ahora mismo se quebrará este altar y toda la grasa de los sacrificios que tiene encima se derramará en el suelo.

Ante estas palabras del profeta, Jeroboam, presa de furor, alzó una mano y ordenó que fuera detenido. Pero la mano tendida perdió de pronto su vigor y ni siquiera tuvo fuerza para recogerla; quedó colgando a su lado, entumecida y extenuada. Al mismo tiempo el altar se desplomó y todo lo que tenía encima cayó al suelo, como lo había anunciado el profeta.

Convencido de que el hombre era veraz y poseía presciencia divina, Jeroboam le pidió que rogara a Dios que le reanimara la mano derecha. El profeta suplicó a Dios que consintiera. Jubiloso por haber recuperado la mano, el rey invitó al profeta a comer con él. Pero Jadón respondió que no podría tolerar ni entrar en su casa ni probar el pan y el agua de esa ciudad; Dios se lo había prohibido, lo mismo que volver por el mismo camino por el que había venido, debiendo tomar por otro distinto.

El rey se asombró de su firmeza y quedó por su parte inquieto, sospechando por las predicciones que sus asuntos cambiarían para empeorar.

CAPITULO IX

Convencido por otro profeta falso, el profeta Jadón vuelve a Bezel y es luego muerto por un león

1. Había en la ciudad un viejo perverso, un falso profeta, a quien Jeroboam estimaba, engañado por sus palabras aduladoras. Ese hombre guardaba cama, quebrantado por la vejez. Sus hijos le relataron el incidente del profeta llegado de Jerusalén, con los signos milagrosos que se habían producido, y el episodio de la mano de Jeroboam, que después de habérsela secado, la recuperó gracias a las súplicas del visitante. Temeroso de que el extranjero lo desplazara en la estima del rey y obtuviera honores más grandes, ordenó a sus hijos que le ensillaran en seguida el asno y lo prepararan para un viaje. Los hijos se apresuraron a obedecerle, y montando en el asno, salió tras el profeta.

Lo encontró descansando bajo un gran roble, frondoso y umbrío; primero lo saludó y luego le reprochó por no haber ido a su casa a compartir su hospitalidad. El profeta le respondió que Dios le había prohibido probar nada en la casa de ningún habitante de la ciudad.

—Pero la prohibición —replicó el otro— no se refiere a mi casa. Yo también soy profeta, observo el mismo culto que tú hacia Dios, y ahora vengo, enviado por él, a llevarte a comer conmigo.

Jadón, creyendo sus mentiras, consintió en volver sobre sus pasos. Pero cuando estaban comiendo juntos amistosamente, Dios se apareció a Jadón y le declaró que por haber transgredido sus órdenes sería castigado. Después de partir, le dijo, encontraría un león en el camino; sería devorado por él y quedaría privado de sepultura en la tumba de sus padres [1].

Todo lo cual ocurrió, me imagino, de acuerdo con la voluntad de Dios, para que Jeroboam no prestara oídos a las palabras de Jadón, quien quedaba convicto de haber mentido. No obstante, cuando Jadón volvía a Jerusalén encontró un león que lo arrancó de la montura y lo hizo pedazos, pero no tocó al asno y se quedó acurrucado cuidándolo y velando el cadáver del profeta. Hasta que lo vieron unos viajeros y fueron a la ciudad a comunicárselo al falso profeta. Este envió a sus hijos a transportar el cuerpo a la ciudad, y le hizo un costoso funeral. Recomendó además a sus hijos que cuando él muriera lo enterraran junto a Jadón, porque era cierto todo lo que había profetizado sobre la ciudad y el altar y los sacerdotes y los falsos profetas; si a él lo sepultaban junto con él y sus huesos se confundían con los suyos, escaparía al tratamiento injurioso después de su muerte.

Después de enterrar al profeta y hacer esas recomendaciones a

---

[1] La Biblia no habla de leones ni indica el género de muerte que sufriría.

sus hijos, como perverso e impío que era, fué a ver a Jeroboam y le dijo:

—¿Por qué te perturban las palabras de ese insensato? El rey le contó lo que había sucedido junto al altar y lo que le había pasado con la mano, afirmando que aquel hombre era realmente divino, un excelente profeta. El malvado trató de destruir esa opinión valiéndose de falsos argumentos, y deformó los hechos comentándolos con pérfidas razones y palabras astutas. Aseguró que la mano del rey había quedado entumecida por la fatiga de sostener los sacrificios, y que una vez descansada recuperó su estado normal; y que el altar era nuevo, recién construído, y se había derrumbado por el peso de las numerosas ofrendas que recibió. Le comunicó asimismo la muerte del hombre que había hecho esas predicciones, atacado por un león.

—No tenía, por lo tanto, nada de profeta, ni en su persona ni en sus palabras.

Con estas palabras convenció al rey y apartó sus pensamientos de Dios y de las acciones rectas y justas, y lo animó a que persistiera en sus prácticas impías.

Era tan grande el empeño de su injuriosa rebelión contra Dios y de sus transgresiones de la ley, que buscaba diariamente nuevas y más graves perversiones para agregar a las anteriores.

Y por ahora será suficiente con lo que hemos dicho sobre Jeroboam.

CAPITULO X

Susac, rey de Egipto, ataca a Jerusalén, toma la ciudad y se lleva las riquezas a su país

1. Roboam hijo de Salomón, rey de dos tribus, como hemos dicho antes, construyó las ciudades, grandes y fuertes, de Betlem, Etam, Tecoa, Betsur, Soco, Odolam, Ipán, Marisa, Zifa, Adoraim, Laquis, Azeca, Saraím, Elom y Hebrón. Estas primeras ciudades fueron levantadas en el territorio de Judá, pero además construyó otras no menores en el territorio de Benjamín; las rodeó de murallas, estableció en todas ellas guarniciones y gobernadores, dejó en cada ciudad una cantidad de trigo, vino y aceite y les dió abundantes provisiones de todo lo necesario. Las proveyó, además, de escudos y lanzas para millares de hombres.

Los sacerdotes que se hallaban dispersos por todo Israel fueron a reunirse con él en Jerusalén, así como los levitas y todos los hombres justos y virtuosos que había en el pueblo. Abandonaron sus ciudades para ir a adorar a Dios en Jerusalén, porque no querían verse obligados a adorar los becerros hechos por Jeroboam. De este modo reforzaron, durante tres años, el reino de Roboam. Después de haberse casado con una mujer de su familia, que le dió tres hijos, Roboam desposó a otra mujer también emparentada con él, una hija de Absalón nacida de Tamar, llamada Macama. Tuvo con ella un hijo al que llamó Abías. Engendró muchos otros hijos con otras mujeres, pero Macama era la que más amaba de todas sus esposas. Tuvo dieciocho esposas legítimas y treinta concubinas, que le dieron veintiocho hijos y sesenta hijas. Designó como sucesor para ocupar su trono a Abías, hijo de Macama, y le confió sus tesoros y sus ciudades más fuertes.

2. Pienso que la grandeza de un reino y su creciente prosperidad suelen ser a menudo motivo de desdichas y desarreglos para los hombres. Ilusionado por los progresos de su reino, Roboam se desvió de la senda recta y se entregó a prácticas ilícitas e impías; despreció el culto de Dios hasta el punto de que el pueblo se dedicó a imitar sus pecados. Acontece habitualmente que las costumbres de los súbditos se corrompen al mismo tiempo que la conducta de sus gobernantes; renuncian a la vida prudente que llevaban y que parecería reprochar los desmanes de los jefes, y adoptan sus vicios como si fueran virtudes. No es posible demostrar que se aprueba la conducta de los reyes si no se actúa como ellos. Es lo que ocurrió con los súbditos de Roboam; frente a sus impiedades y sus desbordes, trataron de no ofender al rey persistiendo en la observancia de la virtud.

Pero Dios, para vengar sus ultrajes, envió a Susac, el rey de los egipcios, cuyas acciones Herodoto atribuyó erróneamente a Sesostris. Susac marchó contra Roboam en el quinto año de su reinado, con muchas millares de combatientes; lo seguían mil doscientos carros, sesenta mil hombres a caballo y cuatrocientos mil a pie. La mayor parte eran de Libia y Etiopía. Cayeron sobre el país de los hebreos, tomaron sin lucha las ciudades más fuertes del reino de Roboam y dejando en ellas guarniciones marcharon contra Jerusalén.

3. Roboam y el pueblo quedaron encerrados en la ciudad de Jerusalén, a consecuencia del ataque de Susac, y suplicaron a Dios que les diera la victoria y los salvara; pero no pudieron convencerlo de que se pusiera de su parte. El profeta Sameas declaró que Dios amenazaba abandonarlos, como ellos habían abandonado su culto. Oyendo estas palabras se sintieron invadidos por la consternación y no viendo otro medio de salvarse confesaron todos que Dios tenía razón en desampararlos, porque ellos habían sido impíos y violado sus leyes. Cuando Dios los vió dispuestos a reconocer sus pecados, dijo al profeta que él no deseaba su destrucción, pero que no obstante los sometería a los egipcios, para que apreciaran si era menos penoso servir a Dios o a los hombres.

Después de haber tomado Susac la ciudad sin lucha, porque Roboam, aterrorizado, lo había hecho entrar, Susac no respetó los compromisos asumidos, saqueó el Templo, vació los tesoros de Dios y los del rey y se llevó enormes sumas de oro y cantidades de oro y plata, sin dejar nada. Se apoderó asimismo de los escudos de oro y de las rodelas que había fabricado el rey Salomón. Tampoco dejó los carcajes de oro que David consagrara a Dios después de tomárselos al rey de Sofene. Hecho esto regresó a su reino.

Herodoto de Halicarnaso menciona esta expedición, habiéndose equivocado únicamente en el nombre del rey [1]; refiere que hizo la guerra contra otras naciones y que subyugó a la Siria de Palestina, tomando prisioneros sin lucha a los hombres que encontró. Evidentemente quiere indicar que nuestro país fué sometido por el egipcio. Porque dice que dejó en el país de los que se rindieron sin pelear columnas en las que hizo esculpir las partes pudendas de las mujeres. Y nuestro rey Roboam le entregó la ciudad sin combatir. Agrega además que los etíopes aprendieron la circuncisión de los egipcios, "porque los mismos fenicios y los sirios de Palestina reconocen que la aprendieron de los egipcios". No obstante es indudable que de los sirios que viven en Palestina fuera del nuestro ningún otro pueblo practica la circuncisión. Pero sobre este asunto que cada cual piense lo que le parezca.

[1] V. *Contra Apión*, I, 22.

4. Cuando Susac se fué, el rey mandó hacer escudos y rodelas de bronce, para reemplazar a los de oro, y los entregó en igual cantidad a los guardianes del palacio real. En lugar de una vida de expediciones guerreras y hazañas gloriosas, reinó en una completa quietud mezclada con el miedo por la permanente enemistad de Jeroboam. Murió a los cincuenta y siete años, después de reinar diecisiete. Fué un hombre de carácter jactancioso e imprudente, y perdió una parte de su reino por no atender los consejos de los amigos de su padre. Fué sepultado en Jerusalén en la tumba de los reyes. Lo sucedió en el trono su hijo Abías, en el décimoctavo año del reinado de Jeroboam en las diez tribus.

Y así fué como sucedieron estos hechos. Ahora debemos seguir relatando acerca de Jeroboam, y contar de qué modo terminó su vida. Prosiguió injuriando a Dios sin tregua ni descanso, levantando todos los días nuevos altares en altas montañas y creando sacerdotes del vulgo.

CAPITULO XI

La expedición de Jeroboam, rey de los israelitas, contra
Abías, hijo de Roboam; su derrota. Muerte de Jeroboam.
Basanes extermina a la familia de Jeroboam y se apodera
del trono

1. No pasó mucho tiempo antes de que Dios hiciera caer sobre la cabeza de Jeroboam y toda su familia el castigo que merecían por su impiedad. Estando enfermo en aquel entonces un hijo de él, llamado Obimes, mandó a su mujer que se despojara de sus vestimentas reales, se vistiera como una mujer del pueblo y fuera a ver al profeta Aquías, porque, dijo, ese hombre sabía predecir maravillosamente lo futuro, habiendo sido él quien le había predicho que sería rey. Le encargó que cuando estuviera en su presencia, le preguntara, fingiéndose extranjera, acerca de su hijo, para averiguar si se salvaría de la enfermedad.

Obedeciendo la orden de su esposo, se cambió de ropa y se trasladó a la ciudad de Siló, donde vivía Aquías. Cuando estaba por entrar en la casa del profeta, que había perdido la vista por su avanzada edad, Dios se apareció a Aquías y le señaló la visita de la mujer de Jeroboam y las respuestas que debía darle a sus preguntas.

La mujer entró y se presentó como una persona común y extranjera, y el profeta exclamó:

—Entra, esposa de Jeroboam. ¿Por qué te disfrazas? Nunca podrás ocultarte de Dios, que en una visión me informó de tu llegada y me instruyó sobre lo que debía decirte. Vuelve al lado de tu marido y dile que Dios habló así: Como yo te hice grande, a ti que eras pequeño, o más bien nadie, y arranqué la realeza a la familia de David para dártela a ti, y tú, sin recordar mis favores abandonaste mi culto y te hiciste dioses de fundición y los veneraste, volveré a derribarte lo mismo que te elevé, destruiré a toda tu familia haciéndola devorar por los perros y las aves. Porque he suscitado un rey para todos los israelitas, que no dejará subsistir a nadie de la estirpe de Jeroboam. La multitud también compartirá el castigo; será expulsada de esta tierra feliz, y dispersada por las regiones del otro lado del Eufrates, por haberse plegado a la impiedad del rey y adorado a los dioses que fabricó después de abandonar mis sacrificios. Tú, mujer, apresúrate a llevar este mensaje a tu marido. En cuanto a tu hijo, lo hallarás muerto; lo abandonará la vida en el mismo momento en que tú llegues a la ciudad. Será sepultado con el llanto de toda la multitud y honrado con el duelo público, porque era el único miembro virtuoso de la familia de Jeroboam.

Hecha la profecía, la mujer se retiró muy afligida por la muerte de su hijo; lloró durante todo el trayecto ante la idea de su fin inminente. Desesperada y dolorida por la inevitable desdicha, marchó con una prisa fatal para su hijo, porque cuanto más se apresurara, tanto más pronto lo vería muerto; pero estaba obligada a hacerlo por su marido. Cuando llegó se encontró con que el niño había expirado, como lo había predicho el profeta; y se lo contó todo al rey.

2. Sin preocuparse por nada de eso, Jeroboam reunió un gran ejército y marchó a combatir a Abías, el hijo de Roboam que lo había sucedido en el reinado de las dos tribus, menospreciándolo por su juventud. Pero éste, enterado de la expedición de Jeroboam, en lugar de atemorizarse demostró un valor superior a su edad y a las esperanzas del enemigo. Reclutó un ejército en las dos tribus y salió a enfrentar a Jeroboam en un sitio llamado monte Semarón. Estableció el campamento cerca del enemigo y se preparó para la lucha. Sus fuerzas alcanzaban a la suma de cuatrocientos mil hombres; el ejército de Jeroboam tenía el doble de ese número.

Cuando los dos ejércitos se hallaban en formación, listos para entrar en combate, Abías subió a un lugar elevado y haciendo un ademán con la mano pidió al pueblo y a Jeroboam que antes escucharan callados lo que tenía que decirles. Hecho el silencio comenzó a hablar de este modo:

—Dios acordó el gobierno para siempre a David y sus descendientes, como vosotros no ignoráis; me sorprende por eso ver ahora que, apartados de mi padre, os hayáis entregado a un esclavo como Jeroboam y vengáis a combatir a los que Dios adjudicó la realeza y a despojarlos del dominio que aún les queda; porque la parte más grande la detenta injustamente Jeroboam. Pero no creo que goce mucho tiempo más de su posesión; Dios, que lo castigará por sus culpas pasadas, pondrá fin a sus transgresiones y a las ofensas que le sigue infiriendo continuamente y que os ha instado a imitar; mi padre no os ha hecho ningún daño, vosotros os habéis ofendido simplemente por palabras pronunciadas en una asamblea por la influencia de malos consejeros. Este es el motivo de que aparentemente lo hayáis abandonado a él, llevados por la cólera, pero en realidad os habéis apartado de Dios y de sus leyes. Hubiera sido justo de vuestra parte que hubieseis perdonado a un hombre joven e inexperto en el gobierno de un pueblo, no solamente alguna frase desagradable sino también cualquier acción infortunada que lo hubieran llevado a cometer su juventud y su falta de práctica en el manejo de las cosas públicas. Lo hubierais hecho por consideración a su padre Salomón y por los beneficios que de él habéis recibido; porque las faltas de los hijos deben ser redimidas por los méritos de los padres [1]. Pero vosotros no habéis considerado nada de eso, ni antes ni ahora, y venís en cambio contra nosotros con un ejército tan grande. ¿Pero de quién dependéis para obtener la victoria? ¿De los becerros de oro y los altares instalados en sitios altos, y que comprueban vuestra impiedad y no vuestra devoción?

---

[1] Este argumento del זכות אבות el mérito de los padres, que no figura en la Biblia en la alocución de Abías, pertenece a la tradición rabínica.

¿O es la multitud superior de vuestro ejército la que os imparte esas buenas esperanzas? Pero muchos millares de hombres no otorgan fuerza a un ejército cuando la causa de la guerra es injusta; sólo en la justicia y la piedad religiosa reside la verdadera esperanza de victoria, y ella está en nosotros porque hemos observado las leyes desde el principio y hemos adorado a nuestro Dios, que no fué hecho a mano con materia corruptible ni formado por un rey perverso para engañar al pueblo; es un Dios creador de sí mismo, comienzo y fin de todas las cosas. Os exhorto, aun en esta misma hora, a que os arrepintáis y a que, siguiendo un consejo más prudente, desistáis de la lucha, abracéis las leyes de vuestra patria y meditéis sobre qué es lo que os ha dado la felicidad tan grande de que ahora gozáis.

3. Estas fueron las palabras que Abías dirigió al pueblo. Cuando todavía estaba hablando, Jeroboam envió secretamente a algunos de sus soldados para que rodearan a Abías por ciertos lugares disimulados. Cuando quedó envuelto de este modo por el enemigo, su ejército se sintió atemorizado y perdió el valor. Pero Abías los animó conjurándolos a que depositaran su esperanza en Dios, que no se dejaba rodear por el enemigo. Todos invocaron la ayuda de Dios, mientras los sacerdotes hacían sonar las trompetas, y dando grandes gritos se lanzaron contra el enemigo, a quien Dios hizo flaquear el valor, dando superioridad al ejército de Abías.

Hicieron una matanza entre las fuerzas de Jeroboam de la que no se conoce nada igual en ninguna otra guerra, ni de los griegos ni de los bárbaros, y obtuvieron con el auspicio de Dios una victoria grandiosa y memorable. Derribaron a quinientos mil enemigos, tomaron por asalto a las ciudades mejor fortificadas, que luego saquearon, y también Betlem con sus aldeas e Isana con las suyas[1].

Después de esta derrota Jeroboam no volvió a recuperar su fuerza mientras duró la vida de Abías. Pero éste sobrevivió poco tiempo a su victoria; murió después de reinar tres años y fué sepultado en Jerusalén, en las tumbas de sus antepasados. Dejó veintidós hijos y dieciséis hijas, que tuvo con catorce esposas. Lo sucedió en el trono su hijo Asán, con la madre del joven que se llamaba

---

[1] Tres ciudades con sus aldeas menciona la Biblia, Betlem, Isana y Efraím (2 *Crónicas*, 13, 19).

Macaia [1]. Con su reinado el país de los israelitas [2] gozó de paz durante diez años.

4. Esta es la historia que nos ha llegado de Abías hijo de Roboam hijo de Salomón. Jeroboam, el rey de las diez tribus, murió a su vez después de reinar veintidós años. Tuvo por sucesor a su hijo Nadab, en el segundo año del reinado de Asán. El hijo de Jeroboam gobernó dos años, y se pareció a su padre en impiedad y perversidad. Durante esos años hizo una expedición contra Gabato, ciudad de los filisteos, y le puso sitio para tomarla. Pero murió en una celada que le tendió uno de sus amigos [3], llamado Basanes hijo de Maquel, quien después de matarlo se apoderó del reino y exterminó a la familia de Jeroboam. Y aconteció, de acuerdo con la predicción de Dios, que los parientes de Jeroboam murieron unos en la ciudad, despedazados y devorados por los perros, y otros en el campo por las aves. La casa de Jeroboam sufrió de este modo el justo castigo que merecían su impiedad y su iniquidad.

CAPITULO XII

Los etíopes atacan a Jerusalén y son derrotados por Asán, hijo de Abías

1. Asán, rey de Jerusalén, era un hombre de excelentes costumbres e inclinado hacia Dios; todos sus actos se inspiraban en la piedad y en la fiel observancia de las leyes. Reformó el reino, eliminando los elementos malos y purificándolo de toda contaminación. Tenía un ejército selecto armado de escudos y lanzas, trescientos mil hombres de la tribu de Judá, y de la tribu de Benjamín doscientos cincuenta mil, provistos de rodelas y arcos.

Cuando ya había reinado diez años Zareo, rey de Etiopía, lo atacó con un gran ejército de novecientos mil soldados de infantería, cien mil de a caballo y trescientos carros [4]. Al llegar a Na-

[1] La Biblia no dice que la madre compartiera el trono.

[2] Debe decir "el de las dos tribus" o sea el de Judá. El país de los israelitas era el de las diez tribus.

[3] El relato de la Biblia no dice que hubiese sido un amigo.

[4]. "Un ejército de mil millares y trescientos carros", dice la Biblia (2 *Crónicas*, 14, 9).

111

risa, ciudad de la tribu de Judá, Asán le salió al encuentro con sus fuerzas, y las puso en formación de combate frente al enemigo en un valle llamado Safatá, próximo a la ciudad. Cuando vió a la multitud de los etíopes alzó la voz para rogar a Dios que le diera la victoria y le permitiera destruir a sus millares de adversarios. Sólo dependía, le dijo, para animarse a enfrentar a Zareo, del auxilio divino, que era capaz de dar superioridad a los menos sobre los más y a los débiles sobre los fuertes.

2. Mientras Asán decía estas palabras, Dios le dió un signo de victoria. Entró en combate contento por las predicciones de Dios y mató una gran cantidad de etíopes, poniendo en fuga a los demás, a los que persiguió hasta el país de Gerar. Suspendida la matanza del enemigo, se entregaron al saqueo de la ciudad (porque ya habían tomado Gerar) y del campo, y se llevaron oro y plata en cantidad y un gran botín de otras cosas, camellos, asnos y rebaños de ovejas. Obtenida por Dios esta gran victoria y el importante botín, Asán y su ejército regresaron a Jerusalén.

A su llegada encontraron en el camino a un profeta llamado Azarías, que les ordenó detenerse y comenzó a decirles que esa victoria les había sido otorgada por Dios porque se habían mostrado justos y piadosos y se habían conducido siempre de acuerdo con la voluntad de Dios. Si perseveraban, añadió, Dios les daría siempre el triunfo sobre sus enemigos y una vida dichosa. Pero si abandonaban su culto les pasaría todo lo contrario.

—Y llegará un momento en que no habrá en todo el pueblo ni un solo profeta verdadero, ni un solo sacerdote que les interprete legítimamente el oráculo; vuestras ciudades serán derribadas y la nación desparramada por toda la tierra para llevar una vida de extranjeros y de errabundos.

Y les aconsejó que, estando todavía a tiempo, fueran buenos y justos y no se enajenaran la benevolencia de Dios.

El rey y el pueblo recibieron jubilosamente sus palabras y todos juntos y cada cual por separado pusieron todo su empeño en conducirse virtuosamente. El rey envió además mensajeros al campo para que también allí cumplieran con las leyes.

3. Estos fueron los hechos que ocurrieron con Asán, el rey de las dos tribus. Vuelvo ahora a Basanes, rey de la multitud de los israelitas, que mató a Nadab hijo de Jeroboam y se apoderó del

poder. Vivía en la ciudad de Tarsa, donde había instalado su residencia, y reinó durante veinticuatro años. Más perverso e impío que Jeroboam y su hijo, hizo mucho daño a su pueblo y ofendió a Dios, quien le envió al profeta Jehú para predecirle que exterminaría a toda su familia y que provocaría en su casa las mismas desdichas con las que había destruído la casa de Jeroboam; porque Dios lo había hecho rey pero él no había respondido a su bondad gobernando al pueblo con justicia y devoción, conducta que beneficia en primer término a los que la observan y es en segundo lugar grata a Dios; en cambio había imitado al malvado rey Jeroboam, revelando que si el alma de éste había perecido su perversidad había persistido en aquél. Por lo tanto sufriría justicieramente los mismos males que él, por haber incurrido en la misma maldad.

Aunque Basanes supo de antemano las desdichas que les tocarían a él y a su familia a causa de sus delitos, no abandonó en lo sucesivo sus prácticas malvadas, ni evitó seguir siendo cada vez peor hasta su muerte, ni trató de arrepentirse y obtener el perdón de sus faltas pasadas para obtener el perdón de Dios. Actuó como aquellos que ante la recompensa prometida si logran determinado objeto, no cesan de trabajar empeñosamente. Lo mismo hizo Basanes; después de la predicción del profeta acentuó su perversidad, como si los males con los cuales lo habían amenazado, la muerte de su familia y la ruina de su casa, y que son realmente los peores, fueran en verdad beneficios, y como un campeón de maldad incrementaba cada día sus esfuerzos. Finalmente reunió de nuevo a su ejército y asaltó a una importante ciudad llamada Armata, que se hallaba a cuarenta estadios de Jerusalén; la tomó y la fortificó, habiendo resuelto dejar en ella una guarnición y emplearla para asolar desde allí el reino de Asán.

4. Temeroso Asán de los atentados enemigos y considerando que las tropas estacionadas en Armata podían causar muchos daños en su país, envió embajadores al rey de Damasco [1], con oro y plata, para pedirle su ayuda recordándole la amistad que los unía desde los tiempos de sus antepasados. El rey de Damasco recibió complacido las riquezas y selló con Asán una alianza rom-

---

[1] En la Biblia figura el nombre: "Benadad, rey de Siria, que estaba en Damasco" (1 *Reyes*, 15, 18; 2 *Crónicas*, 16, 2).

piendo su amistad con Basanes; envió a los comandantes de sus fuerzas a las ciudades del reino de Israel con orden de asolarlas. Fueron los comandantes y quemaron unas ciudades y saquearon otras, entre ellas Ahión, Dana, Abelana y muchas otras.

Enterado el rey de Israel de estos hechos, suspendió las obras de edificación y fortificación de Armata y se volvió para acudir apresuradamente en ayuda de su pueblo en peligro. Asán empleó los materiales preparados por Basanes para la construcción de la ciudad, y levantó en el mismo sitio dos ciudades fortificadas a una de las cuales la llamó Gaba y a la otra Masfá.

Después de eso Basanes no volvió a tener ocasión para combatir contra Asán; se lo impidió la muerte. Fué enterrado en la ciudad de Tarsa, siguiéndolo en el trono su hijo Elán, quien, después de reinar dos años, murió asesinado en una emboscada por Zamar, capitán de la mitad de su ejército. Estando el rey en la casa de su prefecto Olsa, Zamar convenció a varios de sus soldados de caballería que lo asaltaran y lo mataran, cuando estaba sin sus hombres de armas y sus capitanes, que se encontraban ocupados en el sitio de la ciudad filistea de Gabata.

5. Después de matar a Elán, Zamar, el capitán del ejército, se apoderó del trono y, como lo había profetizado Jehú, mató a todos los de la casa de Basanes, porque sucedió que la casa de Basanes fué completamente aniquilada por su impiedad, de la misma manera que, como ya lo hemos dicho, quedó destruída la de Jeroboam. Pero el ejército que asediaba a Gabata, al conocer la suerte del rey y enterarse de que Zamar, su matador, había ocupado el trono, nombró rey por su parte a su general Amarín; éste retiró al ejército de Gabata y se trasladó a Tarsa, la capital, y la tomó por asalto.

Viendo Zamar que la ciudad no tenía defensa, se refugió en el interior del palacio real al que prendió fuego, pereciendo entre las llamas.

Había reinado seis días.

Con esto el pueblo de los israelitas quedó dividido; unos querían como rey a Tamneo y otros a Amarín. Los partidarios de Amarín vencieron; dieron muerte a Tamneo y Amarín quedó como rey de todo el pueblo. Amarín comenzó a reinar en el trigésimo año del reinado de Asán, y reinó durante doce años, los primeros seis en la ciudad de Tarsa y los restantes en la ciudad llamada Semareón, que los griegos denominaron Samaria. Le puso Semareón por el nombre de Semar, el que le vendió la colina donde edificó la ciudad.

Amarín no se diferenció de los reyes que lo precedieron y solamente los superó en maldad. Todos se esforzaron en apartar al pueblo de Dios con sus perversas prácticas diarias. Por esta razón Dios hizo que se mataran uno al otro, sin dejar un solo miembro de sus familias. Amarín murió también, en Samaria, sucediéndole su hijo Acab.

6. Por todos estos hechos podemos conocer la dedicación con la que Dios se ocupa en los asuntos de la humanidad, su amor a los buenos y su odio a los perversos, a los que destruye de raíz. Por eso muchos de los reyes de Israel perecieron miserablemente en poco tiempo, eliminados los unos por los otros, junto con sus familias, a causa de sus transgresiones y su perversidad. En cambio Asán, rey de Jerusalén y de las dos tribus, gracias a su piedad y su justicia, llegó por la providencia de Dios a una dichosa vejez y murió feliz después de reinar cuarenta y un años. A su muerte el poder pasó a su hijo Josafat, nacido de su esposa Abida. Todos concuerdan en que siguió los pasos de su abuelo David, por su valor y su piedad. Pero nadie nos obliga a que hablemos aquí de ese rey.

CAPITULO XIII

Acab contrae matrimonio con Jezabel y supera en perversidad a todos los reyes que lo precedieron. La profecía de Elías

1. Acab, rey de Israel, residió en Samaria y conservó el poder veintidós años, sin observar una conducta distinta a la de sus predecesores, salvo para imaginar cosas peores y llegar al colmo de la perversidad. Imitó la depravación y las injurias a Dios de los reyes anteriores, y especialmente las transgresiones de Jeroboam. Adoró los becerros que había hecho aquél y añadió otros absurdos objetos de culto de su propia invención. Tomó por esposa a una hija de Itobal, rey de los tirios y sidonios, llamada Jezabel, quien le enseñó a rendir culto a sus dioses. Era una mujer activa y audaz;

llegó a tal grado de indecencia y locura que edificó un templo al dios de los tirios, llamado Bel, e hizo plantar en su honor un bosque sagrado con árboles de todas las especies. Y nombró, además, para ese dios, sacerdotes y falsos profetas. El rey mismo se rodeó de muchos de esos hombres, sobrepasando en locura e inmoralidad a todos sus predecesores.

2. Un profeta del Dios supremo, de Tesbona, ciudad de la región de Galaad, fué a ver a Acab y le dijo que según le había anunciado Dios no haría llover ni enviaría rocío a la tierra durante aquellos años, hasta que el profeta compareciera. Después de confirmar sus palabras con un juramento, partió hacia el sur e instaló su residencia junto a un arroyo, que le proporcionaba agua para beber; en cuanto a su alimento, se lo traían los cuervos todos los días. Pero cuando el río se agotó por falta de lluvia, se trasladó a Sarefta, ciudad próxima a Sidón y Tiro, porque estaba situada entre las dos. Se lo ordenó Dios, porque allí encontraría una viuda que le daría de comer.

Cuando estaba cerca de la puerta vió a una mujer que recogía leña. Habiéndole indicado Dios que era aquélla la mujer que lo alimentaría, se acercó, la saludó y le pidió agua para beber; la mujer se retiró para ir a buscarla, pero el profeta la llamó y le rogó que le trajera además una hogaza de pan. La mujer le juró que no tenía en su casa más que un puñado de harina y un poco de aceite, que había salido a recoger la madera para luego amasar la harina y hacer pan para ella y su hijo; después se morirían de hambre, porque ya no les quedaba nada.

—Anímate —le dijo entonces el profeta—, vete y recobra la esperanza. Hazme ante todo una pequeña torta, y tráemela. Porque te predigo que ese vaso de harina y esa ánfora de aceite no se consumirán hasta que Dios haga llover.

Dicho esto por el profeta, la mujer volvió a su casa y le hizo lo que le había encargado; comió ella y le dió a su hijo y al profeta. Y no le faltó nada hasta que terminó la sequía.

Esa falta de lluvia la menciona también Menandro, que en el relato de la gesta de Itobal, rey de los tirios, dice así: "En su época hubo una sequía desde el mes de hiperbereteos hasta el mes de hiperbereteos del año siguiente; pero a sus súplicas estallaron grandes truenos. Este rey fundó la ciudad de Botris en Fenicia y la de Auza en Libia." Estas son las referencias de Menandro a la sequía que se produjo en tiempos de Acab, porque Itobal, rey de los tirios, gobernó en aquella misma época.

3. Cuando el hijo de la mujer de quien hemos hablado, aquella que alimentó al profeta, cayó enfermo hasta el punto de perder el aliento y quedar como muerto, la mujer fué a ver al profeta llorando y golpeándose el pecho con las manos, y lanzando exclamaciones dictadas por su dolor, y lo acusó de haber ido a reprocharle sus pecados causando con ello la muerte de su hijo. El profeta le pidió que tuviera valor y le confiara a su hijo, que él le devolvería la vida. La mujer le entregó el cuerpo; el profeta lo llevó al cuarto donde él vivía, lo tendió en la cama y alzando la voz dijo, dirigiéndose a Dios, que no había hecho bien en recompensar a la mujer que lo había atendido y alimentado, quitándole al hijo. Y le rogó que hiciera entrar de nuevo el alma en el cuerpo del niño y le devolviera la vida. Dios se compadeció de la madre, deseoso de satisfacer al profeta, para que no pareciera que había ido a causar desdichas a la mujer, y el niño, en contra de lo que se esperaba, revivió. La madre agradeció al profeta, manifestando que ahora veía claramente que Dios hablaba con él.

4. Poco tiempo después fué a ver a Acab, de acuerdo con la voluntad de Dios, para informarle que llovería. El hambre se había extendido por todo el país, con una gran carencia de las cosas necesarias para la subsistencia. No solamente les faltaba a los hombres sino que la tierra, por la sequía, no producía el pasto suficiente para alimentar a los caballos y demás animales. El rey llamó a Oberías, procurador de sus bienes, y le dijo que quería ir a las fuentes de los ríos y a los arroyos a recoger el pasto que pudiera haber para alimentar al ganado. Agregó que había mandado a buscar al profeta Elías [1] por todo el orbe sin encontrarlo. Ordenó a Obedías que lo acompañara. Obedías y el rey resolvieron dividirse las rutas y cada cual tomó por la suya.

Sucedió que cuando la reina Jezabel hizo matar a los profetas, Obedías escondió a cien de ellos en las cuevas subterráneas, alimentándolos únicamente con pan y agua. Al separarse Obedías del rey se encontró con el profeta Elías; le preguntó quién era y cuan-

---

[1] El nombre de Elías aparece ahora por primera vez, después de haberse referido durante todo el relato del episodio, únicamente al "profeta".

117

do lo supo se inclinó ante él. El profeta le ordenó que fuera a buscar al rey y le dijera que allí estaba Elías. Pero Obedías replicó:
—¿Qué mal te he hecho para que me envíes a ver al que quiere matarte y te buscó para eso por todo el mundo? ¿Ignoras que envió hombres a todas partes con orden de darte muerte si te prendían? Temo, por otra parte, que Dios se te vuelva a aparecer y tú te vayas a otro sitio, y que si el rey me manda a buscarte y no te encuentro en ninguna parte, lo pague con mi vida.

Rogó, por lo tanto, al profeta, que se cuidara de su seguridad, y le informara de la solicitud que había puesto en favor de sus colegas, y que había salvado a cien profetas, mientras los demás eran muertos por Jezabel, y que los tenía escondidos y les daba de comer. Pero Elías le pidió que fuera sin temor a ver al rey y le aseguró con juramento que aquel mismo día se presentaría ante Acab.

5. Obedías comunicó a Acab el regreso de Elías y el rey le salió al encuentro y le preguntó con ira si él era el hombre que había causado tanto daño al pueblo de los hebreos y provocado la sequía que estaban soportando. Elías, sin adular al rey, replicó que ese hombre era el mismo rey, él y su familia eran los causantes de todas las desgracias, por haber introducido dioses extraños a los que adoraban abandonando a su Dios, que era el único verdadero y a quien ya no tenían ninguna consideración. Y lo instó a que lo siguiera, y reuniera al pueblo en el monte Carmelo, con sus profetas y los de su mujer, cuyo número indicó [1], y con los profetas de los bosques sagrados, que eran unos cuatrocientos.

Cuando todos los hombres reunidos por Acab corrieron a la mencionada montaña, el profeta Elías se situó entre ellos y les preguntó hasta cuándo seguirían viviendo en esa ambigüedad de sentimientos y opiniones. Si creían que el Dios de su patria era el verdadero y el único, debían obedecerle y cumplir sus mandamientos; y si no le daban importancia y juzgaban que debían adorar a los dioses extranjeros, era menester que sólo siguieran a éstos. Como el pueblo no respondiera a sus palabras, Elías quiso poner a prueba el poder de los dioses extranjeros y el de su Dios, del que era el único profeta mientras que aquéllos tenían cuatrocientos. Pidió que le permitieran tomar un becerro, sacri-

---

[1] 450, según la Biblia (1 *Reyes*, 18, 19).

ficarlo y depositarlo sobre una pila de leña, sin encender fuego debajo; ellos harían lo mismo y suplicarían a sus dioses que prendieran fuego a la pira. De este modo conocerían la naturaleza del verdadero Dios.

Aceptada la propuesta por el pueblo, Elías invitó a los profetas a que fueran ellos los primeros en elegir un becerro, que lo sacrificaran e invocaran a sus dioses. Los ruegos y las invocaciones no produjeron ningún efecto después del sacrificio, y Elías se burló de ellos diciéndoles que llamaran a sus dioses a gritos, porque podían estar de viaje o durmiendo. Así lo hicieron desde la mañana hasta mediodía, cortándose con espadas y lanzas, según la costumbre de su país; pero fué inútil.

Elías, queriendo a su vez ofrecer su sacrificio, pidió a los profetas que se apartaran y al pueblo que se acercara para que viera que no había puesto fuego a escondidas entre la madera. La multitud se aproximó y el profeta tomó doce piedras, una por cada tribu del pueblo hebreo, y erigió un ara, alrededor de la cual cavó una zanja profunda. Luego puso la leña sobre el ara y encima los trozos de carne y mandó traer de la fuente cuatro cántaros de agua, la que hizo derramar sobre el altar de manera que desbordara y llenara la fosa como si brotara de un manantial. Hecho esto comenzó a rogar a Dios, suplicándole que demostrara su poder a un pueblo extraviado desde hacía tanto tiempo. Mientras hablaba bajó de pronto del cielo una llama, a la vista de todo el pueblo, y consumió el sacrificio, y también el agua, dejando el lugar en seco.

6. Viendo esto los israelitas, se arrojaron al suelo y adoraron al Dios uno, llamándolo el más grande y el único verdadero y llamando a los otros simples nombres forjados por ideas depravadas e insensatas. Luego se apoderaron de los falsos profetas y por orden de Elías les dieron muerte. Al rey le dijo Elías que fuera a comer sin más preocupaciones, porque en breve vería a Dios enviarles lluvia. Acab se retiró.

Elías, por su parte, subió a la cima del monte Carmelo, se sentó en el suelo apoyando la cabeza en las rodillas y pidió a su criado que subiera a un puesto de observación desde donde pudiera ver el mar, y que cuando viera formarse una nube en cualquier parte le avisara, porque hasta entonces el cielo estaba limpio. El criado subió varias veces y siempre informaba que no veía nada; a la

119

séptima vez anunció que veía algo negro en el cielo, no más grande que la pisada de un hombre[1].

Oyendo esto Elías, envió a avisar a Acab, aconsejándole que se fuera a la ciudad antes de que se descargara la lluvia. Acab se trasladó a la ciudad de Jesrael y poco después el cielo se oscureció y se cubrió de nubes, levantándose un viento violento con una lluvia abundante. El profeta, arrebatado por el espíritu divino, corrió junto con el carro del rey hasta Jesrael, ciudad de Izar[2].

7. Cuando Jezabel, la esposa de Acab, se enteró de los prodigios realizados por Elías y de la matanza de sus profetas, se sintió furiosa y le envió mensajeros amenazando hacerlo morir como él había hecho exterminar a sus profetas. Elías, asustado, huyó a la ciudad llamada Bersabé, que se encuentra en los confines del territorio perteneciente a la tribu de Judá, cerca del país de los edomitas; allí dejó a su criado, y se retiró al desierto.

Después de haber orado pidiendo la muerte, porque no era mejor que sus padres, ni debía aferrarse a la vida estando ellos muertos, se acostó a dormir al pie de un árbol. Algo lo despertó y al incorporarse encontró a su lado alimentos y agua[3]. Comió y recuperó las fuerzas con los alimentos, y se trasladó a la montaña llamada Sinaí, en la que se dice que Moisés recibió las leyes de Dios. Encontró una caverna profunda, penetró en ella e instaló allí su habitación. Una voz procedente de lo desconocido le preguntó por qué se había trasladado a aquel lugar, abandonando la ciudad; respondió que lo hizo porque había matado a los profetas de los dioses extranjeros y persuadido al pueblo de que había un solo Dios, aquel al que había adorado desde el principio, y que ahora lo buscaba la esposa del rey para castigarlo por su acción.

De nuevo se oyó la voz para decirle que saliera al descubierto a la mañana siguiente, y que entonces le sería revelado lo que

---

[1] כְּכַף אִישׁ "como la palma (de la mano) de un hombre", dice la Biblia (1 *Reyes*, 18, 44).

[2] Izar podría ser en opinión de algunos comentaristas, Isacar, tribu a la que pertenecía la ciudad de Jesrael; según otros sería otra forma del mismo nombre de Jesrael. En efecto, más adelante aparece sola para designar a la misma ciudad.

[3] Josefo suprime otra vez el elemento sobrenatural y omite las dos apariciones del ángel que menciona la Biblia (1 *Reyes*, 19, 5 y 7).

tenía que hacer. Al rayar el alba salió de la caverna, y sintió temblar la tierra y vió refulgir una brillante llamarada. Hecho el silencio, una voz divina le exhortó a que no se preocupara por su situación, porque ninguno de sus enemigos lo vencería. Y le ordenó volver a su patria y proclamar a Jehú hijo de Nemes rey de los hebreos, a Azael de Damasco, rey de los sirios, y a Eliseo, de la ciudad de Abela, para sucederlo a él como profeta. La multitud impía sería exterminada, en parte por Azael y en parte por Jehú.

Oyendo estas palabras, Elías regresó al país de los hebreos, y al encontrar a Eliseo hijo de Safat, arando en compañía de otros con doce yuntas de bueyes, se acercó y le echó encima su manto. En seguida Eliseo comenzó a profetizar y dejando los bueyes siguió a Elías. Luego le pidió permiso para saludar a sus padres, y concedido por Elías, se despidió de ellos y se fué con el profeta. Durante toda la vida de Elías fué su discípulo y su servidor. Y con esto he terminado lo referente a los actos de este profeta.

8. Había un tal Nabot en la ciudad de Izar que tenía un campo contiguo a las posesiones del rey. El rey le pidió que le vendiera, al precio que quisiera cobrarle, el campo que estaba tan cerca de sus tierras, para reunirlos en un solo dominio. Si no quería dinero, le permitiría elegir en cambio cualquier otro de los campos del rey. Nabot respondió que no haría nada de eso y que se proponía recoger él mismo los frutos de su tierra, heredada de su padre.

Apenado, como si hubiese recibido una ofensa, al no poder apoderarse de lo que pertenecía a otro, el rey no quiso lavarse ni comer. Jezabel le preguntó el motivo de su aflicción y de que se negara a lavarse y a almorzar o cenar. Acab le relató entonces la maldad de Nabot y de que a pesar de haber empleado palabras amables para hablarle y más humildes de lo que cuadraba a la autoridad real había sufrido la afrenta de que le negaran lo que deseaba.

Jezabel lo exhortó a que no se dejara abatir por el incidente, desechara la pena y se ocupara de nuevo en el cuidado de su cuerpo; porque ella se encargaría de que Nabot fuera castigado. En seguida envió cartas a los notables jezraelitas en nombre de Acab, rogándoles que ordenaran un ayuno y que reunieran la asamblea, en la que Nabot, por ser de familia ilustre, se sentaría en la primera fila. Tres hombres audaces, sobornados por ellos, prestarían testimonio de que había blasfemado contra Dios y el rey; sería entonces apedreado y muerto.

Acusado de este modo Nabot, por orden de la reina, de haber blasfemado contra Dios y Acab, murió lapidado por la multitud. Jezabel fué entonces a decir al rey que podía posesionarse gratuitamente de la viña de Nabot. Jubiloso por la buena noticia, Acab saltó del lecho y corrió a la viña de Nabot. Pero Dios, indignado, envió al profeta Elías al campo a decir a Acab que había asesinado al verdadero dueño del campo y se había constituído injustamente en su heredero. Cuando Elías estuvo delante de Acab, el rey le dijo que podía hacer con él lo que quisiera, porque le avergonzaba haber sido sorprendido en pecado. Elías le predijo que en el mismo sitio donde el cadáver de Nabot había sido devorado por los perros, sería derramada su sangre y la de su esposa, y que toda su familia moriría, por haber sido tan injusto y haber asesinado inicuamente a un ciudadano, contrariando las leyes del país.

Acab, apenado por su crimen y arrepentido, se puso un saco, se descalzó y no quiso probar bocado. Confesó sus pecados, con la esperanza de aplacar a Dios. Dijo entonces Dios al profeta que mientras viviera Acab postergaría el castigo de su familia, porque se había arrepentido de sus crímenes, pero que cumpliría su amenaza con el hijo de Acab. El profeta se lo comunicó al rey.

CAPITULO XIV

Adad, rey de Siria, sitia a Samaria. Victoria de Acab. Adad prepara una segunda campaña. Acab triunfa nuevamente; perdona a Adad. El profeta Miqueas le reprocha su indulgencia

1. Estando en esta situación los asuntos de Acab, por el mismo tiempo el hijo de Adad, rey de los sirios y damascenos, habiendo reunido tropas de todas las regiones, con la cooperación de treinta y dos reyezuelos de la otra parte del Eufrates, preparó una expedición contra Acab. Pero éste, consciente de que sería superior a sus fuerzas, no condujo a los suyos a la campaña, sino que los trasladó del campo abierto a las ciudades fortificadas. El se quedó en Samaria: pues ésta estaba protegida con murallas muy fuertes, y además parecía inexpugnable. Pero el rey de Siria, habiendo reunido a sus tropas, sitió a Samaria; y enviando un mensajero a Acab le pidió que recibiera a sus legados, por cuyo intermedio le indicaría lo que quería de él. Después que el rey de los israelitas accedió a que se enviaran legados, así que llegaron éstos, por mandato del rey declararon que sus riquezas, sus hijos y sus mujeres eran de Adad: por lo tanto si accedía a esto, y permitía que tomara lo que quisieran, se retiraría el ejército y la ciudad quedaría libre del sitio.

Acab expresó a los legados que, una vez en presencia de su rey, le anunciaran que él y todas sus cosas estaban bajo su potestad.

Después que le expusieron todo esto a Adad, éste los envió de nuevo, pidiendo a Acab que, a pesar de haber dicho que todo era suyo, recibiera a los criados que le enviaría al día siguiente a los cuales debería entregarles lo mejor que ellos encontraran, luego de escudriñar la casa real, las de los amigos y parientes; las cosas que no quisieran quedarían para él.

Acab, indignado por este segundo mensaje del rey de los sirios, después de convocar al pueblo en reunión, dijo que estaba dispuesto en pro de la seguridad y paz del pueblo a entregar a sus mujeres y sus hijos al enemigo y cederle sus bienes, pues era esto lo que el sirio pedía en su primera embajada.

—Pero ahora pide que se le permita enviar a sus criados, para que exploren las casas de todos, y que nada en ellas dejen de lo que sea más precioso; su propósito es el de encontrar un pretexto para la guerra. Porque sabe que yo, siendo en beneficio de vosotros, no escatimaré mis propiedades, y quiere buscar motivo para guerrear con las molestias que a vosotros no puede menos que resultaros desagradable. Yo he de cumplir lo que vosotros decidáis.

El pueblo declaró que de ninguna manera se sometería a las órdenes del rey de Siria, que las despreciaba y que se aprestaría a hacer guerra. Acab respondió a los legados que comunicaran al rey que estaba dispuesto a acatar por bien del pueblo lo que había pedido primeramente, pero que de ninguna manera obedecería las órdenes posteriores; y con esto los despidió.

2. Pero Adad, oídas estas noticias y sumamente indignado, por tercera vez envió a sus legados, amenazando que su ejército levantaría un terraplén más alto que las murallas, de las que tanto se ensorbebecía Acab. Para ello bastaba que cada uno de los suyos tomara un puñado de tierra. Se refería de esta manera a la gran multitud de sus tropas para infundir terror. Acab respondió que no se debía gloriar de estar bien armado, sino de ser vencedor en la guerra. Los legados, una vez de regreso, le dieron esta respuesta, mientras comía con sus treinta y dos reyes aliados.

De inmediato ordenó que rodearan a la ciudad con estacas y levantaran terraplenes, y que no dejaran de hacer nada adecuado para la guerra. Mientras pasaban estos acontecimientos, Acab y todo el pueblo se angustiaron sumamente. Sin embargo el rey recobró su confianza y se libró del miedo, cuando se le acercó un profeta y le dijo que Dios había prometido entregarle miles de enemigos. Preguntado quién obtendría la victoria, le contestó que "por intermedio de los hijos de tus capitanes, bajo tu dirección, por falta de capacidad del enemigo".

Reunió a los hijos de los capitanes (se encontraron como unos doscientos treinta y dos), e informado que el sirio se entregaba a comer y a divertirse, una vez abiertas las puertas, los hizo salir. Los centinelas de Adad comunicaron la noticia al rey, quien envió a que les hicieran frente, con la orden de que si aquéllos habían salido para pelear que los condujeran atados; y que hicieran lo mismo si habían salido con fines pacíficos.

Entretanto Acab tenía listo el ejército dentro de las murallas. Los hijos de los capitanes, en lucha con los guardianes, mataron a muchos de ellos, y persiguieron a los restantes hasta el campamento. Cuando el rey de los israelitas vió este triunfo, ordenó que las restantes tropas atacaron. Asaltaron de improviso a los sirios, los destrozaron y los pusieron en fuga. Puesto que no esperaban que saliera el ejército, lo intempestivo del ataque hizo que los encontraran desarmados y embriagados, de modo que abandonaron los armamentos, y se fugaron, y el mismo rey sólo pudo escapar gracias a la velocidad del caballo.

Acab, vencidos los sirios, persiguiólos por largo tiempo. Luego de saquear el campamento, que era muy rico y abundaba en oro y plata, y de apoderarse de los carros y caballos de Adad regresó a la ciudad. Sin embargo el profeta le advirtió que debía estar preparado y el ejército dispuesto para la guerra, pues al año siguiente el rey de los sirios emprendería de nuevo una campaña en su contra. Acab siguió su consejo.

3. Adad, después que él con la parte del ejército que pudo salvar se puso en lugar seguro, consultó a sus amigos sobre la forma de atacar a los israelitas. No fueron de opinión de que se luchara con ellos en los montes; pues su Dios tenía poder en esos lugares, y ésta era la razón de que hubiesen sido vencidos. Afirmaban que se impondrían si hacían la guerra en la llanura. Además aconsejaron al rey que enviara a sus hogares a los reyes que había llevado consigo, pero que retuviera sus tropas, poniendo a los sátrapas en lugar de los reyes; y en lugar de los soldados que había perdido que reuniera de nuevo en las regiones mismas de donde eran ellos soldados, carros y caballos. Considerando que se trataba de un buen consejo, preparó a su ejército de acuerdo con lo aconsejado.

4. Al empezar la primavera marchó contra los israelitas; después de llegar a una ciudad llamada Afeca, dispuso el ejército en una gran llanura. Acab, sin embargo, salió con sus tropas y acampó en frente. Su ejército, en comparación con el del enemigo, era sumamente reducido. Pero el profeta se presentó de nuevo, y afirmó que Dios le otorgaría la victoria, para demostrar, en contra de la opinión de los sirios, que su poder no era menor en el llano que en las montañas. Durante siete días los campamentos, puestos uno frente al otro, se movieron lentamente; por fin, cuando avanzó el enemigo a primera hora de la mañana, Acab también reunió a sus tropas, y en encarnizada lucha, puso en fuga a la multitud de sus enemigos, y los persiguió y los destrozó. Perecieron muchos aplastados por los carros o golpeados; pocos pudieron refugiarse en su ciudad Afeca. Estos, en número de veinte y siete mil, perecieron al caer sobre ellos las murallas. En la batalla fueron cien mil los de ellos que murieron.

El rey de los sirios, Adad, con algunos de sus domésticos más fieles huyeron y se escondieron en el sótano de una casa. Le dijeron que los reyes de la raza de Israel eran sumamente humanos y clementes y que era posible, con tal que acudiera a la forma habitual de suplicar, que Acab le perdonara la vida. Le pidieron permiso para ir a verlo, con lo que estuvo de acuerdo. Revestidos de cilicios y la cabeza ceñida con cuerdas (según la primitiva costumbre de suplicar de los sirios) se presentaron ante Acab, y le

dijeron que le pedían en nombre de Adad que le perdonara la vida;
una vez concedida esta gracia, sería su servidor para siempre. Acab
respondió que se alegraba que hubiera sobrevivido a la batalla sin
que le pasara nada malo, y prometió honrarlo y ser benévolo con
él, como si se tratara de un hermano. Aceptado el juramento de
que nada malo le pasaría si se presentaba, lo sacaron de la casa
en que se escondía para presentarlo a Acab, que estaba sentado
en su carro.

Acab, extendiendo su mano derecha, lo hizo subir al carro y le
ordenó, recibiéndolo con un beso, que fuera un buen amigo y que
nada temiera. Adad le dió las gracias y prometió que, mientras
viviera, se acordaría de este beneficio. Luego prometió devolver
las ciudades israelitas de que se habían apoderado los reyes que
le precedieron y que los israelitas tendrían plena libertad para esta-
blecerse en Damasco, así como sus padres tenían derecho de hacerlo en Samaria. Después de los pactos y juramentos, Acab le
hizo muchos regalos y lo envió a su reino. En esta forma terminó
la guerra que Adad rey de los sirios declaró a Acab y los israelitas.

5. Sin embargo, un profeta, de nombre Miqueas, se aproximó a
uno de los israelitas y le ordenó que lo golpeara en la cabeza;
obraría de acuerdo con la voluntad de Dios. Habiendo rehusado,
le predijo que encontraría un león que lo mataría, por no cumplir
la voluntad de Dios. Así aconteció. El profeta se acercó a otro,
ordenándole lo mismo. Este lo golpeó e hirió en el cráneo. El
profeta se presentó ante el rey con la cabeza vendada, diciendo
que había luchado bajo sus órdenes y que había recibido de manos
de un capitán un prisionero para guardarlo; pero éste se había
escapado y ahora temía que lo matara aquel de quien había recibido el cautivo, porque lo había amenazado que si el cautivo se
escapaba, lo mataría.

Al responder Acab que sería justo, descubriendo la cabeza se
dió a conocer como Miqueas, el profeta. Le dijo que se había valido
de este medio para decir las palabras siguientes:

—Puesto que tú has dejado impune a Adad, que blasfemó contra Dios, éste te castigará y hará que Adad te mate a ti y su
ejército a tu pueblo.

Acab, irritado contra el profeta, ordenó que lo detuvieran y
vigilaran; sin embargo se retiró confundido por sus palabras.

CAPITULO XV

Prosperidad de Josafat. Josafat y Acab se unen contra el
rey de Siria. Contradictorias profecías de Miqueas y Sedecías. Combate contra los sirios. Muerte de Acab. Se
cumplen las profecías de Elías y de Miqueas

1. En esta situación se encontraban los asuntos de Acab. Ahora
informaré sobre Josafat, rey de Jerusalén; éste, después de am-
pliar su reino y de distribuir tropas por las distintas poblaciones
de su territorio, dispuso colocarlas también en las poblaciones de
la tribu de Efraím que Abías, su abuelo, conquistó a Jeroboam,
que reinaba sobre las diez tribus. Por lo demás Dios le era propicio
y lo ayudaba, por su piedad y justicia, y por procurar hacer lo
que le era grato y aceptable durante todos los días. Los reyes que
habitaban alrededor lo honraban con dones, de modo que acumuló
muchísimas riquezas y su prestigio se elevó grandemente.

2. En el año tercero de su reinado, después de convocar a los
regidores del país y a los sacerdotes, les ordenó que, recorriendo
su territorio, en los poblados instruyeran a todo el pueblo en las
leyes de Moisés, que les enseñaran su observancia y que pusieran
el mayor cuidado en el culto de Dios. Fué esto tan del agrado del
pueblo, que ninguna cosa ambicionaron más ni amaron más intensamente que la observancia de las leyes. Los habitantes de las
regiones vecinas continuaban en su aprecio a Josafat y en conservar la paz con él. Los filisteos pagaban el tributo convenido y los
árabes anualmente entregaban trescientos sesenta corderos y otras
tantas cabras.

Fortificó también otras ciudades grandes e imponentes y tenía
preparados abundantes ejércitos y armas poderosas. La tribu de
Judá suministró trescientos mil soldados bien armados, al frente
de los cuales se encontraba Edneo; Juan dirigía doscientos mil
arqueros de a pie de la tribu de Benjamín. Además otro jefe, de
nombre Ocobato, servía al rey con ciento ochenta mil soldados
bien armados. A todo esto hay que agregar las guarniciones que
se encontraban en ciudades muy fuertes.

3. Josafat hizo casar a su hijo Joram con Gotolia, hija de Acab, rey de las diez tribus. Poco después, en una visita a Samaria, Acab lo recibió afectuosamente, y ofreció al ejército que lo acompañaba una suntuosa hospitalidad con abundancia de pan, vino y carnes. Le rogó que accediera a luchar junto con él contra el rey de los sirios, para retomar la villa de Aramata en la región de Galadena, puesto que tiempo atrás el padre de este rey se la había arrebatado a su propio padre. Habiendo prometido Josafat su ayuda, pues su ejército no era menor que el de él, y después de hacer pasar sus tropas de Jerusalén a Samaria, los dos reyes salieron de la ciudad y distribuyeron los sueldos a sus respectivos soldados. Josafat ordenó que si algún profeta se encontraba presente, se acercara y aconsejara sobre la expedición a Siria y si era conveniente emprenderla en esta oportunidad; pues, desde hacía tres años, había paz y amistad entre Acab y el rey de Siria, desde aquel día en el que, después de tomarlo cautivo, lo dejó libre.

4. Habiendo reunido a sus profetas, unos cuatrocientos, Acab les ordenó que consultaran a Dios si, mediante la guerra, les otorgaría la victoria y la devolución de la ciudad, motivo de la contienda. Como los profetas aconsejaran que se llevara a cabo la expedición, pues el rey de Siria sería vencido y, al igual que en la guerra anterior, caería prisionero, Josafat, que sospechaba por sus palabras que se trataba de profetas falsos, exigió a Acab premiosamente que viera si quedaba algún otro profeta de Dios, para que se supiera con mayor seguridad lo que debía hacerse. Acab respondió que había otro, pero que lo odiaba, porque vaticinaba sucesos infaustos, y había predicho que, vencido por el rey de Siria, sufriría la muerte; por este motivo estaba encerrado en la cárcel. Se llamaba Miqueas, hijo de Jembleo.

Josafat pidió que lo hicieran venir; Acab, enviando un eunuco, lo hizo llamar. De camino, el eunuco le confió que todos los demás profetas predijeron la victoria del rey. El respondió que no le era permitido atribuir mentiras a Dios, sino que diría al rey lo que aquél le pusiera en los labios.

Una vez en presencia de Acab, y después que éste le conminó en nombre de Dios a que dijera la verdad, respondió que Dios le mostró a los israelitas en fuga, perseguidos por los sirios, y dispersos por los montes, como rebaños sin pastor. Agregó también que Dios le indicó que ellos volverían incólumes a sus casas, y que sólo él caería en la guerra. Habiendo Miqueas dicho esto, Acab habló a Josafat:

—¿Por ventura no te indiqué poco antes lo mal que me quiere este hombre, y que me vaticinaría lo adverso?

Pero Miqueas agregó que debía aceptar todo lo que Dios había predicho, que los falsos profetas con la esperanza de la victoria lo incitaban a la guerra y que moriría en la batalla. Acab estaba ansioso y preocupado, pero Sedecías, uno de los falsos profetas, se acercó y le dijo que no escuchara a Miqueas: nada verdadero decía. Como prueba presentó los vaticinios de Elías, a quien le había sido otorgado conocer lo futuro mejor que aquél. En sus profecías predijo que en la ciudad de Izara en el campo de Nabot, los perros lamerían la sangre de Acab, como hicieron con la de Nabot, apedreado por el pueblo por su causa.

—Es claro —dijo—, que éste miente, pues se atreve a contradecir a un profeta de tanto prestigio, al afirmar que dentro de tres días el rey ha de morir. Debemos saber si es veraz y si está inspirado por el espíritu divino. Instantáneamente, al querer yo pegarle, que me paralice la mano, como lo hizo Jadón con Jeroboam, cuando éste lo quiso detener. Creo que habrás oído hablar de este hecho.

Puesto que nada aconteció después que Sedecías golpeó a Miqueas, Acab, exento de miedo, condujo con entusiasmo sus tropas contra el rey de Siria. Creo que se imponía la fuerza del destino, para que otorgara más fe a los falsos profetas que a los verdaderos, a fin de que sin demora se evidenciara el resultado. Sedecías, fabricándose unos cuernos de hierro, dijo a Acab que con esto Dios quería indicar que destruiría a toda la Siria. Sin embargo Miqueas dijo que a los pocos días Sedecías correría de escondite en escondite buscando las tinieblas para esquivar el castigo merecido por sus falsas profecías. El rey ordenó que lo entregaran a Acamón, gobernador de la ciudad, para que encarcelara al importuno y que no se le diera sino pan y agua.

5. Y es así como Acab y Josafat, rey de Jerusalén, se dirigieron con sus tropas a Aramata, ciudad de la Galadítida. Pero el rey de los sirios, sabedor de su expedición, sacó al ejército en su contra, para acamparlo a escasa distancia de Aramata. Convinieron Acab y Josafat que Acab se despojara del vestido real, y que el rey de Jerusalén, revestido con los vestidos de aquél, estuviera presente

en la batalla, para que mediante esta ficción resultaran vanas las predicciones de Miqueas. Pero la fatalidad lo encontró aun sin insignias reales. Pues Adad, rey de los sirios, por intermedio de los capitanes, ordenó a los soldados que no mataran a nadie, excepto al rey de los israelitas. Los sirios, una vez iniciada la batalla, al notar que Josafat se encontraba al frente del ejército, creyendo que se trataba de Acab, impetuosamente se dirigieron en su contra; una vez que lo hubieron rodeado, y conociendo ya más de cerca que se trataba de otro, retrocedieron todos.

A pesar de que la lucha duró desde el amanecer hasta la noche con la victoria en su favor, de acuerdo con lo ordenado por el rey no mataron a nadie, buscando solamente a Acab, sin encontrarlo, para matarlo. Sin embargo un criado del rey Adad, de nombre Amán [1], arrojando flechas contra el enemigo, hirió al rey en el pulmón, atravesándole el torax. Acab quiso ocultar lo que le había acontecido, a fin de que el ejército no escapara al enemigo. Ordenó al conductor que retrocediera con el carro y lo sacara de la batalla, pues había recibido una herida mortal. A pesar de los sufrimientos, permaneció en el carro hasta la puesta del sol, y murió por la pérdida de sangre.

6. El ejército de los sirios, al caer la noche, se retiró a su campamento. Como un mensajero anunciase que había muerto Acab, los israelitas volvieron a sus casas. El cuerpo de Acab fué llevado a Samaria donde se lo sepultó. El carro fué lavado en la fuente de Izara, pues estaba ensangrentado con la sangre del rey. Entonces se reconoció la verdad del vaticinio de Elías, pues los perros lamieron su sangre, y posteriormente se estableció la costumbre de que las prostitutas se lavaran en esa fuente. Sin embargo murió en Ramatón, de acuerdo con el vaticinio de Miqueas.

Puesto que en Acab se cumplió lo que fué predicho por dos profetas, es conveniente que apreciemos en gran manera la revelación de Dios, y que en cualquier parte la sigamos con honor y veneración, con la precaución de no otorgar más fe a lo que se dice de acuerdo con nuestro agrado y voluntad que a la misma verdad. Debemos tener en cuenta la profecía y el conocimiento de las cosas futuras obtenidos por intermedio de estos varones, pues Dios

[1] La Biblia no da ningún nombre.

nos advierte por su intermedio lo que debemos evitar. Igualmente conviene, inspirados por lo que aconteció a este rey, que pensemos en el poder del destino, pues, aun conociéndolo de antemano, no puede evitarse. Se insinúa con esperanzas halagadoras en el corazón de los hombres, hasta que los conduce a donde los abatirá. Evidentemente Acab se engañó por su inclinación a no creer a los que anunciaban desgracias; y en cambio otorgaba fe a los que vaticinaban lo agradable. Así es como perdió la vida. Le sucedió en el reino su hijo Ocozías.

LIBRO IX

Abarca un lapso
de ciento cincuenta años
y siete meses

CAPITULO I

Invasión de los moabitas y amonitas; Jaziel reconforta
a Josafat. Dios destruye al ejército enemigo

1. Al regresar el rey Josafat a Jerusalén, después de la ayuda
que prestara a Acab rey de los israelitas, en la guerra que hizo
a Adad rey de los sirios, según hemos explicado antes, el profeta
Jehú se hizo presente y le reprochó haber hecho alianza con Acab,
hombre impío y criminal. Desagradó, dijo, a Dios; no obstante,
a pesar del pecado cometido, lo había librado de sus enemigos
por su índole buena y loable. Entonces el rey dió gracias a Dios
y le ofreció víctimas. Después recorrió en todos sentidos su reino [1],
para instruir al pueblo en la ley que Dios revelara a Moisés y
en la piedad. Exhortó a los jueces establecidos en los poblados
de su jurisdicción a que hicieran justicia, que sólo a ésta tuvieran
en cuenta, sin mirar a los regalos o a la dignidad de aquellos que
aparentemente tenían poder por sus riquezas o su nobleza; que
decretaran y discernieran para todos lo justo, sabiendo que Dios
veía asimismo cada una de las cosas que se hacían ocultamente.
Después de impartir estas enseñanzas en cada una de las dos
tribus, regresó a Jerusalén. También en esta ciudad estableció jueces de entre los sacerdotes, los levitas y los principales del pueblo,

[1] O sea "desde Beershebá hasta el monte de Efraím", como dice la
Biblia (*Crónicas*, 19, 4).

y los exhortó a que se comportaran cuidadosa y justicieramente en todos los juicios que resolvieran. Si en caso de discrepancia, en casos graves se acudiera a ellos desde otras ciudades, en tales oportunidades convenía discernir sentencia todavía con mayor cuidado; porque era necesario en gran manera que se hiciera justicia en aquella ciudad con todo celo, por estar allí la casa de Dios y la residencia real. Puso al frente de los magistrados a los sacerdotes Amasías y Zabadías, ambos de la tribu de Judá. Es así como este rey puso en orden sus asuntos.

2. Por el mismo tiempo los moabitas y amonitas, con un elevado número de árabes le hicieron guerra, y establecieron sus campamentos en la ciudad de Engadi, ubicada a la vera del lago Astalfites, a una distancia de trescientos estadios de Jerusalén. En esta región crecen las más hermosas palmas y el bálsamo. Informado Josafat que el enemigo, después de haber pasado el lago, irrumpía en su reino, se sintió atemorizado y convocó al pueblo en el Templo; allí frente a la fachada del edificio, oró e invocó a Dios, pidiendo que le concediera valor y fortaleza para vengarse de los enemigos que venían en su contra; pues ese Templo se había levantado para que protegiera a la ciudad y expulsara a los que se atrevían a invadirla, y que venían con el propósito de arrojarlos de la tierra que les había otorgado Dios.

Mientras oraba, lloraba; y todo el pueblo con sus mujeres e hijos suplicaron a Dios. Pero el profeta Jaziel, adelantándose hasta el centro de la reunión, levantó la voz, diciendo por igual al pueblo y al rey, que Dios había oído las plegarias y había prometido que lucharía en contra de sus enemigos; ordenó que al día siguiente saliera contra el enemigo el ejército; que lo encontraría en la cuesta, en el lugar denominado *Exojé* (punto culminante) entre Jerusalén y Engadi; que no era conveniente luchar con ellos, sino simplemente observar lo que hacía Dios.

Después que el profeta dijera esto, el rey y el pueblo, inclinados los rostros al suelo, dieron gracias a Dios y lo adoraron; y luego los levitas cantaron en sus instrumentos las alabanzas divinas.

3. Al día siguiente, el rey pasó al desierto ubicado al lado de la villa de Técoa; y dijo al pueblo, que era necesario creer lo que había dicho el profeta y no prepararse para la guerra. Después de colocar a los sacerdotes con trompetas frente al ejército, e igual-

mente a los levitas con los cantores, dió gracias a Dios, como si el país ya estuviera libre de enemigos. Agradó a todos esta determinación, y se cumplió todo lo ordenado. Imaginándose mutuamente enemigos, se mataban, de modo que no quedó ni uno con vida de su ejército numeroso [1].

Josafat, al contemplar el valle, donde el enemigo dispuso el campamento, todo lleno de cadáveres, se alegró de ese auxilio tan inesperado de Dios, el cual conservándolos incólumes, sin ningún trabajo ganó la victoria por sí mismo. Permitió que los soldados despojaran al campamento y a los muertos. Durante tres días los soldados se dedicaron a esta tarea y se cansaron, tan elevado era el número de los que habían muerto. Al cuarto día, reunido todo el pueblo en un lugar hondo y escarpado, celebró con alabanzas el poder y el auxilio divinos. De ahí que el lugar fuera denominado Valle de Acción de Gracias.

4. De allí el rey hizo regresar el ejército a Jerusalén y dedicó algunos días a festejos y sacrificios. Después de esta matanza de sus enemigos, se divulgó su fama entre las naciones extranjeras, las cuales quedaron aterrorizadas al ver que Dios en adelante combatiría en su favor. Desde entonces vivió Josafat en gran gloria, gracias a su justicia y piedad con Dios. Era también amigo del hijo de Acab, rey de los israelitas; pero se asociaron para equipar naves que se dirigieran al Ponto y a los mercados de Tracia, y fracasaron. Las embarcaciones, por ser demasiado grandes, naufragaron; en adelante Josafat no se ocupó más de cosas marítimas. Así se comportó Josafat, rey de Jerusalén.

CAPITULO II

Reinado de Ocozías en Israel; su enfermedad. Muerte del rey. Reinado de Joram; desaparición de Elías

1. Entre los israelitas reinó Ocozías, hijo de Acab, quien estableció su residencia en Samaria; era un hombre perverso y en

---

[1] Este pasaje parece más claro en el relato bíblico. En 2 *Crónicas*, 20, 22 dice así: "...puso Jehová contra los hijos de Amón, de Moab y del monte Seir las emboscadas de ellos mismos que venían contra Judá, y matárense los unos a los otros".

todo similar a su padre y a su madre, así como también a Jeroboam, el primero que hizo el mal y condujo al pueblo por el camino del error. En el segundo año de su reinado, el rey de los moabitas se separó de él y dejó de pagar los tributos que acostumbraba a entregar a su padre. Aconteció que Ocozías, bajando del techo de su casa, se cayó; por lo cual, sintiéndose enfermo, envió a consultar al dios Mosca (tal era su nombre), de Acarón, para saber si sanaría. Pero el Dios de los hebreos, apareciéndose a Elías, le ordenó que se enfrentara con los mensajeros y les preguntara si por ventura no había un Dios propio de los israelitas, puesto que su rey los enviaba a consultar a un extraño sobre su salud; y que les ordenara que regresaran y dijeran al rey que no llegaría a convalecer de su enfermedad.

Elías cumplió lo que Dios le ordenó, y los mensajeros, aceptando lo que les decía, inmediatamente regresaron. Admirado por la rapidez de su regreso, el rey les preguntó la causa; y ellos respondieron que les había salido al encuentro un hombre que les prohibió que siguieran adelante, y les ordenó que volvieran y dijeran al rey que por orden del Dios de Israel se agravaría su enfermedad. El rey ordenó que le describieran al hombre que había dicho estas cosas; respondieron que era hirsuto, ceñido con un cinturón de cuero. Comprendió que el descrito por los mensajeros era Elías, contra quien envió a un capitán con quinientos soldados para que se lo trajeran.

El capitán que fuera enviado con esta finalidad, lo encontró sentado en la cima del monte y le pidió que descendiera y se presentara ante el rey; pues ésta era su orden; en caso de negarse, lo obligaría. Pero él respondió que rogaría para que descendiera fuego del cielo y los destruyera a él y a sus soldados, a fin de que comprendiera que verdaderamente era profeta; se puso a orar, y un huracán ígneo aniquiló al capitán y a sus soldados.

Anunciaron la matanza al rey y éste, lleno de ira, envió contra Elías a otro capitán con el mismo número de soldados que el anterior. Amenazólo también éste de que, en caso de negarse a descender, lo llevaría por la fuerza [1]. El profeta, con sus ruegos, hizo que el fuego lo destruyera por completo al igual que al otro.

---

[1] Las amenazas de los dos primeros capitanes no figuran en la Biblia.

Sabedor el rey de lo que aconteciera a este segundo capitán, envió a un tercero. Pero éste, hombre prudente y de índole apacible, después de llegar al lugar donde se encontraba Elías, lo trató blandamente; le dijo que no ignoraba, que estaba allí contra su voluntad para obedecer al mandato del rey, al igual que los enviados con anterioridad; no fueron por su propia voluntad, sino obligados por la necesidad. Le pidió que se apiadara de su situación y de los soldados que lo acompañaban, y que descendiera y se dirigiera con ellos a la presencia del rey. Entonces Elías, convencido por la amabilidad de las palabras y la urbanidad de sus modales, descendió y se unió a él como compañero. En presencia del rey, le vaticinó y le declaró y le reveló las palabras de Dios.

—Puesto que lo menospreciaste, como si no fuera Dios y no pudiera profetizar nada verdadero sobre la salud y enviaste mensajeros al dios de los acaronitas, para saber cuál sería el fin de tu enfermedad, has de saber que morirás.

2. Ciertamente, poco después, según el vaticinio de Elías, murió. Obtuvo el reino su hermano Joram; pues Ocozías falleció sin dejar hijos. Este Joram, similar en maldad a su padre Acab, reinó durante doce años, cometiendo toda clase de delitos e impiedades contra Dios, pues abandonando su culto adoró dioses ajenos. Por otra parte era un varón activo y emprendedor. Por este tiempo Elías fué arrebatado de entre los hombres, y nadie sabe hasta hoy cuál fué su fin. Como ya dijimos antes, dejó a su discípulo Eliseo. Sobre Elías y Enoc, que vivió antes del diluvio, se dice en las Sagradas Escrituras que se hicieron invisibles y nadie sabe nada sobre su muerte.

CAPITULO III

Guerra de Joram y sus aliados contra el rey de Moab; profecía de Eliseo. Derrota de los moabitas. El rey de Moab sacrifica a su hijo. Muerte de Josafat

1. Joram, al ascender al trono, determinó declarar la guerra al rey de los moabitas, de nombre Misán. Como dijimos, no cumplió con su hermano, al no pagar el tributo prometido a su padre Acab de doscientas mil ovejas sin esquilar. Reunidas las tropas, envió mensajeros a Josafat, solicitándole que, ya que había sido desde el principio amigo de su padre, hiciera con él una alianza armada, para declarar la guerra a los moabitas, que no cumplían con su reino. Josafat prometió no solamente su auxilio, sino también el del rey de los idumeos, que le estaba sometido, y que entraría en la alianza.

Joram, informado de las promesas de Josafat, se dirigió con su ejército a Jerusalén; fué recibido espléndidamente por el rey de Jerusalén, y luego convinieron en marchar contra el enemigo por el desierto de Idumea, pues aquél no esperaría que tomaran el camino del desierto.

Los tres salieron de Jerusalén, el rey de esta ciudad, el rey de Samaria y el rey de Idumea. Después de haber andado en redondo durante siete días, se encontraron sin agua los animales y el ejército, pues los guías equivocaron el camino [1], de modo que todos estaban angustiados, sobre todo Joram, quien en medio de su dolor clamaba a Dios, diciendo qué mal había hecho, pues entregaba a los reyes aliados sin lucha al rey de los moabitas.

Pero Josafat, que era justo, lo consoló y lo instó a que hiciera investigar si algún profeta de Dios los había acompañado, para tratar de saber por su intermedio el oráculo de Dios referente a la conducta a seguir. Uno de los criados del rey dijo haber visto al discípulo de Elías, Eliseo hijo de Safat; los tres reyes, por consejo de Josafat, fueron a visitarlo.

Una vez en su tienda, que se encontraba fuera del campamento, le preguntaron insistentemente, especialmente Joram, cuál sería la suerte del ejército. Eliseo les contestó que no lo molestaran, y que se dirigieran a los profetas de su padre y de su madre a quienes consideraban veraces; pero Joram insistió, rogándole que vaticinara él mismo y los salvara. Eliseo, tomando por testigo a Dios, dijo que no le respondería si no fuera por Josafat, varón santo y justo. Hicieron venir a un hombre que sabía tocar el arpa, por exigencia del profeta. Mientras aquél tocaba, inspirado por Dios ordenó a los reyes que hicieran abundantes fosas en el lecho del río.

—Pues veréis el río llenarse de agua, a pesar de que no hay nubes, ni viento ni lluvia, para que se salven los soldados y los

---

[1] Este detalle no figura en la Biblia.

animales. No solamente conseguiréis esto con la ayuda de Dios, sino que también con su ayuda obtendréis la victoria, os apoderaréis de las más hermosas y bien fortificadas ciudades de los moabitas, cortaréis sus árboles frutales, devastaréis la región y obstruiréis sus fuentes y ríos.

2. Así habló el profeta. Al día siguiente, antes de la salida del sol, el agua fluía abundantemente en el torrente. Sucedió que a una distancia de tres días, en Idumea, Dios hizo llover en abundancia [1], de modo que los soldados y las bestias tuvieron bebida más que suficiente. Cuando los moabitas supieron que tres reyes se dirigían en su contra por el camino del desierto, su rey, reunido el ejército, ordenó que acampara en las fronteras, para que el enemigo no los tomara desprevenidos. Como a la caída del sol vieron en el torrente, que no estaba muy lejos de la tierra de los moabitas, agua de un color parecido a la sangre, pues a esta hora el agua se colorea por los rayos luminosos, se formaron una falsa idea, suponiendo que los soldados enemigos, a causa de la sed, se habían matado mutuamente, y el río estaba lleno de su sangre.

Bajo esta sospecha pidieron al rey que les permitiera despojar a los muertos. Y todos, preparados para la rapiña, llegaron al campamento del enemigo, al que creían exterminado. Pero quedaron decepcionados en su esperanza; pues, saliendo de todas partes, el enemigo mató a algunos de ellos y puso en fuga a los demás, que se refugiaron en su país.

Los tres reyes, después de invadir la tierra de los moabitas, destruyeron las ciudades, saquearon sus campos y los inhabilitaron con piedras sacadas de los torrentes, cortaron sus mejores árboles, cegaron las fuentes de agua y demolieron sus murallas. Entonces el rey de los moabitas, apremiado por el asedio, en vista de que su ciudad corría peligro de ser tomada por asalto, intentó, al frente de setecientos hombres, atravesar el campamento enemigo, por el lugar donde creía sería menor la vigilancia. A pesar de estos esfuerzos no pudo huir, pues fué a parar a un lugar muy bien vigilado.

De regreso a la ciudad, intentó un acto de extrema necesidad y desesperación. Tomó al mayor de sus hijos, el que debía reinar

---

[1] No lo dice la Biblia. Como en otras ocasiones, Josefo ofrece una explicación racional del fenómeno.

después de él, y levantándolo sobre las murallas, donde los enemigos pudieran verlo fácilmente, lo sacrificó a Dios en holocausto. Los reyes, ante este espectáculo, se apiadaron; el acto desesperado los conmovió, y llevados por un sentimiento de humanidad levantaron el sitio y cada uno de ellos regresó a su tierra. Josafat, de regreso a Jerusalén, tuvo días apacibles y no sobrevivió mucho a esta expedición; murió a los sesenta años, y en el vigésimo quinto de su reinado. Lo sepultaron magníficamente en Jerusalén, pues había imitado los hechos de David.

CAPITULO IV

Joram, sucesor de Josafat en Judá. Emboscada de los sirios. Sitio de Samaria. Eliseo predice la abundancia. Los leprosos ocupan el campamento abandonado de los sirios. Enfermedad de Adad en Damasco. Predicción de Eliseo. Azael, sucesor de Adad

1. Josafat dejó varios hijos, pero declaró sucesor a Joram, el mayor. Tenía el mismo nombre que el hermano de su madre, rey de los israelitas, hijo de Acab. Al retornar de la región de los moabitas a Samaria, el rey de los israelitas llevó consigo al profeta Eliseo, cuyos hechos quiero exponer, pues son maravillosos y dignos de ser recordados, tal como llegaron a nuestro conocimiento en las Sagradas Escrituras.

2. Se cuenta que la esposa de Obedias, intendente de Acab, se presentó ante Eliseo y le dijo que no ignoraba que su marido había salvado a los profetas que buscaba Jezabel, mujer de Acab, para matarlos. Dijo que había escondido a cien de ellos y los alimentó con dinero prestado; pero que ahora, después del fallecimiento de su marido, los acreedores los querían reducir a la servidumbre a ella y a sus hijos. Le pidió que a causa de la buena acción del marido se compadeciera de ella y le prestara alguna ayuda.

Al preguntarle qué tenía en la casa, respondió que solamente una escasísima porción de aceite en un vaso. Entonces el profeta le ordenó que partiera y que pidiera prestados a los vecinos todos los vasos que pudiera, pero vacíos; y una vez cerradas las puertas de su habitación, derramara algo de aquel aceite en los vasos, pues

Dios se encargaría de llenarlos. Obedeció la mujer las órdenes del profeta y ordenó a sus hijos que le buscaran los vasos, y después que los llenó fué a comunicarlo al profeta.

Este le aconsejó que vendiera el aceite y pagara a los acreedores; algo del aceite le sobraría, y le serviría para el sostén de ella y de sus hijos. En esta forma libró Eliseo a la mujer de sus deudas y de la violencia que contra ella querían ejercer los acreedores.

3.[1] ... Eliseo, con toda premura, envió mensajeros a Joram para que le avisaran que se cuidara de aquel lugar, donde había algunos sirios emboscados con el propósito de matarlo. El rey, obediente al profeta, no salió de caza; pero Adad, al comprobar el fracaso de sus intenciones, pensando que algunos de los suyos habían avisado a Joram, se indignó, acusándolos de traicionar sus secretos, y amenazándolos con la muerte por haber descubierto al enemigo lo que solamente ellos sabían. Sin embargo, algunos de los presentes le dijeron que no se dejara llevar de una opinión falsa y que no sospechara de los suyos, como si hubieran denunciado a su enemigo el encargo recibido de matarlo; antes bien, debía saber que existía un profeta, Eliseo, que informaba al rey de todo y le revelaba las intenciones de su adversario.

Adad ordenó entonces a sus mensajeros que se informaran en qué ciudad se encontraba Eliseo. Los enviados, una vez de regreso, le dijeron que se encontraba en el pueblo de Dotán. Por lo tanto Adad envió gran cantidad de caballos y carros para que lo hicieran prisionero. Durante la noche cercaron a la ciudad, teniéndola bien vigilada. El criado de Eliseo se informó de esto a la madrugada; que el propósito de los enemigos era capturar a Eliseo. A gritos y lleno de miedo corrió a comunicárselo. Pero él le exhortó a tener buen ánimo, y rogó a Dios, con cuyo auxilio nada debía temer, que manifestara a su criado su poder y su presencia, para que se sintiera fuerte y lleno de esperanza. Dios escuchó los ruegos del profeta e hizo que el criado viera a Eliseo rodeado de gran número de caballos y de carros, de modo que perdió el miedo y se animó

[1] Faltan aquí los episodios bíblicos que van desde 2 *Reyes*, 4, 8 hasta 6, 8, cuando el rey de Siria, en guerra con Israel, consulta con sus siervos y dice: "En tal y tal lugar estará mi campamento". Entonces —en el versículo siguiente— el profeta manda avisar a Joram.

ante la gran ayuda, que le parecía ver. Luego Eliseo rogó a Dios
que oscureciera los ojos de los enemigos, enviándoles tinieblas de
modo que no pudieran reconocerlo. Realizado lo que había pedido,
penetró entre los enemigos y les preguntó a quién habían ido a
buscar. Al decirle que al profeta Eliseo, éste les prometió que se
lo entregaría, con tal que lo siguieran al pueblo donde se encontraba.

Obcecados en la mente y en los ojos, sin la menor duda siguieron al profeta como conductor. Los dirigió hacia Samaria; allí
ordenó al rey Joram que cerrara las puertas y rodeara a los sirios
con sus tropas; rogó entonces a Dios que les abriera los ojos y los
librara de las tinieblas. Sin aquella ceguera, vieron que se encontraban en medio de sus enemigos. Pero los sirios, como es de suponer, estaban aterrados y sin saber qué hacer por un hecho tan
admirable e inesperado; entonces, al inquirir el rey, si los atravesa-
rían con las flechas, Eliseo se opuso. Por derecho de guerra era
lícito hacerlo con los que se tomaban cautivos en la batalla, pero
éstos no habían causado ningún daño en la región, sino que ignorantes de lo que hacían habían sido conducidos allí por Dios. Por
tanto le aconsejó que, después de darles hospedaje y comida los
dejara ir ilesos. Joram, obediente a las órdenes del profeta, trató
a los sirios espléndida y magníficamente y luego los envió de vuelta a su rey Adad.

4. Una vez de regreso contaron lo que les había acontecido, y
el rey Adad, admirado del prodigio, así como de la manifestación
y poder del Dios de los israelitas y de la inspiración que poseía el
profeta, determinó no proceder en forma oculta contra el rey de
Israel por miedo a Eliseo, sino que le declaró la guerra abiertamente, esperanzado en su mayor poderío por el número y el valor
de sus ejércitos. Después de reunir un gran ejército, marchó contra
Joram. Considerando éste que no disponía de fuerzas suficientes
para hacerle frente, se recluyó en Samaria, confiado en la solidez
de sus fortificaciones. Adad, convencido de que sin armas adecuadas no podría apoderarse de la ciudad, pero sí que le sería posible
hacerlo por el hambre y la indigencia de las cosas necesarias, se
aproximó con su ejército y sitió la ciudad.

Joram fué reducido a una tan grande privación de alimentos, y
era tan excesiva la indigencia que se llegaron a pagar ochenta

monedas de plata por una cabeza de asno y por cinco monedas de plata los hebreos compraban un sextario de estiércol de paloma, para usarlo en vez de sal[1]. Por eso el rey, por temor de que alguien a causa del hambre entregara la ciudad, todos los días inspeccionaba las murallas y las guardias, por si alguno estuviera oculto allí, a fin de impedir con estas visitas la realización de tales actos, si existía este propósito. Una vez que se encontraba inspeccionando una mujer exclamó:

—¡Ten piedad de mí, señor!

Creyendo que le pedía algo para comer, indignado invocó en su contra la ira de Dios, diciendo que no tenía almacenes ni lagares, de donde pudiera entregar algo a una persona necesitada. Ella contestó que no deseaba ninguna de estas cosas y que no lo molestaba a causa de la comida, sino para que juzgara un desacuerdo que tenía con otra mujer. Adad le ordenó que hablara y que le informara de qué se trataba; ella dijo que con otra mujer, vecina y amiga, se habían puesto de acuerdo de que, llegadas al extremo de no poder sufrir más el hambre y la indigencia, mutuamente se alimentarían con el sacrificio de sus hijos, pues entrambas los tenían del género masculino.

—Yo —dijo—, fuí la primera en estrangular a mi hijo, y en el día de ayer ambas nos alimentamos con él; pero ella no quiere hacer lo mismo, sino que falta a su pacto y ha escondido a su hijo.

Joram se sintió dolorosamente conmovido por lo que oyó, desgarró sus vestidos y dió grandes gritos; luego se volvió violentamente contra Eliseo, queriendo matarlo, por no haber rogado a Dios que pusiera remedio a los muchos males que los afligían; inmediatamente envió a un hombre para que le cortara la cabeza. Este se dirigió a matar al profeta; pero no se le ocultó a Eliseo la ira del rey, sino que estando en la casa sentado con sus discípulos les indicó que Joram, hijo de una homicida, había enviado a alguien para que le cortara la cabeza.

—En cuanto a vosotros —dijo—, cuando venga el emisario, vigilad que no entre, cerrad la puerta y retenedlo; pues en su seguimiento vendrá el rey, habiendo cambiado de opinión.

Cuando vino el enviado por el rey para matar a Eliseo, cumplie-

---

[1] Este detalle es de Josefo.

ron lo ordenado. Joram, arrepentido de su indignación contra el profeta y temeroso de que ya lo hubiera muerto el que enviara con este fin, se apresuró a seguirlo para tratar de salvar al profeta. Una vez en su presencia, empezó a lamentarse de que no pidiera a Dios que pusiera remedio a los males presentes, pues los tenía olvidados, oprimidos con tantos males. Eliseo le prometió que al día siguiente, a la misma hora en que el rey había ido a verlo, habría gran cantidad de alimentos, de tal modo que en el mercado se venderían dos medidas de cebada por un siclo, y una medida de flor de harina por un siclo.

Con estas noticias Joram y los que estaban con él se alegraron, pues no desconfiaban del profeta por haber experimentado antes la veracidad de sus vaticinios. Con la esperanza de lo que iba a acontecer se les alivió su indigencia presente. Sin embargo, el comandante de la tercera parte de las tropas, amigo del rey, que casualmente se encontraba con él, dijo:

—Oh, profeta, dices cosas increíbles; y así como no es posible que Dios derrame desde el cielo cataratas de cebada y harina fina, tampoco pueden realizarse las cosas que has dicho.

A lo cual el profeta respondió:

—Verás con tus propios ojos cómo se cumple lo que he dicho, pero tú no serás partícipe de ello.

5. Lo profetizado se cumplió de la siguiente manera. En Samaria se había establecido que los leprosos que no se habían purificado el cuerpo de esta enfermedad, permanecieran fuera de la ciudad. Había cuatro varones que por este motivo se encontraban ante las puertas de la ciudad, sin que nadie les diera alimento por la intensidad del hambre, siéndoles prohibido por la ley entrar en la ciudad; seguros, por otra parte, de que, aunque se les permitiera entrar, lo mismo morirían de hambre, igual que si permanecían en aquel lugar, determinaron entregarse al enemigo; si los perdonaban, vivirían, y si los mataban, tendrían un fin más agradable. Una vez tomada esta decisión, durante la noche se trasladaron al campamento del enemigo.

Dios ya había empezado a perturbar y confundir a los sirios, y a llenar sus oídos con ruidos de caballos y de armas, como si se acercara un ejército, sembrando la alarma entre ellos. De tal manera se conturbaron que, abandonando el campamento, se diri-

144

gieron a Adad, diciendo que Joram rey de los israelitas, contando con la ayuda mercenaria del rey de los egipcios y del rey de las Islas, se dirigía en su contra; que estaban oyendo el ruido de los que se aproximaban. Adad creyó a los que le decían estas cosas, pues idénticos ruidos oían él y sus soldados. Confundidos y perturbados al extremo, abandonando los caballos, los animales y gran cantidad de riquezas, se dieron a la fuga.

Los leprosos, de quienes hemos hecho mención anteriormente, al pasar de Samaria al campamento de los sirios, notaron un inmenso silencio. Se dirigieron allí, y entraron en una de las tiendas; una vez que hubieron comido y bebido se apoderaron de los vestidos y arrebataron gran cantidad de oro, que escondieron fuera del campamento. Luego, entrando en otra tienda, hicieron lo mismo. Y lo mismo con una tercera y cuarta[1], sin que vieran a nadie. De ahí conjeturaron que el enemigo había huído, y empezaron a inculparse por no anunciarlo a Joram y a sus conciudadanos. Se acercaron a las murallas de la ciudad y gritaron a los guardas, para decirles lo que había pasado con el enemigo: aquéllos lo notificaron a los guardas del rey. Informado el rey, hizo llamar a los capitanes y a sus amigos, a los cuales declaró que temía se tratara de un engaño de parte del rey de los sirios.

—Desesperando de destruiros por el hambre, pensó que si os dirigís a su campamento considerándolo abandonado por la huída, irrumpiendo contra vosotros os destruirá y luego sin lucha se apoderará de la ciudad. Por lo cual os aconsejo que guardéis la ciudad, y que por nada salgáis de ella, confiados en la retirada del enemigo.

Algunos de ellos dijeron que opinaba muy bien y prudentemente, y le aconsejaron que enviara dos soldados a caballo, que exploraran toda la región hasta el Jordán, de modo que si fueran capturados por la astucia del enemigo, se pusiera en cautela a todo el ejército, para que no saliera imprudentemente y sufriera lo mismo.

—Si éstos que envías a caballo —dijeron— llegan a morir, los computas entre los que han perecido por hambre.

De acuerdo con esta opinión, envió a inspeccionar. Los enviados emprendieron la marcha por un camino libre de enemigos, pero abundante en alimentos y armas, que aquéllos habían abandonado,

[1] Detalle que no figura en la Biblia.

a fin de quedar más libres para la fuga. Informado de esto el rey, envió a la multitud a que se apoderara de lo que había en el campamento. El botín no era en ninguna manera vulgar y mediocre, sino de mucho oro y plata, así como de toda clase de animales; además se apoderaron de gran cantidad de cebada, trigo y alimentos, como ni en sueños podían esperarlo. De modo que no sólo quedaron libres de las anteriores aflicciones, sino que la abundancia fué tanta, que dos medidas de cebada se compraban por un siclo, y una medida de flor de harina por un siclo, según la predicción de Eliseo. Esta medida contiene un modio itálico y medio.

Estos bienes únicamente no aprovecharon al que estaba al frente de la tercera parte de las tropas. Habiéndole ordenado el rey que permaneciera ante la puerta, para que impidiera el ímpetu de la multitud a fin de que no se aplastaran al empujarse, esto es precisamente lo que él sufrió. Oprimido por la multitud expiró, cumpliéndose la predicción de Eliseo, cuando él fué el único que no prestó fe a lo que anunció sobre la futura abundancia de las cosas necesarias.

6. Pero Adad, rey de los sirios, al llegar incólume a Damasco y comprender que Dios a él y a su ejército les había infundido terror y perturbación, y que no había intervenido en ello el enemigo, se afligió sobremanera de tener en su contra a Dios y cayó enfermo. Por el mismo tiempo el profeta Eliseo se trasladó a Damasco; habiéndolo sabido, Adad envió a Azael, el más fiel de sus servidores, con varios regalos para que lo visitara, y le dió orden de preguntarle si saldría de su enfermedad.

Azael, con cuarenta camellos que llevaban de los mejores y más preciosos regalos suministrados por el rey, se presentó ante Eliseo, a quien saludó amablemente; y le dijo que lo enviaba el rey Adad para saber si sanaría de su enfermedad. El profeta ordenó a Azael que no anunciara nada malo al rey; pero le comunicó confidencialmente que iba a morir. El servidor real se dolió después que oyó estas nuevas, y Eliseo lloró con muchas lágrimas, previendo los males que sufriría el pueblo después de la muerte de Adad. Azael le preguntó cuál era el motivo de su perturbación.

—Lloro —dijo— por los males que han de venir al pueblo de Israel por causa tuya. Pues tú matarás a los mejores de ellos, incendiarás las ciudades más fortificadas, harás perecer a los niños estrellándolos contra las piedras y reventarás a las mujeres grávidas.

Entonces Azel preguntó:

—¿Qué fuerza poderosa me permitirá hacer todas estas cosas? Contestó que Dios le había revelado que sería rey de los sirios.

Azael, una vez en presencia de Adad, le dió las buenas noticias sobre la enfermedad, pero al día siguiente con un lazo húmedo lo mató, estrangulándolo. Lo sucedió en el trono, hombre activo, que se conquistó las simpatías de los sirios y del pueblo de Damasco, que todavía los adora, a él y a Adad, como dioses, a causa de los beneficios recibidos y la construcción de templos con que fué adornada la ciudad de los damascenos. Aún ahora todos los días celebran una procesión en su honor, gloriándose de su antigüedad, ignorando que son muy recientes, pues sus reyes no se remontan más allá de mil cien años. Por otro lado, Joram rey de los israelitas, informado de la muerte de Adad, quedó aliviado del pavor y miedo que le inspiraba, y contento de haber obtenido la paz.

CAPITULO V

Reinado de Joram en Judá; su impiedad. Invade a Idumea.
Eliseo profetiza la enfermedad y la muerte de Joram. Invasión de los árabes

1. Joram, el rey de Jerusalén, que tenía el mismo nombre que el rey de Israel, como antes dijimos, así que recibió el mando, mató a sus hermanos y a los amigos de su padre, que también eran sus regidores, dando con esto una prueba de su maldad; no era distinto a los reyes de Israel que fueron los primeros en apartarse de las tradiciones y costumbres de los hebreos y del culto de Dios. Gotolía, hija de Acab, fué quien lo indujo a cometer toda clase de crímenes y a la adoración de dioses ajenos. Dios, sin embargo, a causa del pacto que estableciera con David, no quiso exterminar a su estirpe; pero Joram no dejó de maquinar el mal todos los días contra la piedad y contra las costumbres nacionales.

Los idumeos por el mismo tiempo se desligaron de él, y mataron al rey que había firmado alianza con su padre, eligiendo a un rey de su agrado. Entonces Joram, con los caballos y carros que tenía a mano, durante la noche irrumpió contra los idumeos; destruyó a los que estaban cerca de su reino, sin serle posible ir más lejos. De nada le aprovechó esta expedición; todos se apartaron de su alianza, así como también los que habitaban en la región denominada Labaina. Era bastante insensato, como para obligar al pueblo a subir a la cima de los montes para adorar dioses ajenos.

2. Mientras hacía esto y abandonaba las costumbres patriarcales de los antepasados, Elías le envió una carta, pues todavía se encontraba sobre la tierra. Le indicaba que Dios lo castigaría en gran manera, por no haber imitado las costumbres de sus antepasados, sino que se aficionó a las costumbres de los reyes de Israel y obligaba a la tribu de Judá y al pueblo de Jerusalén al culto de los ídolos, con olvido de la religión sagrada del Dios paterno, como lo hiciera Acab entre los israelitas, y además por haber muerto a sus hermanos y a varones buenos y piadosos. En la misma carta le señalaba el castigo que sufriría por todos estos hechos: la ruina de su pueblo, la pérdida de sus mujeres y de sus hijos y que él mismo moriría de una enfermedad intestinal tan terrible que las entrañas le saldrían del cuerpo, por ser tan intensa la descomposición de su cuerpo. Vería todas estas calamidades, sin que pudiera ponerles remedio. Esto fué lo que le dijo Elías en su carta.

3. Poco después el ejército árabe que vivaqueaba cerca, en Etiopía, y el de los palestinos, invadieron el reino de Joram, saquearon la región y la casa del rey y mataron a sus hijos y mujeres. Sin embargo, le quedó uno de los hijos, escapado de manos de los enemigos, de nombre Ocozías. Después de esta calamidad, el rey mismo por largo tiempo fué atormentado por una enfermedad, de acuerdo con lo anunciado por el profeta. Dios en su indignación le había perforado el vientre y murió miserablemente, habiendo visto sus intestinos fuera del cuerpo. El pueblo además ultrajó su cadáver. Creo que habían considerado que no le correspondían exequias reales al que había expirado a causa de una herida recibida de Dios. No le concedieron la dignidad de sepultarlo en los sepulcros paternos ni le dieron ningún otro honor, sino que lo depositaron en un túmulo privado. Vivió cuarenta años, con ocho de reinado. El pueblo de Jerusalén entregó el trono a su hijo Ocozías.

CAPITULO VI

Joram, rey de Israel, es herido en Ramata. Eliseo envía un
profeta a elegir en secreto a Jehú. Jehú es proclamado rey.
Muerte de Jezabel. Jehú encuentra a Jonadab; su entrada en Samaria; astucia de Jehú para hacer morir a todos
los adoradores de Baal

1. Joram, rey de Jerusalén, esperanzado después de la muerte
de Adad, de poder quitar a los sirios la ciudad de Armata, de la
región de Galadítida, se dirigió hacia allí con un gran ejército,
bien equipado. Durante el sitio un sirio lo hirió con una saeta,
pero no mortalmente. Se retiró a Jezrael, para curarse, dejando
todo el ejército en Armata al mando del capitán Jehú, hijo de
Nemes, pues ya había capturado la ciudad. Era su propósito, una
vez que sanara de la herida, hacer la guerra a los sirios.

Interin el profeta Eliseo envió a Armata a uno de sus discípulos,
entregándole el aceite sagrado para que ungiera a Jehú y le dijera
que Dios lo había elegido rey; y luego de darle otras órdenes
referentes a Jehú, le mandó que partiera como si se tratara de
un fugitivo, para que su salida quedara oculta [1]. Al llegar a la
ciudad, encontró a Jehú sentado entre los capitanes del ejército,
según le había predicho Eliseo. Se le acercó y le dijo que deseaba
hablar con él sobre algunos asuntos. Levantándose, lo siguió a una
habitación retirada, donde el joven repentinamente derramó el
aceite en su cabeza y le dijo que Dios lo nombraba rey, para
exterminio de la raza de Acab, para que vengara la sangre de los
profetas muertos injustamente por Jezabel, para que destruyera
totalmente su casa, como se hizo con los hijos de Jeroboam, hijos
de Nadab, y de Basanes, y que nada quedara de la simiente de
Acab. Dichas estas cosas, salió de la habitación, para que nadie
del ejército se diera cuenta de su presencia.

2. Jehú regresó al lugar donde había estado anteriormente con
los capitanes. Estos le preguntaron el motivo de la visita del joven,
a quien consideraban loco.

[1] Detalle que no figura en la Biblia.

149

—Está muy bien fundada vuestra sospecha —respondió—, pues ha hablado palabras de loco.

Pero como insistieran y quisieran saber más, les dijo que le había comunicado que Dios le entregaba el gobierno del pueblo. Oyendo esto, los capitanes se quitaron los mantos y los extendieron en el suelo, y al sonido de los cuernos lo proclamaron rey.

Reunidas las tropas, marcharon contra Joram a la ciudad de Jezrael, donde aquél, según dijimos, se estaba curando la herida que había recibido en el sitio de Armata. Por aquel tiempo Ocozías, rey de Jerusalén, se encontraba con Joram, de quien era pariente, pues como hemos referido antes era hijo de una hermana de él. Había ido a informarse cómo se encontraba de la herida. Jehú, queriendo atacar de improviso a Joram y a los que estaban con él, exigió que no escapara ninguno de sus soldados para avisar a Joram; de este modo le demostrarían de manera evidente que estaban en su favor y que con estos sentimientos lo habían designado rey.

3. Estas órdenes fueron aceptadas satisfactoriamente, y los jefes vigilaron los caminos, para que nadie escapara ocultamente a Jezrael para denunciarlo. Jehú, después de elegir a los mejores jinetes, se ubicó en el carro y se dirigió a Jezrael. Estando a poca distancia, el vigía puesto por el rey Joram para que vigilara a los que se acercaban a la ciudad, vió a Jehú que se acercaba con soldados a caballo; anunció a Joram que se aproximaba una tropa de caballería. Joram ordenó que al instante saliera a su encuentro un jinete, para que viera quién era. Al encontrarse con Jehú, el jinete le preguntó de parte del rey cómo iban los asuntos en el ejército. Pero Jehú le respondió que no se preocupara por eso y que lo siguiera. Al ver esto el vigía comunicó a Joram, que el jinete se había agregado a los que se dirigían a la ciudad. Al segundo mensajero que envió el rey, Jehú le ordenó lo mismo.

Informado por el que estaba en el puesto de vigilancia, Joram subió a un carro con Ocozías, rey de Jerusalén (pues, como dijimos antes, a causa del parentesco se había hecho presente para saber cómo estaba de la herida) y salió a su encuentro. Jehú avanzaba lentamente y en buen orden. Joram lo encontró en la propiedad de Nabot y le preguntó si los asuntos iban bien en el ejército. Jehú le respondió con amarguísimas invectivas, llamando a su madre mujer ponzoñosa y meretriz; el rey, sospechando de sus propósitos y no esperando nada bueno, dió vuelta al carro y emprendió la fuga, después de haber dicho a Ocozías que se encontraban ante la traición y la perfidia.

Pero Jehú lanzó una flecha y lo abatió, traspasándole el pecho. Joram cayó de rodillas y murió.

Jehú ordenó a Badacro, comandante del tercio de sus tropas, que echara el cadáver de Joram en el campo de Nabot, recordando el vaticinio de Elías en el que había predicho a su padre Acab, después de la muerte de Nabot, que él con toda su progenie morirían en el campo del último; pues le había oído esta profecía al profeta, estando sentado detrás del carro de Acab. Esto aconteció, tal como había sido predicho.

Muerto Joram, Ocozías, procurando salvarse, cambió la dirección de su carro, con la esperanza de ocultarse de Jehú. Pero éste en su persecución lo alcanzó en una cuesta, donde lo hirió con una saeta. Ocozías, abandonando el carro, subió a un caballo y huyó hacia Megido [1]; allí, a pesar de los cuidados, murió de la herida. Llevado el cuerpo a Jerusalén, fué sepultado. Reinó un año, durante el cual se mostró perverso y peor que su padre.

4. Una vez Jehú en Jesrael, Jezabel, adornada y de pie en la torre, le dijo:

—¡Oh, siervo egregio, que mataste a tu señor! [2]

El, levantando los ojos, le preguntó quién era, y le ordenó que descendiera. Finalmente mandó a los eunucos que la precipitaran desde la torre. Mientras caía, Jezabel salpicó el muro con su sangre y murió pisoteada por los caballos.

Jehú se dirigió a la casa real y él y sus amigos, cansados del viaje, se entregaron a los placeres, sobre todo los de la mesa. Pero a los servidores que habían muerto a Jezabel les ordenó que la sepultaran de acuerdo con su estirpe, pues era hija de reyes. Sin embargo, los encargados de esta tarea sólo encontraron de su cuerpo las extremidades, pues lo restante había sido devorado por

---

[1] La Biblia dice que Jehú ordenó disparar contra Ocozías, y no especifica que éste haya huído a caballo a Megido (2 *Reyes, 9,* 27).

[2] "¿Sucedió bien a Zimri, que mató a su señor?", es la pregunta de la Biblia (9, 30).

los perros. Oído esto se admiró del vaticinio de Elías, quien había profetizado que de esta manera moriría en Jezrael.

5. Puesto que Acab tenía setenta hijos, que se educaban en Samaria, Jehú envió dos cartas, una a sus instructores, otra a los magistrados de los samaritanos, aconsejándoles que eligieran rey al más valeroso de los hijos de Acab (puesto que disponían de gran cantidad de carros, caballos, armas y tropas, así como también de ciudades muy fortificadas) y, una vez hecho esto, vengaran la muerte de su señor. Las escribió con el propósito de comprobar en qué disposición estaban respecto a él. Los magistrados y los instructores, leídas las cartas, tuvieron gran miedo, pensando que nada tenían que hacer contra uno que había vencido a dos grandes reyes; contestaron reconociéndolo por su señor, y que estaban dispuestos a cumplir lo que ordenara.

Replicó Jehú con otra carta, ordenándoles que le obedecieran, que decapitaran a los hijos de Acab y le enviaran las cabezas. Entonces los magistrados ordenaron a los instructores de los hijos de Acab que los decapitaran y luego enviaran las cabezas a Jehú. Aquellos lo cumplieron sin omitir nada, y enviaron las cabezas a Jezrael, después de ponerlas en cestillas tejidas. Cuando llegaron, anunciaron a Jehú, que estaba cenando con algunos amigos, que ya estaban allí las cabezas de los hijos de Acab. Entonces ordenó que con las mismas se hicieran dos montones delante la puerta de la ciudad.

Cumplido esto, de madrugada salió para verlo, y mirando al pueblo, que estaba presente, empezó a decirle que él se había levantado contra su señor y que lo mató, pero que en cuanto a éstos no los había matado. Por lo demás quería que todos supieran que en la estirpe de Acab se había cumplido el oráculo divino, y que su casa, según el vaticinio de Elías, había sido exterminada por completo. Además, después de hacer matar a todos los parientes importantes de Acab que se pudieron hallar en Jesrael, se dirigió a Samaria. En el camino se encontró con los parientes del rey de Jerusalén, Ocozías, y les preguntó cuáles eran sus propósitos. Cuando éstos respondieron que habían venido a saludar a Joram y a su rey Ocozías (pues ignoraban que los hubiera muerto), Jehú ordenó que los prendieran y mataran, en número de cuarenta y dos.

6. Siguiendo su camino, se encontró con Jonadab, viejo amigo suyo, quien, después de saludarlo, lo elogió por haber llevado a cabo todo lo que Dios ordenó, extirpando la casa de Acab. Jehú le rogó que subiera al carro y lo acompañara a Samaria, diciéndole que le comprobaría cómo él no estaba dispuesto a perdonar a ningún criminal, que castigaría a los falsos profetas y a cuantos habían abusado del pueblo para que abandonara el culto del Dios máximo, y adoraran a dioses ajenos; pues sería el más hermoso de los espectáculos para un varón justo y bueno ver cómo se castigaba a los malos. Jonadab, seducido por lo que le decía, subió al carro y fué a Samaria. Jehú buscó a los parientes de Acab dondequiera que se encontraran y los hizo perecer.

A fin de que ninguno de los falsos profetas y sacerdotes de los dioses de Acab escapara a la muerte, acudió a una astucia y engaño para reunirlos a todos. Congregado el pueblo dijo que quería adorar el doble número de dioses de los que introdujera Acab, y pidió que estuvieran presentes sus sacerdotes, profetas y adoradores, puesto que tenía en su ánimo dedicar a los dioses espléndidos y magníficos cultos; y si alguno de los sacerdotes dejara de asistir, sería castigado con la pena de muerte. El nombre del dios de Acab era Baal.

Una vez fijado el día para los sacrificios, envió mensajeros por todo el territorio de Israel a fin de que hicieran comparecer a los sacerdotes de Baal. Ordenó que a todos los sacerdotes se les entregaran vestiduras. Recibidas éstas, entró en el templo con su amigo Jonadab y ordenó que se vigilara cuidadosamente que no estuviera presente ningún peregrino o extranjero: no quería que los extraños asistieran a las ceremonias sagradas [1]. Los sacerdotes declararon que no se encontraba presente ningún extranjero y empezaron los sacrificios. Jehú apostó en el exterior ochenta hombres, de los más fieles de sus soldados, a quienes ordenó que mataran a los falsos profetas y que vengaran los ritos patrios del menosprecio en que habían caído, advirtiéndoles que pagarían con sus vidas si dejaban escapar alguno de ellos. Los soldados mataron a todos,

---

[1] Esta versión de Josefo contiene una diferencia importante con el texto de la Biblia. En 2 *Reyes*, 10, 23, Jehú ordena averiguar si entre los siervos de Baal no habría alguno de Jehová.

e incendiaron el templo de Baal; en esta forma libraron a Samaria de los ritos extranjeros.

Este Baal era el dios de los tirios; pero Acab, queriendo congraciarse con Itobal, rey de los tirios y sidonios, le hizo construir un templo en Samaria, nombró profetas y lo dotó de un culto completo. A pesar de haber desaparecido este dios, Jehú, sin embargo, permitió que los israelitas adoraran becerros de oro. Por haber cumplido estas cosas y haber castigado a los impíos, Dios le predijo por el profeta que sus hijos gobernarían en Israel hasta la cuarta generación. Es así como acontecieron los hechos en tiempo de Jehú.

CAPITULO VII

Gotolía elimina a la familia real de Judá; únicamente Joás
escapa a la matanza. Complot de Jodao contra Gotolía.
Destrucción del templo de Baal; reorganización del culto.
Reinado de Joás

1. Gotolía, hija de Acab, cuando se informó de la muerte de su hijo Ocozías y de su hermano Joram y del exterminio de toda la estirpe real, por todos los medios a su alcance procuró que no quedara ningún sobreviviente de la casa de David, que su familia fuera exterminada por completo, para que en adelante ninguno de ellos obtuviera el reino. Tal como lo imaginara, lo llevó a cabo; pero se salvó uno de los hijos de Ocozías que esquivó la muerte en esta forma.

Ocozías tenía una hermana, hija del mismo padre, por nombre Josabeta; estaba casada con el pontífice Jodao. Habiendo penetrado en el palacio real, entre los cadáveres vió a Joás, de un año de edad, escondido con su nodriza; se llevó a los dos y los escondió en el dormitorio. Ella y su marido durante seis años ocultamente los alimentaron en el Templo, época en que Gotolía gobernó sobre Jerusalén y las diez tribus.

2. En el año séptimo Jodao, en relación secreta con algunos centuriones, en número de cinco, los persuadió que se asociaran a una tentativa que se haría contra Gotolía, para entregar el reino al niño. Después de obligarlos con juramento, para mayor seguridad, se sintió más esperanzado en lo que había fraguado contra Gotolía. Los varones, a quienes el pontífice Jodao había hecho depositarios de su confidencia, recorrieron todo el país, para reunir a los sacerdotes, los levitas y los jefes de tribus y trasladarlos a Jerusalén, ante el pontífice. Este los obligó con juramento a guardar en secreto lo que les iba a decir, pues así lo requería el asunto y la necesidad de obrar en conjunto. Una vez hecho el juramento, le pareció que ya podía con seguridad descubrirles el proyecto. Les presentó al descendiente de la casa de David a quien cuidaba, y dijo:

—Este es vuestro rey, de la casa de David, que como bien sabéis Dios predijo que reinaría para siempre. Por lo tanto os exhorto a que la tercera de vuestras secciones quede en el Templo para guardar al rey, que la cuarta sección vigile en las puertas del Templo; que la siguiente cuide la puerta por la cual se va al palacio real; los restantes andarán desarmados por el Templo. No dejéis entrar a nadie que lleve armas, a no ser que se trate de un sacerdote.

Además ordenó que parte de los sacerdotes y levitas con la espada desnuda rodearan al rey, y que mataran a cualquiera que se atreviera a entrar en el Templo con armas; los instó a que, sin tener miedo a nadie, guardaran con decisión al rey. Aquellos a quienes el pontífice dió estas órdenes, mostraron obedientemente con los hechos su voluntad de cumplir. Entre tanto Jodao, habiendo abierto el depósito de armas que desde el tiempo de David se conservaba en el Templo, distribuyó a los centuriones y levitas lanzas, aljabas, flechas y otras clases de armas; una vez armados, el Templo quedó rodeado de hombres armados, para impedir el ingreso de aquellos que no debían entrar. Habiendo colocado en el centro al niño, le impusieron la corona real y Jodao, después de ungirlo con óleo sacro, lo declaró rey. Todo el pueblo, lleno de alegría, aplaudió gritando, ¡viva el rey!

3. Pero Gotolía, habiendo oído rumores y aplausos inesperados, toda conturbada, salió del palacio con su séquito. Cuando llegó al Templo, los sacerdotes le permitieron la entrada, pero los guardas armados ubicados alrededor del mismo impidieron el ingreso a los que la seguían armados, según lo ordenado por el pontífice.

Cuando Gotolía contempló al niño de pie en el estrado [1] y cubierto con la corona real, rasgó sus vestiduras y con gran clamor ordenó que fuera muerto el que había preparado estas celadas en su contra y se proponía quitarle el mando.

Jodao llamó a los centuriones y les ordenó que llevaran a Gotolía al valle de Cedrón y una vez allí la mataran [2]; no quería que el Templo se contaminara con la ejecución de una mujer tan perversa. Ordenó también que si alguien intentara ayudarla, también fuera muerto. Aquellos a quienes fué ordenada la ejecución de Gotolía, se apoderaron de ella y la condujeron a la puerta de las mulas del rey y allí la mataron.

4. Una vez que mediante este ardid se llevó a cabo lo referente a Gotolía, después de reunir al pueblo y a los soldados, los obligó con juramento a cuidar de su seguridad y de la del reino. Luego hizo prometer al mismo rey con juramento que honraría a Dios y no faltaría a la ley de Moisés. Después irrumpieron en el templo de Baal, construído por Gotolía y su esposo Joram en contumelia del verdadero Dios y para honrar a Acab. Lo demolieron hasta sus fundamentos, y mataron a Maatán, que por entonces ejercía el sacerdocio. Jodao confió el cuidado y vigilancia del Templo a los sacerdotes y levitas, según lo establecido por David, con la orden de ofrecer holocaustos dos veces por día y también sahumerios según lo ordenado por la ley. Nombró porteros a algunos levitas para la custodia del Templo, para que no entrara nadie impuro.

5. Una vez dispuestas estas cosas, él, los centuriones, los capitanes y el pueblo todo llevaron a Joás del Templo al palacio real. Una vez sentado en el trono real, lo aclamaron alegremente. Luego banquetearon y celebraron festejos durante muchos días. Ninguna ciudad se sublevó por la muerte de Gotolía. Joás tenía siete años de edad cuando empezó a reinar; su madre se llamaba Sabia y era nativa de Bersabé. Durante toda su vida, Joás fué diligente cumplidor de la ley y muy celoso del culto de Dios, mientras vivió Jodao. Cuando tuvo edad, se casó con dos mujeres que le presentó el pontífice, de las cuales tuvo hijos de entrambos sexos. Esto es

---

1 Estaba, dice la Biblia, "junto a la columna, conforme a la costumbre".
2 No lo dice el relato bíblico.

todo lo referente al rey Joás, y de qué manera evadió la perfidia de Gotolía y recibió el reino.

CAPITULO VIII

Estragos de Azael en Trasjordania. Muerte de Jehú. Joás
se inclina a la impiedad y hace matar a Zacarías, hijo de
Jodao. Invasión de Azael, rey de Siria; muerte de Joás.
Reinado de Joaz, rey de Israel. Lo sucede Joás. Profecía
y muerte de Eliseo. Joás, rey de Israel, vence a Adad, rey
de Siria. Muerte de Joás

1. Azael, rey de Siria, en guerra con los israelitas y su rey Jehú, devastó las zonas orientales de las tribus de Rubén, Gad y Manasés, así como la Galadítida y Batanea, incendiando, robando y haciendo violencia a todos los que caían en sus manos. Jehú no pudo impedirle que devastara el país, entregado como estaba a despreciar las cosas divinas, el derecho y la ley; murió luego de haber reinado entre los israelitas durante veintisiete años. Fué sepultado en Samaria, habiendo dejado un hijo de nombre Joaz, quien lo sucedió en el reino.

2. Joás, rey de Jerusalén, anheló intensamente restaurar el Templo de Dios. Con este fin ordenó al pontífice Jodao que enviara levitas y sacerdotes por todo el país, para que exigieran medio siclo de plata por cabeza para la refacción y arreglo del Templo, que Joram, Gotolía y sus hijos habían dejado que se arruinara. El pontífice no cumplió lo ordenado, pues sabía que nadie estaba dispuesto a pagar este dinero. En el año vigésimotercero de su reinado, Joás reprochó a él y a los levitas por no haber cumplido su mandato, y les ordenó que en adelante cuidaran de la reparación. Se sirvieron de esta estratagema para reunir el dinero, cosa que fué del agrado del pueblo. Hicieron un cofre de madera cerrado por todos lados, con un solo agujero. Luego lo colocaron en el Templo junto al altar, y se dispuso que todo lo que se echara en él por el agujero, se dedicaría a la restauración del Templo. Esto fué del agrado del pueblo, que competía en depositar dinero en el mismo. El escriba y el sacerdote que tenían a su cuidado la vigilancia de los tesoros del Templo, contaban en presencia del rey el dinero depositado, y luego colocaban el cofre en el mismo lugar. Y hacían esto todos los días. Cuando les pareció que había bastante dinero, el pontífice Jodao y el rey Joás lo emplearon en buscar cortadores de piedra y carpinteros y en procurarse grandes trozos de madera de la mejor clase. Una vez terminada la refección del Templo, el oro y la plata que quedaron, en cantidades que no eran nada exiguas, lo emplearon en hacer grandes vasos, copas para vino y otros recipientes. Procuraron también que todos los días el altar estuviera engrasado con magníficos sacrificios. Mientras vivió Jodao todo esto se realizaba con el mayor cuidado.

3. Una vez muerto, después de haber vivido durante ciento treinta años, insigne en todo por su justicia y honestidad, fué sepultado en las tumbas reales de Jerusalén por haber conservado la realeza para la estirpe de David. Joás no se preocupó del culto de Dios. Los magistrados del pueblo, siguiendo su ejemplo, fueron tan depravados que violaban los derechos y todo aquello que entre ellos era tenido en gran honor. Pero estos cambios del rey y de los demás desagradaron a Dios, quien envió profetas para que los amonestaran y los apartaran de la maldad.

Sin embargo estaban poseídos de tanta pasión y de tanto ardor del mal, que ni tuvieron en cuenta los castigos que sufrieron sus antepasados con todas sus familias ni las predicciones de los profetas pudieron moverlos a que hicieran penitencia y se consagraran al cumplimiento de las leyes. El mismo rey, olvidado de los beneficios que recibiera de su padre, ordenó que Zacarías, hijo del pontífice Jodao, fuera apedreado y muerto en el Templo, porque, inspirado por el espíritu de Dios para vaticinar, se había dirigido al pueblo y al rey instándolos a que se portaran con justicia, de lo contrario se verían sometidos a graves penas. Al morir Zacarías invocó a Dios como testigo y juez de sus sufrimientos, pues fué sometido a una muerte cruel y violenta, a pesar de los buenos consejos y todo lo que su padre había hecho en favor de Joás.

4. Poco después el rey pagó el castigo merecido por sus maldades. Azael, rey de los sirios, irrumpió en su territorio, y después de destruir y saquear a Gita, se dirigió hacia Jerusalén. Joás, lleno de miedo, vació los tesoros de Dios y de los reyes, se apoderó de las ofrendas hechas al Templo, y lo envió todo al sirio, con el objeto de evitar el sitio y una catástrofe completa. Azael, conquistado con tan abundantes riquezas, no marchó con el ejército a Jerusalén. Joás, estando seriamente enfermo, fué muerto por los amigos de Zacarías, los cuales se habían conjurado para vengar la muerte del hijo de Jodao. Fué sepultado en Jerusalén, pero no en el sepulcro real de los antepasados, a causa de su impiedad. Vivió cuarenta y siete años, y le sucedió en el reino su hijo Amasías.

5. En el año vigésimoprimero del reinado de Joás, ascendió al trono de los israelitas en Samaria Joaz hijo de Jehú, y gobernó por espacio de diecisiete años. No imitó a su padre, sino que se entregó a aquellos crímenes como los que primeramente tuvieron a Dios en menosprecio. El rey de Siria lo humilló y lo obligó a reducir sus tropas antes tan numerosas a diez mil hoplitas y cincuenta caballeros. Esto aconteció a raíz de una expedición en la cual este rey le arrebató muchas y magníficas villas y destruyó su ejército.

Estos hechos se cumplieron con el rey de Israel según la profecía de Eliseo, cuando predijo a Azael que, después de asesinar a su señor, ocuparía el reino de los sirios y damascenos. Al verse Joaz en medio de tan grandes calamidades, elevó preces y súplicas, pidiendo a Dios que lo librara de las manos de Azael y que no permitiera que cayera en su poder. Dios, que acepta la penitencia como una virtud, y satisfecho de amonestar a los poderosos antes que destruirlos totalmente, le dió toda clase de seguridades en cuanto a los peligros de la guerra. El país, ya en paz, volvió a su floreciente estado anterior.

6. Muerto Joaz, le sucedió en el trono su hijo Joás. Cuando hacía treinta y siete años que Joás reinaba en la tribu de Judá, empezó a gobernar este Joás de Samaria, pues tenía el mismo nombre que el rey de Jerusalén, y gobernó durante dieciséis años. Era bueno y no imitó las costumbres de su padre. Cuando el profeta Eliseo, ya anciano, cayó enfermo, fué a visitarlo el rey de los israelitas, y al encontrarlo ya cercano a la muerte, comenzó a llorar, y a lamentarse y a llamarlo padre y protector. Gracias a él, decía, nunca tuvo necesidad de emplear las armas contra el enemigo, porque con sus vaticinios obtenía victorias sin lucha; ahora se iba de esta vida, y lo abandonaba desarmado a enemigos armados (los sirios). Puesto que la vida no le ofrecía seguridad, era conveniente que se fueran juntos de esta vida.

Eliseo consoló al rey en sus lamentaciones, y le ordenó que tomara el arco y lo pusiera tirante. Hecho esto por el rey, el profeta le puso encima las manos y le ordenó que disparara. Después de lanzar tres flechas, a la tercera dejó de hacerlo.

—Si continuaras arrojando flechas —dijo—, habrías destruído radicalmente el reino de los sirios; pero puesto que te has contentado con tres, en tres guerras saldrás vencedor de los sirios, de modo que te apoderarás de la región que quitaron a tu padre.

Anunciado esto el rey se ausentó y, poco después, el profeta falleció, varón de ínclita justicia y tenido en gran estima por Dios. Lo atestiguan los hechos increíbles y admirables que realizó, cuya fama preclara subsiste entre los hebreos. Le dedicaron una sepultura magnífica, tal como convenía fuera honrado un varón tan amado de Dios.

Aconteció por aquel tiempo que unos ladrones echaron en el sepulcro de Eliseo a un hombre a quien habían asesinado [1]; en cuanto el muerto tocó el cuerpo de Eliseo, de inmediato revivió.

Y con esto he dejado explicado lo referente al profeta Eliseo, a sus predicciones, que hizo mientras estuvo entre los vivos, y al poder divino que siguió ejerciendo aún después de muerto.

7. Muerto Azael, rey de los sirios, el reino pasó a su hijo Adad. Hizo la guerra a Joás, rey de los israelitas; vencido tres veces, Joás le arrebató toda la región, ciudades y pueblos que su padre Azael había quitado a los israelitas. Esto aconteció de acuerdo con lo que había predicho Eliseo. Cuando falleció Joás fué sepultado en Samaria, y el reino pasó a su hijo Jeroboam.

CAPITULO IX

Reinado de Amasías en Judá. Guerra con los amalecitas. Impiedad de Amasías. Amasías provoca a Joás, rey de Israel. Derrota de Amasías. Joás entra en Jerusalén. Asesinato de Amasías

1. En el segundo año del reinado de Joás, rey de los israelitas, empezó a reinar en Jerusalén Amasías sobre la tribu de Judá. Su

---

[1] Según la Biblia, una partida de moabitas entierra un muerto, del que no se expresa que haya sido asesinado.

madre se llamaba Jodade, nacida en la capital. A pesar de su adolescencia Amasías tuvo en gran respeto a la justicia. Una vez en el poder y en las tareas de gobierno, consideró que en primer lugar tenía que vengar a Joás, su padre, y castigar a aquellos familiares que conspiraron en su contra. Después de haberlos detenido a todos, los mató, sin tocar a sus hijos, procediendo de acuerdo con la ley de Moisés que declara inicuo exigir a los hijos las culpas de los padres. Después seleccionó de las tribus de Judá y Benjamín a jóvenes de cerca de veinte años, alrededor de trescientos mil; puso al frente de los mismos centuriones. Luego se dirigió al rey de los israelitas, y pidió cien mil soldados asalariados por cien talentos de plata. Había determinado hacer la guerra a los amalecitas, idumeos y gabalitas.

Ocupado en la preparación del ejército, el profeta lo exhortó a que se desprendiera de las tropas de Israel, pues eran gente impía. Si utilizaba su ayuda, le anunciaba en nombre de Dios la derrota; pero se impondría a los enemigos, si confiado en el auxilio de Dios luchaba contra ellos con unos pocos.

No fué esto del agrado del rey, pues ya había pagado lo establecido a los israelitas; sin embargo el profeta lo urgió a cumplir la voluntad de Dios, de quien, por otra parte, recibiría grandes tesoros. El rey entonces los despidió, regalándoles lo que les había pagado. Con sus tropas marchó contra las naciones nombradas. Las venció en la guerra, y mató a diez mil de ellos, y tomó prisioneros a un número tan grande que los condujo hacia la Piedra Grande, situada en la Arabia, de donde los precipitó. Arrebató también a estas gentes un gran botín e inmensas riquezas.

Mientras Amasías llevaba a cabo estas cosas, los israelitas, a quienes despidió después de haberlos asalariado, considerando que su proceder era injurioso, penetraron en sus tierras y avanzaron hasta Betsemera; devastaron la región, se apoderaron de gran cantidad de bestias y mataron tres mil hombres.

2. Sin embargo Amasías, ensoberbecido por la victoria y por el feliz resultado de estos hechos, empezó a olvidarse del Dios que se la había otorgado, y se dió al culto de los dioses que trajo de la región de los amalecitas. El profeta lo visitó y le dijo que se admiraba de que creyera que eran dioses aquellos que no podían prestar ayuda ninguna a sus adoradores a los cuales no pudo librar,

pues muchos perecieron y fueron llevados cautivos. Estos dioses habían sido llevados a Jerusalén a la manera que un vencedor lleva a sus cautivos.

Estas palabras indignaron al rey; impuso silencio al profeta, amenazando torturarlo si intervenía en sus asuntos. El profeta dijo que se callaría, pero predijo que Dios no sería indiferente a tales novedades. Amasías, no sabiéndose moderar en su prosperidad, que había recibido de Dios a quien no cesaba de ofender, muy infatuado de sí mismo, escribió a Joás, rey de los israelitas, ordenándole que él con todo su pueblo se le sometieran, tal como había sido en tiempo de sus antepasados, David y Salomón. Si no quería acceder se decidiría mediante la guerra la supremacía.

Joás le contestó con estas palabras:

"El rey Joás al rey Amasías. En el monte Líbano había un gran ciprés y también una zarza. Esta envió un mensajero al ciprés, pidiéndole a su hija para su hijo en matrimonio. Pero entre tanto una bestia feroz que pasaba pisoteó la zarza. Sírvate esto de ejemplo para que moderes tu ambición y que, por haber triunfado de los amalecitas, envanecido por este pensamiento no pongas en peligro a tu reino y a ti mismo".

3. Amasías, cuando leyó estas palabras, se sintió todavía más apasionadamente impulsado a hacer la guerra; a mi parecer, empujándolo Dios a ello, para castigarlo por los pecados que había cometido. Habiendo sacado las tropas contra Joás, y ya iniciada la batalla, un súbito temor y consternación, como Dios envía a aquellos a quienes no les es propicio, puso en huída al ejército, aun antes de que llegaran a luchar. Dispersos por el miedo, aconteció que Amasías, abandonado por los suyos, cayó cautivo de los enemigos. Joás amenazó matarlo, si no convencía a los de Jerusalén que abrieran las puertas y lo recibieran a él con su ejército. Amasías, obligado por la necesidad y por miedo de perder la vida, hizo que el ejército fuera introducido en Jerusalén [1]. Y Joás, habiendo hecho demoler un espacio como de cuatrocientos codos

---

[1] Estos detalles difieren del relato bíblico. En 2 *Reyes*, 11, 12 y 13, dice la Biblia que derrotado y puesto en fuga el ejército de Judá, Joás, rey de Israel, tomó a Amasías, rey de Judá, en Betsemeo y se transladó a Jerusalén, donde rompió el muro de la ciudad desde la puerta de Efraím hasta la puerta de la esquina.

de la muralla, con su carro penetró por esta brecha en Jerusalén, llevando consigo cautivo a Amasías. Habiendo caído en esta forma Jerusalén en sus manos, robó los tesoros de Dios, se apoderó de todo el oro y plata que había en el palacio de Amasías; finalmente, después de dejar libre a Amasías, regresó a Samaria.

Esto aconteció a los jerosolimitanos en el año décimocuarto del reinado de Amasías. Más tarde, enterado Amasías de que sus amigos le armaban un complot, huyó a Laquisa, donde fué asesinado por los complotados que habían enviado allí al matador.

Su cuerpo fué trasladado a Jerusalén donde se lo honró con exequias reales. Así murió Amasías por haberse insolentado contra Dios y haberlo menospreciado, después de haber vivido cincuenta y cuatro años y reinado veintinueve. Lo sucedió su hijo Ozías.

CAPITULO X

Reinado de Jeroboam II de Israel; profecía de Jonás; Jeroboam conquista a Siria. Muerte de Jeroboam; advenimiento de Zacarías. Orgullo e impiedad de Ozías; es atacado de lepra por haber ofrecido incienso; su muerte

1. En el año décimoquinto del reinado de Amasías, Jeroboam hijo de Joás, subió al trono de los israelitas en Samaria y reinó por espacio de cuarenta años. Este rey ofendió a Dios y menospreció en gran manera sus leyes, adorando ídolos y dedicándose a muchas prácticas absurdas y extrañas. Fué causa de grandes males para el pueblo de Israel. Cierto profeta llamado Jonás le predijo que si hacía la guerra a los sirios, aplastaría su poderío y extendería los límites de su reino, desde el septentrión hasta la ciudad de Amat, y por el mediodía hasta el lago Asfaltites; en otros tiempos, dentro de estos límites, estaba circunscrita la tierra de Canaán, de acuerdo con lo establecido por el general Josué. De modo que Jeroboam, puesto en campaña contra los sirios, sometió todo su país, según el vaticinio de Jonás.

2. Puesto que he juzgado conveniente ofrecer una relación detenida de los hechos acontecidos, expondré también lo que se cuenta de este profeta en los libros de los hebreos. Dios le ordenó dirigirse a Nínive, para que predicara la destrucción del imperio, pero tuvo miedo y no cumplió el mandato; escapando a Dios, subió a una nave que se dirigía a Tarso de Cilicia. Levantóse una tempestad muy fuerte, y estando la nave a punto de sumergirse, los marinos, el piloto y el armador se pusieron a orar, comprometiendo su gratitud si lograban eludir los peligros del mar; Jonás se mantuvo oculto, y no imitó a los demás.

Como arreciara el ímpetu de las aguas, y el mar estuviera muy agitado por el viento, entraron en sospecha, como es costumbre, de que alguno de los navegantes era la causa de la tempestad. Echaron suerte para descubrir al presunto culpable. Quedó señalado el profeta. Le preguntaron de dónde era y a qué se dedicaba, y respondió que era de raza israelita y profeta del Dios supremo. Y les aconsejó que lo echaran al mar, si querían escapar al peligro que los amenazaba; pues por su causa se veían en aquella situación. Al principio no se atrevieron, considerando injusto poner en tan evidente peligro de muerte a un extranjero, que les había confiado el cuidado de su vida; pero arreciando el peligro, y estando ya la nave a punto de sumergirse, en parte instigados por el profeta, y en parte impulsados por el miedo de perder la vida, lo echaron al mar. Cesó la tempestad.

En cuanto a Jonás, se dice que lo engulló un monstruo marino y que después de tres días y otras tantas noches fué arrojado en el Puente Euxino, vivo y sin la menor lesión en el cuerpo. Después de pedir perdón por sus pecados, marchó a la ciudad de Nínive, donde, buscando un lugar adecuado desde el cual pudiera ser oído, proclamó que dentro de poco tiempo perderían el imperio de Asia. Una vez cumplida su misión, regresó. He explicado esto, de acuerdo con lo que encontré escrito sobre él [1].

3. En cuanto al rey Jeroboam, después de una vida próspera, y de reinar por espacio de cuarenta años, murió. Lo sepultaron en Samaria; lo sucedió en el reino su hijo Zacarías. Ozías hijo de Amasías, en el año décimocuarto del reinado de Jeroboam, empezó a reinar sobre las dos tribus de Jerusalén; su madre se llamaba Aquiala, nacida en la ciudad. Era de buen natural, justo y magná-

---

[1] No dice nada, no obstante, del arrepentimiento de los ninivitas, el perdón de Dios y el episodio de la calabacera, con el que Jehová explica a Jonás por qué perdona a la ciudad (*Jonás*, cap. 3 y 4).

nimo, industrioso y muy hábil en prever los acontecimientos. Hizo una campaña contra los palestinos y los venció, apoderándose por la fuerza de las ciudades de Gita y Jamnia, cuyos muros desmanteló.

Después de esta expedición, marchó contra los árabes vecinos de los egipcios; después de edificar una ciudad en el mar de Eritrea, colocó en la misma una guarnición. Luego venció a los amonitas y les impuso un tributo. Habiendo sometido todo el territorio hasta los límites con Egipto, durante el resto de su vida se ocupó de Jerusalén. Edificó de nuevo las murallas que se habían caído a causa de su vejez o por descuido de los anteriores reyes, así como también la parte que fuera destruida por el rey de los israelitas cuando entró en la ciudad, luego de hacer cautivo a su padre. Levantó muchas torres de ciento cincuenta codos. Estableció puestos fortificados en el desierto, e hizo excavar muchos acueductos. Poseía gran cantidad de animales y de ganado; pues la región era adecuada para el pastoreo. Aficionado como era a la agricultura, se preocupó mucho de la tierra, y la cultivó con toda clase de plantas y semillas. Disponía también de un ejército de trescientos cincuenta mil soldados, al frente de los cuales había centuriones y jefes, hombres de gran fortaleza y vigor invencible, en número de dos mil. Dividió al ejército en falanges, bien equipadas, con soldados dotados de espada, coraza de bronce, arcos y hondas. Además fabricó muchas máquir ·s para el asalto de las ciudades, balistas y catapultas, ganchos y otros instrumentos similares.

4. Sin embargo, mientras se ocupaba en estas cosas, su mente se corrompió con tanto fausto, y orgulloso por la abundancia de bienes perecederos, tuvo a menos el poder inmortal y eterno (me refiero a la piedad con Dios y la observancia de las leyes) ; ensoberbecido por el éxito, cayó en los mismos delitos de su padre. A ello lo condujeron el esplendor de su suerte y la magnitud de los hechos realizados, y su incapacidad de moderación.

En ocasión de una solemnidad, festiva para todo el pueblo, revestido de ropajes sacerdotales, entró en el Templo de Dios para ofrecer incienso. El pontífice Azarías, acompañado por ochenta sacerdotes, se lo prohibió, pues decía que no era lícito ofrecer sacrificios, sino a los que eran de la raza de Aarón, y le ordenó que saliera y no violara las leyes de Dios. Indignado, lo amenazó con la muerte, si no le consentía hacer el sacrificio. Entre tanto un gran terremoto conmovió la tierra, y entreabriéndose el Templo resplandeció la luz del sol que cayó sobre su rostro; en seguida lo invadió la lepra.

Frente a la ciudad, en el lugar denominado Erogé, fué arrancada la mitad del monte que miraba al occidente y después de haber rodado por espacio de cuatro estadios, se detuvo en el monte del oriente, de modo que quedaron obstruídos los caminos de acceso, y también los jardines del rey.

Los sacerdotes, al comprobar que el rostro del rey estaba infectado de lepra, le indicaron esta calamidad y le ordenaron que como impuro saliera de la ciudad. El, avergonzado de la enfermedad que lo afligía e incapaz de moverse libremente, cumplió lo ordenado; es así como sufrió el castigo de su impiedad.

Por algún tiempo estuvo fuera de la ciudad, como un simple particular, después de pasar el gobierno a su hijo Jotam. Finalmente, falleció de tristeza y desconsuelo a causa de los pecados cometidos, después de haber vivido sesenta y ocho años y reinado por espacio de cincuenta. Fué sepultado solo en sus jardines.

CAPITULO XI

Reinados de Zacarías, Selum y Manaem en Israel. Invasión de Fulo. Reinado de Faceas. Invasión de Teglatfalasar. Próspero reinado de Jotam en Judá. La profecía de Nahum sobre Nínive

1. Azarías, después de haber reinado durante seis meses, murió por la traición de un amigo, de nombre Selum, hijo de Jabés, quien lo sucedió en el reino, pero sólo por espacio de treinta días. Efectivamente, Manaem, comandante del ejército, encontrándose en la ciudad de Tarsa, informado de lo que aconteció a Azarías, después de levantar el campamento con todo el ejército se dirigió a Samaria. En lucha con Selum lo mató, y luego de constituirse en rey, se dirigió a la ciudad de Tapsa. Los que se encontraban dentro, habiendo afirmado las puertas, no admitieron al rey. Para vengarse de ellos, devastó a hierro y fuego la región circundante;

después de poner sitio a la ciudad, la capturó por la violencia, y sumamente indignado por lo que habían hecho sus habitantes, pasó a todos por la espada, sin perdonar ni aun a los niños, entregándose a los mayores excesos de crueldad y ferocidad. Contra los suyos cometió hechos que no merecerían disculpa ni aun si se hubieran realizado en contra de enemigos extranjeros.

Manaem, después de iniciar su reinado en esta forma, durante diez años se comportó como perverso y muy cruel. Fulo, rey de los asirios le declaró la guerra; pero Manaem no luchó contra los asirios, sino que persuadió al rey que aceptara mil talentos de plata y se alejara. En esta forma terminó la guerra.

Manaem presionó al pueblo para que reuniera la suma, imponiendo a cada uno quinientas dracmas.

Luego falleció y fué sepultado en Samaria; dejó a su hijo Faceas, que lo sucedió en el trono. Faceas, imitador de la crueldad de su padre, reinó solamente durante dos años, siendo muerto a traición mientras estaba en un banquete con unos amigos, por un tal Faceas, tribuno, hijo de Romelias. Por lo demás también este Faceas, quien retuvo el trono durante veinte años, fué impío e inicuo. El rey de los asirios, de nombre Teglatfalasar, habiendo emprendido una campaña contra los israelitas, sometió toda la Galadena, así como también la Transjordania, la Galilea próxima a ésta, Cidisa y Azora. Después de haber reducido a cautividad a sus habitantes, regresó a su país. Basta con lo dicho en lo referente al rey de los asirios.

2. Jotam, hijo de Ozías, reinó sobre la tribu de Judá en Jerusalén; era hijo de una mujer de la ciudad, de nombre Hierasa. Este rey tenía todas las virtudes; se comportaba piadosamente con Dios y era justo con los hombres. Se preocupó además del arreglo de la ciudad. Con gran ahinco se dedicó a restaurar y adornar aquellas partes de la ciudad que lo necesitaban; dotó al Templo de pórticos y vestíbulos, restituyó los muros caídos y los protegió con torres muy grandes y muy difíciles de capturar; y a todo lo que hubiera podido ser objeto de negligencia en su reino, se dedicó con el mayor cuidado. Además emprendió una campaña contra los amonitas y los venció, imponiéndoles un tributo anual de cien talentos y diez mil coros de trigo, y otros tantos de cebada. Se fortaleció de tal manera su reino, que pudo despreciar a sus enemigos, y asegurar la prosperidad de los suyos.

3. Había en aquel tiempo un cierto profeta, de nombre Nahum, quien refiriéndose a la destrucción de los asirios y de Nínive, dijo:

—Nínive será como una piscina de agua agitada por los vientos; el pueblo se verá a tal extremo conturbado y conmovido que huirá, diciéndose mutuamente: "Quedaos y resistid, apoderaos del oro y de la plata". Pero nadie se convencerá; preferirán conservar sus vidas antes que sus riquezas. Habrá entre ellos graves disputas, llantos y lamentaciones, y sus miembros se relajarán y los rostros de todos se contraerán a causa del miedo. ¿Dónde estarán la cueva de los leones y la madre de los cachorros? Por lo tanto, a ti, oh Nínive, te dice Dios: "Te destruiré por completo, y nunca jamás tus leones gobernarán al mundo".

Muchas otras cosas predijo este profeta de Nínive, las que no considero conveniente explicar, para no resultar molesto a los lectores. Todo lo que predijo de Nínive se realizó ciento quince años después. Pero bastante se ha dicho sobre el particular.

CAPITULO XII

Reinado de Acaz en Judá; campaña del rey de Siria y del rey de Israel contra Acaz. Victoria de los israelitas. Profecías de Obed sobre Samaria. Acaz, aliado con el rey de Asiria, se apodera de Siria y devasta el país de Israel. Impiedad de Acaz; su muerte

1. Jotam murió, después de vivir cuarenta y un años, habiendo reinado dieciséis. Fué sepultado en los sepulcros reales. Le sucedió en el reino su hijo Acaz, quien se portó perversamente contra Dios y las leyes antiguas e imitó a los reyes de Israel, sacrificando ante los ídolos en los altares que levantó en Jerusalén. Les inmoló también, al estilo de los cananeos, a su propio hijo, e hizo otras cosas similares. Comportándose de esta manera insensata, supo que se dirigían contra él Arases, el rey de los sirios y damascenos, y el rey de los israelitas, Faceas, que eran amigos.

Lo empujaron hasta Jerusalén, manteniendo un largo sitio, sin progresar en lo más mínimo porque la ciudad estaba rodeada de murallas muy sólidas. Pero el rey de los sirios, después de apoderarse de la ciudad de Ailat situada en el mar de Eritrea, y de matar a sus habitantes, estableció allí una colonia de sirios. Mató a los judíos que estaban en las fortalezas y a los que vivían en la región circundante; y luego de apoderarse de un gran botín, regresó con su ejército.

El rey de Jerusalén, al informarse de que los sirios habían regresado a su país, creyendo que sus fuerzas no eran inferiores a las del rey de los israelitas, sacó su ejército en su contra, pero fué derrotado por haber excitado la ira de Dios a causa de los muchos crímenes que cometió.

Murieron aquel día ciento veinte mil judíos; entre otros el general Zacaris mató al hijo del rey Acaz, de nombre Amasías, así como también a Erica, procurador de todo el reino; se llevó cautivo al jefe de la tribu de Judá, Elcán. Redujeron también a cautividad a las mujeres y niños de la tribu de Benjamín; y luego de apoderarse de un gran botín volvieron a Samaria.

2. Pero un cierto Obed que, por aquel tiempo, era profeta en Samaria, salió al encuentro del ejército frente a las murallas. A grandes voces les declaró que habían vencido no por su propio valor, sino por la ira de Dios que se había concitado en contra de Acaz. Los reprendió porque no satisfechos con el éxito obtenido contra Acaz, se atrevían a llevar cautivos a los de las tribus de Judá y Benjamín, sus consanguíneos. Exigió que los dejaran en libertad, ilesos, pues si no lo hacían Dios los castigaría.

Los israelitas, reunidos en asamblea, deliberaron sobre el particular. Un tal Baraquías, hombre de gran autoridad en el reino y otros tres, se levantaron y dijeron que es parecía conveniente no permitir que los cautivos fueran introducidos en la ciudad, a fin de que Dios no hiciera perecer a todos.

—Nuestros pecados contra Dios —dijeron— ya son bastante grandes, según afirman los profetas, sin que tengamos que cometer nuevas impiedades.

Cuando los soldados oyeron estas cosas, determinaron cumplir lo que fuera más conveniente. Los varones mencionados antes tomaron a su cargo a los cautivos, los libraron de las cadenas y les curaron las heridas; y luego de suministrarles provisiones los enviaron a sus casas, indemnes. Además, cuatro hombres los acompañaron hasta Jericó, no lejos de Jerusalén, para regresar luego a Samaria.

3. El rey Acaz, después de este desastre infligido por los israelitas, envió una legación al rey de los asirios, Teglatfalasar, pidiéndole que entrara en alianza con él contra los israelitas, los sirios y los damascenos, prometiéndole una gran cantidad de dinero. Además le envió espléndidos presentes.

Después de oír a los legados, el rey se apresuró a prestar auxilio a Acaz; en la expedición contra los sirios destrozó su región, tomó a Damasco por la fuerza y mató al rey Arases. Trasladó a los damascenos a la Media superior y en su lugar estableció en Damasco gente de Asiria. Devastó, asimismo, la tierra de los israelitas, y llevó consigo muchos cautivos.

Después de haber tratado en esta forma a los sirios, el rey Acaz, por su parte, se apoderó de todo el oro y la plata que había en el palacio real y en el Templo de Dios, y de las más hermosas ofrendas votivas, se lo llevó consigo, y trasladándose a Damasco, se lo entregó, tal como lo había pactado, al rey de los asirios, y luego de agradecerle su ayuda regresó a Jerusalén.

Este rey era tan insensato y tan incapaz de comprender lo que más le convenía que, a pesar de ser combatido por los sirios, no dejó de adorar a sus dioses; continuó en su culto como si con su ayuda pudiera lograr la victoria. Derrotado de nuevo, empezó de nuevo a adorar a los dioses de los asirios. Parecía más dispuesto a venerar a todos los dioses que al Dios de sus padres, el verdadero, el cual, indignado, se convirtió en la causa de su derrota. Llevó tan lejos su desprecio y contumelia, que mantuvo cerrado el Templo, prohibió que se ofrecieran solemnes sacrificios y se apoderó de las ofrendas votivas. Después de tan gran ofensa contra Dios murió, luego de vivir treinta y seis años, y reinar dieciséis. Dejó por sucesor a su hijo Ezequías.

CAPITULO XIII

Reinado de Oseas, rey de Israel. Reinado de Ezequías en Judá. Invitación para celebrar la Pascua; rehusan asistir los israelitas. Victoria de Ezequías sobre los filisteos; amenazas del rey de Asiria

1. Por el mismo tiempo murió el rey de los israelitas, Faceas, víctima de un complot de un amigo, de nombre Oseas; éste, después de haber gobernado durante nueve años, se mostró malvado y tuvo en menosprecio las cosas divinas. El rey de los asirios, Salmanasar, emprendió una expedición en su contra, y lo venció, pues probablemente estaba destituído del favor y auxilio divinos; lo redujo a cautividad y le impuso un tributo.

En el cuarto año del reinado de Oseas, empezó a reinar en Jerusalén Ezequías, hijo de Acaz y de Abía, jerosolimitana. Era de natural bueno, justo y religioso. Desde el momento en que empezó a reinar nada consideró más necesario y útil, tanto para sí como para sus súbditos, que el culto de Dios. Por lo cual, después de reunir al pueblo, los sacerdotes y los levitas, les habló en esta forma:

—No ignoráis que, a causa de los pecados de mi padre, quien obró en contra de lo que exige la religión de Dios, sufristeis muchas y grandes calamidades; corrompidos por él adorasteis como dioses a los que él consideraba como tales. Ya que, por experiencia, sabéis cuán perjudicial resulta pecar, os invito a que lo olvidéis y os purifiquéis de las culpas cometidas. Invito también a los sacerdotes y levitas a que se reúnan en el Templo, lo abran y, luego de su purificación, con solemnes sacrificios le restituyan su dignidad antigua y nacional. En esta forma, Dios nos será propicio, sin ira en contra de nosotros.

2. Después de hablar el rey en esta forma, los sacerdotes abrieron el Templo, pusieron en condiciones los vasos sagrados y expulsando las inmundicias, ofrecieron grandes sacrificios en el altar. El rey, por su parte, enviando mensajeros por todo su territorio, convocó al pueblo a Jerusalén, para que celebrara la fiesta de los ázimos. Durante mucho tiempo había estado interrumpida su celebración por la iniquidad de los reyes anteriores. También exhortó a los israelitas, por intermedio de mensajeros, a que, abandonando su manera de vivir, volvieran a la costumbre tradicional y al culto de Dios; les permitiría que vinieran a Jerusalén, celebraran con ellos la fiesta de los ázimos y se reunieran juntos con motivo de tan gran solemnidad. Agregaba que no les aconsejaba esto para que se sometieran a su voluntad, si no querían, sino en su propio interés; tendrían motivo para considerarse satisfechos.

Pero los israelitas, cuando se hicieron presentes los legados y expusieron lo que les había ordenado su rey, no solamente no los aceptaron, sino que se burlaron de ellos y los trataron de insensatos. En cuanto a los profetas que aconsejaban lo mismo y que les profetizaban las muchas calamidades que les amenazaban si no volvían al culto de Dios, los despreciaron y rechazaron y, finalmente, los detuvieron y condenaron a muerte. No se contentaron con pecar hasta tan gran extremo, sino que en su estupidez cayeron en mayores delitos que los mencionados anteriormente; y no dejaron de cometerlos hasta que Dios, en castigo de su impiedad, los entregó en manos de sus enemigos. Sobre lo cual se han de decir muchas cosas más adelante. Sin embargo, muchos de las tribus de Manasés, Zabulón e Isacar, obedientes a las amonestaciones de los profetas, se convirtieron a la piedad. Todos éstos acudieron a Jerusalén, al lado de Ezequías, para adorar a Dios.

3. Reunida la multitud, el rey en compañía de los príncipes y del pueblo ascendió al Templo, donde inmoló por sí mismo siete toros y otros tantos carneros, siete ovejas y otros tantos cabritos. Después de haber impuesto las manos sobre las víctimas el rey y los príncipes, permitieron que los sacerdotes cumplieran las tareas del sacrificio. Estos inmolaban las víctimas y ofrecían los holocaustos; los levitas, formados en círculo, cantaban himnos a Dios y pulsaban las cuerdas del salterio como lo había enseñado David, mientras los restantes sacerdotes hacían sonar los cuernos para acompañar a los cantores. Cumplido esto, prosternados sobre sus rostros, el rey y el pueblo adoraron a Dios.

Luego el rey hizo inmolar setenta bueyes, cien carneros y doscientas ovejas y entregó al pueblo para festejar seiscientos bueyes y tres mil cabezas de ganado menor. Los sacerdotes en todo se comportaron de acuerdo con lo ordenado por la ley. El rey, satisfecho por todo lo que se había hecho, participó en el banquete del pueblo, dando gracias a Dios.

Estando cercana la fiesta de los ázimos, después de haber ofrecido los sacrificios pascuales, durante siete días hicieron otros sacrificios. Además de los sacrificios propios que el pueblo ofreció, el rey les dió dos mil toros y siete mil cabezas de ganado menor. Los príncipes lo imitaron, pues dieron mil toros y mil cuarenta de ganado menor. Desde los tiempos de Salomón no se había celebrado tan solemnemente la fiesta.

Cumplido todo lo referente a la fiesta, salieron al interior del país para purificarlo. Por lo tanto, lo limpiaron de la infamia de los ídolos. El rey ordenó que diariamente, de acuerdo con la ley, se hicieran sacrificios, pagando él los gastos. Estableció que a los sacerdotes y levitas el pueblo les diera el décimo y las primicias de los frutos, para que se consagraran al culto religioso y al ministerio divino única y asiduamente. De ahí que el pueblo entregara a los sacerdotes y levitas toda clase de frutos. El rey hizo construir almacenes y graneros, para que de allí se hiciera la distribución a los sacerdotes y levitas y a sus mujeres e hijos. Y así es como se volvió de nuevo al culto tradicional.

Restablecidas estas cosas, el rey hizo la guerra a los filisteos, y habiendo obtenido la victoria ocupó todas las ciudades que eran de los enemigos, desde Gaza hasta Gita. Pero el rey de los asirios le envió mensajeros amenazándolo con destruir el imperio, si no le pagaba los tributos que anteriormente le entregaba su padre. Ezequías no se preocupó de estas amenazas, sino que depositó toda su fe en Dios y en el profeta Isaías, por cuyo intermedio conocía lo venidero. Y basta con lo dicho sobre este rey.

CAPITULO XIV

Salmansar se apodera de Samaria; fin del reino de Israel.
El rey de Asiria invade a Siria y Fenicia. Origen de los
cuteos o samaritanos; relaciones entre los samaritanos y
los judíos

1. Habiendo sabido Salmanasar, rey de los asirios, que secretamente el rey de los israelitas había enviado una legación a Soa, rey de los egipcios, invitándolo a hacer una alianza en su contra, indignado emprendió una expedición contra Samaria, en el año séptimo del reinado de Oseas. El rey no lo admitió, y entonces puso sitio a Samaria por espacio de tres años y en el año noveno del reinado de Oseas se apoderó de ella. Era el año séptimo del reinado de Ezequías en Jerusalén. En esta forma destruyó y exterminó por completo el imperio de los israelitas, y se llevó a todo el pueblo a Media y Persia; entre otros tomó a Oseas vivo. Trasladó a otros pueblos de un lugar denominado Cuta, pues en Persia hay un río de este nombre, para que habitaran en Samaria y la región de los israelitas. Emigraron de Judea las diez tribus de Israel, después de novecientos cuarenta y siete años de que sus antepasados que salieron de Egipto ocuparon esta tierra, y habiendo pasado ochocientos años desde el gobierno de Josué. Desde la separación realizada por Roboam, nieto de David, y la entrega del reino a Jeroboam, pasaron doscientos cuarenta años, siete meses y siete días [1]. Este fué el fin de los israelitas, por haber obrado contra la ley y por no obedecer a los profetas, que les habían predicho que ocurriría esta calamidad si no dejaban de comportarse inicuamente. El principio de los males fué la sedición para separarse de Roboam, nieto de David, y por haber nombrado rey a Jeroboam su siervo, quien al delinquir contra Dios se convirtió en su enemigo, arrastrándolos con su ejemplo a las mismas iniquidades. Sufrió el castigo que merecía.

2. El rey de los asirios con su ejército invadió toda la Samaria y Fenicia. El nombre de este rey está consignado en los archivos de los tirios, pues hizo una expedición en su contra, siendo su rey Eluleo. De esto da testimonio también Menandro que escribió los Anales y tradujo a la lengua griega los archivos de los tirios. Se expresa en esta forma:

"Eluleo, a quien ellos dieron el nombre de Pías, reinó treinta y seis años. Como los citeos se segregaron de su reino, los atacó con sus naves y los redujo a la obediencia. El rey de los asirios envió un ejército en su contra que incursionó por toda la Fenicia; y después de haber hecho tratados, retrocedió. Se apartaron del gobierno de los tirios, Sidón, Arce y la antigua Tiro y muchas otras ciudades que fueron entregadas al rey de los asirios. No se sometieron los tirios, por eso el rey de nuevo les declaró la guerra, después de haber recibido de los fenicios sesenta naves y ochocientos remeros. Los tirios se impusieron con doce naves, dispersaron las embarcaciones de sus adversarios e hicieron quinientos prisioneros. Por lo tanto, por este motivo los tirios en adelante fueron apreciados en gran honor. De regreso, el rey de los asirios puso guardias en los ríos y acueductos, a fin de que los tirios no tuvieran agua. Los tirios lo sufrieron durante cinco años, bebiendo entre tanto el agua de los pozos que cavaron."

[1] Véase en el Libro VIII, caps. VII al XI, la división de Judea en dos reinos, Israel y Judá, con diez y dos tribus, respectivamente.

Estos son los hechos que se encuentran escritos, sobre el rey de los asirios, en los anales de los tirios.

3. Los cuteos fueron transportados a Samaria. Se los llama con este nombre hasta ahora por proceder de una región llamada Cuta, que se encuentra en Persia, donde hay un río de este nombre. Eran cinco pueblos diferentes y cada uno llevó consigo su propio dios, al que veneraban de acuerdo con su rito tradicional; por esto excitaron la cólera y la indignación del Dios supremo. Les envió una peste, que los diezmó; incapaces de encontrar alivio, supieron por un oráculo que debían adorar al Dios máximo, lo que sería su salvación.

Enviaron legados al rey de los asirios, y pidieron que les enviara sacerdotes de aquellos que había tomado cautivos cuando luchó contra los israelitas. El rey los envió, e instruídos los cuteos en los ritos y religión de este Dios, empezaron a adorarlo, y la peste cesó en seguida. Actualmente sigue usando los mismos ritos este pueblo llamado de los cuteos en idioma hebreo, de los samaritanos en lengua griega. Son de índole versátil, pues cuando ven que los judíos prosperan los llaman sus parientes, considerándose descendientes de José y por lo tanto, de un mismo origen; cuando los ven en peligro, dicen que nada tienen que ver con ellos ni por lazos de amistad ni de raza, y que se consideran extranjeros domiciliados. Ya tendremos ocasión de hablar de ellos más oportunamente.

LIBRO X

Contiene un espacio
de ciento ochenta
y dos años, seis meses
y diez días

CAPITULO I

Senaquerib en el reino de Judá. El general Rapsaces acon-
seja la sumisión. Ezequías, consternado, consulta a Isaías
que lo anima. Derrota de Senaquerib en Egipto. Los testimonios de Herodoto y Beroso

1. En el décimo cuarto año del gobierno de Ezequías, rey de
las dos tribus, el rey de los asirios Senaquerib, con un gran ejército, emprendió la guerra contra aquél. Por la violencia se apoderó de todas las ciudades de las tribus de Judá y Benjamín.
Cuando se dirigía a Jerusalén, Ezequías le envió una legación,
prometiendo cumplir lo que le ordenara y pagarle tributo.

Senaquerib, después de escuchar a los legados, accedió a su pedido; y prometió que si le entregaba trescientos talentos de plata
y treinta de oro, se apaciguaría, afirmando con juramento que
con esta condición retrocedería, sin causar mal ninguno.

Ezequías le creyó, y luego de dejar exhaustos los tesoros, envió
el dinero, con la esperanza de que así se vería libre del enemigo
y de la contienda. Pero el asirio, después de recibir el tributo,
no cumplió lo prometido. Senaquerib, con parte del ejército se
dirigió contra Etiopía y Egipto; pero dejó a Rapsaces como general con un gran ejército, así como a otros dos grandes jefes,
para devastar a Jerusalén. Sus nombres eran Tarata y Anacaris.

2. Cuando llegaron allí establecieron sus campamentos ante las
murallas, y enviaron un mensajero a Ezequías. Éste desconfió
y no salió, pero envió a tres de sus más fieles amigos: el procurador del reino Eliacim, Sobneo, y Joac, encargado de los archivos. Avanzaron y se presentaron ante los jefes del ejército de los

asirios. Así que los vió Rapsaces, el jefe principal, les ordenó que se volvieran y preguntaran al rey, de parte del gran rey Senaquerib, cómo era que tenía tanta confianza y seguridad, que no quería atenderlo ni permitir que su ejército penetrara en la ciudad. ¿Confiaba en que los egipcios triunfaran sobre las tropas del rey? Si ésta era su esperanza, se engañaba y se parecía a un hombre que se apoya en una caña rota; no solamente se cae, sino que se hiere la mano. Le convenía recordar que esta empresa se realizaba por voluntad de Dios, que les había otorgado poder para destruir al reino de los israelitas, y que de igual manera serían aniquilados los súbditos de Ezequías.

Rapsaces habló en hebreo, porque sabía esta lengua, pero Eliacim, por temor de que oyéndolo, la multitud se atemorizara, le rogó que se expresara en lengua siria. Pero el jefe, dándose cuenta de sus sospechas y su miedo, levantó todavía más la voz y respondió a Eliacim:

—Hablo en hebreo, para que todos me oigan y hagan lo que más les conviene, entregándose. Es evidente que vosotros y vuestro rey engañáis al pueblo con una vana esperanza y lo inducís a que resista. Si el pueblo os sigue y cree estar en condiciones de rechazar a nuestro ejército, estoy dispuesto a entregaros dos mil caballos que tengo aquí, para que les busquéis caballeros adecuados y demostréis vuestro poder. Pero sé bien que no sois capaces de reunir aquello que no tenéis. ¿Por qué, pues, estáis en duda para entregaros a los que son más fuertes que vosotros, y que os han de hacer cautivos de buen o mal grado? Una decisión así tomada voluntariamente será para vuestra salvación; si, por el contrario, sois arrasados por las armas, vuestra suerte estará llena de peligros y calamidades.

3. Tanto el pueblo como los legados oyeron al comandante decir estas palabras, y se las transmitieron a Ezequías. Él, despojándose de la vestidura real y cubriéndose con un saco, en actitud humilde suplicó a Dios y le rogó que le ayudara, pues no tenía a nadie más en quien confiar. Luego envió mensajeros y sacerdotes a Isaías el profeta, pidiéndole que rogara a Dios e hiciera sacrificios por la salvación de todos, invocando la cólera del Señor sobre los enemigos y piedad para su propio pueblo. El profeta, después de hacer lo que le pedían, en nombre de Dios animó y confortó al rey y a sus amigos, profetizando que los enemigos, sin lucha ninguna serían vencidos y se alejarían ignominiosamente, deponiendo toda la ferocidad que ostentaban, pues Dios los perdería. Además predijo que Senaquerib, rey de los asirios, fracasaría en su campaña contra los egipcios y que, al regresar a su patria, moriría por el hierro.

4. Por la misma época el asirio envió cartas a Ezequías, en las cuales le decía que se portaba como un loco, si creía poder escapar a su yugo, y que había sometido a pueblos mayores y de mayor importancia. Si no abría las puertas de Jerusalén espontáneamente a su ejército, lo amenazaba con que él y su pueblo serían muertos, una vez en su poder. Leídas estas cartas, Ezequías mantuvo sin embargo su buen ánimo, por la confianza que depositara en Dios. Dobló las cartas y las depositó en el Templo.

De nuevo rogó a Dios que cuidara de la ciudad y de la seguridad de todos; Isaías, su profeta, le dijo que su súplica había sido oída, que por ahora dejarían de sufrir el asedio del asirio y que, en cuanto a lo futuro, libres de sus ataques, cultivarían en paz sus campos y cuidarían sus asuntos.

Poco después el rey de los asirios, habiendo fracasado en su incursión contra los egipcios, regresó a su país sin terminar la empresa, por la siguiente razón. Perdió mucho tiempo en el asedio de Pelusio. Las plataformas que había levantado para atacar las murallas de la ciudad eran muy altas y estaba a punto de emprender el ataque, cuando supo que Tarsices, rey de Etiopía, con un gran ejército avanzaba por el desierto para ayudar a los egipcios y había resuelto bruscamente invadir el país de los asirios. Estas noticias turbaron a Senaquerib quien, como dije, antes de dar término a la empresa, se alejó, abandonando a Pelusio.

Herodoto, en el segundo libro de sus Historias, atestigua que este rey Senaquerib se había dirigido contra el rey de los egipcios, que era sacerdote de Hefaistos, y después de sitiar a Pelusio, abandonó el sitio por la siguiente razón: el sacerdote de los egipcios oró a Dios, quien lo oyó y envió una plaga al árabe. Herodoto se equivoca al llamarlo rey de los árabes, y no de los asirios. Narra que una gran multitud de ratones en una sola noche se comió los arcos y demás armas de los asirios; por lo cual el rey, en vista de que no disponía de arcos, retiró al ejército de Pelusio. En esta forma lo explica Herodoto. También Beroso, que escribió sobre los caldeos, recuerda a Senaquerib, que reinó entre los asirios e hizo guerra a toda el Asia y a Egipto, en esta forma... [1]

5. Senaquerib, de la expedición de Egipto regresó a Jerusalén, donde encontró a las tropas comandadas por Rapsaces en gran peligro por la peste. Dios les envió una enfermedad que, en la primera noche en que sitiaron a la ciudad mató a ciento ochenta mil soldados, con sus capitanes y centuriones. Afectado de temor y dolor a causa de esta calamidad y preocupado por el ejército, con las tropas que le quedaban escapó y se retiró a su ciudad, que se llamaba Nínive. Al poco tiempo, murió asesinado a traición por sus dos hijos mayores Adramelec y Sarasar; su cuerpo fué depositado en su propio templo, denominado Araska [2]. Los hijos, perseguidos por los ciudadanos a causa de la muerte del padre, se refugiaron en Armenia; en el reino le sucedió Asaracodas. Así terminó la expedición de los asirios contra Jerusalén.

CAPITULO II

Enfermedad de Ezequías; la promesa de Dios. La embajada del rey de Babilonia. Isaías profetiza la destrucción de la dinastía de Judá

1. Ezequías, libre de tantos peligros en forma inesperada, juntamente con el pueblo ofreció sacrificios a Dios; porque sólo la intervención divina pudo haber producido el exterminio de una parte del enemigo por la peste y la fuga del resto por temor al mismo fin. Poco después de este testimonio de piedad, enfermó gravemente, tanto que los médicos perdieron toda esperanza; él mismo, al igual que los amigos, esperaba lo peor. Se agregaba a la enfermedad una profunda angustia, al pensar que carecía de hijos y que se iría de esta vida sin heredero y sin legítimo sucesor en el reino. Sumamente afligido por estos pensamientos y condolido de su suerte, pidió a Dios que le alargara la vida, hasta que

[1] Las opiniones están divididas sobre si falta a continuación la cita de Beroso, o si ésta se encuentra incluída en el relato del párrafo siguiente.
[2] Según la Biblia, fué muerto cuando oraba a Nisroc en su templo.

tuviera un hijo y que no permitiera que exhalara el alma antes de que llegara a ser padre [1]. Dios se compadeció de su situación y accedió a su pedido, puesto que no se lamentaba de la muerte por miedo de verse privado de los bienes del reino ni pedía que por esta razón se le otorgara una existencia más larga, sino para poder tener hijos que lo sucedieran en el trono.

Envió al profeta Isaías a anunciarle que a los tres días quedaría libre de la enfermedad y que, después de haberse recuperado, viviría quince años y tendría hijos. El rey, luego que oyó lo que el profeta le decía por mandato de Dios, desconfió, porque la enfermedad era sumamente grave y lo prometido era algo inopinado. Pidió a Isaías que le otorgara una señal o prodigio, a fin de que pudiera creer aquello que afirmaba provenir de Dios, pues los acontecimientos extraordinarios y que superan la esperanza se atestiguan también con algo extraordinario.

Interrogado por el profeta qué signo quería, respondió que hiciera que el sol, ya inclinado a los diez grados, que expandía sombra en el palacio, retrocediera a su punto de partida, de modo que continuara la luz. Habiendo el profeta orado a Dios para que le otorgara esta señal, vió el rey lo que quería. Convaleció de la enfermedad [2] y ascendió al Templo y dió gracias a Dios, adorándolo.

2. Aconteció en esta época que el imperio de los asirios fué destruído por los medas, sobre lo cual he de hablar en otro lugar. Baladás, el rey de los babilonios, envió a Ezequías una legación con regalos, y le pidió que hiciera alianza con él. El rey recibió bien a los legados y los obsequió, les mostró los tesoros y el armamento y toda su riqueza en piedras preciosas y oro; además les entregó regalos para el rey Baladás [3]. Isaías fué a verlo y le preguntó de dónde procedían los que habían venido; respondió que de Babilonia, donde estaba su señor, a los cuales les mostró todo, de modo que, luego de contemplar sus riquezas y abundancia, conjeturando por esto su poder, se lo anunciaran al rey. El profeta agregó:

---

[1] Esta ansiedad de Ezequías por morir sin dejar hijos no figura en la Biblia.

[2] Josefo no menciona la masa de higos indicada por Isaías, con la que le curan la llaga a Ezequías (2 *Reyes*, 20, 7).

[3] La Biblia no habla de regalos.

—Debes saber que, dentro de poco tiempo, estas riquezas serán trasladadas a Babilonia; y tus hijos, convertidos en eunucos, perdida su virilidad, servirán al babilonio.

Dios vaticinaba estos hechos. Ezequías, afligido por lo que le decía, pidió que su pueblo no sufriera estas calamidades; y puesto que lo decidido por Dios no podía cambiarse, rogó que por los menos mientras él viviera gozara de paz.

Beroso menciona también al rey de los babilonios, Baladás. Por lo demás el profeta, reconocido por todos como inspirado por Dios, anunció hechos muy ajustados a la verdad, con la seguridad de que no decía falsedad ninguna, y dejó por escrito todo lo que profetizó para que la posteridad juzgara. No solamente este profeta, sino otros en número de doce, profetizaron lo que nos ha acontecido, tanto bueno como malo, lo cual se ha cumplido. Hablaremos de cada uno de ellos en particular.

CAPITULO III

Reinado de Manasés; su impiedad. El rey de Babilonia toma prisionero a Manasés. El rey regresa a Jerusalén y vive piadosamente

1. Ezequías, después de haber sobrevivido el tiempo que dijimos, disfrutó de paz durante toda esta época y murió siendo de cincuenta y cuatro años, luego de reinar durante veintinueve. Manasés, su hijo, que le sucedió en el trono, hijo de Aquiba, ciudadana, se apartó de los ejemplos del padre; hizo todo lo contrario, cometiendo toda clase de maldades e imitando a los israelitas en aquellos delitos que fueron causa de su perdición; se atrevió a profanar el Templo, al igual que la ciudad y todo el país. Su desprecio por Dios llegó a tales extremos que condenó a muerte cruelmente a los más virtuosos de los hebreos, sin perdonar ni aun a los mismos profetas. Todos los días había degüellos, de tal manera que la sangre corría por Jerusalén. Indignado Dios por estos hechos, envió un profeta al rey y al pueblo, por cuyo intermedio los amenazó de que iban a sufrir las mismas calamidades que sufrieron los israelitas al ofenderlo. No dieron fe a estas pala-

bras, para escapar al mal futuro. Sin embargo, los hechos comprobaron que eran verdaderas las profecías.

2. Como continuaron cometiendo los mismos crímenes, Dios decidió que el rey de los babilonios y de los caldeos les hiciera la guerra. Éste envió un ejército a Judá que devastó el país y astutamente se apoderó del rey Manasés y se lo llevó a Babilonia, de modo que lo pudiera castigar en la forma que quisiera. Manasés comprendió por fin a qué calamidades se había expuesto y que las tenía bien merecidas; rogó a Dios que infundiera sentimientos humanitarios a sus enemigos. Dios accedió a su pedido. Así que Manasés, librado por el rey de Babilonia, se restituyó a su reino.

Una vez en Jerusalén, procuró de todas maneras apartarse de sus antiguos errores; arrepentido, se esforzaba en ser verdaderamente piadoso. También consagró el Templo, purificó a la ciudad, y por lo demás hizo lo posible por conducirse en todo como un hombre agradecido a Dios y por conservarlo propicio mientras viviera. Enseñó al pueblo a hacer lo mismo, de modo que comprendiera a qué calamidad se había expuesto por observar un método de vida contrario.

Habiendo restaurado el altar, ofreció los sacrificios acostumbrados, según la ley de Moisés. Después de preocuparse de todas aquellas cosas convenientes a la religión, se cuidó de la seguridad de Jerusalén. Reparó con el mayor cuidado los muros antiguos y rodeó a la ciudad de un segundo muro; hizo levantar torres muy altas y suministró toda clase de víveres, especialmente trigo, a las fortificaciones que estaban frente a la ciudad.

Transformado de esta manera, así se comportó durante el resto de su vida; se lo consideró justo y digno de imitación desde el día en que empezó a ser piadoso con Dios.

Después de vivir durante sesenta y siete años, falleció, habiendo reinado por espacio de cincuenta y cinco años. Fué sepultado en su propio jardín. El reino pasó a su hijo Amó cuya madre se llamaba Emalsema, originaria de la villa de Yabaté.

CAPITULO IV

1. Este rey fué imitador de su padre en los pecados que cometiera en su juventud; murió en un complot tramado por sus familiares, después de vivir veinticuatro años y reinar dos.

El pueblo reaccionó contra sus matadores. Sepultaron a Amós con su padre y entregaron el reino a su hijo Josías, de ocho años de edad, y cuya madre, llamada Jedis, era del pueblo de Boscat. Poseía muy buen carácter y estaba muy bien dispuesto naturalmente para el bien; emuló las virtudes que practicara el rey David, a quien tomó como modelo y norma de su vida. Desde los doce años, manifestó su piedad y justicia.

Enseñó al pueblo la moderación, y procuró que rechazaran los ídolos, pues no eran dioses, y adoraran al Dios paterno. Puesto que se habían apartado de lo que hicieron sus mayores, sabiamente los corregía en los actos menos justos, como si fuera hombre de mucha edad y muy bien dotado para ver lo que más convenía. Si consideraba que algo estaba bien y debidamente realizado, lo conservaba e imitaba. Se comportaba así porque estaba dotado de mente perspicaz e ingenio diligente, obediente a los consejos y tradiciones de los ancianos. Seguidor como era de la ley, todo le iba prósperamente en el gobierno del país y en su piedad hacia Dios, tanto más cuanto que no tomó como ejemplo la iniquidad de sus predecesores, sino que los apartó de su consideración.

Recorrió la villa y todo el país e hizo cortar los bosques consagrados a los dioses extranjeros y destrozó sus altares, y si encontraba alguna ofrenda consagrada por sus antepasados la arrancaba con gran desprecio. En esta forma apartó al pueblo del falso culto y lo convirtió al culto de Dios; hizo ofrecer las víctimas acostumbradas como se hacía anteriormente.

Nombró también jueces e inspectores, para que resolvieran las diferencias que existieran entre los ciudadanos, teniendo especialmente en cuenta lo justo y equitativo, y defendiéndolo como si se tratara de la propia vida. Luego envió mensajeros por todo el territorio con la orden de anunciar que los que quisieran podían presentar oro y plata para la refección del Templo, cada uno según su voluntad y de acuerdo con sus medios.

Reunidos los fondos, encomendó los trabajos y los gastos necesarios a Amasías, gobernador de la ciudad, al escriba Safán, al cronista Joat y a Eliacias el pontífice. Éstos, con todo cuidado y diligencia, pusiéronse a trabajar, reunieron a los arquitectos y todo lo que se necesitaba para la reparación del Templo. El Templo quedó de tal manera restaurado que se hizo a todos patente la piedad del rey.

2. En el año décimoctavo de su reinado, ordenó que se comunicara a Eliacias el pontífice que, después de haber fundido la plata que quedaba, fabricara cráteras, vasos y copas para el servicio divino. E igualmente todo el oro y plata que estuviera en el tesoro, se utilizara también en la confección de cráteras y utensilios similares.

Mientras el pontífice Eliacias recogía el oro, encontró casualmente los libros sagrados de Moisés guardados en el Templo; los retiró y los envió al escriba Safán. Éste, después de haberlos leído, se presentó ante el rey y le anunció que todo se había cumplido de acuerdo con lo ordenado; le leyó también los libros de Moisés.

Oída su lectura, el rey rasgó sus vestiduras e hizo llamar a Eliacias el pontífice, al mismo escriba y a algunos de sus amigos más íntimos y los envió a ver a la profetiza Olda, esposa de Salum, varón ínclito y noble. Les ordenó que le dijeran, una vez en su presencia, que aplacara a Dios y lo hiciera propicio. Temía que, a causa de las faltas que sus antepasados cometieron contra la ley de Moisés, fueran deportados y arrancados de sus tierras, y privados de todo llevaran una vida miserable y así murieran en medio de gente extraña.

Después que la profetiza escuchó a los mensajeros del rey, ordenóles que le comunicaran que la divinidad había dado su sentencia y que nadie podía ahora revocarla. El pueblo perecería, sería expulsado de su región, todos sus bienes le serían confiscados; y esto por haber violado la ley y porque, a pesar de haber dispuesto de tanto tiempo, no habían hecho penitencia, a pesar de que los profetas les avisaban que volvieran a su sano juicio y les habían predicho el castigo de sus delitos.

Para que se comprobara que nada falso contenía lo predicho por los profetas; para que vieran que Dios existía, todo se cumpliría. Sin embargo, por él, por haber permanecido justo, las calamidades se demorarían; pero cuando dejara de pertenecer a los vivos, se realizaría lo decretado.

3. Una vez recibido este vaticinio de la mujer, regresaron y lo contaron al rey. Éste envió mensajeros a todas partes, para que ordenaran que se presentaran los sacerdotes y levitas de cualquier edad que fueran. Una vez congregados, en primer lugar les leyó los libros sagrados; luego, poniéndose de pie en la tribuna, obligó a todos a comprometerse con juramento a adorar a Dios y observar la ley de Moisés. Dieron su asentimiento y se obligaron a seguir el consejo del rey, retirándose. En seguida ofrecieron sacrificios y rogaron a Dios que se dignara aceptarlos y mirarlos misericordiosamente.

Después ordenó al pontífice que si quedaba algún vaso de los consagrados por sus mayores a los ídolos y dioses extranjeros, se lo trajera. Se encontraron muchos, y luego de haberlos destruido por medio del fuego, dispersó las cenizas; también hizo matar a los sacerdotes de los ídolos que no pertenecían a la raza de Aarón [1].

4. Llevadas a cabo estas cosas en Jerusalén, visitó al país. Destruyó por completo todo lo que hiciera Jeroboam en honor de los dioses extranjeros; destruyó en el fuego los huesos de los falsos profetas, en el primer altar que había elevado Jeroboam. Como antes dijimos, todo esto lo había predicho un profeta que se presentó ante Jeroboam delante del pueblo, anunciando que lo llevaría a cabo un hombre de la progenie de David, de nombre Josías... [2] Todo se cumplió, después de trescientos sesenta y un años.

5. Después el rey Josías se dirigió a aquellos israelitas que no habían sido reducidos al cautiverio y servidumbre por los asirios. Los persuadió de que dejaran de obrar impíamente, que abandonaran el culto de dioses extraños, que piadosamente adoraran al Dios de sus antepasados, el verdadero, y que le fueran fieles.

---

[1] Detalle agregado por Josefo, y que no figura en la Biblia.
[2] Aquí hay una laguna en el texto.

Además inspeccionó los pueblos y las casas, para comprobar si alguien guardaba ídolos. También destruyó los carros que fabricaron sus antepasados, destinados al culto del sol, y cualquier otra cosa que se adorara como dios.

Luego de recorrer el país, convocó al pueblo en Jerusalén para celebrar la fiesta de los ázimos, que también se denomina Pascua. Dió al pueblo, como víctimas pascuales, treinta mil cabritos y corderos de leche y tres mil bueyes para los sacrificios. Además los principales de los hebreos entregaron a los sacerdotes, en celebración de la Pascua, dos mil seiscientos corderos, e igualmente los jefes de los levitas les dieron cinco mil corderos y quinientos bueyes. Con tan gran número de víctimas, los sacrificios se hicieron de acuerdo con la ley de Moisés, presidiendo uno de los sacerdotes y ayudando el pueblo. Nunca se había celebrado una Pascua tan solemne desde los tiempos de Samuel, todo de acuerdo con la ley y las costumbres patrias. Después Josías, habiendo vivido en paz, abundando en riquezas y lleno de gloria, falleció de la siguiente manera.

CAPITULO V

Josías intenta oponerse a Necao que quiere pasar por su territorio; su muerte. Reinado de Joacaz. Necao le opone a Joacim. Muerte de Joacaz

1. Necao, rey de los egipcios, después de reunir un ejército, se dirigió al río Eufrates, para hacer la guerra a los medos y babilonios que habían destruído el dominio de los asirios. Codiciaba reinar en Asia. Al llegar al pueblo de Mendé, dentro del territorio de Josías, éste le impidió que llevara a cabo una expedición contra los medos pasando por su territorio. Necao le envió un mensajero, para comunicarle que el ejército no estaba contra él, sino que quería pasar el Eufrates; y le aconsejó que no lo irritara, prohibiéndole pasar por su territorio y exponiéndose a que lo atacara.

Josías no accedió al pedido de Necao, y siguió determinado a impedirle el tránsito por su territorio. Creo que el destino lo empujaba a tomar esta actitud, para provocar su perdición.

Mientras organizaba su ejército y lo inspeccionaba desde un carro de un extremo a otro, un egipcio le lanzó una flecha que calmó su ardor belicoso. Como sufría intensamente, hizo sonar las trompetas y se retiró a Jerusalén. Murió de esta herida y fué sepultado en los sepulcros de sus antepasados, luego de haber vivido treinta y nueve años, y reinado treinta y uno.

El pueblo lo lloró intensamente, durante muchos días, con abundantes lágrimas y tristeza. El profeta Jeremías le compuso una elegía fúnebre, que todavía subsiste en la actualidad. Este profeta anunció también las calamidades que iban a acontecer a la ciudad, y dejó por escrito la ruina que ocurriría en nuestro tiempo [1], así como la captura de Babilonia.

No fué el único en predecir estos hechos al pueblo, sino que también el profeta Ezequiel dejó dos libros escritos sobre lo mismo [2]. Ambos profetas eran de estirpe sacerdotal. Jeremías vivió en Jerusalén desde el año décimotercero del reinado de Josías hasta la destrucción del Templo y de la ciudad. En su lugar, explicaremos lo perteneciente a este profeta.

‹ 2. Muerto Josías, conforme hemos explicado, lo sucedió en el reino su hijo Joacaz, siendo de edad de veintitrés años. Reinó en Jerusalén; su madre era Amitala, del pueblo de Lobana. Fué malo y de costumbres perversas. El rey de los egipcios, al regresar de la guerra, obligó a que se presentara Joacaz en la ciudad llamada Amata, que se encuentra en Siria; ya en su presencia, lo hizo encadenar y entregó el reino a su hermano mayor, del mismo padre, de nombre Eliacim, después de haber cambiado su nombre por el de Joacim. Le impuso un tributo de cien talentos de plata y uno de oro. Joacim lo pagó. Necao se llevó consigo a Joacaz a Egipto, donde Joacaz murió; había reinado tres meses y diez días. La madre de Joacim se llamaba Zabuda, del pueblo de Abuma. Era de índole injusta y malévola, sin piedad para Dios ni benigna con los hombres.

---

[1] Se refiere a la toma de Jerusalén por Tito.
[2] La Biblia contiene un solo libro de Ezequiel.

CAPITULO VI

Expedición de Nabucodonosor contra Necao. Pesimistas
profecías de Jeremías. Nabucodonosor entra en Jerusalén;
asesinato de Joacim. Reinado de Joaquim

1. En el cuarto año de su reinado, Nabucodonosor asumió el
gobierno de los babilonios. Por el mismo tiempo y muy bien per-
trechado, ascendió al pueblo de Carcamesa, situado en el Eufrates,
con el propósito de hacer la guerra a Necao, rey de los egipcios.
Bajo el dominio del último se encontraba toda la Siria. Enterado
Necao de los propósitos de la expedición que el babilonio dirigía
contra él no se abandonó, y dispuesto a hacerle frente, marchó
hacia el Eufrates. Pero fué vencido en la batalla y perdió miríadas
de hombres. En cuanto al babilonio, una vez pasado el Eufrates,
sometió a su poder la Siria hasta Pelusio, con la excepción de
Judá.

En el cuarto año del reinado de Nabucodonosor, que era el
octavo desde que Joacim gobernaba entre los hebreos, el babilonio
con un gran ejército llevó la guerra contra los judíos, exigiendo
un tributo a Joacim, amenazándolo con la guerra en el caso de
que se negara. Atemorizado, éste compró la paz con dinero y pagó
durante tres años el tributo que se le exigía.

2. En el tercer año, al saber que los egipcios se movían contra
los babilonios, rehusó pagar el tributo; pero sus esperanzas resultaron fallidas, pues los egipcios no se atrevieron a emprender
la expedición. Fué inútil que Jeremías el profeta lo amonestara,
diciéndole que en vano ponía su esperanza en los egipcios, que
la ciudad sería destruída por el rey de los babilonios y que él,
Joacim, caería en su poder. Nada logró con lo que dijo; nadie
escaparía a la perdición. Ni el vulgo ni los principales atendieron
sus advertencias, y en cambio, exasperados porque el profeta vaticinaba contra el rey, recriminaron a Jeremías y lo acusaron ante
los tribunales pidiendo que fuera castigado [1].

---

[1] Según el texto bíblico son los sacerdotes y los profetas los que acusan
a Jeremías y piden su muerte, a lo que se oponen los principales (*Jeremías*,
26, 11 y 16).

Todos votaron en su contra; sin embargo, los ancianos lo disculparon y, con mayor sensatez, lo alejaron del tribunal y aconsejaron a los otros que no le ocasionaran ningún mal. Adujeron que no era el único que había profetizado lo futuro de la ciudad, sino que Miqueas antes que él había vaticinado las mismas cosas, al igual que varios otros; sin embargo, ninguno de ellos fué dañado por los reyes de su tiempo, sino honrados como profetas de Dios.

Con estas palabras el pueblo se apaciguó y libraron a Jeremías del suplicio que se había decretado en su contra.

Jeremías escribió todas sus profecías, exponiendo las calamidades que sobrevendrían a la ciudad y al Templo; se las leyó al pueblo que ayunaba y se había congregado en el Templo, en el mes noveno del año quinto del reinado de Joacim. Los jefes, al oírlo, le arrebataron el libro y lo obligaron a él y a su escriba Baruc a que se alejaran, de modo que nadie supiera dónde se encontraban. En cuanto al libro, lo ofrecieron al rey. Éste, en presencia de sus amigos, ordenó a su escriba que lo tomara y lo leyera.

Cuando el rey escuchó lo que estaba escrito en el libro, lo destrozó y lo tiró al fuego, y encendido en ira ordenó que buscaran a Jeremías y a Baruc para castigarlos. Sin embargo, éstos lograron evadir su ira.

3. Poco después llegó el rey de los babilonios con un gran ejército, y Joacim lo recibió, por miedo de lo que había predicho el profeta, y con la esperanza de que nada malo acontecería, puesto que no le cerraba las puertas ni se había preparado para la guerra. Pero aquél, una vez dentro de la ciudad, no cumplió lo prometido, sino que hizo perecer a los más fuertes y hermosos de los jerosolimitanos juntamente con el rey, al cual mandó dejar insepulto fuera de las murallas; nombró a su hijo Joaquim rey de la ciudad y de la región. Hizo prisioneros a los principales del pueblo en número de tres mil y se los llevó a Babilonia; entre ellos se encontraba el profeta Ezequiel, todavía niño. Éste fué el fin del rey Joacim, habiendo vivido treinta y seis años y reinado once. Su sucesor, Joaquim, reinó tres meses y diez días; su madre era una ciudadana, de nombre Nosta.

CAPITULO VII

Sitio de Jerusalén. Joaquim es reemplazado por Sedecías. Impiedad de Sedecías. Profecías de Ezequiel. Sedecías se subleva contra los babilonios. Derrota de los egipcios, aliados de Sedecías. Jeremías predice la ruina de Jerusalén y del Templo

1. El temor se apoderó del rey de los babilonios después de entregar el reino a Joaquim: sospechó que, recordando la muerte de su padre, procuraría arrebatarle la región. Envió, pues, un ejército para que asediara a Jerusalén. Joaquim, que era de carácter manso y justo, no quiso que por su causa la ciudad se viera en peligro; reunió a su madre y sus parientes y los entregó como rehenes a los jefes enviados por el babilonio, contra el juramento de que ni a ellos ni a la ciudad se les ocasionaría ningún daño.

Pero la fidelidad a estas palabras no duró ni un año. El rey de los babilonios no la cumplió, sino que por cartas ordenó a los comandantes que se apoderaran de todos los jóvenes y artesanos que hubiera en la ciudad, esto es, diez mil ochocientos treinta hombres en total, y también de Joaquim, su madre y sus amigos. Una vez en su poder, los puso bajo custodia. Nombró rey a Sedecías, tío de Joaquim, al cual obligó a comprometerse con juramento que le conservaría la región, que nada nuevo intentaría y que no pactaría con los egipcios.

2. Sedecías tenía veintiún años cuando recibió el poder; era hijo de la misma madre que su hermano Joacim. Menospreciaba lo justo y honesto. Los hombres de edad adulta que lo rodeaban eran impíos, y el pueblo cometía las insolencias que más le placían. Por eso Jeremías, el profeta, se presentó ante el rey y lo conminó a que se abstuviera de la compañía de los que se portaban impíamente y contra la ley, que procurara practicar la justicia, que no confiara en jefes que eran malos ni creyera a los falsos profetas que lo engañaban. Éstos decían que el babilonio no atacaría de nuevo a la ciudad y que los egipcios le declararían la guerra y conseguirían la victoria. Estas predicciones no se basaban en la verdad, y nunca se cumplirían.

Sedecías, mientras escuchaba al profeta, le otorgaba fe y asentía a lo que decía, creyendo que era verdad; pero sus amigos lo corrompían de nuevo y lo apartaban de lo que afirmaba el profeta, para que les diera crédito a ellos.

También en Babilonia Ezequiel vaticinó calamidades al pueblo, y después de ponerlas por escrito las envió a Jerusalén. El motivo por el cual Sedecías no creyó sus vaticinios fué el siguiente. Ambos profetas estaban de acuerdo en que la ciudad sería capturada y Sedecías hecho prisionero. Disentían en que Ezequiel afirmaba que Sedecías no llegaría a ver Babilonia, mientras que Jeremías afirmaba que el rey de los babilonios se lo llevaría cautivo. Por esto, puesto que las palabras de los dos no concordaban, desconfió también de aquello en que estaban de acuerdo, como si no fuera verdadero; a pesar de que todo lo profetizado se cumplió, como se verá oportunamente en su lugar.

3. Después de ocho años de fidelidad a la alianza hecha con los babilonios, rompió sus compromisos, y se inclinó por los egipcios, con la esperanza de que, si se unía con ellos, abatiría por completo a los babilonios. Al saber esto el rey de los babilonios marchó en su contra, devastó la región y ocupó las plazas fuertes, y llegó a la misma ciudad de Jerusalén con el propósito de sitiarla. El egipcio, cuando supo las tribulaciones en que se encontraba su aliado Sedecías, con un gran ejército se dirigió a Judá, a fin de obligar a levantar el asedio. En vista de esto el babilonio se retiró de Jerusalén y, en campaña contra los egipcios, peleó con ellos, los derrotó y los expulsó de toda Siria.

Así que el rey de los babilonios se alejó de Jerusalén, los falsos profetas engañaron a Sedecías, diciéndole que el rey de Babilonia no haría la guerra de nuevo, y que los ciudadanos que fueron trasladados a Babilonia como cautivos volverían con los vasos del Templo que los babilonios se habían llevado del santuario. Pero Jeremías se adelantó, profetizó todo lo contrario, que era lo verídico, y dijo:

—Estos profetas obran mal y engañan al rey. Nada bueno hay que esperar de los egipcios, puesto que, vencidos en la guerra, el babilonio se dirigirá de nuevo contra Jerusalén, sitiará la ciudad, hará morir de hambre a sus habitantes y se llevará cautivos a los sobrevivientes. Robará las riquezas, se apropiará de los bienes del

Templo, y lo incendiará; y destruirá completamente a la ciudad. De modo que, por espacio de setenta años, lo serviremos a él y a su posteridad; después los persas y medos nos librarán de la servidumbre al destruir el imperio de los babilonios. Una vez libres regresaremos a esta tierra y edificaremos de nuevo el Templo y la ciudad de Jerusalén.

Jeremías persuadió a la mayoría; pero los jefes y los impíos lo hicieron a un lado como si se tratara de un loco. Determinó irse a su ciudad natal, de nombre Anatot, situada a veinte estadios de Jerusalén; pero un oficial lo encontró en el camino, lo detuvo, y lo calumnió de que se proponía pasarse a los babilonios. El profeta respondió que se lo acusaba de un falso crimen y que su intención era regresar a su patria. Pero no lo convenció y lo llevó ante los jueces, para que lo juzgaran.

Estos, después de haberle hecho sufrir toda clase de torturas y violencias, lo pusieron en prisión para luego castigarlo. Y así estuvo durante un tiempo sometido a un trato inicuo.

4. En el año noveno del reinado de Sedecías y en el día décimo del décimo mes, de nuevo el rey de los babilonios marchó contra Jerusalén, acampó frente a la ciudad y la sitió con gran ardor por espacio de dieciocho meses. Simultáneamente sobre la Jerusalén sitiada se abatieron el hambre y la peste, dos terribles plagas, que se propagaron en gran manera.

Interin Jeremías, encarcelado, no estaba quieto, sino que a grandes voces predicaba al pueblo, instándolo a que abriera las puertas al babilonio; si lo hacían, podrían salvarse; de lo contrario, morirían.

Predecía también que los que permanecieran en la ciudad de todas maneras tendrían que morir, de hambre o bajo el hierro del enemigo; pero si buscaban el refugio del enemigo, evadirían la muerte. Los jefes que lo oyeron no le dieron crédito, a pesar de encontrarse en gran peligro; indignados, lo denunciaron al rey, con la acusación de que el profeta había enloquecido, que los desanimaba y que con el anuncio de tantas calamidades debilitaba el entusiasmo del pueblo. Decían que mientras estaban decididos a exponerse por el rey y la patria, el profeta los exhortaba a que se entregaran al refugio del enemigo, pues la ciudad sería capturada y todos exterminados.

5. Pero el rey, por su índole buena y justa, era incapaz de encolerizarse contra Jeremías; sin embargo, para no atraerse la enemistad de los jefes en estas circunstancias, permitió que hicieran lo que quisieran con el profeta. Con esta concesión, de inmediato fueron a la cárcel; sacaron al cautivo y lo llevaron a un pozo lleno de lodo y lo bajaron a él con cuerdas, para que muriera ahogado. El lodo le llegaba hasta la garganta.

Uno de los servidores del rey, que por entonces era tenido en mucho aprecio, de raza etíope, contó al rey lo que habían hecho con el profeta, diciendo que era una iniquidad de parte de los amigos del rey y de los jefes el haber sumergido al profeta en el barro, dándole una muerte más cruel que la que se da a un prisionero con la espada. Cuando oyó esto el rey, se arrepintió de haber dejado al profeta en poder de los jefes; ordenó al etíope que con treinta criados de la casa real, con cuerdas y con todo lo que fuera necesario se esforzaran en sacar a Jeremías del pozo. El etíope y sus acompañantes extrajeron a Jeremías del pozo y lo dejaron en libertad.

6. El rey lo mandó llamar secretamente, para que le hablara de parte de Dios y lo ayudara. Jeremías le contestó que ciertamente tenía algo que decirle, pero agregó que no le daría crédito ni tendría en cuenta sus exhortaciones.

—¿Qué mal he cometido —dijo—, para que tus amigos determinaran perderme? ¿Dónde se encuentran ahora aquellos que afirmaban que el babilonio no volvería para hacer la guerra y que te engañaban? Temo todavía que si digo la verdad, no me castigues con la muerte.

El rey le prometió con juramento que no lo mataría ni lo entregaría a los jefes. Confiado en este juramento, le aconsejó que rindiera la ciudad al babilonio; agregó que éste era el oráculo de Dios expresado por su boca, si quería salvarse, escapar a un peligro inminente y si no quería que la ciudad y el Templo fueran totalmente destruidos. Pero si no lo cumplía, sería causa de todos estos males para los ciudadanos y para él mismo y los suyos.

Cuando oyó estas palabras el rey le dijo que por su parte preferiría seguir sus indicaciones, pero que temía a los tránsfugas que se habían pasado al lado del babilonio y que lo calumniarían, y el rey de Babilonia lo haría torturar. El profeta lo animó y le dijo que el miedo de ser atormentado carecía de fundamento; nada malo le acontecería si rendía la ciudad a los babilonios, ni a él ni a sus hijos, ni a sus mujeres, y que el mismo Templo quedaría ileso.

Después de haber anunciado estas cosas el rey dejó libre a Jeremías, pero le prohibió que comunicara lo que habían hablado, ni aun a los jefes. Si se enteraban de la entrevista, que les dijera que lo había visitado para solicitarle que lo librara de la cárcel y de las cadenas. Y así les habló, de acuerdo con lo ordenado por el rey; pues le preguntaron qué le había dicho al rey. Estas fueron las palabras cambiadas.

CAPITULO VIII

Sitio de Jerusalén. Caída de la ciudad. Sedecías es capturado. Duración del reino de los judíos. Saqueo e incendio del Templo; deportación del pueblo y de los nobles. Muerte de Sedecías

1. El babilonio sitió enérgica y tenazmente a Jerusalén. Construyó torres con tierra amontonada, desde las cuales rechazaba a los que luchaban desde las murallas. También hizo levantar alrededor terrazas de la misma altura que las murallas. Por su parte los defensores soportaron el sitio con gran vigor y resistencia. No sucumbieron ni al hambre ni a la peste, a pesar de que eran atormentados por estas calamidades, sino que antes bien se reanimaban para sufrir las asperezas de la guerra. No los aterrorizaron las invenciones y construcciones de los enemigos, e imaginaron nuevas máquinas para oponérselas. Hubo entre jerosolimitanos y babilonios una pugna de invención e ingenio, pues mientras unos creían que se apoderarían de la ciudad gracias a su habilidad, los otros esperaban que inventando sin tregua ni reposo medios para defenderse, inutilizarían las máquinas de sus enemigos. Lo sufrieron durante dieciocho meses, hasta que fueron consumidos por la peste y destruídos por las flechas que los enemigos les lanzaban desde las altas torres.

2. La ciudad fué capturada en el año undécimo del reinado de Sedecías, en el día noveno del cuarto mes. Cayó en poder de los comandantes babilonios, a quienes Nabucodonosor ordenó el sitio de la ciudad, pues él se encontraba en la villa de Reblata. Los nombres de los comandantes que sometieron a Jerusalén, si es que alguien quiere saberlos, eran los siguientes: Nergelear, Aremanto, Semegar, Nabosar y Ecarampsaris.

La ciudad fué capturada cerca de la medianoche. Los jefes enemigos entraron en el Templo, y cuando lo supo el rey Sedecías, en compañía de sus mujeres, hijos, capitanes y amigos, se escapó de la ciudad a través de una torrentera fortificada y por el desierto. Algunos tránsfugas lo informaron a los babilonios que, al alba, se lanzaron en su persecución; los alcanzaron y rodearon cerca de Jericó. Los amigos y capitanes, que acompañaron a Sedecías en su fuga, al ver a los enemigos, se dispersaron cada cual por su cuenta, buscando salvarse. Sedecías fué capturado con unos pocos acompañantes; y con sus hijos y mujeres lo llevaron ante el rey.

Nabucodonosor lo trató de impío y traidor a los pactos, pues no había cumplido las promesas de conservarle la región. Le reprochó su ingratitud, pues habiendo obtenido el reino gracias a él, después de quitárselo a Joaquim para entregárselo, se rebeló contra su benefactor.

—Pero —dijo—, Dios es grande, e indignado de tu conducta te ha entregado en mis manos.

Después de increpar a Sedecías con estas palabras, ordenó que sacrificaran a sus hijos y amigos en su presencia, y ante los demás cautivos. Luego hizo sacar los ojos a Sedecías y lo llevó encadenado a Babilonia. Y esto le aconteció, de acuerdo con lo que fué predicado por los profetas Jeremías y Ezequiel. Con su boca hablaría al babilonio y con sus ojos lo vería, según dijo Jeremías. Sin embargo, privado de la vista y llevado a Babilonia no vió a la ciudad, de acuerdo con lo que predijo Ezequiel.

3. Hemos relatado estos hechos, para que los ignorantes escudriñen la naturaleza divina, tan variada y fértil en recursos. Hace que acontezca cada cosa a su tiempo y orden y predice lo futuro. Esto muestra también la ignorancia y la incredulidad de los hombres que, imposibilitados de prever lo que ha de venir, de improviso se ven envueltos en calamidades que son incapaces de evitar.

4. Este es el fin que tuvieron los reyes de la estirpe de David. En número de veintiuno gobernaron por espacio de quinientos catorce años, seis meses y diez días. Durante veinte años el reino perteneció a Saúl que era de diferente tribu.

5. El babilonio envió a Jerusalén a su general Nabuzaradán para que saqueara el Templo; le ordenó que lo incendiara al igual que el palacio real, que arrasara la ciudad y transportara el pueblo a Babilonia. Llegó a Jerusalén en el año undécimo del reinado de Sedecías, saqueó el Templo, expropió los vasos de oro y plata consagrados a Dios, así como la gran vasija dedicada por Salomón, las columnas de bronce con sus capiteles, las mesas de oro y los candelabros. Después que se apoderó de todo esto, incendió el Templo en el quinto mes, en el día primero, año undécimo del reinado de Sedecías y el décimoctavo de Nabucodonosor. Incendió también el palacio y arrasó la ciudad. El Templo fué incendiado a los cuatrocientos setenta años, seis meses y diez días de su fundación; hacía mil sesenta y dos años, seis meses y diez días que el pueblo había salido de Egipto. Desde el diluvio hasta la destrucción del Templo habían pasado mil novecientos cincuenta y siete años, seis meses y diez días; y desde la creación de Adán, tres mil quinientos trece años, seis meses y diez días. Esto en cuanto al número de años; lo que aconteció durante este período lo hemos explicado detalladamente.

El general del rey de los babilonios, después de destruir el Templo y deportar al pueblo, hizo cautivos a Sareas, el sumo pontífice, y al que estaba en segundo lugar, Sofonías, a los tres jefes de la guardia del Templo, al eunuco colocado al frente de los hombres de armas, siete amigos de Sedecías, su escriba y otros sesenta jefes. A todos ellos, con los vasos que robó, los llevó a Reblata, ciudad de Siria. Allí el rey hizo cortar la cabeza al pontífice y a los jefes, y se llevó a los cautivos a Babilonia, entre ellos a Sedecías. Además se llevó encadenado a Josadoc, sumo pontífice, hijo del sumo pontífice Sareas, a quien mató en Reblata, como hemos dicho antes.

6. Puesto que hemos reseñado la raza de los reyes, quiénes fueron y cuántos años vivieron y reinaron, nos parece también conveniente decir los nombres de los sumos pontífices que obtuvieron esta dignidad bajo los reyes. El primero fué Sadod en el Templo construído por Salomón; le sucedió su hijo Ajimás y después Azarías; a éste Joram. A Joram, Isu, y de éste lo recibió

Axioram; después Fideas, a Fideas le sucedió Sudea, a Sudea, Juelo, y a Juelo, Jotam, y a Jotam, Urías, a Urías, Nerías, y a Nerías, Odeas; a éste le siguió Salum, a Salum, Elcías, a Elcías, Sareas y a éste finalmente Josadoc, que fué llevado en cautividad a Babilonia. Todos éstos, de padres a hijos, ejercieron el pontificado.

7. El rey, una vez en Babilonia, retuvo a Sedecías en la cárcel hasta que murió. Lo sepultó con honores reales. Dedicó a sus dioses los vasos de que había despojado al Templo de Jerusalén. En cuanto al pueblo lo estableció en el país de Babilonia y libró al pontífice de las cadenas.

CAPITULO IX

Godolías es nombrado gobernador de los judíos que quedaron en el país. Jeremías se niega ir a Babilonia. Los fugitivos se reúnen con Godolías y se establecen en el país bajo su protección. Ismael mata a Godolías. Se pasa a los amonitas. El rey de Babilonia invade a Egipto; nuevo traslado de los judíos a Babilonia

1. Nabuzardán se llevó cautivo al pueblo judío, dejando a los pobres y los tránsfugas, para quienes designó como gobernador a Godolías, hijo de Aicamo, un hombre noble, conciliador y justo, y ordenó que pagaran un tributo de los campos que cultivaran. Aconsejó a Jeremías, después de librarlo de la cárcel, que se fuera con él a Babilonia, pues el rey había ordenado que fuera protegido; y que si rehusaba, que declarara dónde se establecería para que se lo comunicaran al rey.

El profeta no quiso seguir a Nabuzardán ni trasladarse a ninguna otra parte, y prefirió permanecer entre las ruinas de su patria y sus misérrimos residuos.

El general, conocida su voluntad, ordenó a Godolías que lo tomara bajo su protección, que le diera lo que deseara; y lo dejó ir a donde quisiera, luego de entregarle muchos dones. Jeremías se estableció en una ciudad del país llamada Masfate. Pidió a Nabuzardán que juntamente con él sacara de la cárcel a su discípulo Baruc, hijo de Neri, de una familia muy ilustre y muy entendido en la lengua nacional.

2. Una vez hecho esto, Nabuzardán se fué a Babilonia. Sin embargo, aquellos que huyeron de Jerusalén durante el sitio y que se dispersaron por el país, informados de que los babilonios se habían retirado, y que habían dejado algunos pobladores en la tierra de los jerosolimitanos para que la cultivaran, fueron de diversas partes a Masfate para reunirse con Godolías. Sus jefes eran Juan, hijo de Carea, Jezanías y Sareas, a más de otros. Además había un cierto Ismael, de estirpe real, hombre perverso y muy astuto, el cual mientras se sitiaba a Jerusalén, se refugió en la casa de Baalim, rey de los amonitas, morando con él todo este tiempo.

Godolías aconsejó a todos los que se le reunieron que se quedaran, sin temor ninguno por los babilonios. Nada malo les acontecería si se dedicaban a la agricultura. Se lo afirmó con juramento, agregando que él era su defensor, de modo que si surgiera algún inconveniente, procuraría resolverlo cuanto antes. Les permitió que habitaran en los pueblos que quisieran, y que reclutaran hombres para reconstruirlos y moraran en ellos. Les aconsejó que prepararan, mientras el tiempo lo permitiera, trigo, vino y aceite, a fin de que no sufrieran hambre en el invierno. Dichas estas cosas, los envió a aquellas regiones donde quería vivir cada uno de ellos.

3. Divulgado entre los pueblos vecinos de Judá que Godolías recibía muy humanamente a los tránsfugas que regresaban y que les permitía cultivar los campos con la condición de que pagaran tributo a los babilonios, muchos de ellos también acudieron a Godolías, para morar en la región. Juan y los jefes que estaban con él, tocados por la benignidad y humanidad de Godolías, lo tuvieron en gran aprecio y le revelaron que Baalim, rey de los amonitas, le enviaría a Ismael, el cual a traición y ocultamente lo mataría, para gobernar a los israelitas. Ismael procedía de estirpe real.

Añadieron que lo librarían de estas maquinaciones, si les permitía matar a Ismael, sin que nadie lo supiera. Temían que si asesinaban a Godolías desaparecían totalmente los residuos del pueblo de los israelitas. Pero Godolías no prestó fe a lo que le decían, pues no podía creer tal comportamiento en un hombre a quien había tratado bien. Se negó a creer que un hombre que cuando se encontraba en gran necesidad había recibido de él muchos favores, fuera tan ingrato e impío con su benefactor que quisiera matarlo con su propia mano. Y en el supuesto de que esto fuera verdad, prefería morir a manos de Ismael, antes que matar a un hombre que había acudido a su lado y puesto su vida bajo su salvaguardia.

4. Juan y los jefes que con él estaban, en vista de que no podían persuadir a Godolías, se retiraron. Después de treinta días [1], Ismael se presentó en Basfate ante Godolías, y con él otros diez hombres. Godolías les ofreció un gran banquete y regalos, y se embriagó durante la recepción. Ismael, dándose cuenta de ello, al verlo inconsciente y soñoliento a causa del vino, de repente con sus amigos se levantó y lo mató, juntamente con los que lo acompañaban en la mesa. Inmediatamente después de esta matanza, salió y mató a todos los judíos que encontró en la ciudad, así como también a los soldados que habían dejado los babilonios.

Al siguiente día ochenta varones, ignorantes de lo que había acontecido a Godolías, se presentaron para ofrecerle regalos. Ismael, así que los vió, ordenó que los hicieran entrar. Una vez dentro, cerrado el atrio, los asesinó, y sus cuerpos, para que no fueran descubiertos, los hizo arrojar a una fosa profunda. De estos ochenta perdonó a algunos que le habían pedido tuviera en cuenta, antes de matarlos, que de ellos había recibido muebles, vestidos y trigo [2]. Oído esto, Ismael los perdonó. Redujo a cautividad al pueblo de Masfate con las mujeres y los niños, y entre ellos a las hijas de Sedecías que el general de los babilonios Nabuzardán había dejado en poder de Godolías. Realizado todo esto, volvió a reunirse con el rey de los amonitas.

5. Juan y los jefes que con él estaban, se indignaron en gran manera cuando se informaron del crimen cometido por Ismael en Masfate y la muerte de Godolías. Cada uno de ellos reunió a los soldados de que disponía y partieron para hacer la guerra a Ismael; lo sorprendieron cerca de la fuente de Hebrón. Los prisioneros de Ismael se alegraron, a la vista de Juan y de los jefes, confiados de que venían en su auxilio, de modo que abandonando

[1] La versión bíblica dice que fué "en el séptimo mes".
[2] Según la Biblia, porque le dijeron —diez de ellos— que tenían en el campo abundantes alimentos (*Jeremías*, 41, 8).

al que los había capturado, se pasaron a Juan. Pero Ismael con ocho hombres buscó refugio junto al rey de los amonitas.

Juan recibió a los que se habían evadido de manos de Ismael, así como también a los eunucos, las mujeres y los niños; llegó a cierto lugar denominado Mandra, donde permaneció durante un día. Determinaron desde allí pasar a Egipto, pues temían que si se quedaban en la región, los babilonios, indignados por la muerte de Godolías, los matarían.

6. En medio de las dudas, Juan hijo de Carea y sus compañeros, los jefes de la milicia, acudieron a Jeremías, para pedirle que rogara a Dios que les manifestara lo que debían hacer, comprometiéndose con juramento a cumplir lo que ordenara Jeremías. El profeta oró por ellos. Diez días después, Dios se le apareció y le ordenó que dijera a Juan, a los otros jefes y al pueblo, que si permanecían en su tierra, los tomaría bajo su cuidado y los libraría de los babilonios; pero si se iban a Egipto, acontecería que, a causa de su indignación, sufrirían los mismos males que anteriormente habían sufrido sus padres. Jeremías se lo comunicó a Juan y al pueblo, pero no creyeron que era por mandato divino que los instaba a permanecer en la región. Pensaron que para complacer a su discípulo Baruc, hacía mentir a Dios y les aconsejaba que no se fueran a Egipto, a fin de que los babilonios los mataran. El pueblo y Juan, desobedeciendo el mandato de Dios, pasaron a Egipto, llevándose consigo a Jeremías y a Baruc.

7. Una vez allí, Dios certificó la veracidad de lo dicho por el profeta referente a la campaña que iba a emprender el rey de los babilonios contra Egipto; esto es, que algunos de ellos serían muertos y otros serían llevados en cautividad a Babilonia. Y así aconteció. En el quinto año de la devastación de Jerusalén, que es el vigésimotercero del reinado de Nabucodonosor, éste marchó con su ejército contra la Celesiria; después de ocuparla, hizo la guerra a los amonitas y los moabitas. Una vez que los hubo dominado, invadió a Egipto para dominarlo. Mató al rey reinante y puso a otro en su lugar; hizo de nuevo prisioneros a los judíos que se encontraban allí y se los llevó a Babilonia. Es así como los hebreos, a quienes tan mal les iba, fueron trasladados dos veces más allá del Eufrates, conforme se ha transmitido. Pues las diez tribus fueron arrancadas de Samaria por los asirios, bajo el reinado de Oseas; después por Nabucodonosor, rey de los babilonios y caldeos, que apresó a los que habían quedado de las diez tribus en Jerusalén.

Pero Salmanasar, después de arrancar a los israelitas de su región, puso en su lugar a los cuteos que primeramente habitaban en el interior de Persia y Media; desde entonces fueron llamados samaritanos por el lugar donde los trasladaron. Pero el rey de los babilonios, después de llevarse a las dos tribus, a nadie puso en su lugar. Por lo cual toda Judá con Jerusalén y el Templo permaneció desierta durante setenta años. Entre la cautividad de las diez tribus y la deportación de las dos tribus pasaron ciento treinta años, seis meses y diez días.

CAPITULO X

Daniel y sus tres compañeros. El sueño de Nabucodonosor. Daniel suplica a Dios que le revele la explicación. Los compañeros de Daniel escapan milagrosamente del fuego. Nuevo sueño de Nabucodonosor; Daniel lo explica

1. El rey de Babilonia, Nabucodonosor, tomando a los hijos de los nobles de los judíos y los parientes de su rey Sedecías, que se distinguían por su fortaleza física y la hermosura de su rostro, los confió a pedagogos, para que los instruyeran, después de haber convertido a algunos de ellos en eunucos. En la misma forma trató a otros jóvenes de otras naciones que había reducido a cautividad. Comían los mismos alimentos que él, y los hacía formar en las tradiciones del país y las letras de los caldeos.

Estaban bien versados en aquellas ciencias en que se ejercitaban. Entre ellos se encontraban cuatro de la familia de Sedecías [1], hermosos físicamente y dotados de óptimo ingenio. Sus nombres eran Daniel, Ananías, Misael y Azarías. El babilonio les mudó los nombres y ordenó que se llamaran: Daniel, Baltasar; Ananías, Sedraques; Misael, Misaques y Azarías, Abdénago. A causa de su carácter y por el empeño que ponían en los estudios, y por lo

---

[1] "Hijos de Judá", dice la Biblia (*Daniel*, 1, 6).

que habían adelantado en conocimientos, el rey los tenía en gran honor y cariño.

2. Pero Daniel y sus compañeros resolvieron vivir austeramente y abstenerse de las comidas de la mesa real y, en general, de toda carne viviente. Hablaron a Ascanes, el eunuco a quien habían sido confiados para que los cuidara, y le dijeron que consumiera lo que les llevaba de parte del rey y que a ellos les diera legumbres y dátiles o cualquier otra cosa, menos alimento animal. Preferían alimentarse en esta forma y menospreciaban cualquier otra clase de alimentos.

Contestó Ascanes que estaba dispuesto a complacerlos, pero temía que si llegara a saberse, por la delgadez de sus cuerpos y la alteración de sus facciones, pues necesariamente con tal régimen se les transformaría el cuerpo y el aspecto, sobre todo en comparación con los otros jóvenes bien alimentados, temía que por ello incurriera en responsabilidad y castigo.

Lograron, sin embargo, persuadir a Ascanes que por espacio de diez días los sometiera a ese régimen. Si sus cuerpos en nada se perjudicaban, continuarían usando del mismo alimento; pero si se tornaban macilentos y en peores condiciones que los demás, volverían a comer los alimentos anteriores.

No solamente no desmejoraron, sino que sus cuerpos se hicieron más robustos y mejor formados, de tal modo que parecían inferiores aquellos que gozaban de la magnificencia real, mientras que Daniel y sus compañeros parecía que nadaban en la abundancia y que vivían lujuriosamente. Ascanes, exento de miedo, se quedaba con las comidas que el rey enviaba a los jóvenes de su propia mesa, y les entregaba lo que antes dijimos. Los jóvenes, con la mente más pura y más clara, y el cuerpo más dispuesto para el trabajo, pues no estaban entorpecidos por la variedad de alimentos ni sus cuerpos se volvían más muelles, aprendieron con facilidad todas las doctrinas de los hebreos y los caldeos. Daniel, por otro lado, más instruído que los demás en la sabiduría, se dedicó a la interpretación de los sueños, pues evidentemente la divinidad estaba en su favor.

3. Dos años después de la devastación de Egipto, el rey Nabucodonosor vió en sueños algo que consideró admirable y cuyo sentido Dios se lo hizo comprender mientras dormía; pero lo olvidó por completo cuando se levantó del lecho. Reunió a los magos, caldeos y adivinos; les dijo que había visto un sueño, pero que luego lo olvidó; ordenóles que le dijeran el sueño y su interpretación. Le respondieron que humanamente esto no era posible; pero que si les dijera el sueño, ellos se esforzarían en interpretarlo. Entonces los amenazó con la muerte, si no le aclaraban el sueño. Dijo que serían ejecutados todos aquellos que confesaran que no era posible satisfacer su deseo.

Informado Daniel de la orden del rey, de que se mataría a todos los sabios, y que él con los suyos estaban en peligro, se presentó ante Arioco, el que estaba al frente de los satélites del rey. Le preguntó cuál era el motivo de que el rey hubiera dado orden de matar a todos los sabios, los caldeos y los magos; supo de qué se trataba, que el rey había ordenado que le recordaran lo que le aconteciera en sueños, a lo que dijeron que no podían y que el rey se indignó. Pidió a Arioco que solicitara al rey una noche de gracia en favor de los magos y que retardara su muerte[1]; tenía esperanzas de que si lo pedía a Dios, llegaría a poder informarse del sueño. Arioco se presentó al rey para pedírselo en nombre de Daniel.

El joven, junto con sus allegados, se encerró en su casa; durante toda la noche oró a Dios para que salvara a los magos y caldeos, con los cuales ellos mismos tendrían que morir, y los librara de la ira del rey; que le manifestara la visión que había visto el rey la noche anterior y que se le había olvidado.

Dios, compadecido de los que estaban en peligro y complacido de la sabiduría de Daniel, le reveló el sueño y su interpretación, de modo que el rey supiera de que se trataba. Daniel después que recibió esta revelación, lleno de gozo comunicó el asunto a sus hermanos, los cuales desesperados de vivir y pensando en la muerte, libres de terror recobraron la esperanza. Juntos dieron gracias a Dios por haberse compadecido de su juventud; Daniel pidió a

---

[1] La solicitud, según la Biblia, la hace Daniel al rey personalmente, y no le pide una noche, sino "que le diese tiempo, y él le mostraría la declaración" (*Daniel*, 2, 16). Sin embargo pocos versículos después (24 y 25) se hace presentar al rey por Arioco, quien dice que "halló un varón, de los de Judá, que declarará al rey la interpretación".

Arioco que lo presentara al rey, pues quería declararle lo que había visto durante la noche precedente.

4. Daniel, en presencia del rey, le solicitó que no creyera que él valía más que los demás caldeos y magos, a pesar de que el sueño que ninguno de ellos había podido adivinar, él lo iba a aclarar. No se debía a su experiencia o a una experiencia mejor ejercitada.

—Sino que Dios —dijo—, compadecido de nosotros por estar en peligro de muerte, me reveló a mí, que pedía por mi vida y la de mis compatriotas, el sueño y su interpretación. No me preocupaba menos la tristeza que sentía por nuestra muerte, que el cuidado de tu gloria, pues, indebidamente habías dado orden de matar a varones buenos y honestos, por exigirles lo que está por encima de la sabiduría humana, lo que sólo pertenece a Dios. Mientras pensabas quién sería el que disfrutaría del poder después de ti, acostado en el lecho, Dios quiso manifestarte quiénes debían reinar y te envió el siguiente sueño. Te pareció ver una gran estatua de pie cuya cabeza era de oro, los hombros y los brazos de plata, el vientre y los muslos de cobre y las piernas y los pies de hierro. Luego viste una gran piedra que cayó desde un monte sobre la estatua, y la destruyó a tal extremo, que no quedó parte ninguna de ella, sino que el oro, la plata, el hierro y el cobre quedaron más desmenuzados que la harina. Y el polvo resultante, arrastrado por un fuerte viento, quedó dispersado a lo largo y a lo ancho; pero la piedra creció tanto que parecía ocupar toda la tierra. Este es el sueño que viste, cuya interpretación es la siguiente. La cabeza de oro te simboliza a ti y a los reyes de Babilonia que hubo antes de ti; las dos manos y los hombros indican que tu imperio se dividirá en dos; este último será destruido por otro, procedente de occidente, vestido de cobre; y el último será destruido por otro, similar al hierro que, por su naturaleza, es más resistente que el oro, la plata y el cobre [1].

---

[1] Josefo modifica el relato bíblico, omite el barro cocido que en la Biblia forma una parte de los pies y simboliza la parte débil del reino, adelanta la división al segundo imperio y adjudica el poderío del quinto reino, el de la piedra, al reino del hierro, símbolo, al parecer, en la explicación de Josefo del imperio romano; y quizá por esta razón deja de presentar el simbolismo de la piedra, que implica su destrucción.

También explicó Daniel al rey lo relativo a la piedra; pero creo que no debo referirlo, puesto que mi propósito no es exponer lo futuro, sino lo pasado. Pero si alguien, ávido de saber más, no quiere desistir de este conocimiento, para conocer lo futuro, procúrese el libro de Daniel y léalo. Lo encontrará en las Sagradas Escrituras.

5. Después que el rey Nabucodonosor oyó estas palabras en las cuales reconoció su sueño, se admiró del genio de Daniel; postrándose sobre su rostro, en la forma en que se acostumbra a adorar a Dios, veneró a Daniel y ordenó que se le hicieran sacrificios como a un dios [1]. Y todavía no satisfecho, le impuso el nombre de su dios, y nombró a él y a sus allegados los primeros de su imperio. Sin embargo, a causa de la envidia y el rencor, corrieron peligro por haber ofendido al rey en las siguientes circunstancias.

Habiendo hecho el rey una imagen muy grande, cuya altura era de sesenta cubos, y su anchura de seis, la hizo levantar en la gran planicie de Babilonia; para consagrarla en forma solemne convocó a los príncipes de todo su territorio, y les ordenó que así que oyeran el sonido de la trompeta se prosternaran y adoraran la estatua. Amenazó a los que así no lo hicieran con echarlos al horno ardiente.

De modo que todos, así que oyeron el sonido de la trompeta, veneraron al coloso; pero se dijo que no lo cumplieron los allegados de Daniel, para no transgredir las leyes de su patria.

Considerados culpables, de inmediato fueron echados al horno ardiente del cual fueron preservados gracias a la divina providencia; contra lo que todos opinaban fueron librados de la muerte. El fuego ni los tocó, como si supiera que aquellos varones eran puros de todo crimen; las llamas parecían carecer del poder de quemar, durante todo el tiempo que los jóvenes permanecieron entre ellas. Dios había protegido sus cuerpos para que el fuego no los perjudicara. Por este motivo el rey les otorgó su gracia como varones honestos y agradables a Dios, de manera que en adelante fueran tenidos en gran honor.

6. Poco después el rey vió en sueños otra visión. Privado de

---

[1] Sacrificios —dice la Biblia—, de "presentes y perfumes".

su gobierno vivía entre las bestias, y luego de pasar siete años en soledad de nuevo recuperaba el reino. Llamó de nuevo a los magos, y, después de contarles el sueño, les pidió que le dieran la explicación.

Ninguno de ellos pudo encontrar el sentido de la visión y explicarlo, con la excepción de Daniel; y los hechos acontecieron tal como los expuso. Luego de pasar en soledad el tiempo antedicho, sin que nadie se atreviera durante este septenio a hacerse cargo del gobierno, el rey rogó a Dios que le hiciera recobrar el reino.

Nadie me reproche el que explique estos hechos tal como los encuentro en los libros antiguos, puesto que desde el principio de esta obra ya advertí a los que me pedían que los narrara, que no haría otra cosa sino verter al griego los libros de los hebreos, prometiendo no exponer nada que sea mío o agregar algo por mi propia cuenta.

CAPITULO XI

Testimonios de Beroso, Megástenes, Diocles y otros sobre Nabucodonosor. Sus sucesores: Baltasar. La mano misteriosa que escribe palabras en la pared. Explicación de Daniel. Los sátrapas, celosos de Daniel, conspiran para perderlo. Daniel en la cueva de los leones. La torre construída por Daniel. Se cumplen sus profecías

1. El rey Nabucodonosor, después de haber reinado cuarenta y tres años, falleció; fué hombre emprendedor y más afortunado que los reyes que lo precedieron. Recuerda sus hechos Beroso en el tercer libro de la *Historia Caldea*, con estas palabras:

"Habiendo sabido su padre Nabopalasar que el sátrapa encargado de gobernar a Egipto, la baja Siria y Fenicia, lo había traicionado, y considerándose ya incapaz de soportar las fatigas de la guerra, entregó a su hijo Nabucodonosor, todavía joven, parte del ejército y lo envió contra el rebelde. Nabucodonosor se dirigió contra aquel que se había separado, lo venció y redujo el territorio a su dominio. Aconteció por el mismo tiempo que su padre Nabopalasar, habiendo caído enfermo, falleció, luego de reinar veintiún años. Nabucodonosor, informado de la muerte de su padre, se apresuró a ordenar los asuntos en Egipto y restantes territorios; los prisioneros hechos en Judá, Fenicia, Siria y Egipto fueron conducidos bajo su dirección, por algunos de sus amigos, junto con las tropas, con armamento más pesado y el resto del bagaje. El, acompañado de unos pocos, emprendió camino por el desierto, y se dirigió a Babilonia. Encontró que el reino era administrado por los caldeos y que los mejores de entre ellos le habían reservado el trono; dueño ya del imperio paterno, ordenó que se diera a los cautivos colonias en las tierras más fértiles de Babilonia. Con el botín de guerra adornó magníficamente el santuario de Bel y de otros dioses, restauró la ciudad antigua y construyó para sus súbditos una ciudad nueva. A fin de que los sitiadores que vinieran en lo futuro no pudieran desviar el curso del río para atacar a la ciudad, elevó tres murallas alrededor de la sección interior y otras tantas alrededor de la sección exterior, unas de ladrillo cocido y asfalto y otras de ladrillo crudo. Luego que protegiera la ciudad y la adornara con magníficas puertas, al lado del palacio real de su padre levantó un segundo palacio, de cuya altura y esplendor quizá sea superfluo hacer la descripción. Basta decir que, a pesar de su grandeza y esplendidez, fué terminado en quince días. En este jardín hizo construir terrazas altas de piedra, a las que dió la forma de montañas, en las cuales plantó árboles de todas clases. Instaló lo que se llama el parque suspendido, puesto que su esposa, formada en el país medo, quería encontrar los lugares montañosos de su patria."

Magastenes también se refiere a él en el cuarto libro de los *Indicos,* donde se esfuerza en demostrar que este rey, por su poder y por la grandeza de sus hechos, fué superior a Hércules. Dice que devastó gran parte de la Libia y la Iberia. También lo menciona Diocles en el segundo libro de *Los Persas,* así como Filostrato en las *Historias de los Indicos y Fenicios.* Dice que sitió a Tiro por espacio de trece años, siendo su rey Itobal. Esto es lo que nos dicen los historiadores de este rey.

2. Después de la muerte de Nabucodonosor su reino pasó a su hijo Abilamarodac; éste libró de las cadenas al rey de Jerusalén, Jeconías[1] a quien tuvo entre los amigos más cercanos, le hizo

---

[1] El mismo que en los capítulos VI y VII figura como Joaquim.

muchos regalos y lo encargó de la guardia del palacio real. Pues su padre, como dijimos, no fué fiel a la palabra que diera a Jeconías de conservarlo a él, con su esposa, hijos y demás parientes, cuando se entregó espontáneamente, para salvar a la ciudad que no quería que fuera atacada.

Habiendo muerto Abilamarodac, después de reinar dieciocho años, el reino pasó a su hijo Niglisar[1] quien murió, después de reinar durante cuarenta años. Después de él, por derecho de sucesión pasó a su hijo Labosordac, que solamente lo tuvo durante nueve meses; habiendo muerto pasó a Baltasar, a quien los babilonios llaman Naboandel. A éste le hicieron la guerra Ciro, el rey de los persas, y Darío, rey de los medos.

Mientras estaba sitiado en Babilonia, se produjo una extraordinaria y prodigiosa visión. Estaba recostado para comer, con sus concubinas y amigos, en una gran sala destinada a los banquetes reales. Tuvo el capricho de hacerse traer los vasos de Dios que estaban depositados en su templo, de los cuales Nabucodonosor, después de saquear a Jerusalén, no había hecho uso, limitándose a guardarlos en su templo. Pero Baltasar llevó su audacia a tales extremos que mientras bebía en ellos, maldecía a Dios; y en ese momento vió una mano que salió de la pared y escribió en ella ciertas palabras.

Perturbado por esta visión, llamó a los magos y caldeos v cuantos eran capaces entre los babilonios de interpretar los sueños, a fin de que le declararan lo escrito. Los magos le dijeron que no lo entendían. Por lo cual, sumamente preocupado y entristecido por un acontecimiento tan inesperado, hizo promulgar por todo el país, que aquel que pudiera leer lo escrito y revelar el significado le daría un collar de oro hecho con anillos entrelazados y el derecho de llevar ropa de púrpura como es costumbre de los reyes de los caldeos; y sería el tercero del reino.

Después de esta proclama, los magos acudieron en mayor abundancia, con miras a ver lo que significaba lo escrito, pero no lograban acertar.

---

[1] En *Contra Apión* (I, 20) dice Josefo, citando a Beroso, que el hijo de Nabucodonosor, Evilmaradoc (Abilamarodac) "un año después de subir al trono murió por las intrigas de Neriglisor, el esposo de su hermana", que se apodera del imperio y reina durante cuatro años.

La abuela del rey, al verlo descorazonado cuando comprobó que no podían aclararse las palabras, lo alentó y le dijo que había un cautivo originario de Judá, traído por Nabucodonosor de Jerusalén, de nombre Daniel, que era un varón de singular sabiduría y capacidad para aclarar aquello que era muy difícil y únicamente conocido por Dios. Daniel era el que había aclarado a Nabucodonosor lo que nadie le pudo explicar. Le aconsejó que lo enviara a buscar y que le preguntara sobre aquellas palabras, para confundir la ignorancia de los que habían fracasado, por terrible que fuera el acontecimiento anunciado por Dios.

3. Oído lo cual Baltasar mandó llamar a Daniel, le dijo que le habían hablado de su fama y sabiduría, informándole que estaba inspirado por el espíritu de Dios y que era el más capacitado de todos para hallar el sentido de las cosas que los otros ignoraban; le rogó que leyera la escritura y la interpretara. Si lo lograba, lo vestiría de púrpura, le daría un collar de oro entrelazado y sería el tercero en el reino; lo haría para honrar y premiar su sabiduría, de modo que fuera considerado el más célebre y se supiera cuál era la causa de su celebridad.

Daniel le contestó que se guardara los regalos para sí, pues la sabiduría y la divinidad no se corrompen con regalos, sino que otorgan gratuitamente sus favores a los que los necesitan. Prometió explicarle la inscripción: le anunció que iba a morir, pues no escarmentó con el castigo sufrido por haber menospreciado a Dios, para portarse piadosamente y no intentar lo que está por encima de la naturaleza humana; Nabucodonosor, a causa de su impiedad, había llevado la vida de una fiera salvaje y sólo consiguió misericordia después de muchas súplicas, para que se le restituyeran la condición humana y el reino, y luego, hasta su muerte, elogió al Dios todopoderoso que cuida de los hombres. Baltasar olvidó estos acontecimientos, blasfemó contra la divinidad y se sirvió de los vasos sagrados en compañía de sus concubinas. Dios, que vió todas estas cosas, se indignó y con aquellas letras le anunciaba su fin.

Las letras escritas tenían este sentido.

—*Mane* —dijo—: esta palabra, que en griego se traduciría por *arizmós*, número, indica que Dios ha numerado el tiempo de tu vida y de tu reino, y ya te queda muy poco. *Tekel*, que significa *stazmos*, peso: Dios, después de pesar tu reino, te advierte que está a punto de caer. *Fares*, en griego significa *klasma*, fragmento: Dios romperá tu reino y lo dividirá entre los medos y los persas.

4. Cuando Daniel declaró estas palabras a Baltasar, éste, como era de esperar, se llenó de congoja y dolor. Sin embargo, no negó a Daniel lo que había prometido; lo cumplió, considerando que la pérdida del reino sería consecuencia de la fatalidad, y no de la profecía. Juzgó, además, que era propio de un hombre probo y justo cumplir lo prometido, por tristes que fueran las predicciones anunciadas. Esta fué su decisión.

Poco después el ejército capitaneado por Ciro, rey de los persas, lo capturó a él y a la ciudad. Pues Baltasar era rey cuando Babilonia cayó cautiva, después de haber gobernado durante diecisiete años. Y éste fué el fin de los descendientes de Nabucodonosor.

El rey Darío tenía sesenta años cuando destruyó el imperio babilonio con su pariente Ciro. Era hijo de Astiages y entre los griegos es conocido bajo otro nombre; se apoderó de Daniel y se lo llevó consigo a su palacio de Media y lo colmó de honores. Daniel fué uno de los tres sátrapas que puso al frente de las trescientas sesenta satrapías [1].

5. Era, pues, Daniel tenido en gran honor y gozaba de gran estima con Darío para todos los asuntos. Darío lo consultaba sólo a él en cualquier circunstancia, como inspirado por el espíritu divino.

Daniel fué envidiado; es habitual envidiar a aquellos que son estimados por los reyes más que uno mismo. Buscaban cualquier oportunidad para calumniarlo y acusarlo los que querían desacreditarlo por gozar de tanta autoridad ante Darío. Además, puesto que no apreciaba el dinero y ni los regalos, considerando indigno recibirlos, aunque se los dieran honestamente, no ofrecía oportunidad ninguna a sus detractores para acusarlo.

No encontrando, pues, nada para hacerle perder la estimación del rey, nada que afectara su probidad, buscaron otros pretextos para quitárselo de en medio. Por eso cuando se dieron cuenta que

---

[1] No son tantas en la Biblia, donde dice que "constituyó ciento veinte gobernadores y sobre ellos tres presidentes, uno de los cuales era Daniel" (*Daniel*, 6, 1 y 2).

tres veces al día Daniel oraba a Dios, se les ocurrió la manera de perderlo. Vinieron al rey y le anunciaron de parte de los sátrapas y gobernadores que les parecía conveniente que, por espacio de treinta días, se determinara que no se hicieran ruegos ni a él ni a los dioses; y que aquel que faltara a este decreto fuera echado a la fosa de los leones.

6. El rey, ignorando su maldad y sin sospechar, por otra parte, que con ello preparaban una trampa para Daniel, dijo que este pedido era de su agrado. Prometió que lo sancionaría y promulgó un edicto público por el cual se hiciera saber al pueblo lo que los sátrapas habían decretado.

Todos respetaron esta decisión, procurando no hacer nada que fuera contra tal mandamiento; pero Daniel no lo tuvo en cuenta en lo más mínimo; según su costumbre siguió orando a Dios en presencia de todos. Los sátrapas, aprovechando la ocasión, se presentaron inmediatamente al rey y acusaron a Daniel de ser el único que no observaba lo ordenado, cuando ningún otro se atrevía a suplicar a los dioses; y esto no por piedad, *sino como envidiosos que eran observaban lo que hacía* [1]. Sospechaban que Darío usaría con él de benevolencia a pesar de no haber cumplido su mandato, lo cual aumentaba su envidia; en vez de ser benévolos, insistieron en que fuera echado a la fosa de los leones. Darío esperaba que Dios lo libraría y que no sufriría daño ninguno; lo exhortó a que sufriera con ánimo ecuánime lo que podría acontecerle.

Echado en la fosa, el rey, después de sellar la piedra que a modo de puerta obstruía la entrada, se retiró; pasó toda la noche sin comer y sin dormir, preocupado muchísimo por Daniel. Se levantó muy de mañana y se dirigió a la fosa; encontró intacto el sello con el que había sellado la cueva; la abrió y llamó a voces a Daniel, preguntándole si estaba sano. Este oyó al rey y respondió que no había sufrido daño; el rey ordenó entonces que lo sacaran de la fosa de los leones. Pero sus enemigos, al comprobar que nada malo le había pasado a Daniel, no lo atribuyeron a la providencia de su Dios, sino que lo explicaron diciendo que por estar los leones muy bien cebados no se le acercaron; y así se lo dijeron al rey.

[1] Frase sin sentido que sugiere lagunas del texto.

Pero éste que detestaba su maldad, ordenó que se diera mucha carne a los leones, y una vez bien cebados se les echara a los enemigos de Daniel, para que comprobaran si por estar saciados no los atacarían. Y Darío comprobó claramente, después que los sátrapas fueron arrojados a las fieras, que Daniel había sido conservado milagrosamente. Pues los leones no perdonaron a ninguno de ellos, sino que desgarraron a todos, como si estuvieran muy hambrientos y necesitados de comida. Creo que no los empujó el hambre, puesto que poco antes se saciaron con carne, sino la maldad de los hombres; pues, cuando Dios lo quiere, la maldad se les hace evidente aun a los animales desprovistos de razón.

7. Después que esto aconteció a los que habían preparado insidias contra Daniel, Darío envió mensajeros por todo el territorio para que celebraran elogiosamente al Dios que adoraba Daniel y proclamaran que era el único verdadero y omnipotente. Colmó a Daniel de honores y lo consideró primero entre los amigos. Siendo Daniel tan sabio y honrado, considerado como amado de Dios, levantó una torre en Ecbatana, en la Media, obra elegantísima y construída con arte admirable, que todavía se mantiene en la actualidad; a los que la contemplan les parece que es de reciente edificación, igual que en la época en que fuera construída. Tan fresca y brillante es su hermosura, sin haber envejecido a pesar del tiempo transcurrido. Con los edificios pasa lo mismo que con los hombres; envejecen a la par, a través de los años pierden algo de su vigor y desmerece su hermosura. En esta torre se acostumbra a sepultar a los reyes de los medos, los persas y los partos; su guarda está encargada a un sacerdote judío, todavía en la actualidad.

Explicamos lo referente a este hombre, para que todos puedan admirarlo. Todo lo que hizo tuvo carácter extraordinario como procedente de uno de los grandes profetas; mientras vivió fué honrado y glorificado por los reyes y el pueblo y, una vez muerto, gozó de fama sempiterna. Los libros que escribió se leen todavía en la actualidad entre nosotros; y deducimos de ellos que Daniel conversaba con Dios. No se limitaba, como los otros profetas, a predecir lo futuro, sino que indicaba el tiempo en que los hechos acontecerían. Mientras los demás profetas profetizaron calamidades, por lo cual concitaron el odio de los reyes y del vulgo, Daniel fué un profeta de buenas nuevas, de manera que se conquistó la buena voluntad de todos; su cumplimiento le valió la confianza de la multitud y la reputación de hombre de Dios.

En sus escritos nos ha dejado predicho lo futuro, por lo cual se puede deducir la inmutable exactitud de sus profecías. Dice que encontrándose en Susa, capital de Persia, salió a la llanura con algunos compañeros, pero al producirse súbitamente un terremoto quedó solo, pues los amigos escaparon. Se prosternó apoyando el rostro en las manos; alguien lo tomó y le ordenó que se levantara para contemplar lo que acontecería a las ciudades en el tiempo futuro. Después que se levantó, le fué mostrado un carnero muy grande, de muchos cuernos, el último de ellos mucho mayor que los otros [1]. Luego elevó los ojos al ocaso, y vió un macho cabrío que se lanzaba a través del aire; cuando se encontró con el carnero, atacóle dos veces con sus cuernos, lo derribó y lo pisoteó. Después vió que salía de la frente del macho cabrío un enorme cuerno, el cual se rompió, creciendo en su lugar otros cuatro, vueltos hacia los cuatro puntos cardinales. De éstos, dice Daniel en sus escritos, salió uno más pequeño, el cual, una vez crecido, le dijo Dios, que era quien le mostraba estos hechos, haría la guerra a su pueblo, se apoderaría de la ciudad, perturbaría las ceremonias del Templo y prohibiría que se celebraran los sacrificios durante mil doscientos noventa y seis días.

Esta visión Daniel escribió haberla visto cerca de Susa; Dios le indicó el significado. El carnero representaba los reinos de los persas y los medos, los cuernos indicaban el número de sus reyes y el último cuerno señalaba al último rey que superaría a todos en riquezas y gloria. El macho cabrío se refería a un rey de los griegos, que por dos veces se impondría a los persas y así obtendría el dominio y se convertiría en heredero de todo su poderío. El gran cuerno que salía de la frente del macho cabrío indicaba al primer rey; los otros cuatro significaban, con su orientación hacia los cuatro puntos de la tierra, los sucesores del primer rey,

[1] La tempestad y los acompañantes de Daniel que huyen son detalles que no figuran en el relato bíblico (*Daniel*, cap. 8), donde el episodio del carnero —que sólo tiene dos cuernos— es anterior a la aparición de la semejanza de hombre y a la voz que le explica la visión.

después que éste muriera y el reparto de su dominio entre ellos. Estos reyes, que no eran ni sus hijos ni sus parientes, gobernarían al mundo durante muchos años.

De entre los últimos saldría un rey que atacaría a los judíos y a sus leyes, destruiría su forma de gobierno, saquearía el Templo y prohibiría que se celebraran sacrificios durante tres años. Y en realidad así aconteció, pues nuestro pueblo sufrió tales cosas bajo Antíoco Epífanes, según lo vió Daniel y lo puso por escrito muchos años antes. También escribió Daniel sobre el imperio de los romanos, que sería sumamente dilatado. Todos estos acontecimientos, tal como Dios se los mostró, los dejó consignados por escrito. De modo que los que lo lean y vean cómo se han cumplido, podrán admirar el gran honor que Dios concedió a Daniel, y comprender que los epicúreos están en un error; porque ellos niegan que exista una providencia en la vida y dicen que Dios no se preocupa de las cosas humanas; y niegan que todas las cosas de la naturaleza sean regidas y administradas por una naturaleza buena e inmortal con miras a la perennidad del universo, y aseguran que el mundo se desenvuelve por su propio ímpetu sin que nadie lo conduzca. Si el mundo no tuviera, como dicen ellos, alguien que lo gobierne, veríamos que así como las naves sin piloto sucumben en las tempestades y los carros sin un guía que maneje las riendas se destrozan, también este mundo, afectado por un movimiento imprevisto, perecería y se aniquilaría. En vista de las predicciones de Daniel, me parece que están muy lejos de la verdad aquellos que afirman que Dios no se preocupa de lo que hace el género humano; pues no comprobaríamos que los acontecimientos corresponden a sus vaticinios, si todo aconteciera de una manera automática.

En cuanto a mí, escribo de acuerdo con lo que he encontrado y leído. Si alguien piensa en otra forma sobre tales asuntos, no le reprocharé su disentimiento.

LIBRO XI

Contiene un lapso de doscientos cincuenta y tres años y cinco meses

CAPITULO I

Reconstrucción de Jerusalén y del Templo. Restitución de los vasos sagrados

1. En el año primero del reinado de Ciro, esto es a los setenta años de la transmigración de nuestro pueblo a Babilonia, Dios se apiadó de su cautividad y tribulaciones, según lo predijo Jeremías antes de la destrucción de la ciudad o sea que después de estar cautivos al servicio de Nabucodonosor y sus sucesores por espacio de setenta años, de nuevo regresarían a su tierra, edificarían al Templo y retornarían a la antigua prosperidad. Así lo predijo. Conmovieron estas profecías a Ciro, quien escribió a toda el Asia en esta forma:

"El rey Ciro dice: Puesto que el Dios supremo de toda la tierra me ha constituído en rey, creo que este Dios es el que adoran los israelitas. Este, por intermedio de profetas, predijo que restauraría su Templo en Jerusalén en tierra de Judá."

2. Ciro se informó de estos acontecimientos por la lectura del libro de sus profecías que doscientos diez años antes había dejado Isaías. Este aseguró que Dios le dijo secretamente:

"Quiero que Ciro, a quien designaré rey de pueblos grandes y poderosos, restituya mi pueblo a su tierra y que reedifique el Templo."

Esto fué predicho por Isaías ciento cuarenta años antes de que el Templo fuera destruído. Ciro lo leyó, y admirado de la inspi-

217

ración divina, ansió cumplir lo que estaba escrito. Reunió a los más ilustres judíos que se encontraban en Babilonia, y les dijo que los facultaba para que regresaran a su patria y reedificaran tanto Jerusalén como el Templo de Dios; además quería ayudarlos, y escribiría a los jefes y sátrapas de las regiones vecinas a la de los judíos, que les entregaran oro y plata para la construcción del Templo y ganado para los sacrificios.

3. Después que Ciro anunció esto a los israelitas, los jefes de las dos tribus, Judá y Benjamín, así como los levitas y sacerdotes, partieron para Jerusalén. Muchos, sin embargo, quedaron en Babilonia, para no abandonar sus propiedades. Una vez llegados allí, todos los amigos del rey los ayudaron y contribuyeron a la construcción del Templo, unos con oro, otros con plata y varios con gran cantidad de rebaños y caballos. Dieron gracias a Dios, y sacrificaron víctimas tal como se hacía antes, como si la ciudad estuviera ya edificada y reviviera la solemnidad de otros tiempos.

Ciro les devolvió los vasos de Dios que el rey Nabucodonosor trasladara a Babilonia, después de haber hecho saquear el Templo. Encargó de estas tareas a Mitrídate, su tesorero, con orden de entregarlos a Abasaro, para que los guardara hasta que el Templo estuviera edificado, y luego se los diera a los sacerdotes y a los jefes del Templo que lo reemplazarían. También envió una carta de este tenor a los sátrapas de Siria:

"El rey Ciro a Sisines y Sarabasanes, salud.

"He permitido a los judíos que habitan en mi reino, que si es de su agrado, regresen a su patria, reedifiquen su ciudad y restauren el Templo de Dios en Jerusalén, en el mismo lugar donde se encontraba antes. He enviado también a Mitrídate, mi tesorero, y a Zorobabel, jefe de los judíos, para que pongan los fundamentos del Templo y lo edifiquen, de una altura de sesenta codos y otros tantos de amplitud; harán tres ringleras de piedra lisa y una de madera del país, como también un altar en el que sacrificarán a Dios. Quiero tomar por mi cuenta los gastos que todo esto ocasione. Además he entregado a Mitrídate, mi tesorero, y a Zorobabel, jefe de los judíos, los vasos que el rey Nabucodonosor sustrajo del Templo, para que los lleven a Jerusalén y los restituyan al Templo de Dios. Son los siguientes: cincuenta vasos de oro para refrescar, y cuatrocientos de plata; cincuenta copas de oro, y cuatrocientas de plata; cincuenta jarrones de oro, y quinientas de plata; cuarenta vasos de oro para las libaciones, y trescientos de plata; treinta copas de oro y dos mil cuatrocientas de plata, y además mil utensilios de diversas clases. Además otorgó a los judíos el regalo honorífico a que están habituados desde los tiempos antiguos, esto es, doscientas cincuenta mil quinientas dracmas de ganado mayor, vino y aceite, y veinte mil quinientas artabas de trigo. Ordeno que esto se les proporcione de los tributos de Samaria. Los sacerdotes inmolarán estas víctimas según los ritos mosaicos, y al ofrecerlas rogarán a Dios por la salud del rey y de su raza, para que el reino de los persas dure largo tiempo. El que no obedeciera estas órdenes o las tuviera por nulas, será crucificado y sus bienes confiscados."

La carta estaba escrita en estos términos. Los librados de la cautividad que partieron para Jerusalén, fueron en número de cuarenta y dos mil cuatrocientos sesenta y dos.

CAPITULO II

Los sátrapas y los samaritanos se oponen a la reconstrucción. Cambises la detiene

1. Mientras ponían los fundamentos del Templo y con todo empeño se consagraban a su reconstrucción, los pueblos vecinos, especialmente los cuteos (a quienes el rey de los asirios, Salmanasar, había traído de Persia y Media estableciéndolos en Samaria, cuando hizo emigrar de allí a los israelitas) pidieron a los sátrapas y a los funcionarios que impidieran a los judíos reconstruir la ciudad y edificar el Templo. Aquéllos, corrompidos por el oro que recibieron de los cuteos, trataron con indiferencia lo referente a los judíos. Ciro, ocupado en la guerra, no lo supo; y poco después falleció en una expedición emprendida contra los masagetas.

Le sucedió en el trono Cambises hijo de Ciro, a quien los sirios, fenicios, amonitas, moabitas y samaritanos escribieron lo siguiente:

"Señor, tus esclavos, Ratim, el comentador, Semelio el escriba, y los jueces del consejo de Siria y Fenicia. Conviene que sepas, oh rey, que los judíos, que fueron llevados a Babilonia, han regresado a nuestra región y edifican la ciudad rebelde y maldita, construyen murallas y levantan el Templo. Ahora bien, debes saber que en el supuesto de que terminaran estas obras, no se avendrán a pagar tributo, ni cumplirán lo que se les ordene, sino que se opondrán a los reyes, pues están más dispuestos a mandar que a ser mandados. Por lo tanto, puesto que se trabaja en la obra del Templo, nos ha parecido conveniente escribirte, para que no descuides este asunto, y consultes los libros de tus antepasados. Comprobarás que los judíos fueron rebeldes a los reyes, y sus enemigos, y que por este motivo su ciudad fué devastada y así continúa en la actualidad. Nos ha parecido conveniente indicarte, lo que tal vez ignoras, que una vez edificada la ciudad y amurallada, tendrás cerrado el camino hacia la Baja Siria y la Fenicia."

2. Cambises, leída la carta, puesto que era de natural perverso, dió crédito a lo que le decían y contestó en esta forma:

"Cambises, rey, a Ratim el comentador, a Belsemo, a Semelio el escriba y a los demás compañeros suyos que habitan en Samaria y Fenicia, les dice: leídas las cartas que me enviasteis, por mandato mío se inspeccionaron los comentarios de nuestros mayores y se ha comprobado que esta ciudad fué siempre enemiga de los reyes y que sus habitantes fueron causa de sediciones y guerras. He sabido que sus reyes, poderosos y violentos, impusieron tributos a la Baja Siria y a Fenicia. Por lo tanto, he ordenado que no se permita a los judíos la edificación de la ciudad, a fin de que no aumente su malévolo poder, del que han estado siempre animados en contra de los reyes."

Una vez leída esta carta, Ratim, el escriba Semelio y sus colegas, subiendo de inmediato a sus caballos y acompañados de una gran multitud de hombres, prohibieron a los judíos que edificaran el Templo y la ciudad. Y es así como la obra quedó interrumpida por espacio de nueve años, hasta el segundo año del reinado de Darío, rey de los persas.

Cambises gobernó seis años, durante los cuales conquistó a Egipto, y de regreso a su patria murió en Damasco.

CAPITULO III

Advenimiento de Darío y su voto. Los guardias principales
de Darío y su competición con Zorobabel. Darío permite
que se reanuden los trabajos

1. Luego de la matanza de los magos que, después de la muerte
de Cambises, gobernaron por un año, las llamadas siete casas de
los persas eligieron rey a Darío, hijo de Histaspis. Este, siendo
todavía un simple particular, prometió a Dios que si llegaba a
ser rey enviaría al Templo de Jerusalén los vasos sagrados que
todavía hubieran quedado en Babilonia. Por aquel tiempo, se presentó ante Darío procedente de Jerusalén, Zorobabel, el que fuera
constituído jefe de los judíos cautivos. De antiguo tenía amistad
con el rey. Esto le valió el que fuera juzgado digno, juntamente
con otros dos, del título de guardia principal, honor que deseaba.

2. En el primer año de su reinado, Darío obsequió espléndidamente y con gran solemnidad a sus allegados, a los oficiales, a los
príncipes de los medos, a los sátrapas de los persas, a los toparcas
de la India hasta Etiopía y a los gobernadores de ciento veinte
satrapías. Luego que comieron abundantemente y se saciaron, cada
uno de ellos se retiró a descansar; pero el rey Darío, después de
acostarse en su cama y descansar un poco, despertóse. En vista
de que no podía conciliar el sueño, se puso o conversar con tres de
sus guardias; prometió al que acertara con la respuesta más veraz
y sabia sobre lo que iba a preguntar que como premio le otorgaría
que vistiera de púrpura, bebiera en vasos de oro, durmiera en un
lecho de oro, tuviera un carro con frenos de oro, una tiara de lino
fino y un collar de oro, de modo que se lo considerara primero
después de él por su sabiduría y se llamaría además pariente del rey.
Hechas estas promesas, preguntó al primero si no era el vino lo
más fuerte que existía en el mundo; al segundo, si no lo eran los
reyes; al tercero, si no lo eran las mujeres, o si quizás la verdad
era más poderosa que las otras tres cosas. Formuladas estas preguntas, durmióse. A la mañana siguiente, en presencia de los
grandes, los sátrapas y los toparcas de Media y Persia, sentado
en el solio desde el cual acostumbraba a administrar justicia, or-

denó que cada uno de los guardias declarara el enigma que les propusiera la noche anterior.

3. El primero habló sobre el poder del vino, en esta forma:

—Varones —dijo—. Conjeturando sobre el poder del vino, compruebo que su poder prevalece sobre todo por los siguientes motivos. Engaña y desvía la mente de aquellos que lo beben, de modo que los reyes se asimilan a pupilos necesitados de cuidador; otorga al esclavo valor para hablar como un hombre libre, e iguala a los pobres con los ricos. Si llega a apoderarse de las almas, las muda súbitamente, y les otorga nuevo vigor de manera que suprime la tristeza en los que se encuentran en desgracia, infunde olvido a los cargados con deudas y contribuye a que se consideren los más ricos de todos. Así que prescinden de toda modestia en su conversación, no cuentan sino por talentos y emplean un lenguaje propio de los seres felices de la tierra. Se olvidan de los jefes y reyes, y apartan del recuerdo a amigos y familiares. También es causa de que los hombres se armen contra aquellos seres que les son muy queridos y los consideren como los más extraños. Vueltos a la sobriedad, después de dormir su embriaguez y exhalado el vino, se levantan ignorantes de lo que realizaron durante la ebriedad. Por esto conjeturo que el vino es lo más poderoso que existe y que no hay nada más vehemente que él.

4. Después que el primero habló sobre el poder del vino, el siguiente se refirió al poder de los reyes, demostrando que era mucho más fuerte que todos aquellos seres que disponen de vigor o de inteligencia. Intentó demostrarlo con las siguientes palabras:

—El dominio de todas las cosas se encuentra en poder del hombre que, quiéranlo o no, somete a la tierra y al mar del modo que más le place; pero los reyes son los que disponen del máximo poder y dominio sobre los hombres. Por lo tanto, el que goza de dominio sobre el más fuerte y valeroso de los animales, con razón se ha de opinar que disfruta de un poder tal al que todo se ha de someter. Si ordenan a los súbditos ir a la guerra y exponerse a sus peligros, obedecen; se dirigen contra el enemigo, dóciles a las órdenes del rey, así como también si les prescriben que nivelen las montañas y demuelan murallas y torres. Aunque se les ordene matar o ser muertos, no rehusan hacerlo, pues no quieren dejar de cumplir las órdenes del rey. Si vencen, presentan al rey la presa que obtuvieron en la guerra. Además, aun fuera de la guerra, si cultivan el campo, luego de muchas labores y dificultades, cuando recolectan los frutos, ofrecen tributos al rey. Lo que éste dice y ordena, se ven obligados a hacerlo sin demora ninguna. El rey descansa saturado de toda clase de delicias y placeres, mientras que otros montan guardia para vigilar su sueño. Nadie, mientras duerme, se atreve a abandonarlo ni en lo más mínimo, para atender a sus asuntos, sino que con la mayor asiduidad se entrega a la custodia del rey. Por eso no puede menos de ser verdad, que el rey es lo más poderoso que existe, pues tan gran multitud está atenta a sus órdenes.

5. Cuando el segundo guardó silencio, el tercero, Zorobabel, empezó a enseñarles cuál era el poder de la mujer y de la verdad, con estas palabras:

——El vino puede mucho, y es grande el rey a quien todos obedecen; pero más poderosos que ambos son las mujeres. Pues es una mujer la que da a luz y cuida al rey y a los cultivadores de las viñas con las que se hace el vino. En general, nada hay que no se lo debamos a ellas. Ellas nos tejen los vestidos; gracias a ellas se arreglan y conservan nuestras cosas. No podemos vivir sin su compañía; si tuviéramos gran cantidad de oro y plata o cualquier otra cosa preciosa y de gran estima, ante una mujer hermosa lo abandonamos todo y anhelamos su belleza. Más todavía: estamos dispuestos a desprendernos de nuestros bienes tranquilamente, con tal que se nos conceda gozar de la hermosura. Nos separamos de nuestro padre, nuestra madre y de la tierra que nos nutre, y olvidamos a los seres más queridos a causa de las mujeres; incluso inmolamos nuestras vidas por ellas. Se puede, pues, comprender cuán grande es el poder de las mujeres. ¿No es cierto que después de trabajar y sufrir toda clase de tribulaciones en tierra y en mar, aquello que ganamos con nuestro trabajo lo llevamos y entregamos a las mujeres, por disponer ellas de poder sobre nosotros? Algunas veces vi al mismo rey, señor de tantos pueblos, vencido por su concubina Apama, la hija de Rabezaco el taumasio; lo he visto quitarse la diadema para ponérsela a ella; sonreía, cuando ella sonreía; se entristecía, si ella se entristecía; siempre dispuesto a seguir las variaciones de su humor y a humillarse si la veía descontenta.

6. Los jefes y los sátrapas se miraban mutuamente; entonces empezó a hablar de la verdad:

—He demostrado cuán grande es el poder de las mujeres; sin embargo, éstas y el rey son débiles en comparación con la verdad. Pues si la tierra es inmensa, el cielo excelso, el sol veloz en su curso, y todo ello se mueve por la voluntad de Dios, y éste es veraz y justo, síguese que se considere potentísima a la verdad, pues la iniquidad nada puede en su contra. Porque todas las demás cosas, que nos parece que gozan de poder, son mortales y caducas, pero la verdad es eterna, dura perpetuamente. No nos otorga hermosura que con el tiempo se marchita, ni riquezas que el destino nos acostumbra a quitar, sino lo que es justo y legítimo, distinguiéndolo de la injusticia a la cual confunde.

7. Cuando Zorobabel terminó de hablar sobre la verdad, todos exclamaron que se había expresado óptimamente, y que sólo la verdad por su naturaleza es inmutable y nunca envejece; entonces el rey le ordenó que pidiera algo más, aparte de lo que había prometido; le aseguró que lo obtendría por haber demostrado que era más sabio que los demás y que los superaba en prudencia.

—Tú —dijo—, te sentarás a mi lado, y serás llamado mi pariente.

Después de estas palabras, Zorobabel le recordó la promesa con la que se había obligado para el caso de que consiguiera el reino: había formulado el voto de reedificar a Jerusalén, construir el Templo de Dios y restituir los vasos que Nabucodonosor saqueó del Templo y trasladó a Babilonia.

—Esto es lo que te pido, lo que a mí me permitiste pedir por considerarme sabio y prudente.

8. El rey se levantó contento y lo besó; escribió a los toparcas y sátrapas que proporcionaran protección a Zorobabel y a sus compañeros en la reconstrucción de Jerusalén. Por cartas ordenó a los gobernadores de Siria y Fenicia que enviaran a Jerusalén cedro del Líbano, y que ayudaran en la edificación de la ciudad. Además decretó que todos los judíos cautivos que volvieran a Jerusalén quedaban en libertad, prohibió a los procuradores y sátrapas que obligaran a los judíos a prestar servicio al rey y eximió de impuestos todo lo que ellos poseyeran en tierras. Ordenó también a los idumeos, samaritanos y a los habitantes de la Baja Siria que abandonaran los poblados judíos que estaban en su poder, y que contribuyeran con quinientos talentos a la construcción del Templo.

Permitióles también que celebraran sacrificios de acuerdo con sus leyes nacionales, quiso pagar él mismo todo el aparato y los vestidos que usan en los actos sagrados el pontífice y los sacerdotes, lo mismo que los instrumentos que utilizan los levitas para el canto. Prescribió que se asignaran tierras a los guardas de la ciudad y del Templo y les señaló una cantidad anual para su subsistencia. Hizo enviar los vasos sagrados; ordenó que se cumpliera todo aquello que antes de él Ciro tuvo el propósito de realizar para el restablecimiento de los judíos.

9. Obtenida esta gracia, lo primero que hizo Zorobabel, cuando salió del palacio, fué agradecer a Dios, elevando los ojos al cielo, por haberle otorgado sabiduría y victoria ante Darío.

—No la habría conseguido —exclamó— si tú, Señor, no me hubieras sido propicio.

Luego de dar gracias a Dios y pedirle que en adelante le otorgara igual benevolencia, marchó a Babilonia y dió la alegre noticia a sus conciudadanos. Estos agradecieron a Dios que les devolviera su tierra natal; luego se reunieron en banquetes y fiestas durante siete días para celebrar la restauración de su patria. Después eligieron jefes de las tribus para que marcharan a Jerusalén, con sus mujeres, sus hijos y animales; con la guardia suministrada por Darío, se dirigieron a Jerusalén llenos de gozo y orgullo, cantando, tocando la flauta y haciendo sonar los timbales. El resto del pueblo judío los acompañaba con iguales muestras de alegría.

10. Partieron en esta forma, en número fijo y determinado de cada grupo de familias. Me parece inútil dar los nombres de estos grupos, no sea que, distraída la mente del lector del hilo de los acontecimientos, le resulte difícil seguir la narración. El conjunto de los que emigraron de las tribus de Judá y Benjamín, de más de doce años de edad, fué de cuatro millones seiscientas veintiocho mil personas [1]. El número de levitas era de setenta y cuatro [2]; había además cuarenta mil setecientos cuarenta y dos mujeres

---

[1] Esta cantidad parece desmesurada, sobre todo comparada con los 42.360 que da la Biblia (*Esdras*, 2, 64).

[2] Otros manuscritos dan el número de 4.070.

y varones menores de edad. Había ciento veintiocho levitas cantores, ciento diez porteros y trescientos noventa y dos siervos sagrados. A éstos hay que agregar seiscientos sesenta y dos que se llamaban israelitas, pero no podían demostrar a qué familia y estirpe pertenecían.

A algunos de los sacerdotes se los privó de su honor, por haberse casado con mujeres de raza desconocida y cuya genealogía no se encontraba en las tablas escritas de los levitas y sacerdotes; su número era cerca de quinientos veinticinco. Una gran multitud de esclavos seguía a los que ascendían a Jerusalén, en número de siete mil trescientos treinta y siete; además doscientos cuarenta y cinco cantores y cantatrices, cuatrocientos treinta y cinco camellos y cinco mil quinientas veinticinco bestias de carga. El jefe de esta multitud era Zorobabel, hijo de Salatiel, de la tribu de Judá, de la progenie de David, y Jesús hijo del pontífice Josedec. Además el pueblo eligió como jefes a Mardoqueo y Serebeo; éstos suministraron una contribución para los gastos del viaje de cien minas de oro y cinco mil de plata. Y de esta manera los sacerdotes, los levitas y parte del pueblo judío que se encontraban en Babilonia retornaron a Jerusalén. Los otros emigrantes regresaron cada cual a su ciudad natal.

CAPITULO IV

Terminación del Templo; su mediocridad. Darío, luego de consultar los archivos reales, asegura su protección a los judíos. Celebración de la Pascua. Nueva intervención de Darío contra los manejos de los samaritanos

1. En el séptimo mes, después que salieron de Babilonia, el pontífice Jesús y el jefe Zorobabel con el mayor celo enviaron mensajeros por todas partes, convocando al pueblo en Jerusalén. Construyeron un altar en el mismo lugar donde antes se encontraba y ofrecieron sacrificios, de acuerdo con las leyes de Moisés. Estos hechos fueron mal vistos por los vecinos, que eran hostiles.

Celebraron también la fiesta de los Tabernáculos, de acuerdo con lo prescrito por el legislador; ofrecieron también las ofrendas, y los holocaustos y los sacrificios de los sábados y de las fiestas sagradas. Los que habían hecho los votos, los cumplieron a partir de la luna nueva del mes séptimo.

Iniciaron la construcción del Templo, gastando mucho dinero en los talladores de piedra, carpinteros y en el alimento de los obreros. Los sidonios enviaron, sin encontrar dificultades, cedros cortados en el Líbano que reunían y ataban entre sí y conducían al puerto de Jope. Esto lo había ordenado Ciro también; pero ahora se hacía por mandato de Darío.

2. Se llegó así al segundo mes del segundo año de su retorno a Jerusalén; trabajaban sin interrupción en la construcción del Templo; una vez terminados los fundamentos, en la luna nueva del segundo mes del año segundo, se empezaron los muros. La vigilancia de la construcción fué confiada a los levitas de más de veinte años, a Jesús, sus hijos y sus hermanos, a Zodmiel, hermano de Judá, hijo de Aminadab, y a sus hijos. El Templo fué terminado mucho más rápidamente de lo esperado, gracias a la diligencia que pusieron aquellos a quienes se había confiado su construcción.

Una vez terminado el santuario, los sacerdotes vestidos con las vestimentas tradicionales, los levitas y los hijos de Asaf, al son de trompetas cantaron un himno en elogio de Dios, como lo había hecho David anteriormente. Pero los sacerdotes, los levitas y los miembros más ancianos de las familias, al recordar el magnífico y suntuosísimo Templo anterior, y contemplar el nuevo que, a causa de la indigencia, era muy inferior, considerando cuán lejos estaban de la pasada prosperidad y lo que era el nuevo Templo, no pudieron acallar su dolor y lloraban y gemían. Pero el pueblo estaba contento con el actual, satisfecho con la edificación del Templo, sin tener en cuenta lo que había sido antes ni compararlo con el otro ni atormentándose con la idea de que su esplendor era menor de lo que se habían figurado. El sonido de las trompetas y la alegría de la multitud ahogaba los gemidos de los sacerdotes y ancianos, que juzgaban ser aquel Templo muy inferior al que fuera destruído.

3. Cuando los samaritanos oyeron el sonido de las trompetas, pues eran enemigos de los tribus de Judá y Benjamín, corrieron con el propósito de informarse de la causa de tan gran ruido. Después que supieron que los judíos que habían sido llevados cautivos a Babilonia edificaban el Templo, se presentaron ante

Zorobabel, Jesús y los jefes de las familias, pidiendo que también se les permitiera a ellos cooperar en la construcción.

—Nosotros —decían—, adoramos a Dios lo mismo que los judíos, le rogamos y le rendimos culto, desde la época en que Salmanasar, rey de los asirios, nos trasladó a este lugar desde Cuta y Media.

Zorobabel, el pontífice Jesús y los jefes de las familias de los israelitas les respondieron que no era posible admitirlos como socios en la construcción del Templo, pues la orden había sido únicamente para ellos, primeramente por Ciro, y luego por Darío. Sin embargo, les sería permitido en el Templo adorar a Dios, como a cualquier hombre que quisiera en él adorar a la divinidad.

4. Los cuteos (pues con este nombre se llama a los samaritanos) se disgustaron por esta respuesta y persuadieron a los habitantes de Siria que era necesario pedir a los sátrapas que se impidiera la edificación del Templo, como se había hecho primeramente con Ciro y luego con Cambises, para que de todas maneras se pusieran obstáculos y demoras en su construcción. Por aquel tiempo subieron a Jerusalén Sisines, prefecto de Siria y Fenicia, Sarabazanes y algunos otros; preguntaron a los jefes de los judíos con permiso de quién construían un templo, que más bien tenía el aspecto de una fortificación que de un lugar sagrado, y cómo era que rodeaban a la ciudad de puertas y murallas tan anchas.

Zorobabel y Jesús el pontífice respondieron que ellos eran los siervos del Dios supremo; que ese Templo había sido construido mucho tiempo atrás por uno de sus reyes, muy sagaz y dotado de toda clase de virtudes y que, durante varios siglos, se mantuvo incólume; pero que luego, a causa de los pecados cometidos por sus antepasados, Nabucodonosor, rey de los babilonios y caldeos, destruyó la ciudad después de sitiarla, incendió el Templo, una vez saqueado, y llevó el pueblo cautivo a Babilonia y a otras partes; pero Ciro, que lo sucedió en el reino de Babilonia y Persia, ordenó por escrito, que se reedificara el Templo; confió a Zorobabel y al tesorero Mitrídate las ofrendas y vasos sagrados, de los cuales se apoderara Nabucodonosor, para que los trasladaran a Jerusalén y los repusieran en el Templo. Ordenó que nada se omitiera y que se procediera velozmente y encargó a Abasaro que subiera a Jerusalén a ocuparse de la construcción. Este, luego que recibió las cartas de Ciro, puso los fundamentos. Desde entonces se estaba construyendo, pero a causa de la malignidad de los enemigos todavía no se había terminado.

—Por lo tanto, si os parece conveniente, escribid a Darío, para que os informe si todo esto es exacto, confrontando con los comentarios, y podréis comprobar que no son fantasías [1].

5. Con esta respuesta de Zorobabel y el pontífice, Sisines y los que se encontraban con él no quisieron ordenar que se cesara en la construcción, hasta que informaran a Darío. Sin embargo, le escribieron de inmediato sobre el particular. Los judíos estaban temerosos de que el rey se arrepintiera de haber autorizado la edificación de Jerusalén y el Templo; pero dos profetas que, por aquel tiempo, se encontraban entre ellos, Ageo y Zacarías, les dijeron que tuvieran buen ánimo y que no imaginaran que les iba a acontecer algún contratiempo de parte de los persas; hablaban conforme Dios les había revelado. Confiados en sus palabras, se consagraron con gran celo a la edificación, de modo que no dejaron de trabajar ni un solo día.

6. Los samaritanos escribieron a Darío [2] acusando a los judíos de edificar una ciudad fortificada, y de que el Templo más se parecía a una fortaleza que a un lugar sagrado y le decían que no reportaría ninguna utilidad al rey; recordaban también las cartas por las cuales Cambises prohibió que se edificara el Templo, cuando comprendió de lo que se trataba. Darío pensó que la construcción del Templo podría resultar en su perjuicio. Recibió también las cartas de Sisines y sus colegas; todo ello lo movió a investigar en los comentarios reales. Se encontró en el palacio de Ecbatana, en la Media, un libro en el cual estaba escrito:

[1] El pedido de participación de los samaritanos que, despechados por el rechazo de los judíos, resuelven acudir a los sátrapas para lograr, "como se había hecho con Ciro y Cambises", que se impidiera la edificación del Templo, figura en la Biblia (*Esdras*, 4, 1/3) en la primera tentativa de reconstrucción, ordenada por Ciro. Difiere además el relato bíblico del de Josefo en que la gestión hecha ante Cambises y que dió por resultado la suspensión de las obras, aparece en la Biblia, con las mismas circunstancias, como si hubiese sido realizada ante Asuero (Astajerjes), que se encuentra allí ubicado entre Ciro y Darío.

[2] Esta nueva gestión epistolar, esta vez ante Darío, y a cargo de los samaritanos, es invención de Josefo.

"En el año primero de su reinado el rey Ciro ordenó que se edificara en Jerusalén el Templo con su altar, de una altura de sesenta codos, y otros tantos de longitud; el edificio constaría de tres ringleras de piedra pulida y una de madera del país. Ordenó también que los gastos corrieran por cuenta del tesoro real. También dispuso que los vasos, que Nabucodonosor se había llevado a Babilonia, se devolvieran a Jerusalén. Estas cosas se las ordenó para su ejecución a Abasaro, prefecto, gobernador de Siria y Fenicia, y a sus compañeros, los cuales debían mantenerse alejados del lugar; pero dejarían que los judíos, siervos de Dios, y sus jefes principales, construyeran el Templo. También les ordenó que les prestaran ayuda, y que ayudaran a los judíos con los tributos de las provincias, de las cuales eran procuradores, con destino a los sacrificios, toros, carneros, ovejas y cabritos, así como también trigo, aceite y vino, y todo lo demás que solicitaran los sacerdotes, para que rogaran a Dios por la salud del rey y de los persas. Cualquiera que obrara contra lo ordenado por el rey, será crucificado y sus bienes pasarán al fisco. Además pidió a Dios, que si alguien pusiera obstáculos en la edificación del Templo, que lo castigara por intentar tamaña iniquidad."

7. Informado Darío de lo que decían los comentarios, escribió lo siguiente a Sisines y sus colegas:

"El rey Darío, al prefecto Sisines, a Sarabazanes y a sus colegas, salud. Envío una copia de lo que está escrito en los archivos de Ciro; y quiero que todo se lleve a cabo de acuerdo con lo prescrito. Adiós."

Después que Sisines y los que con él estaban conocieron por esta carta cuál era la voluntad del rey, determinaron en adelante amoldar a la misma su conducta. Presidían y apresuraban las obras sagradas, de acuerdo con los judíos ancianos y los jefes de los senadores. El Templo fué llevado a su fin con gran ardor, gracias a las predicciones de Ageo y Zacarías, y esto por mandato de Dios y por voluntad de los reyes Ciro y Darío. Se finalizó en siete años.

En el año noveno del reino de Darío, en el vigésimotercer día del duodécimo mes, que entre nosotros se llama adar, y entre los macedonios distros, los levitas, sacerdotes y el resto del pueblo ofrecieron sacrificios, para celebrar su retorno de la cautividad, por haber recobrado la perdida felicidad y por la construcción del nuevo Templo: cien toros, doscientos carneros, cuatrocientos corderos y doce machos cabríos (de acuerdo con el número de tribus de Israel), para la expiación de los pecados de cada una de ellas. Además los sacerdotes y levitas procuraron que hubiera guardias en cada uno de los portales, pues se habían construído pórticos alrededor del Templo.

8. Próxima la fiesta de los ázimos, en el mes primero, denominado xánticos por los macedonios, y por nosotros nisán, desde todos los poblados el pueblo confluyó a la ciudad; celebraron la fiesta purificándose con sus esposas y sus hijos de acuerdo con el rito de sus padres. Ofrecieron la víctima pascual en el día catorce del mismo mes. Pasaron siete días festejando, sin ningún gasto, haciendo los sacrificios acostumbrados, en acción de gracias a Dios por haberlos devuelto a su patria y a sus leyes y por haberles conciliado la benevolencia del rey de los persas.

Después de haber sido pródigos en sacrificios y en la magnificencia del culto de Dios se establecieron en Jerusalén, con una forma de gobierno mixta, aristocrática y oligárquica a la vez. Los pontífices estuvieron al frente del gobierno, hasta el día en que los descendientes de Asmoneo llegaron a la realeza. Antes de la cautividad y su retorno habían sido gobernados por reyes que empezaron con Saúl, el primer rey, y David, durante quinientos veintidós años, seis meses y diez días. Y antes de que tuvieran reyes fueron gobernados por jefes que llamaban jueces y monarcas, y pasaron bajo este régimen más de quinientos años desde la muerte de Moisés y de Josué, el general. Tales fueron los acontecimientos referentes a los judíos librados de la cautividad en los tiempos de Ciro y Darío.

9. Los samaritanos, llevados por su enemistad y envidia, les causaron muchos males, confiados en sus riquezas y en el parentesco que tenían con los persas por ser oriundos del mismo país. Rehusaban pagar los tributos ordenados por el rey para los sacrificios, contando en esto con la protección de sus prefectos, y nada dejaban de hacer con tal que ellos directamente o por intermedio de otros pudieran perjudicar a los israelitas. Pareció, por lo tanto, conveniente a los jerosolimitanos enviar una delegación a Darío, para presentar una queja contra los samaritanos. En calidad de

embajadores partieron Zorobabel y otros cuatro jefes. Cuando el rey escuchó las quejas y las acusaciones de los legados, los despidió con una carta para el prefecto y el senado de Samaria. La carta estaba concebida en esta forma:

"Darío, rey, a Tangana y Sambabas, prefectos de los samaritanos, y a Sadraces y Bobelón y a todos los de Samaria que, a la par de ellos, son consejeros. Zorobabel, Ananías y Mardoqueo, legados de los judíos, os han acusado de haberlos molestado en la construcción del Templo y de no querer pagar las contribuciones que yo ordené para sus sacrificios. Quiero que, leída esta carta, del fondo del tesoro real de los tributos de Samaria, les suministréis todo lo que, de acuerdo con la decisión de los sacerdotes, puedan necesitar para la celebración de los sacrificios, de manera que ningún día deje de haber inmolaciones, a fin de que oren a Dios por mí y por los persas."

La carta estaba escrita en esta forma.

CAPITULO V

El reinado de Jerjes. Fiesta de los tabernáculos; lectura de la ley. La misión de Nehemías. Terminación de las murallas de Jerusalén

1. Muerto Darío, le sucedió en el trono su hijo Jerjes, quien, al igual que él, honró a Dios con piedad y devoción. Cuidó de su culto con el mismo cuidado que su padre, y tuvo en gran estima a los judíos. En esta época era pontífice Joacim, hijo de Jesús. En Babilonia había un varón justo y que gozaba de gran estima entre todos; era el primer sacerdote del Templo, de nombre Esdras. Era muy entendido en la ley de Moisés, y obtuvo la amistad del rey Jerjes. Determinó ascender a Jerusalén y llevar consigo a algunos de los judíos que vivían en Babilonia; rogó para ello al rey que le diera cartas de introducción a los sátrapas de Siria. El rey escribió a los sátrapas la siguiente carta:

"El rey de los reyes, Jerjes, a Esdras, sacerdote y estudioso de la ley de Dios, salud. Pensé que sería un acto de mi humanidad permitir que viajen a Jerusalén, si así lo quieren, los judíos, sus sacerdotes y levitas. Parta todo aquel que tenga este propósito en su ánimo, tal como me ha parecido a mí y a mis siete consejeros, a fin de que inspeccionen lo que se realiza en Judea convenientemente a la ley de Dios, y lleven dones al Dios de los israelitas que yo y mis amigos hemos determinado ofrecer; igualmente lleven todo el oro y plata que encontraran en Babilonia dedicado a su Dios, que lo lleven a Jerusalén y se lo consagren. Así como también todos los vasos de oro o plata que quisieran fabricar para llevarlos, también esto sea permitido. Consagrarás todos los vasos sagrados que se te han enviado y los que consideres conveniente agregar, todo por cuenta del tesoro real. He escrito también a los tesoreros de Siria y Fenicia que pongan la mayor diligencia en todo lo que pidiera Esdras, el sacerdote e intérprete de las leyes de Dios. Y, a fin de librarme a mí y a mi posteridad de la ira de Dios, quiero que se le otorguen hasta cien medidas de trigo. Además os amonesto a que a ningún sacerdote, levita, cantor sagrado, portero, servidor sagrado, escriba del Templo, les impongáis tributo, o cualquier otra cosa desagradable o enojosa. En cuanto a ti, Esdras, de acuerdo con la sabiduría divina de que estás dotado, nombrarás jueces entendidos en tu ley, que administren derecho, y enseñarás la ley a los ignorantes, y si alguno de tus conciudadanos transgrediera la ley de Dios o del rey, deberá ser castigado, sin que pueda alegar que ello fué por ignorancia, porque la conocía, y aun conociéndola, se atrevió a lazmente a despreciarla. Será castigado con la muerte o con una multa. Adiós."

2. Después de recibir esta carta, Esdras se alegró en gran manera, y adoró a Dios, reconociendo que le debía a él la benevolencia que el rey le otorgaba; por lo cual le rendía las mayores gracias. En seguida leyó la carta a los judíos que con él estaban en Babilonia; retuvo consigo el original, y envió copias a los de su raza que se encontraban en Media. Informados de la piedad del rey y de la benevolencia que demostraba hacia Esdras, se alegraron en gran manera; muchos de ellos con todo lo que poseían se fueron a Babilonia, con la esperanza de regresar a Jerusalén. Pero la mayor parte del pueblo de Israel quedó en el país; ésta es la razón de que solamente dos tribus en Europa y en Asia estén sometidas al imperio romano; las otras diez tribus aún en

la actualidad viven más allá del Eufrates, miles de hombres cuyo número no se puede determinar.

Se presentaron a Esdras muchos sacerdotes, levitas, porteros, cantores sagrados y servidores del Templo. Esdras reunió durante tres días en un lugar situado más allá del Eufrates a los que habían escapado a la cautividad; les ordenó que ayunaran y que con ruegos imploraran a Dios que cuidara de su seguridad, para que no sufrieran en el camino ningún daño, ni de parte de enemigos o a causa de cualquier dificultad que se les presentara. Pues Esdras había dicho previamente al rey, que Dios los cuidaría; por esto no quiso pedirle caballos para el traslado. Realizadas las súplicas, avanzaron desde el Eufrates en el día duodécimo del primer mes, en el año séptimo del rey Jerjes, y llegaron a Jerusalén en el mes quinto del mismo año.

Esdras entregó de inmediato las riquezas que traía a los tesoreros, que eran de raza sacerdotal: esto es, seiscientos cincuenta talentos de plata, vasos de plata por cien talentos, vasos de oro por veinte talentos, vasos de bronce mejores que el oro de un peso de doce talentos. Era lo que habían donado el rey y sus consejeros y todos los israelitas que permanecieron en Babilonia. Después de entregar todo esto, Esdras ofreció en la forma acostumbrada los siguientes sacrificios: doce toros por la salud de todo el pueblo, noventa carneros, setenta y dos corderos y doce cabritos. Entregó las cartas del rey a los intendentes y prefectos de la Baja Siria y Fenicia. Consideraron conveniente cumplir lo ordenado por el rey; honraron al pueblo judío y procuraron serle útil en todo lo posible.

3. Estos hechos fueron llevados a cabo y decididos por Esdras; si tuvo éxito en los mismos, creo que fué porque Dios lo consideró digno por su piedad y justicia. Poco después, algunos le informaron que gente del pueblo, así como también sacerdotes y levitas, habían obrado contra las instituciones nacionales y faltaron a las leyes patrias, casándose con mujeres extranjeras y maculando de esta forma la raza sacerdotal; le pidieron que hiciera cumplir las leyes, para que la ira de Dios no se extendiera a todos indistintamente y no les vinieran nuevas calamidades.

Amargado por la noticia rasgó sus vestiduras, se golpeó la cabeza, se arrancó la barba y se postró en el suelo, al ver que los culpables eran los primeros de la nación.

Considerando que no lo obedecerían si les ordenaba que despidieran a sus mujeres con sus hijos, no quiso levantarse del suelo. Se le reunieron los buenos y justos, y lamentaron con él lo que había acontecido.

Finalmente Esdras se levantó del suelo, y extendiendo las manos hacia el cielo dijo que era indigno de mirar hacia lo alto, por haber pecado el pueblo tan gravemente, olvidando lo que había acontecido a los antepasados a causa de sus pecados. Rogó a Dios, que había conservado la semilla y los residuos del pueblo después de las calamidades y su cautiverio, y de nuevo lo había trasladado a Jerusalén y había conmovido a los reyes de los persas para que se apiadaran de él, que les perdonara los actuales pecados; era un crimen que merecía la muerte, pero la bondad de Dios podía evitar el castigo, incluso por semejantes crímenes.

4. Después de esto terminó su oración. Todos los que estaban con él, con sus mujeres e hijos, gemían; entonces uno de los primeros de Jerusalén, de nombre Aconio, se hizo presente y le dijo que realmente estaban en pecado aquellos que vivían con mujeres extranjeras; le aconsejó que con juramento los obligara a despedir a las mujeres y a los hijos nacidos de ellas; aquellos que no obedecieran serían castigados. Ya convencido Esdras tomó juramento a los principales de los sacerdotes, a los levitas y a los israelitas que, de acuerdo con el consejo de Aconio, repudiarían a sus mujeres e hijos. Después del juramento, salió del Templo y se retiró a la celda de Juan, hijo de Eliasib, donde permaneció todo el día sin probar comida ni bebida a causa de su aflicción.

Se decretó que todos los que regresaron de la cautividad se reunieran en Jerusalén; aquellos que al cabo de dos o tres días no se presentaran, serían separados del pueblo y sus bienes declarados sagrados por edicto del senado; todos los hombres de las tribus de Judá y Benjamín se reunieron en un lapso de tres días, el día vigésimo del mes noveno, llamado caslev entre los hebreos y apelaio entre los macedonios. Se congregaron en la parte superior del Templo, estando también presentes los ancianos, a quienes resultaba molesto el frío. Esdras se levantó y dijo que habían violado la ley aquellos que habían tomado mujer de raza extranjera;

ahora, para agradar a Dios y mirar por su propia salvación, tendrían que despedir a esas mujeres. Todos respondieron que así lo harían, pero que había muchas y que estaban en invierno y no era un asunto que se pudiera cumplir en uno o dos días.

Se resolvió que los jefes quedarían allí, y aquellos que habían contraído enlace con mujeres extranjeras dentro de un tiempo determinado se presentarían con los ancianos de su propio lugar, los que contarían el número de los que habían contraído esas uniones. Se siguió este consejo, e iniciaron la investigación en el primer día del mes décimo sobre aquellos que habían tomado mujeres extranjeras y la continuaron hasta el primer día del mes siguiente. Muchos de entre la posteridad del pontífice Jesús, sacerdotes, levitas e israelitas se habían apresurado a librarse de las mujeres extranjeras y de los hijos que nacieron de ellas, teniendo en mayor aprecio la observancia de la ley que el amor que les profesaban; para aplacar a Dios ofrecieron sacrificios, inmolando corderos. No nos ha parecido necesario dar sus nombres. Y Esdras luego que rectificó aquello en que se había errado en el asunto de los casamientos, estableció una costumbre que se conservó en adelante.

5. En el séptimo mes, al celebrarse la fiesta de los Tabernáculos, y cuando estaba presente casi todo el pueblo, subieron a la terraza del Templo del lado de la puerta oriental y pidieron a Esdras que les recitara la ley de Moisés. Colocándose éste en medio de la multitud, leyó desde la mañana hasta el mediodía. Al escuchar la lectura de la ley, no sólo se adoctrinaron de lo que era justo en lo presente y para lo futuro, sino que se lamentaron de lo pasado y lloraron, pensando que no habrían sufrido tantos males, si hubieran observado la ley.

Cuando Esdras vió esto, les ordenó que se retiraran a sus hogares y se abstuvieran de llorar; pues era fiesta, y no era conveniente derramar lágrimas; les aconsejó que banquetearan gozosamente a causa de la festividad; que su arrepentimiento y dolor por los pecados pasados, sería para ellos una seguridad de que en adelante no reincidirían. De modo que, por consejo de Esdras, empezaron a regocijarse. Se alegraron durante ocho días en las tiendas, y luego cantando himnos a Dios se retiraron a sus hogares, dando gracias a Esdras por haberles corregido en todo aquello que estaba fuera de las leyes del estado.

Después de haber adquirido tanta gloria entre el pueblo, Esdras, lleno de años, falleció, y fué enterrado magníficamente en Jerusalén. Por la misma época falleció el pontífice Joacim, a quien sucedió su hijo Eliasib.

6. Uno de los cautivos judíos, copero del rey Jerjes, por nombre Nehemías, un día se paseaba por las afueras de la capital de los persas, Susa, cuando oyó a unos extranjeros, que parecían estar al término de un largo viaje y penetraban en el pueblo, y hablaban entre sí en hebreo. Se les acercó y les preguntó de dónde venían. Respondieron que de Judea; les preguntó luego cómo estaba este pueblo y su capital Jerusalén. Le dijeron que todo andaba muy mal, que las murallas habían sido arrasadas hasta el suelo, que los pueblos vecinos los ultrajaban de continuo, durante el día invadían su región y les robaban, y durante la noche atacaban a la ciudad; de modo que se llevaban muchos prisioneros y a la luz del día en los caminos se veían muchos cadáveres. Al oír estas nuevas, Nehemías rompió a llorar, movido a piedad por las calamidades de su pueblo, y levantando los ojos al cielo dijo:

—¿Hasta cuándo tolerarás, oh Señor, que nuestro pueblo esté tan oprimido? Hemos llegado a tal extremo que somos botín y presa para todos.

Mientras lamentaba las desgracias junto a la puerta, le anunciaron que el rey estaba por ir a la mesa. Inmediatamente, y sin tiempo para lavarse, se apresuró a presentarse a servir al rey. Después de cenar el rey, muy alegre, más contento que de ordinario, observó a Nehemías y como viera su rostro entristecido, le preguntó la causa de su tristeza [1]. Nehemías rogó a Dios que otorgara a sus palabras el poder de persuasión, y dijo:

—¿Cómo, oh rey, puedo tener otra apariencia o no estar dolorido en el alma, cuando oigo que mi patria, Jerusalén, donde se encuentran los sepulcros de mis antepasados, está con las mura-

---

[1] Según Josefo, Nehemías habló con el rey inmediatamente después de haberse encontrado con los extranjeros. Según la Biblia, la conversación con estos últimos, uno de los cuales era su hermano Hanani, tuvo lugar en el mes de kislev (*Nehemías*, 1, 1-2) y la entrevista con el rey (Artajerjes, lo llama la Biblia) en el mes de nisán (1, 2).

llas derribadas y sus puertas consumidas por el fuego? Te pido que me permitas ir allí y edificar las murallas y prestar mi ayuda para levantar el Templo [1].

El rey le otorgó lo que pedía, le prometió cartas para los sátrapas a fin de que lo respetaran y le entregaran en abundancia todas aquellas cosas que le hicieran falta, para cualquier uso.

—Abandona la tristeza —dijo— para que me sirvas alegremente.

Nehemías adoró a Dios y dió gracias al rey por sus promesas y levantó el rostro sin rastros de abatimiento y tristeza. Al día siguiente, el rey mandó llamar a Nehemías y le entregó cartas para Adaio, prefecto de Siria, Fenicia y Samaria, en las cuales ordenaba que trataran bien a Nehemías y le suministraran lo que fuera necesario para edificar.

7. Viajó hasta Babilonia, donde se le unieron muchos de sus conciudadanos y con ellos partió a Jerusalén, en el año vigésimoquinto del reinado de Jerjes. Luego de dar gracias a Dios, envió las cartas a Adaio y a los demás prefectos. Habiendo convocado a todo el pueblo en Jerusalén, se levantó en medio del Templo, y habló en esta forma:

—Sabéis muy bien, oh, judíos, que Dios se acuerda de nuestros mayores, Abram, Isaac y Jacob y que, gracias a su vida justa, no nos ha abandonado. A mí me ayudó, para que el rey me otorgara poder de restaurar nuestras murallas y llevar a su fin lo que falta del Templo. Quiero, por lo tanto, ya que muy bien conocéis la mala voluntad con que nos tratan los pueblos vecinos, que de todas maneras se opondrán a nuestro anhelo de edificar y procurarán impedirlo en toda forma, que ante todo confiéis en Dios para resistirlos. Luego no dejéis de construir ni de día ni de noche, sino que os consagréis al trabajo con gran entusiasmo y cuidado, ya que las circunstancias os son favorables.

Dicho esto, ordenó a los magistrados que midieran las murallas y que el trabajo se repartiera por poblados, de acuerdo con las fuerzas de cada uno; prometió que él con los suyos cumpliría su parte. Dispuesto así, se disolvió la asamblea. Y los judíos se entregaron a su trabajo. Se llamaban judíos desde el día en que subie-

---

[1] La Biblia no menciona el Templo. Nehemías restaura los muros y las puertas de la ciudad, como relata luego Josefo.

ron de Babilonia, pues eran de la tribu de Judá los primeros que llegaron a aquellos lugares; y así se llamó a todos ellos y a la región.

8. Cuando los amonitas, los moabitas, los samaritanos y los que habitaban en la Baja Siria se informaron de que se estaba acelerando la edificación de los muros, se indignaron; y no cejaron en su propósito de ponerles dificultades para obligarlos a desistir. Mataron a muchos judíos y maquinaron asesinar al mismo Nehemías, sirviéndose de algunos extranjeros para llevarlo a cabo. Además quisieron aterrorizarlos y esparcieron rumores de que los iban a invadir grandes ejércitos formados por diversos pueblos. Fué tanto el temor que los invadió que poco faltó para que abandonaran la edificación.

Pero nada pudo disminuir en Nehemías el gran ánimo con que se dedicaba a la obra; sin embargo, se procuró algunas guardias que miraran por su seguridad, y quedó firme en su lugar dispuesto a llevar a cabo su obra, a pesar de todas las dificultades. Cuidadosamente vigilaba por su seguridad, no por temor a la muerte, sino por estar persuadido de que si llegara a morir, no se restaurarían los muros de la ciudad; ordenó que en adelante los que trabajaban estuvieran armados. Los obreros y peones tenían una espada y cerca estaban los escudos; cada quinientos pasos había trompetas encargados de avisar al pueblo, en caso de que se acercara el enemigo, para que no se los encontrara desprevenidos e inermes, sino que bien armados iniciaran la lucha. El mismo, durante la noche, recorría el lugar, y nada lo cansaba, ni el trabajo, ni el falta de sueño ni el régimen de vida; satisfacía las exigencias de la naturaleza, sólo por necesidad. Sufrió estas fatigas durante dos años y cuatro meses. Fué el tiempo que emplearon para edificar los muros de Jerusalén, terminados en el año vigésimoctavo del imperio de Jerjes, en el noveno mes.

Terminadas las murallas, Nehemías y el pueblo dieron gracias a Dios y lo festejaron durante ocho días. Cuando los pueblos que vivían en Siria supieron que se había llevado a buen fin la construcción de los muros, se indignaron en gran manera. Además Nehemías, al advertir que era reducida la población de la ciudad, indujo a los sacerdotes y levitas a que se establecieran allí, abandonando el campo; les preparó casas con sus propios fondos. Ordenó también al pueblo que vivía en los campos que pagara los diezmos, de modo que los sacerdotes y levitas al disponer de suficientes medios de vida, no dejaran de consagrarse al culto de Dios. De buen grado se cumplió lo ordenado por Nehemías; y es así como se consiguió que fuera mayor el número de habitantes de Jerusalén. En cuanto a Nehemías, después de haber realizado muchas otras cosas preclaras y dignas de elogio, siendo anciano falleció. Había sido un varón bueno y justo, consagrado por entero a los intereses de su nación, a la cual dejó un recuerdo eterno en las murallas de Jerusalén. Y éstas son las cosas que se realizaron reinando Jerjes.

CAPITULO VI

El reinado de Artajerjes. La desgracia de Vaste. Mardoqueo descubre un complot. Amán arranca al rey un edicto de exterminio contra los judíos. La intervención de Ester. Suplicio de Amán. Nuevo edicto de Artajerjes. La fiesta de Púrim

1. Muerto Jerjes, el reino pasó a su hijo Cyrus, a quien los griegos llaman Artajerjes [1]. Poco faltó para que, bajo su gobierno, pereciera todo el pueblo judío, con sus esposas e hijos. Más adelante indicaremos la causa, pues conviene en primer lugar exponer lo referente al rey, y de cómo tomó por mujer a una judía de estirpe real que salvó a nuestro pueblo. Artajerjes, después de haber recibido el reino, nombró desde la India hasta Etiopía ciento veintisiete sátrapas, y en el año tercero de su reinado invitó a un gran banquete a los amigos, a los pueblos de Persia y a sus jefes, como convenía a un rey que quería dar una muestra de sus riquezas; duró ciento ochenta días. Luego agasajó en Susa durante siete días a los pueblos de las provincias y a sus embajadores.

[1] El nombre de Cyrus, que Josefo da al rey, corresponde al Asuero de la Biblia, donde por otra parte, tanto en el libro de *Ester* como en el de *Esdras*, es el adjudicado a Jerjes. Josefo, en cambio, y de acuerdo con la versión griega de los Setenta, llama Jerjes al primer rey, el de la época de Esdras y Nehemías, y Artajerjes (Cyrus o Asuero) al del episodio de Ester.

El festín estaba organizado de la siguiente forma: se construyó una sala en forma de tienda, sostenida por columnas de oro y plata, reunidas por velos de lino y púrpura, de modo que podía contener muchos miles de invitados. El servicio constaba de vasos de oro y piedras preciosas, para que fueran a la vez agradables a la vista. El rey ordenó a los servidores que no obligaran a beber una vez llenas las copas, como se estila entre los persas, sino que cada cual bebiera en la forma que le agradara. Envió también mensajeros por el reino para que anunciaran que dejando el trabajo se hicieran fiestas, celebrando su advenimiento al reino. También Vaste, la reina, celebró un banquete en el palacio con las mujeres.

El rey la quiso obligar a que se presentara ante sus convidados, para que vieran su belleza, superior a la de las demás mujeres. Pero ella, por respeto a la ley de los persas que prohibe que las mujeres sean contempladas por extraños, no se presentó ante el rey; y, a pesar de enviarle una y otra vez mensajeros, persistió en su negativa. El rey, airado, interrumpió el banquete y llamó a siete de los persas a quienes estaba encomendada la interpretación de las leyes, y acusó ante ellos a su esposa, pretendiendo que lo había ultrajado, pues llamada varias veces al banquete, no apareció ni una sola. Pedía, pues, que declararan cómo tenía que proceder con ella de acuerdo con la ley.

Uno de los presentes, de nombre Muqueo, opinó que tal hecho no sólo era una ofensa al rey, sino a todos los persas, que correrían el peligro de ser menospreciados por sus esposas, haciéndoles la vida insoportable; pues ninguna mujer respetaría a su marido ante el ejemplo de la arrogancia de la reina al no obedecer al que gobierna a todos. Aconsejó que se castigara gravemente tal contumacia y que luego se diera a conocer a todos lo decidido. Por consiguiente, se determinó que Artajerjes repudiara a Vaste y concediera su lugar a otra mujer.

2. El rey la amaba intensamente y le dolía la separación; pero no podía reconciliarse con ella, pues la ley se lo prohibía. Y no dejaba de lamentarse que por su capricho se hubiera puesto en tales dificultades. Por eso los amigos, al verlo sufrir de ansiedad, le aconsejaron que apartara el recuerdo de la esposa y de un amor que en nada le iba a aprovechar, y que enviara mensajeros por toda la tierra a buscar a las mujeres más hermosas; la que superara a las demás sería tomada por esposa. Con una nueva esposa se extinguiría el ansia de la otra, y la primera inclinación pasaría a la que habitara con él.

Siguió el consejo y nombró a quienes debían llevarlo a cabo: que buscaran muchachas vírgenes que se destacaran sobre las demás por su hermosura, y se las trajeran.

Se reunieron muchísimas, entre ellas una muchacha de Babilonia, huérfana de padre y madre, que estaba bajo el cuidado de su tío, llamado Mardoqueo [1], de la tribu de Benjamín y uno de los principales de los judíos. Resultó que Ester, éste era su nombre, aventajaba a las demás en hermosura, de tal manera que por su gracia concentraba en su persona todas las miradas.

Fué confiada al cuidado de un eunuco, que la rodeó de todo lo necesario; fué perfumada con los aromas más diversos y los ungüentos más raros que pueda exigir el cuidado del cuerpo. Al mismo régimen fueron sometidas todas las jóvenes durante seis meses [2]; su número era de cuatrocientos. Cuando el eunuco consideró que las vírgenes ya estaban suficientemente preparadas, y que ya merecían pasar a la cama del rey, todos los días enviaba una de ellas para que se acostara con el rey. Este, después de haber estado con ella, la devolvía al eunuco.

Cuando llegó el turno a Ester, se enamoró de la joven y la tomó como esposa legítima y celebró su matrimonio con ella en el año séptimo de su reinado, en el mes duodécimo que se llama adar. Luego envió a sus mensajeros, que se llaman angares, para anunciar el casamiento a todos los pueblos e invitarlos a que celebraran fiestas. El mismo agasajó a los persas y medos y los jefes de su pueblo, en honor de su matrimonio, con banquetes que duraron un mes íntegro. Cuando recibió a Ester en el palacio, le impuso una diadema. Ella vivía con él, sin haberle revelado cuál era su raza. Su tío se trasladó de Babilonia a Susa, y todos los días pasaba frente al palacio, para informarse sobre la joven; la amaba como si fuera hija suya.

---

[1] Mardoqueo y Ester, que no era su sobrina sino su prima, según la Biblia, vivían en Susa a la sazón (*Ester*, 2, 5 y 7).
[2] Doce meses, según la Biblia.

3. El rey había establecido una ley por la cual nadie, mientras él estuviera sentado en el trono, podía presentarse sin ser llamado. Hombres armados de hachas rodeaban siempre el trono, para castigar a aquellos que se presentaran sin ser llamados. El rey se sentaba teniendo en la mano una vara de oro; cuando quería perdonar a alguien que se hubiese acercado sin ser llamado, la tendía. El que llegaba a tocarla, estaba fuera de peligro. Y sobre el particular basta con estas explicaciones.

4. Poco después, los eunucos Bagatos y Teodestes conspiraron contra el rey, pero Barnabazos, servidor de uno de ellos, de raza judía, lo supo e informó al tío de la esposa del rey. Mardoqueo, por intermedio de Ester, descubrió la conspiración. El rey, atemorizado, hizo investigaciones que revelaron la verdad del hecho. Hizo crucificar a los eunucos; en cuanto a Mardoqueo, su salvador, por entonces no le dió recompensa ninguna. Se contentó con hacer inscribir su nombre a los que tenían a su cargo las memorias del reinado; luego le hizo decir que no se alejara del palacio, porque el rey lo consideraba como uno de sus más fervorosos amigos.

5. Era costumbre que tantos los persas como los extranjeros se prosternaran ante Amán, hijo de Amadates, de raza amalecita, cuantas veces éste se presentaba ante el rey, pues Artajerjes ordenó que se le tributara este honor. Pero Mardoqueo, por dignidad y por respeto a las leyes de su patria, no se prosternaba ante ningún hombre; Amán, que lo advirtió, se informó de dónde era. Cuando supo que se trataba de un judío, se indignó y le dijo que él era venerado por los persas, hombres libres, mientras que él se negaba a hacerlo, siendo esclavo.

Quiso vengarse de Mardoqueo, pero le pareció que era poco castigar a uno solo y resolvió aniquilar a todo su pueblo. Por naturaleza odiaba a los judíos, porque los amalecitas, de cuya raza procedía, habían sido destruídos por los judíos. Fué a ver al rey y formuló la acusación: que había un pueblo maligno, disperso por las diversas zonas de su imperio, extraño, insociable, que no practicaba la religión común ni se atenía a las leyes.

—Sino que —continuó—, por sus costumbres y modo de ser, está en lucha con tu pueblo y todos los demás hombres. Si quieres beneficiarte y hacerte grato a tu pueblo, extermina de raíz a esta gente; que no quede ni residuo de ella, ni aun para la cautividad o para la esclavitud.

Sin embargo, para que el rey no se perjudicara, privado de los impuestos que percibía de los judíos, Amán se comprometió a darle de sus bienes cuarenta mil talentos de plata, cuando lo ordenara. Y agregó que de muy buena gana daría esta cantidad, con tal que el país estuviera libre de esa gente miserable.

6. Después que Amán pidiera estas cosas, el rey le dejó el dinero y le entregó a los hombres, para que hiciera con ellos lo que quisiera. Amán, obtenido lo deseado, envió un edicto a todas las naciones en nombre del rey en esta forma:

"El gran rey Artajerjes escribe lo siguiente a los ciento veintisiete sátrapas, desde la India a Etiopía. A pesar de haber obtenido el dominio de muchos pueblos y extendido mi reino cuanto quise, no toleré que se tratara soberbia o cruelmente a los súbditos, sino suave y pacíficamente, procurando que gocen de paz y justicia, y procuré de todos modos que así se hiciera de un modo firme y perpetuo. Pero Amán, quien a causa de su prudencia y justicia logró ser honrado y respetado más que todos, y que por su constante fidelidad y benevolencia ocupa el primer lugar después de mí, por el cuidado que tiene de todo lo mío, me avisó que, mezclado con todos los demás pueblos hay un pueblo inicuo que menosprecia las leyes, es irrespetuoso de las órdenes reales, posee costumbres diferentes, odia en gran manera a la monarquía y es de ánimo maligno contra lo nuestro; por lo tanto, os ordeno que a aquellos que fueran señalados por Amán, mi segundo padre, los exterminéis con sus mujeres e hijos, sin perdonar a nadie; y que no dejéis de cumplir mis órdenes, llevados por impulsos de misericordia. Quiero que esto se cumpla en el día trece del mes doce del presente año, a fin de que nuestros enemigos pierdan la vida en un día determinado; y gocemos en adelante de una vida tranquila y pacífica".

Este edicto se anunció en todas las ciudades y regiones, para que estuvieran prestas para el exterminio de los judíos en una fecha determinada. Se preparaba también lo mismo en Susa. Entretanto el rey y Amán pasaban el tiempo en comer y beber; pero la ciudad estaba ansiosa y perturbada.

7. Mardoqueo, cuando supo lo ordenado, rasgó sus vestiduras, se cubrió con un saco y esparciéndose encima ceniza recorrió la ciudad, lamentándose de que se matara a gente que no había hecho mal ninguno. Gritando esto, llegó hasta el palacio real, y se quedó en la puerta; pues tal como estaba vestido no lo dejaron entrar. Lo mismo hicieron todos los judíos en las ciudades donde se había promulgado el decreto, llorando y lamentándose de la muerte a que se los había condenado. Cuando anunciaron a la reina que Mardoqueo estaba a la puerta del palacio con un vestido tan miserable, consternada de lo que oía, envió a alguien para que le hiciera cambiar de vestido.

Como rehusara desprenderse del saco, pues no había cesado el mal que lo había obligado a ponérselo, Ester llamó al eunuco Acrateo, que por casualidad se encontraba presente, y lo envió a ver a Mardoqueo, a fin de que se informara de la calamidad que le había acontecido, pues se entregaba al llanto y no quería deponer aquel vestido, a pesar de pedírselo ella.

Entonces Mardoqueo expuso la causa: que en todas las provincias se había promulgado el edicto contra los judíos, y le informó de la promesa de dinero con la cual Amán había obtenido el decreto del rey. Le dió una copia del decreto para que la entregara a Ester, a quien le pidió que no desdeñara solicitar al rey, y que para salvar a su pueblo se vistiera de suplicante, a fin de apartar el peligro de muerte de los judíos, pues Amán, cercano al rey por su dignidad, los había acusado, excitando su ira.

Informada Ester, mandó decir a Mardoqueo que el rey no la había llamado y que quienquiera que se le acercara sin ser llamado tenía que morir, a no ser que el rey quisiera salvarlo, extendiéndole su vara de oro. Si el rey hacía esto, aunque hubiera entrado sin ser llamado, no sólo no moriría, sino que quedaba incólume una vez obtenido el permiso.

Después que el eunuco informó a Mardoqueo de parte de Ester, le contestó que dijera a la reina que no era ocasión para pensar en su seguridad, sino en la de toda su raza; si dejaba de hacerlo, con seguridad que Dios prestaría ayuda a su pueblo, pero ella y su casa serían destruídos por aquellos de quienes tan poco se habían cuidado. Entonces Ester, enviándole el mismo criado, ordenó a Mardoqueo que se fuera a Susa y llamara a asamblea a todos los judíos que allí estuvieren, a fin de que ayunaran por ella, absteniéndose durante tres días de toda comida y bebida. Ella con sus criadas haría lo mismo, y luego prometía que se presentaría ante el rey contra lo establecido, y si era necesario morir no rehusaba la muerte.

8. Mordoqueo, conforme con lo que había ordenado Ester, hizo que el pueblo ayunara y oró a Dios que no permitiera que su pueblo, que se encontraba en gran peligro, pereciera; que así como anteriormente había procurado su salvación y les había perdonado sus vicios y pecados, también ahora los librara de la muerte.

—Pues, dijo, no es por determinadas faltas que estamos condenados a morir sin gloria, sino que yo soy la causa de la cólera de Amán, porque no me prosterné ante él y, oh, Señor, el honor que sólo te tributo a ti no se lo tributé a él; es por eso que indignado ha imaginado esta calamidad contra los que nada hacen en contra de tus leyes.

El pueblo pidió lo mismo, orando a Dios para que mirara por su salvación y se dignara librar a los israelitas de la calamidad futura. El peligro estaba ya ante sus ojos y era inminente. Ester también rogó a Dios según el estilo de su pueblo, prosternada en el suelo y revestida con vestidos de duelo; durante tres días se abstuvo de toda comida, bebida y placeres, y pidió a Dios que se compadeciera de su suerte y que cuando se presentara ante el rey su palabra fuera persuasiva; que la hiciera aparecer más hermosa que nunca, de modo que ambos hechos mitigaran la ira del rey, en caso de que se irritara por ayudar a sus compatriotas que corrían gran peligro, y que el odio del rey se dirigiera contra aquellos que eran enemigos de los judíos los cuales, si los dejaba a su arbitrio, serían eliminados.

9. Durante tres días elevó ruegos a Dios. Luego cambió los vestidos lúgubres, y vestida y adornada como reina, se hizo acompañar por dos criadas; en una de ellas se apoyaba ligeramente, mientras que la otra la seguía levantando la cola de su vestido, extendida en el suelo; se presentó ante el rey, con el rostro ruborizado y una belleza llena de dignidad y dulzura. Pasó a su presencia, ansiosa de miedo. El rey estaba sentado en el trono revestido con las insignias reales, esto es, un vestido de variados colores, cargado de oro y piedras preciosas, y por este motivo le pareció mucho más terrible. El rey la miró duramente y con el rostro en-

cendido en ira. La reina se inclinó débilmente, perdidas las fuerzas, en los brazos de aquellos que estaban a su lado.

El rey, creo que por designio divino, mudó su ánimo y temeroso de que a su esposa le pasara algo grave por su consternación, bajó del trono y tomándola en sus brazos probó reanimarla acariciándola y le habló dulcemente pidiéndole que tuviera valor y que nada funesto temiera por haberse presentado sin permiso, pues la ley se había dado para los súbditos, pero que, en cuanto a ella, no debía tener miedo ninguno, pues reinaba a la par de él. Dicho esto, colocó en manos de la reina el cetro y extendió la vara hacia su cuello para que se librara de todo temor, de acuerdo con la ley. Ester volvió en sí con estas señales de afecto.

—Señor, dijo, no puedo explicarte fácilmente el miedo que me ha afectado repentinamente. Cuando te vi tan grande, hermoso e imponente, me faltó el aliento y mi alma me abondonó.

Ester pronunció estas palabras tristemente, con voz lánguida y débil; entonces el rey empezó a turbarse y a angustiarse y le rogó a Ester de nuevo que se animara y esperara lo mejor y se persuadiera de que estaba dispuesto a darle la mitad del reino, si lo quisiera. Ester se limitó a pedir que fuera a comer con ella, con su amigo Amán, pues les había preparado un banquete.

El rey accedió y los dos invitados se hicieron presentes; mientras bebían, el rey dijo a Ester que pidiera lo que deseaba; nada le negaría, aunque fuera la mitad de su reino. Pero ella postergó para el día siguiente su deseo, si el rey quisiera ir a cenar con ella en compañía de Amán.

10. El rey dió su palabra, y Amán salió muy contento de haber sido él sólo invitado a cenar con Ester, pues ningún otro había recibido tal honor de parte de los reyes. Vió en el palacio real a Mardoqueo, y se indignó vehementemente en su contra; pues, a pesar de encontrarse frente a frente, no le tributó honor ninguno. Al regresar a su casa, llamó a su mujer Zaraza y a sus amigos; les narró lo muy honrado que era tanto por el rey como por la reina, pues aquel día él sólo había sido invitado a un banquete en compañía del rey, y a otro para el día siguiente. Agregó que le desagradaba contemplar al judío Mardoqueo frente a las puertas del palacio.

Entonces Zaraza, su mujer, le sugirió que plantara un madero de cincuenta codos de altura y que al día siguiente insistiera ante el rey para que en él fuera crucificado Mardoqueo; Amán aplaudió el consejo y ordenó a sus domésticos que lo dispusieran para aplicar el suplicio. Así se hizo. Pero Dios se burló de la criminal esperanza de Amán; y como conocía lo porvenir, se alegró por el curso que seguirían los acontecimientos.

El rey durante la noche sufrió de insomnio. No queriendo pasar el tiempo ocioso, sino ocuparse en algo de importancia para su gobierno, ordenó al escriba que trajera los comentarios de las cosas realizadas por él y por los reyes, sus antepasados, y se los leyera. El escriba trajo los comentarios y leyó; se informó de que alguien que se había portado egregiamente recibió como premio una provincia, a la cual dió su nombre; otro fué recompensado con regalos; luego pasó a la conjuración de Bagatos y Teodestes, descubierta por Mardoqueo. Como el escriba se limitara a leerla y pasara luego a otros asuntos, el rey lo detuvo y le preguntó si no estaba escrito el premio que por tal hecho se le había otorgado. Respondió que nada estaba escrito; el rey le ordenó que cesara de leer, y preguntó qué hora era a los que estaban encargados de esto. Era de madrugada, respondieron; ordenó entonces que si vieran a alguno de sus amigos ante las puertas del palacio se lo anunciaran.

Sucedió que Amán se encontraba allí, pues madrugó más que en otras oportunidades con el propósito de solicitar el suplicio de Mardoqueo. Los criados anunciaron al rey que estaba presente Amán en el atrio; dispuso que lo hicieran entrar, y le dijo:

—Puesto que sé que tú eres un amigo mío que me tiene en gran afecto, te pido me des un consejo: ¿cómo honraré, en consideración a mi magnificencia, a aquel a quien aprecio mucho?

Amán, imaginando que lo preguntaba por él, pues creía que era el único en contar con el aprecio del rey, dió el consejo que mejor le pareció. Por lo tanto, le dijo:

—Si quieres honrar en gran manera al hombre que dices tú amar, haz que suba a caballo cubierto con tu vestido, armado con un collar de oro; que lo preceda alguno de tus amigos más íntimos y que éste proclame por toda la ciudad que tal honor se otorga a aquel a quien el rey quiere reverenciar.

Y Amán fué el autor de lo que él consideraba se le iba a otorgar como premio. Este consejo agradó mucho al rey.

—Por lo tanto —dijo—, sal afuera, pues tú tienes el caballo, el vestido y el collar; busca al judío Mardoqueo, y después que lo hayas revestido con estas insignias, tomarás al caballo por la brida, y lo proclamarás por la ciudad. Pues tú —agregó— eres mi amigo más íntimo; cumple lo que con muy buen acierto me has aconsejado. Estos honores se le deben por haberme salvado la vida.

Oída esta resolución contra todo lo esperado, perturbado hasta el fondo de su alma, salió con el caballo, el vestido de púrpura y el collar. Cuando vió a Mardoqueo, cubierto con la bolsa, ante las puertas del palacio, le ordenó que se la sacara y se vistiera la púrpura. Pero él, ignorando la verdad y creyendo que se mofaba, dijo:

—Oh, malvado, ¿así te burlas de nuestras calamidades?

Pero cuando se convenció que se trataba de un premio otorgado por el rey, a causa de haberle salvado la vida al descubrir el complot de los eunucos, se vistió la púrpura que el rey llevaba de ordinario, se acomodó el collar en el cuello y subió en el caballo; así recorrió la ciudad; yendo delante Amán, quien anunciaba que esos honores se le rendían por orden del rey para proclamar la estima en que lo tenía. Después de haber recorrido la ciudad, Mardoqueo regresó junto al rey; pero Amán, avergonzado, se retiró a su casa y llorando explicó a su mujer y a sus amigos lo que le había acontecido. Le dijeron que ya no podría vengarse de Mardoqueo, pues Dios estaba en su favor.

11. En eso llegaron los eunucos de Ester a dar prisa a Amán. Sabricada, uno de ellos, vió la cruz levantada en la casa; supo por un sirviente que era para Mardoqueo, cuyo castigo Amán pediría al rey. Pero no dijo nada.

Cuando el rey, después que fué tratado magníficamente juntamente con Amán, pidió a la reina que le dijese lo que quería, fuera lo que fuere, empezó ésta a deplorar el peligro en que se encontraba su pueblo; ella y su pueblo estaban condenados a muerte, y era de esto de lo que le quería hablar. No lo habría importunado, si hubiera ordenado que los vendieran para reducirlos a dura esclavitud, pues todavía sería un mal soportable; pero ante un peligro tan grande, imploraba su justicia. Al preguntar el rey quién había dispuesto tales cosas, acusó abiertamente a Amán quien, en su malavolencia contra los judíos, había urdido este complot. Luego, como el rey perturbado por lo que acababa de oír se fuera a pasear por el jardín, Amán empezó a rogar a Ester que le perdonara sus crímenes; se daba cuenta que corría peligro. Estaba prosternado al pie de la cama de la reina y le suplicaba; cuando el rey entró y vió esto, todavía se indignó más:

—Oh, el más perverso de todos los hombres, ¿quieres también hacer violencia a mi mujer?

Amán, aterrorizado por estas palabras, no atinó a contestar nada. Entonces el eunuco Sabucada, haciéndose presente, acusó a Amán de tener preparada en su casa una cruz para Mardoqueo; se lo había dicho un criado, cuando había ido allí para recordarle el banquete; y la cruz tenía una altura de cincuenta codos. Oído esto por el rey, decretó que el suplicio que pensara Amán para Mardoqueo se lo había preparado para sí mismo; y lo condenó a morir inmediatamente, suspendido de aquella cruz.

Este acontecimiento nos induce a admirarnos de la providencia, sabiduría y justicia de Dios; no solamente castigó la maldad de Amán, sino que hizo que la misma pena que había imaginado para otro, él mismo la sufriera; y con ello dió un ejemplo a los otros hombres de que el mal que se ha tramado contra otro se vuelve con frecuencia contra uno mismo.

12. Amán pereció en esta forma por haber abusado de los honores con que el rey lo distinguió; sus bienes fueron entregados a la reina. Luego el rey hizo llamar a Mardoqueo, pues Ester le descubrió el grado de parentesco que tenía con él, y le entregó el anillo que perteneciera a Amán. La reina también le traspasó las propiedades de Amán; suplicó al rey que librara a los judíos del peligro en que estaban de perder la vida, dándole a conocer las órdenes escritas que a todo el país enviara Amán hijo de Amadates; pues si se devastaba su patria y se hacía morir a sus conciudadanos, la vida no le sería soportable.

El rey entonces le prometió que nada se llevaría a cabo que no fuera de su agrado y que no se procedería en contra de su voluntad; le encargó que ella misma escribiera sobre los judíos lo que mejor le parecía en nombre del rey, y que luego, sellado con su sello, lo enviaría por todo el imperio; pues nadie que leyera cartas autenticadas por el sello del rey se atrevería a apartarse en lo más mínimo de lo que ordenaba.

Reunidos los secretarios reales, les ordenó que escribieran so-

bre los judíos a las naciones, a los procuradores y a los gobernadores de ciento veintisiete provincias desde la India hasta Etiopía.
Las cartas que se escribieron eran de este tenor:

"El gran rey Artajerjes a los gobernadores y a todos aquellos
que cuidan de nuestros intereses, salud. Hay muchos que por la
multitud de beneficios y honores recibidos por una gran generosidad, no sólo se esfuerzan en oprimir a los inferiores, sino que
no dejan de tramar el mal en contra de sus benefactores, supri-
miendo la gratitud de entre los hombres, y ensoberbecidos inso-
lentamente por la inesperada felicidad, vuelven la abundancia de
sus riquezas contra aquellos de quienes recibieron beneficios, creyendo poder escapar a la divinidad y a su justicia. De éstos, algunos que estuvieron a cargo de la administración de los asuntos
públicos, animados de odios personales, han engañado al sobe-
rano de quien recibieron el poder, persuadiéndole que castigara
a hombres que nada malo habían cometido, para que fueran muertos a causa de su cólera. Esto se comprueba, no por el recuerdo
de hechos antiguos o por haberlo oído, sino por crímenes que
audazmente han tenido lugar ante nuestros propios ojos. Por lo
tanto, en adelante no daremos crédito a calumnias e incrimina-
ciones o a otros hechos de que se nos quiera convencer, sino que
juzgaremos sobre aquello de que se nos informe, para imponer
castigo si el informe es exacto, y recompensando en caso contrario, guiándonos por los hechos, no por lo que se nos diga. Es así
que hoy Amán, hijo de Amadates, de raza amalecita, no de sangre persa, y recibido por nosotros en hospitalidad, ha abusado de
la humanidad de que hacemos partícipes a todos, de tal manera
que fué llamado nuestro padre e incesantemente venerado por todos y obtuvo honores reales por voluntad nuestra; pero no supo
acomodarse a tanta felicidad, ni temperarse ni atenerse bien y sabiamente a la grandeza de tanta suerte, sino que procuró privarme
del reino y de la vida, a mí, de quien recibió favores, tramando
con perversidad y astucia la perdición de Mardoqueo, mi benefactor y salvador, y de Ester, nuestra compañera en la vida y en
el trono, pidiendo criminal e insidiosamente su muerte. Con el
propósito de que al privarnos de nuestros fieles amigos, el reino
pasara a manos de otros. Pero yo he comprendido que los judíos
entregados a la muerte por este criminal, no son gente mala, sino

al contrario, que viven de acuerdo con leyes e instituciones óptimas, consagrados al culto del Dios que me conservó el imperio a mí y a mis mayores; por lo tanto, los redimimos de toda pena, a que los sometieron las cartas antes enviadas por Amán, las cuales haréis bien en no tomar en cuenta. Al contrario, queremos que los colméis de toda clase de honores. En cuanto a aquel que tramó tal maldad en su contra hemos ordenado que lo crucificaran en la puerta de Susa con toda su familia, siendo Dios, que todo lo ve, quien les ha impuesto estos castigos. Os ordenamos que expongáis al público copias de nuestra carta, y que dejéis a los judíos vivir en paz de acuerdo con sus leyes, y que los ayudéis a tomar venganza en los momentos de prueba de aquellos que les hayan hecho violencia, el mismo día que fuera señalado para su exterminio, esto es, el día décimotercero del mes duodécimo, que se denomina adar. Pues este día que debía ser funesto para ellos, Dios dispuso que les fuera saludable. Sea un día agradable para aquellos que nos quieren bien, un recuerdo de castigo para los conspiradores. Queremos que todo pueblo y ciudad sepa que el que no cumpliera lo que está escrito será muerto a hierro y fuego. Que estas instrucciones sean conocidas por toda la extensión de nuestro imperio y que todos estén preparados para el día fijado, a fin de vengarse de sus enemigos"[1].

13. Los jinetes, encargados de llevar las cartas, emprendieron inmediatamente la marcha. Al salir Mardoqueo del palacio cubierto con vestidura real, corona de oro y adornado con el collar, los judíos de Susa, así que lo vieron de tal manera honrado por el rey, participaron de su dicha. Además, con las cartas del rey, los judíos de las ciudades y provincias tuvieron un gran gozo y una luz de esperanza, y muchos hombres de otras razas, por temor a los judíos, se circuncidaron. Pues el día décimotercero del mes duodécimo, que los judíos llaman adar, y los macedonios distros, señalado para que perecieran los judíos, los mensajeros anunciaron que los judíos darían muerte a sus enemigos.

---

[1] El hecho de que Artajerjes no haya anulado lisa y llanamente su anterior decreto de matanza general de los judíos, autorizándolos, en cambio, a defenderse o vengarse de los enemigos que les hicieran violencia, puede haber obedecido a la norma de Media y Persia que establecía la irrevocabilidad de los decretos reales (*Daniel*, VI, 8, 12, 15).

Los judíos fueron honrados por los sátrapas, los tiranos y los escribas reales, quienes por miedo a Mardoqueo tuvieron que comportarse prudentemente. Después que las cartas del rey se promulgaron en todas las provincias, aconteció que solamente en Susa los judíos mataron cerca de quinientos de sus enemigos. El rey comunicó a Ester el número de los muertos; en cuanto a lo que había pasado en otras partes, no lo sabía. Le preguntó qué quería que se hiciera contra sus enemigos, pues se llevaría a cabo. Ester pidió que se permitiera a los judíos matar al día siguiente a los enemigos restantes y que crucificara a los diez hijos de Amán. Y así se ordenó a los judíos que lo hicieran, no queriendo contradecir a Ester. Por lo tanto, se reunieron el día décimocuarto del mes distros y mataron a casi trescientos de sus enemigos, sin tocar sus bienes. Además los judíos que vivían en las ciudades y otras provincias mataron a setenta y cinco mil de sus enemigos. Esta matanza tuvo lugar el día décimotercero del mes. Al día siguiente celebróse una fiesta.

También los judíos de Susa se reunieron en banquetes el día décimocuarto del mes.

Este es el motivo por el que todavía hoy en todo el mundo los judíos celebran estos días con banquetes, enviándose mutuamente porciones. Mardoqueo escribió a los judíos que vivían en el dominio de Artajerjes que durante estos días hicieran fiesta, que se celebrara también en la posteridad, de modo que se recordara siempre. Pues ya que en aquellos días poco faltó para que fueran muertos, como lo había dispuesto Amán, obrarían rectamente si, libres de tan gran peligro y tomada venganza de sus enemigos, los observaran como festivos, dando gracias a Dios. Este es el motivo de que los judíos recuerden estos días bajo el nombre de *Frureos* [1]. Mardoqueo consiguió gran crédito y honor ante el rey; participaba del poder a la par del rey y al mismo tiempo tenía la confianza de la reina. La situación de los judíos fué mucho mejor de lo que podían esperar. Y éstos son los acontecimientos transcurridos siendo rey Artajerjes.

---

[1] *Púrim*, en hebreo.

CAPITULO VII

El sumo pontífice Juan mata a su hermano Jesús. La persecución de Bagoses. Sanabalet y Manasés

1. Cuando murió el sumo pontífice Eliasib le sucedió en el cargo su hijo Judas; una vez fallecido el último, fué honrado con el cargo su hijo Juan. Esto fué causa de que Bagoses, general del ejército del segundo Artajerjes, maculara el Templo e impusiera un tributo a los judíos de cincuenta dracmas por cada cordero que sacrificaran; y esto antes de realizar los sacrificios matutinos. Pasó en esta forma.

Juan tenía un hermano llamado Jesús; a éste, Bagoses, que era su amigo, prometió entregarle el pontificado. Fiado en esto, disputando con Juan en el Templo, lo irritó a tal extremo que fué muerto por él. Era realmente un crimen atroz el cometido por Juan contra su hermano, especialmente siendo sacerdote, y tanto más atroz cuanto que ni entre los griegos ni los bárbaros[1] nunca se supo de un crimen tan cruel e impío. Pero Dios no lo pasó por alto, y por eso el pueblo fué reducido a servidumbre y el Templo profanado por los persas. Así que Bagoses, general de las tropas de Artajerjes, se informó que Juan, el pontífice de los judíos, había matado a su hermano en el Templo, hizo llamar a los judíos, y con indignación les dijo:

—¿Os habéis atrevido en vuestro Templo a cometer tan horrible crimen?

Insistió en entrar en el Templo, pero se lo impidieron. Y él dijo:

—¿Quién dudará que soy más puro que aquel que en el Templo cometió una muerte?

Pronunciadas estas palabras, entró en el Templo. Y ésta es la razón de que Bagoses, a raíz de la muerte de Jesús, persiguiera a los judíos durante siete años.

2. Después de la muerte de Juan, el sacerdocio pasó a su hijo Jad. Tenía éste un hermano llamado Manasés. Sanabalet, que fuera enviado como sátrapa por Darío, el último rey, y que era de raza

---

[1] O sea, no griegos. *Bárbaro*, en griego, significa *extranjero*.

cutea (de la cual se originan los samaritanos), viendo que Jerusalén era una hermosa ciudad, cuyos reyes habían dado mucho que hacer a los habitantes de la Asiria y Baja Siria, de buen grado entregó en matrimonio a Manasés a su hija Nicasó, con la esperanza de que con este enlace se ganaría la benevolencia de los judíos.

CAPITULO VIII

Alejandro el Grande. Sitio de Tiro. Alejandro autoriza la construcción del templo de Garizim. Alejandro en Jerusalén

1. Por este tiempo Filipo, rey de los macedonios, fué muerto a traición en Egea por Pausania, hijo de Ceraste, originario de la raza de los orestas. Obtuvo el reino su hijo Alejandro; éste, después que pasó el Helesponto, venció en la guerra a los capitanes de Darío en Granico. Luego penetró en Lidia, y después de someter la Jonia y atravesar Caria, invadió Pamfilia, como se cuenta en otro lugar.

2. Los ancianos de Jerusalén, disgustados con el hermano del pontífice Jad por haber tomado esposa de otra raza, siendo de la dignidad del sumo sacerdote, se apartaron de él. Juzgaban que ese matrimonio serviría de precedente para aquellos que quisieran violar las leyes sobre elección de esposa y sería el principio de que se mezclaran con los extranjeros. Ya había sido causa de la cautividad en tiempos pasados, y de muchos otros males, el hecho de que algunos de los suyos cometiesen el delito matrimonial de elegir mujeres extranjeras. Por lo tanto, ordenaron que Manasés se divorciara de su esposa, o que no se acercara más al altar. El sumo sacerdote participaba de la indignación del pueblo y alejó a su hermano del altar.

Manasés se presentó a su suegro Sanabalet y le dijo que amaba mucho a su hija Nicasó, pero no de tal manera que quisiera verse privado de la dignidad sacerdotal, que es la máxima en su raza y que permanece siempre dentro de la misma familia. Sanabalet le prometió no sólo que le conservaría el sacerdocio, sino que le otorgaría la potestad y el honor de pontífice y que le daría poder sobre todos los países en los cuales él gobernara, con tal que conservara a su hija por esposa. Le dijo que iba a edificar un templo, similar al de Jerusalén, en el monte Garizim, que es el más alto de todos los montes de Samaria. Y esto se llevaría a cabo por decreto del rey Darío.

Manasés, seducido por estas promesas, se quedó al lado de Sanabalet, con la esperanza de que Darío le daría el pontificado, pues Sanabalet era ya anciano. Puesto que eran muchos, tanto entre los sacerdotes como entre los israelitas, los que habían contraído análogos matrimonios, se produjo una gran agitación en Jerusalén. Recurrieron todos a Manasés, pues Sanabalet le proporcionaba dinero, campos para cultivar y moradas, gratificando de todas maneras a su yerno.

3. Por aquel tiempo, informado Darío que Alejandro, después de haber pasado el Helesponto, había vencido a sus sátrapas en la batalla de Granico y seguía avanzando, reunió un ejército de hombres a caballo y a pie, con el propósito de hacer frente al macedonio antes de que invadiera toda el Asia. Pasó el río Eufrates, atravesó el monte Tauro en Cilicia y esperó al enemigo en los límites de Cilicia, para darle batalla. Sanabalet, contento por la llegada de Darío, dijo a Manasés que se cumpliría lo prometido al regreso de Darío, una vez vencido el enemigo. Era su convicción, así como de todos los que vivían en Asia, que los macedonios no se atreverían a luchar con Darío, a causa de la multitud de sus soldados. Pero el resultado fué muy diferente de lo que se esperaba.

El rey, en lucha con los macedonios, fué vencido; habiendo perdido gran parte de su ejército y siendo apresados su madre, esposa e hijos, escapó a Persia. Luego Alejandro marchó hacia Siria, se apoderó de Damasco y de Sidón, sitiando a Tiro. Envió cartas al pontífice de los judíos para que lo ayudara con refuerzos, que suministrara provisiones a su ejército y que le pagara a él los tributos que pagaba a Darío y se hiciera amigo de los macedonios; no se arrepentiría de ello.

El sumo sacerdote respondió a los mensajeros que él con juramentos se había comprometido con Darío a no tomar las armas en su contra, y que no lo violaría mientras Darío viviera. Oídas estas noticias, Alejandro se indignó sobremanera; y sin abandonar a Tiro, que estaba a punto de caer, amenazó que, una vez sometida, marcharía con el ejército contra el pontífice de los judíos y con el castigo que le infligiría le demostraría a quién tenía que cumplirle los juramentos. Después de un sitio más penoso todavía, se apoderó de Tiro. Ordenadas las cosas en esta ciudad, marchó contra la ciudad de los gazaenos y se apoderó de ella, al igual que del comandante de la guarnición, llamado Babemeses.

4. Sanabalet, juzgando ser propicia la ocasión, abandonó la causa de Darío, y tomando con él ocho mil de sus súbditos, se rindió a Alejandro. Lo alcanzó ocupado en el sitio de Tiro, y le dijo que le entregaría las zonas que estaban bajo su dominio y que de buen grado lo aceptaba a él en vez de Darío. Alejandro lo recibió satisfecho; en cuanto a Sanabalet, tomando confianza, expuso sus propósitos, diciendo que tenía un yerno de nombre Manasés, hermano del pontífice de los judíos, Jad, y que con él había muchos hombres de la misma raza que querían que se construyera un templo en su territorio. Añadió que era de su interés dividir a los judíos, pues si estando unidos tramaban algo, darían mucho que hacer a los reyes, como antes había acontecido con los asirios.

Y es así como, con el permiso de Alejandro, Sanabalet diligentemente edificó el templo, y nombró sacerdote a Manasés, imaginando que esto sería un gran honor para sus nietos. Luego, después de siete meses, pasados en el sitio de Tiro y dos en el de Gaza, Alejandro, una vez conquistada Gaza, determinó subir a Jerusalén. Jad, al saber esto, temió y se angustió, recordando de qué modo recibió a los macedonios y que el rey estaría indignado por la anterior negativa. Por lo tanto, ordenó al pueblo que rogara y ofreció sacrificios a Dios para que protegiera a su pueblo y lo librara de los peligros que lo amenazaban.

Como se durmiera después del sacrificio, Dios lo exhortó a que tuviera buen ánimo, que ornara la ciudad y abriera las puertas, y el pueblo con vestiduras blancas y él y los sacerdotes revestidos de sus ornamentos le salieran al encuentro, sin temer nada malo, pues Dios los protegería.

Una vez despierto se alegró en gran manera y luego de contar a otros el oráculo, aprestó lo que en sueños se le había ordenado, para recibir al rey.

5. Cuando se informó que no se encontraba muy lejos de la ciudad, salió con los sacerdotes y los laicos, y avanzó al encuentro de Alejandro con una solemnidad y dignidad que no se podían comparar con las de otros pueblos. Marchó hasta un lugar denominado Safa. Esta palabra interpretada en griego significa Observatorio, pues desde allí se veían Jerusalén y el Templo. Los fenicios y caldeos que estaban en compañía del rey se imaginaban que éste les permitiría saquear la ciudad y encarnizarse con el pontífice, lo que parecía muy verosímil por su indignación contra el último; pero pasó todo lo contrario.

Alejandro, al contemplar desde lejos a la multitud con vestidos blancos, a cuyo frente iban los sacerdotes con túnicas de lino, y el pontífice con su vestidura de color de jacinto tejida con oro, con la tiara en la cabeza y la lámina de oro en la que estaba escrito el nombre de Dios, se aceró solo y, antes de saludar al sacerdote, veneró este nombre. Todos los judíos entonces a una voz saludaron a Alejandro y lo rodearon. Los reyes de Siria y los restantes se admiraron y sospecharon que Alejandro había perdido el espíritu. Parmenio fué el único que se le acercó y le preguntó qué pasaba, que mientras todos lo adoraban a él, él se inclinaba frente al gran sacerdote de los judíos.

—No lo adoré a él —dijo Alejandro— sino al Dios cuyo sumo sacerdocio ejerce. Lo vi en esta forma, en sueños, en Dión de Macedonia, mientras me preocupaba la forma de apoderarme de toda Asia, y me exhortó a que no dudara, y que procediera confiadamente; él conduciría mi ejército y me entregaría el imperio de los persas. Por esto, puesto que a ninguno otro vi en esta forma, ahora recordé la aparición y la exhortación. Creo que mi expedición se ha realizado por inspiración divina; es así como he vencido a Darío y me he impuesto a los persas y tendré éxito en los proyectos que elaboro en mi espíritu.

Luego que dió esta respuesta a Parmenio, entró en la ciudad, dando la derecha al pontífice y seguido de todos los sacerdotes; subió al Templo y ofreció un sacrificio a Dios, de acuerdo con lo prescrito por el sumo sacerdote y dió pruebas de gran respeto al pontífice y a los sacerdotes. Le enseñaron el libro de Daniel, en el cual se anuncia que el imperio de los griegos destruirá al de los persas; creyendo que se refería a él, satisfecho despidió a la multitud.

Los llamó de nuevo al día siguiente, y les dijo que pidieran lo que quisieran. El pontífice solicitó que se les permitiera vivir de acuerdo con sus leyes, y que cada siete años se los librara de pagar tributos; Alejandro lo otorgó. Además le pidieron que permitiera a los judíos que vivían en Babilonia y en Media que pudieran observar sus leyes; prometió que así se haría. Dijo luego a la multitud que si algunos querían agregarse a su ejército, podrían atenerse a sus costumbres, pues él estaba dispuesto a recibirlos; muchos de ellos con ánimo alegre se ofrecieron.

6. Es así como Alejandro, después de haber ordenado los asuntos en Jerusalén, pasó con su ejército a las ciudades próximas. Fué recibido amistosamente por todos; los samaritanos, cuya capital entonces era Siquem, ciudad situada cerca del monte Garizim, en la cual moraban muchos desertores de raza judía, viendo el buen trato que Alejandro había dado a los judíos, resolvieron presentarse como judíos. Los samaritanos son de una índole, como he descrito anteriormente, que cuando a los judíos las cosas les van mal, niegan que sean parientes, con lo cual dicen la verdad; pero cuando advierten que están favorecidos, inmediatamente se jactan de su parentesco con ellos, afirmando que son consanguíneos y haciendo remontar su origen a los hijos de José, Efraím y Manasés.

Por lo tanto salieron a recibirlo no muy lejos de Jerusalén, con gran pompa y señales de sumisión. Alejandro los elogió; entonces los pobladores de Siquem se acercaron y acompañados de los soldados que había enviado Sanabalet, le pidieron que visitara a su ciudad y honrara con su presencia el templo. Se lo prometió, pero a su regreso. Como también le pidieron que los librara de pagar tributos en el año séptimo, puesto que en aquel año no sembraban, les preguntó con qué motivo formulaban tal pedido. Respondieron que eran hebreos, pero que se los llamaba sidonios; entonces les interrogó si eran judíos. Contestaron que no lo eran.

—Yo —dijo—, solamente he otorgado este privilegio a los judíos; sin embargo, a mi regreso, cuando me hayáis informado detalladamente, haré lo que me parezca bien.

Y así se despidió de los moradores de Siquem. Ordenó a los soldados de Sanabalet que fueran con él a Egipto; y allí les entregaría campos. Esto lo cumplió luego en Tebaida, confiándoles la guardia del país.

7. Después de la muerte de Alejandro, su imperio se dividió

entre sus sucesores. Subsistió el templo en el monte Garizim. Siempre que alguien en Jerusalén era acusado de comer algo impuro, o de violar el sábado o de algún otro pecado, escapaba a Siquem pretendiendo que había sido castigado injustamente. Por este tiempo murió el sumo pontífice Jad, y le sucedió en el pontificado su hijo Onías.

Estos fueron los acontecimientos de Jerusalén durante este tiempo.

LIBRO XII

Abarca un espacio de ciento setenta años

CAPITULO I

Los sucesores de Alejandro; sus conflictos. Ptolomeo Sóter
se apodera de Jerusalén

1. Alejandro, rey de los macedonios, después de haber sometido el imperio de los persas y arreglado los asuntos de los judíos,
como ya se ha dicho, falleció. El imperio quedó dividido entre
muchos: Antígono se quedó con Asia, Seleuco con Babilonia y
los pueblos de alrededor, Lisímaco obtuvo el Helesponto, Casánder
ocupó la Macedonia y Egipto pasó a Ptolomeo hijo de Lago. Estaban distanciados entre sí, y cada uno luchaba por su propio imperio, de modo que hubo interminables guerras; las poblaciones
sufrían sus consecuencias con pérdida de la vida de muchos de
sus habitantes; la Siria sometida a Ptolomeo hijo de Lago, que
se denominaba Sóter, esto es Salvador, estaba muy lejos de adap-
tarse a lo que significaba el nombre.

Ptolomeo, con engaños y traiciones se apoderó de Jerusalén.
Entró en Jerusalén un día sábado con el pretexto de sacrificar,
sin que se lo impidieran los judíos, por no considerarlo enemigo,
por no tener sospecha ninguna, y por estar entregados al descanso
a causa de ser sábado; sin trabajo ninguno se apoderó de la
ciudad, y la trató de un modo cruel e inclemente. Agatarquides de
Cnido [1], que escribió sobre los sucesos de los sucesores de Alejandro, da testimonio de ello y reprocha nuestra superstición, pretendiendo que nos hizo perder nuestra libertad. Estas son sus palabras:

[1] Historiador y geógrafo griego del siglo II.

261

"Hay un pueblo que se denomina el de los judíos que, no obstante vivir en una ciudad grande y bien fortificada, Jerusalén, se dejó caer bajo el dominio de Ptolomeo, por negarse a tomar las armas el sábado, y así, a causa de una intempestiva superstición, se sometió a un dueño cruel."

Esto es lo que dice Agatarquides sobre nuestro pueblo. Ptolomeo, después de cautivar a muchos hombres, de las partes montañosas de Judea, en los alrededores de Jerusalén, como también de Samaria y el monte Garizim, los trasladó a Egipto. Luego, como se informara que los habitantes de Jerusalén eran muy fieles cumplidores de los juramentos y de la fe prometida, por la respuesta que dieron a Alejandro después de la derrota de Darío, puso a muchos de ellos en guarniciones, les otorgó los mismos derechos que a los macedonios y con juramento los constriñó a que fueran fieles a los sucesores que gobernaran en aquella provincia. Además, muchos judíos partieron para Egipto, estimulados en parte por la fecundidad del suelo y en parte por la liberalidad de Ptolomeo. Entre los samaritanos y los descendientes de los judíos que deseaban conservar las tradiciones patrias se promovieron discusiones, pues unos decían que el Templo de Jerusalén era santo y allí debían enviarse las víctimas para el sacrificio, mientras que los samaritanos afirmaban lo mismo del monte Garizim.

CAPITULO II

Ptolomeo Filadelfo, por consejo de Demetrio Falero resuelve incluir en su biblioteca los libros de los judíos. Los setenta intérpretes de la ley. Razones por las cuales los escritores griegos antiguos no han escrito sobre la Biblia. Regreso de los setenta

1. Alejandro gobernó doce años, y después de él Ptolomeo Sóter por espacio de cuarenta. Luego ascendió al trono de Egipto Filadelfo, que lo retuvo por espacio de treinta y nueve años; éste hizo traducir la ley judía y libró de la cautividad a los jerosolimitanos en número de ciento veinte mil.

Demetrio Falero, prefecto de la biblioteca real, deseaba en lo posible reunir todos los libros del orbe, comprando todo lo escrito que hubiera tenido fama o fuera digno de estudio o agradable; en esto emulaba al rey que era también muy aficionado a los libros. Un día le preguntó Ptolomeo cuántos miles de libros había ya reunido; respondió que tenía cerca de doscientos mil y que dentro de poco llegaría a quinientos mil. Agregó que se le había informado que entre los judíos había varios libros sobre sus leyes dignos de estudio y de la biblioteca real; pero por estar escritos con sus propias letras e idioma, sería un gran trabajo traducirlos al griego.

—Parece una escritura similar a la de los sirios y las palabras suenan de un modo semejante, pero se trata de una lengua muy diferente. Sin embargo —dijo—, nada impide que hagas traducir esos libros, pues no careces de riquezas para ello, y que los guardes en la biblioteca.

El rey opinó que Demetrio le daba un muy buen consejo en su afán de reunir libros y escribió sobre el particular al pontífice de los judíos.

2. Ya un cierto Aristeo, que figuraba por su modestia entre los primeros amigos del rey, había determinado solicitarle que libertara a los judíos que se encontraban en su reino; considerando que era ocasión oportuna para ello, habló sobre el particular con los comandantes de los guardias reales, Sosibios el tarentino y Andreas, pidiéndoles su apoyo para lo que iba a solicitar al rey. Después que ofrecieron su apoyo, se presentó ante el rey y le habló en esta forma:

—No conviene, oh rey, vivir en el error y no procurar salir de él; debemos, por el contrario, buscar la verdad. Para complacerte hemos decidido no sólo copiar, sino también traducir las leyes de los judíos; pero, ¿con qué derecho lo podemos hacer, cuando hay tantos judíos esclavos en tu reino? No es ajeno a tu magnificencia y liberalidad librarlos de tan gran calamidad, tanto más que el Dios que les dió las leyes, es el mismo que te ha otorgado el reino, según he deducido después de detenidas investigaciones. Tanto ellos como nosotros adoramos al Dios que todo lo ha creado, llamándolo *Zen*, de vivir, pues es quien otorga la vida a todos. Por lo tanto, para honrar a Dios, devuelve a su patria a los que lo honran con culto particular, para que puedan vivir en su suelo natal. Quiero que sepas, oh rey, que no pido esto por ser de su misma raza o nacionalidad; sino que por ser todos los hombres hechura de Dios, y porque todos los que realizan el bien le son agradables, te exhorto a realizar el bien.

3. Dichas estas palabras por Aristeo, el rey lo miró sonriente.

—¿Cuántos miles crees tú —preguntó— son los que deben ser libertados?

Andreas, que se encontraba presente, respondió que no eran muchos más de cien mil.

—No es poco lo que me pides, Aristeo —dijo el rey.

Sosibios y los que estaban presentes le dijeron que era propio de su magnificencia atestiguar en esta forma su reconocimiento al Dios que le había otorgado el reino. El rey, dejándose convencer, muy contento, ordenó que cuando pagaran sus sueldos a los soldados, agregaran ciento veinte dracmas como precio por cada uno de los cautivos que tuvieran en su poder. En cuanto a las medidas que debía adoptar, dijo que promulgaría un decreto de acuerdo con los deseos de Aristeo y, sobre todo, con la voluntad de Dios; de modo que no solamente libertaría a los que fueron conducidos cautivos por su padre y su ejército, sino también a los que lo hubieran sido antes o con posteridad. Cuando se le dijo que la liberación de los cautivos costaría arriba de cuatrocientos talentos, los concedió. Se resolvió conservar copia del decreto del rey, para mostrar su generosidad. Era de este tenor:

"A todos los esclavos que aquellos que militaban con mi padre e incursionaron por Siria y Fenicia se llevaron de Judea y deportaron y vendieron, así como también a los que fueron llevados con anterioridad, y los llevados posteriormente, a todos estos esclavos dejo en libertad donde quiera que se encuentren, entregando por cada uno ciento veinte dracmas; los soldados los recibirán junto con sus sueldos, y los restantes los recibirán del tesoro real. Creo que fueron hechos cautivos en contra de la voluntad de mi padre y de la justicia; que su país fué asolado por arrogancia militar y que los soldados se han beneficiado mucho por su traslado a Egipto. Por lo tanto, teniendo en cuenta la justicia, y queriendo ejercer la misericordia con aquellos que están inicuamente oprimidos, ordeno a todos los que tienen judíos a su servicio los dejen libres por la suma señalada, y que nadie proceda dolosamente en este asunto, sino que obedezca lo ordenado. Quiero que dentro de tres días después de la publicación de este edicto, aquellos a quienes concierne declaren el número de esclavos que posean y los presenten; juzgo que se trata de una medida útil a mis intereses. El que no cumpla este edicto podrá ser denunciado por cualquiera; y sus bienes serán confiscados para el tesoro real."

Este edicto fué leído al rey; pero no se decía nada expresamente sobre los judíos hechos cautivos antes y después de las mencionadas expediciones; el rey extendió a todos el beneficio. A fin de acelerar la distribución de los que debían ser indemnizados, ordenó que se repartiera el trabajo entre los agentes del gobierno y los banqueros reales. Así establecido, en menos de siete días se cumplió lo ordenado por el rey, gastándose más de cuatrocientos sesenta talentos; pues los dueños exigían ciento veinte dracmas hasta por los niños, diciendo que el rey los había incluído al determinar que "por todo esclavo" se pagaría la cantidad señalada.

4. Cumplido lo cual de acuerdo con la generosidad del rey, éste encargó a Demetrio que publicara el decreto sobre los libros de los judíos. Aquellos reyes nada realizaban temerariamente, sino que procedían con gran prudencia. Por esto me ha parecido conveniente copiar el edicto y las cartas, dar la lista de los presentes enviados y el detalle de los ornamentos de cada uno de ellos, a fin de que se pueda apreciar la habilidad de cada uno de los obreros y que su admirable ejecución haga célebre a cada uno de ellos. He aquí una copia del informe:

"Al gran rey, de parte de Demetrio. Puesto que me ordenaste, oh rey, que reuniera los libros que faltaran para completar la biblioteca, y que todo esto se llevara a cabo con diligente cuidado, preocupado por esto te informo que nos faltan los libros de las leyes propias de los judíos; pues por estar escritos en caracteres hebreos y en su lengua, somos incapaces de comprenderlos. Además han sido transcritos con descuido por no haber recibido hasta ahora la atención del rey. Es necesario, pues, que tengas en tu poder ejemplares correctos, pues es una legislación llena de la más alta sabiduría y la más sincera integridad, como procedente de Dios. Los poetas y los que han escrito historia, según atestigua Hecateo de Abdera[1], no la tienen en cuenta, como tampoco se

---

[1] Escritor y filósofo tracio del siglo III a. J. C.

acuerdan de aquellos hombres que conformaron sus vidas de acuerdo con sus preceptos, porque es santa y no debe ser explicada por bocas profanas. Por lo cual, si te pareciere conveniente, oh rey, escribirás al pontífice de los judíos para que te envíe seis de los más ancianos de cada una de las tribus, muy entendidos en las leyes, para que nos enseñen el sentido más claro y acorde de aquellos libros y su cuidadosa traducción."

5. A consecuencia de este informe, el rey hizo escribir al pontífice de los judíos, Eleazar, informándole al mismo tiempo sobre la liberación de los judíos esclavos en Egipto. Le envió también cincuenta talentos de oro para la confección de cráteras, cálices y vasos y una gran cantidad de piedras preciosas. Ordenó también a los que tenían a su cargo la vigilancia de los cofres donde estaban estas piedras, que dejaran elegir a los artífices las que quisieran. Dispuso también que se entregaran cien talentos para sacrificios y demás usos del Templo. Expondré luego las obras de arte que se realizaron y cómo se hicieron, pero primeramente quiero copiar el texto de la carta enviada al pontífice Eleazar.

Este obtuvo el pontificado en la siguiente forma. A la muerte del pontífice Onías lo sucedió su hijo Simón, el que fué denominado el Justo, tanto por su piedad hacia Dios como por su ánimo benévolo en relación con sus conciudadanos. Muerto éste, y no dejando sino un hijo todavía niño, su hermano Eleazar, de quien estamos hablando, recibió el pontificado. A éste le escribió Ptolomeo la siguiente carta:

"El rey Ptolomeo al pontífice Eleazar, salud. Habitando en mi reino muchos judíos, que fueron hechos cautivos por los persas cuando tenían el gobierno, mi padre los honró, a algunos los colocó en la milicia con sueldos elevados, a otros, esto es, a los que con él vinieron a Egipto, les asignó las plazas fuertes, para atemorizar a los egipcios. Yo, una vez llegado al gobierno, he tratado a todos humanamente, especialmente a tus conciudadanos, de los cuales he dejado en libertad a más de cien mil que estaban en cautiverio, pagando de mis bienes su precio a los que eran sus dueños. De ellos, a los que estaban en edad de tomar las armas los enlisté en mi ejército; a otros que estaban cerca de mí, y cuya fidelidad parecía merecerlo, los incorporé a mi corte, pensando que sería ésta una ofrenda agradable a Dios, como gratitud por la benevolencia que ha tenido conmigo. También como prueba de mi afecto a los judíos de todo el mundo, he decidido hacer traducir vuestras leyes y colocarlas en mi biblioteca. Harías bien en elegir varones, seis de cada una de las tribus, de cierta edad, que por su experiencia sean entendidos en las leyes y capaces de poderlas interpretar; considero que será de mucha gloria para nosotros si llegamos a realizarlo. He enviado para que hablen contigo de estos asuntos a Andreas, jefe de mi guardia, y a Aristeo, hombres a los cuales tengo en mucha estima; les he encargado también que presenten primicias de ofrendas al Templo, y que entreguen cien talentos de plata para los sacrificios y otros usos. En cuanto a ti, será de nuestro agrado que nos escribas lo que deseas."

6. Entregadas estas cartas del rey a Eleazar, respondió lo más solícitamente que pudo:

"Eleazar, pontífice, al rey Ptolomeo, salud. Si tú, la reina Arsinoé y tus hijos estáis bien de salud, todo anda bien para mí. Me alegré muchísimo al recibir tu carta a causa de tu buen ánimo; convoqué al pueblo y se la leí, para que se conociera públicamente tu piedad. También les mostramos los veinte cálices de oro y los treinta de plata, las cinco cráteras y la mesa dedicada a la recepción de los dones consagrados, y los cien talentos para los sacrificios y demás usos, que se acostumbran a hacer en el Templo, que trajeron Andreas y Aristeo, tus muy honrados amigos, varones honestos que se distinguen por su bondad y erudición, y dignos de tu alto valor. Queremos que sepas que haremos todo lo que puede parecerte útil, aunque fuera superior al orden natural de las cosas; pues es mucho lo que te debemos por los beneficios que has dispensado a nuestros conciudadanos. De inmediato hemos ofrecido sacrificios por ti, por tu hermana, por tus hijos y por tus amigos, y el pueblo ha pedido que tus asuntos vayan de acuerdo con tus deseos, que reine la paz en tu reino y que la traducción de nuestras leyes tenga para ti el buen resultado que deseas. He elegido también seis ancianos de cada una de las tribus, que te envío junto con la ley. Contamos también con que la ley, una vez traducida, nos sea devuelta por aquellos que ahora te la llevan, vigilando por su seguridad. Adiós."

7. Esta fué la contestación del pontífice. No me ha parecido necesario dar los nombres de los setenta ancianos que fueron enviados por Eleazar juntamente con la ley; figuraban a continuación de la carta [1]. Pero no me parece inútil describir los ricos y admirables regalos enviados a Dios por el rey, para que todos conozcan su solicitud hacia la divinidad. Pues como el rey fué pródigo en sus donaciones, y se hizo presente para inspeccionar lo que hacían los artífices, no permitió que nada se llevara a cabo negligentemente. Expondré la magnificencia de cada uno de ellos, en cuanto me sea posible, y aunque no lo pide la historia, sin embargo lo considero conveniente para que se comprenda el buen gusto y la magnanimidad del rey.

8. Empezaré por la mesa. El rey pensó que tenía que ser de gran tamaño. Ordenó que se investigara la dimensión de la mesa que se encontraba entonces en Jerusalén, cuál era y si era posible hacer otra mayor. Cuando se informó de su tamaño y que nada impedía que fuera mayor, dijo que la quería hacer cinco veces más grande, pero que temía no fuera útil para el culto a causa de su magnitud; pues deseaba hacer regalos, que no solamente fueran admirados, sino apropiados al servicio religioso. Considerando que éste era el motivo de que se hubiera dado a la mesa una proporción reducida, no por falta de oro, determinó que no excediera a la anterior en tamaño, sino que fuera mejor por la variedad y calidad del material. Siendo de ingenio pronto a captar la naturaleza de las cosas y rápido para imaginar lo nuevo y digno de admiración, en aquellos aspectos en los que no existía una especial ordenación inventó por sí mismo y guió a los artífices; pero en cuanto a las partes de las que existían prescripciones, dispuso que se atuvieran a ellas.

9. Fué construída de oro y medía dos codos y medio de largo, uno de ancho y uno y medio de alto. Estaba rodeada por una cornisa de un palmo de anchura, ornada de un cimacio entrelazado, cuyos relieves en forma de cuerda estaban maravillosamente cincelados en sus tres lados. Siendo la mesa triangular, cada uno de los ángulos guardaba la misma disposición, de modo que aun cambiándola de sitio, presentaba el mismo aspecto ante los ojos. La parte inferior de la cornisa que miraba hacia la mesa estaba realizada hermosamente, pero la parte exterior resplandecía mucho

---

[1] Eran, en realidad, setenta y dos, siendo seis de cada tribu.

mejor pues estaba a la vista de todos. De ahí resultaba que la arista de las dos vertientes se destacaran por ser agudas; y ningún ángulo, pues había tres, como hemos dicho, al trasladarse la mesa de lugar parecía menor. En las molduras de la cuerda cincelada engastaron simétricamente piedras preciosas que se sujetaban con abrochaduras de oro que las atravesaban. Las ramas de la cornisa expuestas a la vista, estaban decoradas en forma de óvalo hechas con piedras de singular belleza, muy semejantes en su relieve a una línea de rayos compactos, y daban la vuelta a la mesa.

Por encima de esta hilera de óvalos, los artífices cincelaron una guirnalda de frutas de toda índole: racimos de uvas pendientes, espigas enderezadas, granadas cerradas. Las piedras con que estaban hechas estas frutas correspondían a su color natural y estaban entrelazadas con oro, rodeando toda la mesa. Debajo de esta guirnalda se hizo una nueva hilera de óvalos y de rayos en relieve. La mesa, en los dos sentidos, presentaba a la vista la misma variedad y la misma prolija terminación. Mirada por cualquier lado no cambiaba la disposición de los cimacios ni de las cornisas. La cuidadosa ejecución llegaba igualmente hasta las patas. Se dispuso una lámina de oro, de cuatro dedos de espesor, a todo el ancho de la mesa; se sujetaron en ella las patas, que en seguida fueron fijadas a la cornisa con pernos y portillos, de modo que, hacia cualquier lado que se moviera la mesa, siempre se notaba la misma novedad y riqueza en el trabajo.

Sobre la mesa esculpieron un meandro, formado con piedras preciosas de diversos colores, brillantes como estrellas, carbúnculos, esmeraldas, que resplandecían ante los ojos de los espectadores, y otras de diversas clases que se veían con sumo agrado. Alrededor del meandro se cinceló una trenza que contenía espacios libres en forma de rombos, incrustados con pedazos de cristal de roca y ámbar que por su diseño regular resultaban un encanto para los ojos. Las patas tenían capiteles en forma de lirio cuyas hojas se replegaban debajo de la mesa, mientras que las flores surgían derechamente. Descansaban sobre bases de carbúnculo, de la altura de un palmo y ocho dedos de ancho, en forma de estilóbato, que soportaban toda la carga de las patas.

Cada una de las patas ostentaba una decoración fina y delicada que representaba hiedras y sarmientos de vid con sus racimos, imitados en forma realmente veraz. Las hojas eran tan livianas y adelgazadas que temblaban al soplo del viento y daban la ilusión de ser reales, más bien que obras de arte. Los artistas se ingeniaron para dar a la mesa la forma de un tríptico, y la ligazón entre sus diversas partes era tan perfecta que era imposible ver, o aun sospechar dónde estaban las junturas. La tabla de la mesa tenía por lo menos medio codo de espesor.

Tal era esta ofrenda, testimonio de la munificencia del rey, obra admirable por la riqueza del material, por la variedad de los adornos y la exactitud de la imitación en que se empeñaron los artistas al cincelarla. El rey había cuidado que, aunque por sus dimensiones no fuera mayor que la consagrada anteriormente a Dios, la superara por el arte, la novedad y la belleza del trabajo y que fuera digna de general admiración.

10. Entre las cráteras había dos de oro, esculpidas con escamas en espiral desde la base hasta la cintura, ornadas con piedras preciosas. En la parte alta había un meandro de un cubo de altura, compuesto de piedras preciosas de varias formas; luego seguía una hilera de rayos y luego, hasta el orificio, lazos formados con rombos. Los intervalos fueron rellenados con piedras muy hermosas de cuatro dedos, en forma de cabujones. Alrededor del borde de la crátera había hojas de lirio y sarmientos de vid. Cada una de ellas tenía la capacidad de un ánfora.

Las cráteras de plata reflejaban mucho mejor que espejos, pues la imagen de los que se les aproximaba se veía lo más bien. El rey mandó también hacer treinta fialas cuyas partes de oro que no estaban ocupadas con piedras preciosas, recibieron una decoración de guirnaldas de hiedra y de hojas de vid cinceladas.

Las obras de arte revelaban fuera de duda en su ejecución no sólo la admirable habilidad de los artistas, sus autores, sino también el gusto y la generosidad del rey. Ptolomeo no sólo pagó amplia y generosamente a los artífices, sino que también, dejando a un lado la administración de los negocios públicos, inspeccionó personalmente las obras. Por esto los artífices se consagraron a su trabajo con la mayor diligencia, pues sabían con qué interés el rey seguía sus trabajos.

11. Estas fueron las ofrendas que Ptolomeo envió a Jerusalén. El pontífice Eleazar las colocó en el Templo; agasajó a los que las trajeron, y luego de darles regalos para el rey, los despidió. Una vez en Alejandría, el rey, conocedor de su llegada, y que con ellos habían viajado los setenta ancianos, en seguida hizo llamar a Andreas y Aristeo. Estos le entregaron las cartas que traían del pontífice y le declararon las conversaciones que con él habían tenido. Pero él, deseoso de hablar con los ancianos que habían ido para la traducción de la Ley, ordenó que se despidiera a las otras personas que se habían presentado por diversos asuntos; procedimiento desacostumbrado en él, pues aquellos que tenían audiencia para asuntos de servicio eran recibidos al quinto día, y los embajadores al mes. Habiendo, pues, despedido a los que tenían asuntos que tratar con él, recibió a los mensajeros de Eleazar.

Cuando los ancianos estuvieron en su presencia, para entregarle los regalos que le traían de parte del pontífice y las membranas en las cuales estaban escritas las leyes con letras de oro, les preguntó por los libros. Los ancianos sacaron las membranas de sus estuches, el rey admiró su delgadez y sus costuras, invisibles por la gran perfección con la que se habían unido las hojas; les dió las gracias por haber venido, pero más agradecido estaba al que los envió y especialmente a Dios a quien pertenecían las leyes que traían consigo.

Cuando los ancianos y los que con ellos estaban desearon a una voz al rey la mayor prosperidad, el rey derramó lágrimas de alegría. Pues la naturaleza ha establecido que el mismo signo del dolor exprese la mayor alegría. Luego ordenó que se entregaran los libros a los que tenían la misión de guardarlos, abrazó a los ancianos y les dijo que había considerado conveniente hablar con ellos sobre el objeto de su misión. Agregó que el día de su llegada sería considerado insigne y que, mientras él viviera, todos los años se celebraría solemnemente. Aconteció casualmente que el día del advenimiento de los ancianos coincidió con el día de la victoria que obtuvo en el mar contra Antígono. Luego dispuso que se los considerara como sus invitados, y que se les dieran los mejores alojamientos de la ciudadela.

12. Nicanor, que era el encargado de recibir a los huéspedes, llamó a Doroteo, el intendente de servicio, y le ordenó que preparara para cada uno de ellos lo necesario para su subsistencia. El

rey había dispuesto que se siguiera este sistema: para los enviados de las ciudades que tenían un régimen especial de vida, había un administrador encargado de disponer los alimentos de acuerdo con sus costumbres, de modo que los huéspedes se encontraran más satisfechos al ser atendidos de acuerdo con sus normas y no se sintieran molestos por los hábitos extranjeros. Así es como se procedió con los enviados de Eleazar, siendo el encargado de ello Doroteo, que era muy buen conocedor de todo lo perteneciente a la comida. Dispuso lo que era necesario para esta clase de recepciones y preparó para ellos dos hileras a lo largo de la mesa; por disposición del rey hizo colocar la mitad de ellos a su lado, y los restantes en una mesa que estaba detrás de aquélla. Recostados en esta forma, el rey ordenó a Doroteo que les sirviera de acuerdo con el rito que se estilaba entre los judíos.

Por eso despidió a los heraldos sagrados, los sacrificadores y todos aquellos que de ordinario hacían las preces, y pidió a uno de los huéspedes, de nombre Eliseo, que era sacerdote, que hiciera una oración. Este, poniéndose de pie en el medio, rogó por la prosperidad del rey y de sus súbditos. Luego todos aplaudieron y aclamaron alegremente, para dedicarse a festejar en seguida. El rey, después de un rato que juzgó suficiente, comenzó a filosofar, y propuso a cada uno de ellos un problema sobre filosofía natural. Respondían gravemente a los problemas que se les preguntaba; el rey, deleitado por estas conversaciones, los tuvo invitados durante doce días. Si se quiere alguien informar sobre lo que se dijo en este banquete, puede consultar a Aristeo, quien escribió un libro sobre el particular.

13. El rey tuvo por ellos una gran admiración, y el filósofo Menedemo dijo que la providencia lo gobierna todo, lo cual explicaba la elocuencia y la belleza de sus discursos. Luego dejaron de preguntarles. El rey decía que con su sola venida había recibido grandes bienes, pues había aprendido cómo convenía gobernar; ordenó que a cada uno de ellos se le dieran tres talentos, y que los condujeran a sus alojamientos para que descansaran.

Al cabo de tres días, bajo la dirección de Demetrio, atravesaron el muelle de siete estadios, pasaron el puente, se dirigieron hacia el norte y se reunieron en una casa construída al borde del mar, cuya soledad era apropiada para el estudio. Una vez allí, les dijo que como ya disponían de todo lo necesario para interpretar la ley, se consagraran a este trabajo. Con toda atención y celo se dieron a la tarea de traducir la ley. Se dedicaban a ello hasta la hora nona; luego se consagraban al cuidado del cuerpo; se les suministraba en abundancia todo lo que precisaban para comer, y además Doroteo les llevaba por mandato del rey muchas cosas que había preparado para sí mismo. Por la mañana iban al palacio real y saludaban a Ptolomeo; luego volvían a su alojamiento y después de haberse lavado las manos en el mar y hecho sus abluciones, se dedicaban a la versión de las leyes.

Cuando fué terminado el trabajo de traducción, en cuya tarea se emplearon setenta y dos días, Demetrio, reuniendo a todos los judíos en el lugar donde se había realizado la versión, estando también presentes los intérpretes, se dió lectura a la versión. La multitud aprobó la obra de los ancianos intérpretes de la ley, elogió también la idea de Demetrio a quien debían tantos beneficios; le pidieron que se las diera a leer también a sus jefes. Pidieron todos, los sacerdotes, los intérpretes y los jefes de la comunidad que, puesto que la versión era perfecta, que quedara tal como estaba y que jamás se cambiara. Todos elogiaron esta decisión y ordenaron que si alguien en la ley advirtiera algo superfluo o abreviado, lo examinara de nuevo, y lo corrigiera. Era ésta una sabia medida, gracias a la cual lo que una vez fuera juzgado estar bien, siempre se conservaría.

14. El rey se alegró, al comprobar que se había llevado a cabo lo dispuesto; pero su satisfacción fué mayor cuando le recitaron las leyes y admiró la inteligencia y sabiduría del legislador. Habló con Demetrio de cómo era posible que tratándose de una ley tan admirable, no la tuviera en cuenta ninguno de los historiadores y poetas. A lo cual Demetrio respondió que nadie se había atrevido a tocarla, por ser divina y augusta, y que algunos que se habían atrevido fueron heridos por la divinidad. Citó el caso de Teopompo quien intentó escribir sobre la ley y estuvo con el espíritu conturbado por más de treinta días; en los intervalos de lucidez rogaba a Dios que lo curase, sospechando de dónde procedía su insania. Además vió en sueños que esto le había acontecido por haberse aventurado a tratar las cosas divinas y ponerlas en lenguaje vulgar; de modo que, cuando desistió, su mente volvió a la normalidad. Le explicó también el caso de Teodecta, poeta trágico, el cual, según se dice, al querer en uno de sus dramas hacer mención de lo que se explica en los libros sagrados, enfermó de los ojos, de la dolencia llamada glaucoma; luego de rogar a Dios, sanó después de haber reconocido cuál era la causa de la enfermedad.

15. El rey, después de recibir los libros de Demetrio, según antes se ha dicho, los veneró y ordenó que se los cuidara diligentemente, a fin de que permanecieran en su integridad. Pidió a los intérpretes que lo visitaran con frecuencia; esto les sería de gran provecho, no sólo por el respeto con que serían tratados, sino por los regalos que les haría. Ahora era justo que los dejara marchar, pero si volvían espontáneamente, recibirían la atención que merecía su sabiduría, de acuerdo con la liberalidad real.

Se despidió de ellos después de dar a cada uno tres hermosos vestidos, dos talentos de oro, un cáliz de un talento y la cobertura de la cama en que se recostaban para comer. Estos fueron los regalos que les dió. Por su intermedio envió al pontífice Eleazar diez camas con patas de plata con todos sus adornos, y un cáliz de treinta talentos; además diez vestidos, una tela de púrpura, una valiosa corona, cien piezas de tela de lino y, por último, fialas, platos, vasos para las libaciones y dos cráteras de oro, destinadas al Templo. También le dijo en una carta que si alguno de sus hombres quería ir a verlo, se lo permitiera, pues apreciaba en mucho poder hablar con hombres instruídos y que sería muy de su agrado gastar en esta forma sus riquezas. Esto es lo que hizo Ptolomeo Filadelfo por la gloria y el honor de los judíos.

CAPITULO III

Seleuco I. Privilegios de los judíos, respetados por Vespasiano. Antíoco II. Los judíos de Jonia y Agripa. Antíoco III conquista a Palestina

1. Fueron también honrados por los reyes de Asia, a causa de haberlos servido en la guerra. Pues Seleuco Nicátor, en las ciudades que estableció en Asia y en la Celesiria, y aun en la misma Antioquía, capital del reino, permitió que vivieran en igualdad de derechos que los macedonios y los griegos; derecho del que disfrutan actualmente. Sirva de ejemplo lo siguiente: los judíos no queriendo usar aceite extranjero, obtienen de los encargados de los gimnasios una suma para comprar aceite. Esta costumbre la quiso abolir en la última guerra el pueblo de Antioquía; pero Muciano, que entonces era pretor en la Siria, la mantuvo [1].

Más adelante, siendo emperadores Vespasiano y su hijo Tito, los ciudadanos de Alejandría y Antioquía les pidieron que privaran de sus derechos a los judíos, pero no lo consiguieron. De ahí puede deducirse la equidad y magnanimidad de los romanos, especialmente de Vespasiano y Tito. Estos, a pesar de lo duramente que tuvieron que luchar contra los judíos y del resentimiento que sentían contra ellos por no querer rendirse, pues lucharon hasta lo último, por ningún motivo quisieron que sus derechos fueran disminuídos; impusieron silencio a su cólera y a los pedidos de los pueblos de Alejandría y Antioquía, a pesar de lo importantes que son; pero no consiguieron que disminuyera su buena voluntad hacia ellos en lo más mínimo ni que accedieran al odio de los adversarios que los combatían, continuando con su benevolencia hacia los judíos, diciendo que los que se habían levantado en armas contra ellos ya habían recibido su castigo, y que sería injusto privar de sus derechos a los que no eran culpables.

2. Sabemos que Marco Agripa fomentó un afecto similar hacia los judíos. Los jonios, revolucionados contra los judíos, pidieron a Agripa que los privara del derecho de ciudadanía, el que les fuera otorgado por Antíoco, el nieto de Seleuco, a quien los griegos denominan Dios, y que sólo ellos disfrutaran del mismo; pues decían que si los judíos fueran sus compatriotas adorarían a los mismos dioses; les pusieron pleito en el particular, pero los judíos lograron que se respetaran sus derechos, patrocinándolos Nicolás de Damasco. Agripa determinó que no era lícito innovar. Si al-

---

[1] La prohibición para los judíos de usar aceite extranjero era muy estricta, y de ella vuelve a hablar Josefo en la *Guerra*, II, 22, 2, y en la *Vida*, párr. 13. Los privilegios de los judíos de Antioquía figuraban (*Guerra*, VII, 5, 2) en tablas de bronce, pero que su antigüedad llegase hasta Seleuco Nicátor, como dice aquí, parece desmentirlo Josefo mismo al decir en el mismo libro de la *Guerra* (VII, 3, 3), que los últimos reyes de la dinastía, los sucesores de Antíoco Epífanes, acordaron a los judíos el derecho de ciudadanía en igualdad de condiciones con los griegos.

guien quiere conocer esto con más exactitud lea al mismo Nicolás de Damasco en los libros centésimo vigésimotercero y centésimo vigésimocuarto de su Historia [1]. No hay por qué admirarse de la decisión de Agripa; pues por aquel entonces nuestro pueblo no estaba en guerra con los romanos; pero sí hay motivo para pasmarse por la magnanimidad de Vespasiano y Tito, los cuales después de soportar tantas guerras y luchas con nosotros, se portaron con tanta moderación. Pero vuelvo a mi tema, que dejé.

3. Bajo el reinado en Asia de Antíoco el Grande, tanto los judíos como los que habitaban en la Celesiria, sufrieron muchas penalidades. Estando en guerra aquél con Ptolomeo Filópator y su hijo de nombre Epífanes, aconteció que tanto si triunfaba como si era vencido, se encontrarían en las mismas condiciones desastrosas; semejantes a una nave maltratada por la tempestad por ambos lados, estaban colocados con iguales posibilidades entre el éxito de Antíoco y las adversidades de su fortuna. Una vez vencido Ptolomeo, Antíoco ocupó Judea. Muerto Filópator, su hijo envió un gran ejército, cuyo jefe era Scopas, contra los habitantes de la Celesiria; ocupó muchas de sus ciudades y sometió a nuestro pueblo. No mucho después Antíoco venció a Scopas en las fuentes del Jordán y aniquiló a una gran parte de sus tropas.

Luego Antíoco se apoderó de las ciudades de la Celesiria que habían caído bajo el poder de Scopas, y también de Samaria. Los judíos se entregaron espontáneamente, lo admitieron en la ciudad, le suministraron todo lo necesario para él y sus elefantes y lo ayudaron eficazmente en la lucha contra la guarnición que dejara Scopas en la fortaleza de Jerusalén. Por esto, juzgando Antíoco que merecía ser recompensada la buena voluntad de los judíos hacia él, escribió cartas a sus capitanes y amigos, refiriéndose a los grandes servicios que le habían prestado los judíos e indicando los presentes con los que había decidido recompensarlos. Agregaré una copia, pero primero quiero citar lo que dice Polibio de Megalópolis [2] en confirmación de mis palabras. En el libro décimosexto de su Historia se lee:

[1] V. *Antig.* XVI, 2, 3-5.
[2] Historiador griego (más o menos 210-125 a. J. C.), autor de una *Historia General* de la que se conservan cinco libros.

"Scopas, jefe de los ejércitos de Ptolomeo, dirigiéndose hacia las regiones superiores, durante el invierno sometió a los judíos."

También en el mismo libro refiere:

"Vencido Scopas por Antíoco, éste se apoderó de Batanea, Samaria, Abila y Gadara; poco después se le sometieron los judíos que habitaban cerca del Templo llamado de Jerusalén. Mucho hay que decir sobre esto, especialmente por la celebridad del Templo, lo que haremos en otra oportunidad."

Esto es lo que dice Polibio en su Historia. Volvamos a lo que estaba explicando, luego de copiar la carta de Antíoco.

"El rey Antíoco a Ptolomeo, salud. Puesto que los judíos, así que penetramos dentro de sus límites, nos manifestaron su buena voluntad, y nos recibieron espléndidamente dentro de su ciudad, nos salieron a recibir con su senado, y nos proveyeron abundantemente de todo, para nosotros y nuestros soldados, y nos prestaron su ayuda para eliminar a la guarnición egipcia establecida en la ciudadela; por todo esto, nos ha parecido conveniente recompensarlos, refeccionar su ciudad arruinada por los azares propios de las guerras y repoblarla, haciendo reingresar a los ciudadanos dispersos. Y ante todo decretamos proveer lo perteneciente a la religión, suministrándoles los animales necesarios para ser sacrificados, así como vino, aceite e incienso por valor de veinte mil dracmas... y artabas sagradas de flor de harina de trigo según la costumbre de la región, mil cuatrocientos medimnos de trigo, y trescientos setenta y cinco medimnos de sal. Quiero que todo esto se les entregue, de acuerdo con lo ordenado; que se refeccione el Templo, los pórticos y cualquier otra parte que convenga arreglar. Utilícese para ello material de Judea, de otras regiones y del Líbano, y no se les imponga ningún tributo por ello. Lo mismo digo en lo referente al embellecimiento del Templo. Que los hombres de esta raza vivan de acuerdo con sus leyes paternas; que el senado, los sacerdotes, los escribas del Templo y los cantores sagrados sean exceptuados de los impuestos que les tocara por cabeza, del impuesto de la corona y de otros tributos. Y a fin de que la ciudad se pueble lo más rápidamente posible, otorgo a los que ahora habitan en ella, y a los que emigraran a la misma hasta el mes de hiperbereteo, exención de impuestos durante un trienio. Y en adelante, los eximimos de una tercera parte de los impuestos, a fin de resarcirlos de los daños sufridos; también ordenamos que sean dejados en libertad los que fueron sacados de la ciudad y puestos en esclavitud, ellos y sus hijos, y que se les devuelvan sus bienes."

4. Este era el contenido de la carta. Además, en honor del Templo Antíoco publicó por todo el reino este decreto:

"No se permita a ningún extranjero penetrar dentro del recinto del Templo prohibido a los mismos judíos, salvo aquellos que se hayan purificado de acuerdo con su ley nacional. También está prohibido introducir en la ciudad carne de caballo, de mulo, de asno salvaje o doméstico, de pantera, de zorro, de liebre y en general de todas aquellas clases de animales prohibidos para los judíos; no se podrán introducir ni las pieles de estos animales, ni tenerlos dentro de la ciudad. El que hiciera algo en contra, tendrá que pagar a los sacerdotes tres mil dracmas de plata."

También el rey dió testimonio de su buena voluntad y confianza, cuando encontrándose en las satrapías de Asia superior, se informó de un levantamiento producido en Frigia y Lidia; ordenó entonces a Zeuxis, su general y uno de sus íntimos amigos, que trasladara a algunos de los nuestros de Babilonia a Frigia. Escribió en estos términos:

"El rey Antíoco a Zeuxis su padre, salud. Si tú estás bien de salud, me alegro; yo también estoy bien. Habiendo sabido que algunos en la Lidia y la Frigia promueven movimientos sediciosos, pensé que debía prestar al asunto la mayor atención. Después de consultar con los amigos lo que parecía más conveniente hacer, nos ha parecido indicado transferir dos mil familias judías con todo su equipo desde Mesopotamia y Babilonia a las guarniciones y lugares más importantes. Creo que han de ser buenos custodios de nuestros asuntos, tanto por la piedad que practican, como por estar informado de que a mis antepasados les dieron pruebas de fidelidad y pronta obediencia a las órdenes recibidas. Por lo tanto quiero, no obstante lo trabajoso que es, que se los traslade, con la promesa de que se les permitirá atenerse a sus leyes. Después que los transportes a los dichos lugares, les darás lugar donde edifiquen sus casas y campo para plantar viñas, y durante diez años estarán libres de todo impuesto por los frutos de la tierra. Y hasta que no perciban los frutos de la tierra, se les distribuirá trigo para la alimentación de sus esclavos. Déseles también todo lo que puedan necesitar, a objeto de que bien tratados por nosotros se manifiesten más celosos de nuestros intereses. Procura también, en la medida de lo posible, que nadie los incomode."

Y basta con lo dicho, para mostrar la benevolencia de Antíoco el Grande con los judíos [1].

CAPITULO IV

Desdicha de los judíos. Intervención de José hijo de Tobías, amigo de Ptolomeo Epífanes. Alianza de los lacedemonios con el sumo sacerdote Onías

1. Antíoco muy pronto entró en amistad con Ptolomeo y pactó con él; le dió en matrimonio a su hija Cleopatra y como dote la Baja Siria, Samaria, Judea y Fenicia. Estando divididos los impuestos entre los dos reyes, los percibían los principales de cada uno de ellos y entregaban a los reyes las cantidades establecidas. En aquel tiempo los samaritanos, favorecidos por la suerte, perjudicaron mucho a los judíos, devastando sus campos y llevándose prisioneros. Acontecía esto siendo pontífice Onías.

Habiendo fallecido Eleazar, le sucedió en el pontificado su tío Manasés; después de su muerte, lo sucedió Onías hijo de Simón, denominado el Justo; este Simón era hermano de Eleazar, como dije antes. Este Onías era de ánimo sórdido y apasionado por el dinero; por esta causa no pagó el tributo por su pueblo, que era costumbre que los principales entregaran al rey, y que alcanzaba a la cantidad de veinte talentos de plata. Ptolomeo Evérgetes se indignó mucho; era el padre de Filopátor. Envió un mensajero a Onías, a Jerusalén, y lo amenazó con que si no pagaba el tributo dividiría sus campos y los entregaría a los soldados, estableciendo una colonia. Informados de esto los judíos, se atemorizaron en gran manera; pero Onías, a causa de su avaricia, no hizo el menor caso.

---

[1] Josefo dice más adelante (A. J., XIV, 11, 5) que muchos griegos pusieron en duda la autenticidad de los actos de amistad con los judíos de los persas y los macedonios, basados en que sólo los tenían registrados los judíos "y otros bárbaros".

2. Un cierto José, joven todavía, pero ya célebre por su seriedad, prudencia y justicia entre los jerosolimitanos, hijo de Tobías
y una hermana del pontífice Onías, informado por la última de
la visita del legado (pues se encontraba ausente en cierto pago
denominado Ficola, del cual procedía), ya en la ciudad reprendió
a Onías acusándolo de no tomar en cuenta la seguridad de los
ciudadanos y de ponerlos aún en peligro, al negar el dinero establecido. Había sido elegido jefe, obteniendo el honor del sumo
sacerdocio, para velar por la seguridad del pueblo; pero si estaba
tan ansioso de dinero que por él estaba dispuesto a que peligrara
la patria y a que sus conciudadanos sufrieran hechos indignos,
le aconsejaba que se presentara al rey y le suplicara que le condo-
nara todo o parte del tributo.

Onías le respondió que no ansiaba el mando y que estaba dispuesto, en caso de que ello fuera posible, a renunciar al sumo
sacerdocio, y que en ninguna forma se presentaría al rey, pues
tales cosas le tenían sin cuidado; entonces José le solicitó que le
permitiera asumir la legación en representación de su pueblo ante
Ptolomeo. Le contestó que lo autorizaba; entonces José ascendió
al Templo, y habiendo reunido al pueblo en asamblea lo exhortó
a que no se perturbara y que nada temiera a causa de la negligencia de su tío, y les aconsejó que no se preocuparan más por lo
porvenir. Les prometió que él iría como legado ante el rey y lo
persuadiría que nada inicuo hiciera en su contra.

Oídas estas nuevas, el pueblo las agradeció. Después que descendió del Templo, recibió en su casa como huésped al legado de
Ptolomeo; y luego de ofrecerle muchos regalos y darle banquetes
por espacio de varios días, lo envió de vuelta al rey, diciéndole
que poco después lo seguiría.

Estaba tanto más dispuesto a presentarse ante el rey, por cuanto
el legado le infundió ánimo para ello y lo incitó a ir a Egipto,
comprometiéndose a interceder ante Ptolomeo en lo que pudiera,
pues había quedado encantado por la liberalidad y la seriedad
de conducta de José.

3. El legado, de regreso a Egipto, expuso al rey la sordidez
de Onías y la bondad de José; le dijo que el último iría a Egipto
para interceder ante el rey por las faltas que se reprochaban al
pueblo. Elogió de tal manera al joven, que de antemano conquistó

en su favor la benevolencia del rey y de su esposa Cleopatra. José envió a pedir dinero a los amigos que tenía en Samaria, preparó todo lo necesario para el viaje, vestidos, vasijas y bestias de carga, gastando en ello veinte mil dracmas, y se marchó a Alejandría.

Aconteció que, por el mismo tiempo, los principales ciudadanos de Siria y Fenicia y los magistrados se dirigieron también a Alejandría para el arriendo de los impuestos; pues anualmente el rey los otorgaba a los más poderosos de cualquier ciudad. Cuando vieron a José, se burlaron de su pobreza e indigencia. Después que éste llegó a Alejandría y fué informado que el rey se encontraba en Menfis, fué en su búsqueda. Casualmente el rey estaba en su carro con su esposa y con su amigo Atenión (el que había ido como legado a Jerusalén y fué recibido como huésped en la casa de José). Al ver a José, Atenión indicó al rey que era aquél el joven de quien le había hablado al regresar de Jerusalén, diciéndole que era un joven bueno y liberal. Ptolomeo fué el primero en saludarlo y lo invitó a subir al carro. Una vez sentado, empezó a reprochar la conducta de Onías. Pero él respondió:

—Perdónalo por razón de su vejez; pues no ignoras que la naturaleza ha dispuesto que los niños y los ancianos tengan la misma inteligencia. En cambio conseguirás lo que quieras con nosotros, que somos jóvenes, y no te daremos motivo de queja.

El rey, encantado de la gracia y los buenos modales del joven, le cobró mucho afecto, como si lo hubiera conocido de mucho tiempo antes; y lo invitó a quedarse en el palacio y a ser todos los días su invitado. Luego, cuando el rey regresó a Alejandría, los grandes de Siria, al ver a José sentado con el rey, se sintieron despechados.

4. Cuando llegó el día de adjudicar el arriendo de los impuestos, se presentaron a comprarlo los principales de las ciudades. Las ofertas por los impuestos de Siria, Fenicia y Judea con Samaria ascendieron a ocho mil talentos. Se acercó entonces José y acusó a los licitadores de haberse confabulado para ofrecer al rey un precio bajo; y declaró que él estaba dispuesto a ofrecer el doble, y que además entregaría al rey los bienes de aquellos que hubiesen incurrido en falta contra la casa real, pues estos bienes se adjudicaban junto con los impuestos. El rey lo escuchó con satisfacción y determinó concederle los impuestos, porque obten-

dría mayores ingresos, pero le preguntó si podía ofrecer garantes.
José respondió con buen espíritu:

—Ofreceré personas de las cuales no podrás desconfiar.

Como el rey le preguntara quiénes eran, dijo:

—Presento como garantes, oh rey, a ti mismo y a tu esposa,
cada uno por su parte.

Ptolomeo rió, y le otorgó los impuestos sin garantía. Este favor
indignó muchísimo a los que habían ido a Egipto con el mismo
propósito, y al verse relegados regresaron avergonzados a sus
ciudades.

5. José, después de aceptar del rey dos mil soldados de infantería, pues había solicitado al rey protección por si alguien en las
ciudades se atreviera a menospreciar su autoridad, y luego de
pedir prestados quinientos talentos en Alejandría a los amigos
del rey, se dirigió a Siria. Al llegar a Ascalón reclamó a los ascalonitas el impuesto; pero éstos no solamente no lo quisieron pagar
sino que además lo insultaron. José detuvo a sus jefes, hizo matar
a unos veinte, se apoderó de sus bienes, cerca de mil talentos, y
los envió al rey, informándolo de lo que había hecho. Ptolomeo,
admirado de su decisión, lo aprobó y le dió licencia para proceder
en la forma que quisiera. Informados los sirios de lo que había
acontecido a los de Ascalón, se atemorizaron; recibieron a José
sin resistencia y pagaron los impuestos.

Los habitantes de Escitópolis intentaron, sin embargo, insultarlo
y rehusaron pagar los impuestos que solían pagar anteriormente.
Mató también a sus jefes y envió sus bienes al rey. José, luego de
reunir gran cantidad de dinero, obteniendo grandes ganancias con
la percepción de los impuestos, usó de las riquezas para asegurar
el poder que tenía, pensando que procedería bien y sabiamente
si conservara la causa de su felicidad, mediante la ayuda de aquellos de quienes la había recibido. Envió muchos dones al rey, a
la reina Cleopatra y a los amigos de ambos, comprándose en esta
forma su benevolencia.

6. Gozó de esta prosperidad durante veintidós años; tuvo siete
hijos de una mujer, y uno, llamado Hircano, de la hija de su
hermano Solimio. El motivo de que se casara con la última fué
el siguiente. Se hallaba cierta vez en Alejandría con su hermano,
que estaba acompañado de una hija en edad núbil a la que quería

casar con un judío de alta posición. Durante la cena José se enamoró de una bailarina muy hermosa; se lo confesó a su hermano y le pidió que, puesto que le estaba prohibido por la ley mantener relaciones con una mujer de otra raza, lo ayudara y lo mantuviera oculto, convirtiéndose en su cómplice a efecto de satisfacer su pasión.

El hermano de buen grado le prometió que se convertiría en el cómplice de su deseo; pero durante la noche le condujo a su hija, bien adornada, y la puso en su cama. La ebriedad impidió a José advertir el cambio; se acostó con la hija de su hermano y como el hecho se repitió varias veces, cada vez la deseaba con mayores ansias. Le confesó a su hermano que su amor por la bailarina ponía en peligro su vida, pues temía que el rey no quisiera otorgársela. El hermano le aconsejó que dejara de lado toda ansiedad y congoja y que podía tranquilamente gozar de la mujer amada y tomarla por esposa; le descubrió lo que había hecho, que había preferido perjudicar a su hija, antes que tolerar el daño de su honor. José, después de elogiar la benevolencia de su hermano, se casó con la hija de éste y de ella tuvo un hijo de nombre Hircano, como dijimos antes.

Cuando éste tenía apenas trece años ya se distinguía por su ánimo valeroso y buen ingenio, de tal manera que concitó en su contra el celo de los hermanos; era, en efecto, superior a ellos y capaz de excitar su envidia. José quiso averiguar cuál de ellos era el mejor dotado. Los envió a instruirse con los mejores maestros. Todos, con excepción de Hircano, por pereza e impaciencia regresaron, inexpertos e ignorantes.

Después de esto envió a su hijo menor, Hircano, con trescientos pares de bueyes, al desierto, a una distancia de dos días de camino, para sembrar un terreno, pero antes escondió los aparejos de los bueyes. Al llegar al sitio indicado y no encontrar los aparejos, no siguió el consejo de quienes le decían que enviara a buscarlos; pensó que no le convenía perder tiempo esperando el regreso de los que enviara e imaginó un medio superior a su edad. Mató diez pares de bueyes, distribuyó la carne entre los trabajadores, luego cortó la piel de los animales y la convirtió en correas, con las que unió los yugos; en esta forma aró la tierra, cumpliendo lo ordenado por su padre, y regresó.

El padre lo tuvo en gran aprecio por su ánimo decidido. Lo elogió muchísimo, no sólo por haber cumplido lo ordenado sino por haber hallado prestamente una solución; y lo estimó más que antes, como si él fuera el único hijo verdadero, a despecho de sus hermanos.

7. Por este tiempo se le comunicó que Ptolomeo había tenido un hijo y que todos los jefes de Siria y de las demás naciones sometidas pensaban ir a Alejandría para celebrar el nacimiento con gran solemnidad; pero a él se lo impedía la ancianidad. Indagó si alguno de sus hijos estaba dispuesto a viajar hasta donde se encontraba el rey. Los mayores rehusaron, pues decían que eran demasiado rústicos para esa clase de reuniones; y le aconsejaron que enviara a su hermano Hircano. Gustóle a José lo propuesto; llamó a Hircano y le preguntó si estaba dispuesto a presentarse ante el rey. Hircano se comprometió a ir, y dijo que no necesitaba mucho dinero, pues pensaba vivir frugalmente, de modo que le bastaría con diez mil dracmas; al padre le complació la moderación de su hijo.

Poco después Hircano aconsejó a su padre que no enviara regalos al rey, sino que le diera cartas para su procurador en Alejandría, a fin de que le suministrara dinero para comprar lo que fuera más hermoso y más rico.

El padre opinó que serían suficientes diez talentos para los regalos al rey; y elogiando al hijo por haberle aconsejado prudentemente, escribió a su administrador Arión, que estaba encargado en Alejandría de la administración de todos sus bienes, los que no eran inferiores a tres mil talentos. José enviaba el dinero que percibía desde Siria a Alejandría y, llegada la oportunidad, restaba la cantidad que tocaba al rey en concepto de impuestos, y escribía a Arión ordenándole que la entregara.

Con las cartas en su poder Hircano marchó a Alejandría. Pero no bien se hubo marchado, sus hermanos escribieron a los amigos del rey que lo mataran.

8. Así que llegó a Alejandría, entregó las cartas a Arión. Este le preguntó cuántos talentos necesitaba, confiando en que le pediría diez talentos, o poco más. Pero Hircano le contestó que necesitaba mil. Airado le reprochó que quería vivir lujosamente; le dijo que su padre había reunido las riquezas trabajando y resis-

tiendo a las pasiones, y le aconsejó que siguiera su ejemplo. Terminó diciendo que sólo le daría diez talentos, y únicamente para ser empleados en regalos para el rey. El joven se indignó e hizo encerrar a Arión en la cárcel. La esposa de Arión informó a Cleopatra de lo que estaba pasando y le pidió que castigara la arrogancia del joven, pues Cleopatra apreciaba a Arión. La reina se lo contó al rey.

Ptolomeo envió mensajeros a Hircano para decirle que le sorprendía que siendo legado de su padre todavía no se hubiera presentado ante el rey, y que en cambio había mandado encarcelar al administrador; y le pidió que aclarara este asunto. Se dice que contestó al mensajero del rey que en su país existía una costumbre que prohibía al que celebraba una fiesta de nacimiento que probara las viandas antes de ir al templo a ofrecer sacrificios a Dios. Este era el motivo de que no se hubiese presentado, pues esperaba poder ofrecerle los dones apropiados a un hombre de quien su padre tantos beneficios había recibido. En cuanto al esclavo, lo había castigado por no haber cumplido sus órdenes; pues nada importa que el dueño sea grande o chico. Si no se castigara a esa gente, agregó, "ten cuidado de que a ti mismo no lleguen tus súbditos a despreciarte". Esta respuesta hizo reír a Ptolomeo, que admiró la decisión del joven.

9. Cuando supo Arión la disposición de ánimo del rey con relación al joven y que no podía esperar ayuda de nadie, le entregó los mil talentos. Fué librado de la cárcel, y tres días después Hircano presentó sus saludos a los reyes. Estos lo recibieron con placer y lo invitaron a su mesa en honor de su padre. Hircano visitó secretamente a los vendedores de esclavos y les compró cien jóvenes instruídos, en la flor de la juventud, a un talento cada uno, y cien muchachas por el mismo precio. Cuando fué invitado a comer con el rey, lo ubicaron en el último lugar, siendo tenido en menos, a causa de su juventud, por aquellos que estaban encargados de asignar los lugares de acuerdo con la dignidad de cada uno.

Los que participaban del banquete acumularon frente a él los huesos, después de sacarles la carne, de modo que su mesa quedó llena de huesos; Trifón, bufón del rey encargado de divertir a Ptolomeo con sus dichos durante el banquete, se acercó a la mesa del rey, instigado por los invitados, y le dijo:

—¿Ves, señor, la multitud de huesos que hay frente a Hircano? Ellos te pueden dar una idea de lo que su padre hizo con Siria: la despojó y quedó como esos huesos sin carne.

El rey se rió de lo que decía Trifón y preguntó a Hircano cómo era que tenía tantos huesos delante.

—No es extraño, señor —contesó—. Los perros devoran la carne con huesos y todo, como han hecho éstos —y miró a los demás invitados—, que no tienen ningún hueso delante. Los hombres comen la carne y dejan los huesos, como hice yo, que soy hombre.

El rey, admirado de la agudeza de su ingenio, ordenó que lo aplaudieran, elogiándolo por haberse expresado tan graciosamente.

Al día siguiente Hircano fué a saludar a los amigos del rey y a los que tenían algún poder en la casa real, y preguntó a sus criados qué regalos ofrecerían al rey con motivo del nacimiento de su hijo. Le dijeron algunos que le entregarían doce talentos, otros que ofrecerían presentes de acuerdo con la dignidad de que disfrutaban. Simuló entonces lamentarse de no ser capaz de ofrecer dones similares, pues no disponía más que de cinco talentos para regalar.

Los criados se apresuraron a informarlo a sus dueños y éstos se alegraron pensando que José quedaría mal con el rey y caería en desgracia por la exigüidad de su regalo. Llegado el momento, aun los más ricos no ofrecieron más de veinte talentos; pero Hircano tomó a los cien muchachos y las cien muchachas que había comprado, les dió a cada uno un talento para que lo llevaran y entregó los primeros al rey y las otras a Cleopatra. Todos quedaron admirados de la suntuosidad de los regalos; además entregó a los amigos y criados del rey muchos talentos, a fin de evitar la amenaza que representaban para él, porque era a ellos a quienes sus hermanos habían escrito que lo eliminaran. Admirado Ptolomeo de la magnanimidad del joven, ordenó que pidiera lo que quisiera. El no pidió otra cosa sino que escribiera en su favor a su padre y a sus hermanos. El rey, luego de haberlo honrado y remunerado con muchos dones, lo despidió con cartas para el padre, los hermanos y sus intendentes y procuradores.

Pero los hermanos, informados de lo que Hircano había conseguido del rey y que regresaba muy honrado, salieron a su encuentro para matarlo, sabiéndolo el padre. Este se sentía indignado por los gastos que había hecho en regalos, sin preocuparse de sus bienes. Sin embargo, José disimuló su ira contra su hijo por miedo al rey. Trabados en lucha los hermanos con Hircano, éste mató a varios de sus hombres y a dos de sus hermanos; los demás escaparon a Jerusalén al lado de su padre. Hircano, viendo que en la ciudad nadie quería recibirlo, tuvo miedo y se retiró al otro lado del Jordán, donde se estableció, viviendo de los impuestos que impuso a los bárbaros.

10. Por este tiempo reinaba en Asia Seleuco, llamado Filopátor, hijo de Antíoco el Grande. Murió entonces José, el padre de Hircano, varón bueno y magnánimo que transformó la pobreza y parquedad en que vivía el pueblo judío en una vida más espléndida y que durante veitidós años cobró los impuestos de Siria, Fenicia y Samaria. También murió su tío Onías, dejando el pontificado a su hijo Simón. Este también muerto, lo sucedió su hijo Onías, al cual Areo, el rey de los lacedemonios, envió legados y cartas del siguiente tenor:

"Areo, rey de los lacedemonios a Onías, salud.

"Casualmente hemos encontrado un escrito, en el cual se afirma que los judíos y los lacedemonios son de la misma raza, de la familia de Abram. Por lo tanto, es justo que vosotros, que sois nuestros hermanos, nos indiquéis cuáles son vuestros deseos. Estamos dispuestos a satisfacerlos, pues consideramos vuestros intereses como los nuestros, y los nuestros serán comunes con los vuestros. Demóteles, el que lleva estas cartas, tiene órdenes sobre el particular. La escritura es cuadrada; el sello representa un águila apretando una serpiente."

11. Este era el contenido de la carta enviada por el rey de los lacedemonios. Después de la muerte de José, sus hijos provocaron discordias en el pueblo. Pues al declarar los mayores la guerra a Hircano, que era el menor, el pueblo se dividió; la mayor parte estaba con los primeros, como también el pontífice Simón, a causa del parentesco. Hircano, por lo tanto, resolvió no regresar a Jerusalén; establecido en el otro lado del Jordán, incesantemente les hacía la guerra. Mató a muchos de ellos e hizo muchos cautivos. Edificó una fortaleza muy sólida, toda de mármol blanco hasta el techo, con esculturas de animales de gran tamaño; la rodeó con una fosa grande y profunda. En el monte que había delante construyó, perforando la piedra, cuevas de varios estadios de longitud;

en las mismas dispuso diversas habitaciones, para comer, dormir y estar. Instaló conductos de aguas corrientes, que constituían el encanto y el ornato de la residencia.

Las entradas de las cuevas eran de un tamaño que sólo permitía pasar a un hombre por vez; lo hizo para su seguridad; si sus hermanos lo sitiaban no correría peligro de caer en su poder. Construyó también granjas muy extensas que adornó con amplios parques. Habiendo dispuesto el lugar en esta forma, le dió el nombre de Tiro. Este lugar se encuentra entre Arabia y Judea, más allá del Jordán, no lejos de Esbonitis.

Fué dueño de esta región durante siete años, mientras reinó Seleuco en Siria. Una vez muerto éste, su hermano Antíoco, de nombre Epífanes, obtuvo el reino. Murió también Ptolomeo rey de Egipto, también denominado Epífanes, habiendo dejado dos hijos, todavía jóvenes, siendo el nombre del mayor Filométor y el del menor Fiscón.

Hircano, informado del gran poder de Antíoco, y temeroso de que hecho prisionero lo atormentara por la conducta que observara con los árabes, se dió la muerte por sus propias manos. Antíoco se apoderó de todas sus riquezas.

CAPITULO V

Discordias entre los judíos. Expedición de Antíoco Epífanes. Se apodera de la ciudad y saquea el Templo

1. Habiendo muerto por este tiempo Onías el sumo pontífice, el rey entregó el pontificado a su hermano Jesús, pues el hijo que dejara Onías todavía era niño. Lo tocante a este niño, lo expondremos en su debido lugar. El rey privó del sumo sacerdocio a Jesús, hermano de Onías, indignado contra él, y lo pasó a su hermano menor, de nombre Onías. Simón tuvo tres hijos, y los tres fueron pontífices, como hemos declarado. Jesús se dió el nombre de Jasón, y Onías se llamó Menelao.

Surgieron discordias entre el primer pontífice Jesús y Menelao, que posteriormente fué hecho pontífice. El pueblo se dividió; estuvieron en favor de Menelao los hijos de Tobías, pero la mayoría del pueblo se pronunció en favor de Jasón. Incapaces de oponerse al poder de los últimos, Menelao y los hijos de Tobías se refugiaron en la tierra de Antíoco, y dijeron a éste que querían atenerse a las costumbres de los griegos y a la voluntad del rey, y estaban dispuestos a abandonar las leyes y las costumbres patrias. Por lo tanto, solicitaron que los autorizara a edificar un gimnasio en Jerusalén. Obtenido el permiso, ocultaron su circuncisión, para que aun con el cuerpo desnudo parecieron griegos [1]; y en todo lo demás imitaron a los gentiles, renunciando a las costumbres patrias.

2. Antíoco, viendo que los asuntos del reino se desarrollaban de acuerdo con su voluntad, decidió realizar una expedición a Egipto, deseoso de ocuparlo, menospreciando a los hijos de Ptolomeo, demasiado débiles e incapaces de administrar un reino tan grande. Es así como con un numeroso ejército marchó a Pelusio, y luego de rodear astutamente a Ptolomeo Filométor, invadió a Egipto; llegó a las cercanías de Menfis, y luego de ocuparla, se dirigió a Alejandría para sitiarla y someter a Ptolomeo, que reinaba allí.

Sin embargo fué rechazado, no sólo de Alejandría, sino de todo el Egipto, advirtiéndole los romanos que se alejara de aquellas tierras, como ya antes hemos declarado. Expondré en detalle lo referente a este rey, que ocupó Judea y el Templo. Pues aunque ya traté de esto en mi primera obra [2], considero necesario hacer una exposición más exacta.

3. El rey Antíoco, al regresar de Egipto por miedo a los romanos, dirigió su ejército contra la ciudad de Jerusalén; entró en la misma el año ciento cuarenta y tres del reinado de los seléucidas, y se apoderó de ella sin lucha, pues le abrieron las puertas los que eran sus partidarios. Una vez dueño de Jerusalén, mató a muchos que le eran contrarios y luego de apoderarse de gran cantidad de riquezas regresó a Antioquía.

4. Dos años después, el ciento cuarenta y cinco, el día veinticinco del mes que entre nosotros se denomina caslev, y entre

---

[1] En el gimnasio se practicaban los ejercicios atléticos con el cuerpo desnudo; por eso los judíos apóstatas tuvieron que recurrir a la cirugía para disimular la circuncisión (I *Mac.*, 1, 11-15). Este procedimiento, según II *Mac.*, 4, 10-17, comenzó a emplearse en la época de Jasón.

[2] *La Guerra*, 1, 1. Recordemos que Josefo escribió la *Guerra* antes que *Antigüedades*.

los macedonios apelaios, en la olimpíada ciento cincuenta y tres, el rey con un gran ejército ascendió a Jerusalén, y simulando intenciones pacíficas, por engaño se apoderó de la ciudad [1]. No perdonó ni aun a aquellos por quienes había sido recibido; seducido por las riquezas del Templo, llevado por la codicia (pues había visto gran cantidad de ofrendas en el Templo), para saquearlo no tuvo el menor escrúpulo en romper el pacto que había hecho con ellos.

Despojó el Templo, llevándose los vasos de Dios, los candelabros de oro, el ara de oro, la mesa y los incensarios, sin dejar ni aun los velos hechos de lino y escarlata; vació los tesoros ocultos sin dejar nada, sumiendo a los judíos en una gran tristeza. Prohibió los sacrificios que se acostumbraban a hacer todos los días, saqueó toda la ciudad; mató a muchos y a otros, con sus mujeres e hijos, los redujo a la cautividad, sumando el número de cautivos cerca de diez mil. Entregó al fuego lo más hermoso de la ciudad, derribó los muros y construyó la fortaleza de la ciudad baja. Era bastante elevada y dominaba al Templo; la protegió con altos muros y torres y en ella colocó a la guarnición macedonia [2].

La fortaleza se convirtió en el refugio de los impíos y los ímprobos, por cuya causa los ciudadanos sufrieron cruelmente. Después de haber levantado un ara en el lugar donde estaba el antiguo altar de los sacrificios, el rey sacrificó cerdos, índole de sacrificio ilegítimo y que no está de acuerdo con el culto propio de los judíos.

Obligó también a los judíos a que, olvidando el culto de su Dios, adoraran a los que él consideraba dioses; y a levantarles en los poblados y las ciudades santuarios y altares en los cuales todos los días se sacrificaban cerdos. Además les ordenó que no circuncidaran a sus hijos, amenazándolos con castigos si procedían en contra de esta orden.

Nombró también inspectores encargados de hacer cumplir lo ordenado. Muchos de los judíos, algunos espontáneamente, otros por miedo, acataron las órdenes del rey, pero los más eminentes y de ánimo elevado las despreciaron, cumpliendo los ritos de su

[1] En *La Guerra* dice que la tomó por asalto (1, 1).
[2] El Acra, situada en la colina oriental, al sud del Templo, del que la separaba un barranco.

patria sin miedo al castigo con que se amenazaba a los que no obedecían; es así como todos los días morían algunos sometidos a
intensos tormentos. Heridos a latigazos y mutilados en el cuerpo,
estando todavía vivos y respirando los colgaban de las cruces; sus
mujeres y sus hijos, circuncidados a pesar de la prohibición del
rey, eran estrangulados; suspendían a los hijos del cuello de sus
padres crucificados.

Los libros sagrados o de la Ley que encontraban eran destruídos inmediatamente, y los desdichados que los habían guar-
dado morían miserablemente.

5. Los samaritanos, ante los sufrimientos de los judíos, dejaron
de afirmar que eran sus parientes, y de sostener que el templo de
Garizim estaba consagrado al Dios máximo; de acuerdo con su
costumbre, que antes indicamos, ahora dijeron que eran descendientes de los medos y los persas, lo que era la verdad. Enviaron,
además, a Antíoco, mensajeros con una carta que decía lo siguiente:

"Los habitantes de Siquem al rey Antíoco Theos Epífanes, le
comunican: Nuestros antepasados, a causa de frecuentes pestes que
hubo en esta región, se adaptaron a una vieja superstición, estableciendo la observancia del día que los judíos denominaron sabat;
elevaron en el monte Garizim un templo que no dedicaron a nadie
y en el cual ofrecieron sacrificios. Puesto que te ha parecido bien
proceder con los judíos tal como lo exige su maldad, los servidores
reales, creyendo que nosotros a causa del parentesco hacemos lo
mismo, nos castigan por los mismos crímenes, a pesar de que somos sidonios de raza, lo que consta en los anales públicos. Por lo
tanto, te pedimos a ti, benefactor y salvador, que ordenes a Apolonio, comandante de la región, y a Nicanor, procurador de los
negocios reales, que no nos molesten, acusándonos de los mismos
crímenes que cometen los judíos pues somos tan distintos de ellos
en costumbres y raza; y en cuanto al templo, que no figura bajo
nombre ninguno, que sea dedicado a Júpiter Heleno. Una vez hecho esto estaremos libres de molestias, y consagrados a nuestra
labor podremos pagarte tributos mayores."

Ante el pedido de los samaritanos el rey envió la siguiente carta:

"El rey Antíoco a Nicanor. Los sidonios que viven en Siquem
nos enviaron la carta que incluímos aquí. Ya que a nosotros y a

nuestros amigos reunidos en consejo, los legados enviados por ellos dijeron que nada tenían que ver con aquellos hechos que se consideran condenables en los judíos, y que querían vivir de acuerdo con las costumbres de los griegos, los consideramos libres de toda culpa y queremos que su templo, de acuerdo con lo solicitado, sea consagrado a Júpiter Heleno."

Una carta del mismo estilo envió a Apolonio, comandante de la región, el cuadragésimo sexto año, el día doce del mes de hecatombeón.

CAPITULO VI

Matatías, hijo de Asmoneo, desprecia la prohibición del rey de observar las leyes nacionales, y derrota a los generales de Antíoco. Muerte de Matatías. Lo sucede Judas Macabeo

1. Por el mismo tiempo vivía en Modim, aldea de Judea, cierto hombre de nombre Matatías, hijo de Juan, hijo de Simón, hijo de Asmoneo, sacerdote de la clase de Joarib, de Jerusalén. Tenía cinco hijos, Juan por sobrenombre Gadés, Simón llamado Mates, Judas el Macabeo, Eleazar que se decía Auran y Jonatás por sobrenombre Afo. Este Matatías se dolía con sus hijos de la situación en que se encontraban los asuntos de los judíos, el despojo del Templo y de la ciudad y los sufrimientos del pueblo, y decía que era mejor morir por las leyes patrias que vivir en la deshonra.

2. Llegaron a Modim los encargados de hacer cumplir a los judíos lo establecido por el rey; les ordenaron que celebraran el culto divino de acuerdo con lo establecido por el rey y pidieron a Matatías, que era respetado por todos los demás por su doctrina, que fuera el primero en inmolar. Dijéronle que si así lo hacía, los demás lo imitarían y sería honrado por el rey; Matatías respondió que de ninguna manera haría tal cosa, aunque todos cumplieran las órdenes de Antíoco, ya fuera por miedo o por el deseo de complacerle; ni él ni sus hijos abandonarían el culto de sus padres.

No bien terminó de hablar acercóse un judío y en presencia de todos ofreció sacrificios de acuerdo con las órdenes del rey.

Matatías, indignado, y sus hijos, que llevaban espadas, se precipitaron sobre el judío y lo decapitaron; también mataron a Apeles, el prefecto real, que quería obligarlos a sacrificar, y a varios de los soldados que lo acompañaban. Habiendo destruído el ara, exclamó Matatías:

—Todos aquellos que sientan celo por los ritos de nuestros padres y el culto de Dios, que me sigan.

Dicho esto se retiró con sus hijos al desierto, abandonando todos sus bienes. Fueron muchos los que lo imitaron y se fueron con él. acompañados de sus esposas e hijos, y habitaron en cuevas.

Al recibir estas nuevas, los generales del rey, con todos los soldados que había en la fortaleza de Jerusalén, siguieron a los judíos al desierto. Cuando los alcanzaron, primeramente se esforzaron por persuadirlos de que en su propio interés no los obligaran a tratarlos de acuerdo con las leyes de la guerra. Los judíos se mantuvieron en su decisión y fueron atacados el día del sabat; los quemaron tal como se encontraban en las cavernas, sin que ellos opusieran resistencia ni hicieran nada para cerrar las salidas. Por respeto al del día del sabat se abstuvieron de toda violencia. No quisieron profanar el sábado, a pesar de encontrarse en apuros, porque la ley nos ordena que el día del sabat no debemos hacer nada. Murieron cerca de mil con sus mujeres e hijos.

Muchos, sin embargo, escaparon al peligro, se unieron con Matatías y lo nombraron jefe. El les dijo que incluso el día sábado tenían que luchar. Si no lo hacían por observar la ley, se convertirían en sus propios enemigos, porque el adversario elegiría siempre ese día para atacarlos, y como no se defenderían perecerían todos sin combatir.

Los persuadió, y desde entonces quedó establecida entre nosotros la norma de luchar, incluso los sábados, cuando sea necesario.

Matatías reunió un gran ejército, destruyó las aras y mató a los culpables que pudo apresar, pues muchos, por prudencia, se habían dispersado por los pueblos vecinos. Luego ordenó que fueran circuncidados los niños que no lo hubieran sido, y expulsó a aquellos que estaban encargados de oponerse a la medida.

3. Después de haber ejercido el mando por espacio de un año, cayó enfermo. Llamó a sus hijos, y cuando los vió reunidos dijo:

—Yo, hijos míos, parto por el camino que el destino me ha designado; pero a vosotros os dejo depositarios de mi pensamiento, y os pido que lo guardéis debidamente, y tened en cuenta a aquel que os engendró y nutrió; observad los ritos de nuestros antepasados y nuestra antigua forma de gobierno, que corre peligro de desaparecer; restituídla, sin que os seduzcan aquellos que, espontáneamente u obligados, la traicionan. Vosotros portaos como dignos hijos míos, superiores a toda violencia y coacción; dispuestos, si así los acontecimientos lo exigieran, a morir por la ley. Pensad que Dios, al contemplar vuestra conducta, no os olvidará; recompensando vuestra virtud, os devolverá lo que perdisteis y os restituirá la libertad de vivir, para que podáis disfrutar con toda tranquilidad de vuestras costumbres. Nuestros cuerpos son mortales y caducos, y es por el recuerdo de nuestras acciones que conseguimos la inmortalidad; inflamados en su amor quiero que aspiréis a la gloria, y dispuestos a realizar los más nobles designios no dudéis en sacrificar vuestras vidas. Os exhorto principalmente a que procedáis en forma unánime; y si alguno de entre vosotros se destacara por alguna facultad prestadle ayuda, para que cada uno se distinga en el talento de que esté dotado. Elegiréis a Simón, vuestro hermano, como vuestro padre, excelente como es en prudencia, y seguiréis sus consejos; como capitán para hacer la guerra tomaréis a Macabeo, egregio por su valor y fortaleza; él defenderá al pueblo y castigará al enemigo. Admitid a vuestro lado a los varones que practican la justicia y la piedad, y así acrecentaréis vuestra fuerza.

4. Cuando hubo dicho esto, rogó a Dios que se dignara prestarles ayuda y que restituyera a su pueblo su manera de vivir anterior; poco después murió y fué sepultado en Modim. Fué llorado y lamentado intensamente por el pueblo. Hízose cargo del gobierno su hijo Judas, llamado también Macabeo, en el año ciento cuarenta y seis. Con la decidida ayuda de sus hermanos y otros, expulsó a los enemigos de la región, condenó a morir a aquellos de sus compatriotas que violaron las costumbres paternas y purificó la tierra de toda iniquidad.

CAPITULO VII

Invasión de Apolonio. Es vencido y muerto por Judas Macabeo. Expediciones de Serón y de Gorgias; derrota y destrucción de sus ejércitos

1. Informado de estos acontecimientos Apolonio, prefecto de Samaria, reunió un ejército y marchó contra Judas. Este le hizo frente y lo venció, y mató a muchos enemigos; entre otros al mismo general Apolonio, a quien despojó de la espada que acostumbraba llevar. Hirió a muchos y se retiró luego de apoderarse de un gran botín en el campamento.

Serón, general del ejército de la Baja Siria, informado de que muchos se pasaban a Judas, y que éste ya había reunido un ejército suficiente para hacer la guerra, determinó marchar en su contra con sus soldados; pues pensaba que era conveniente castigar a aquellos que procedían contra las órdenes del rey. Después de reunir a los soldados que tenía consigo, a los que se agregaron muchos judíos fugitivos y renegados, marchó contra Judas; al llegar a Baitora, poblado de Judea, acampó.

Judas le salió al encuentro con el propósito de presentarle combate. Al ver a los suyos, de número reducido y extenuados por la abstinencia, pues habían ayunado, poco dispuestos para la lucha, los animó diciéndoles que la victoria no estribaba en el número elevado de soldados ni por este motivo se obtenía el triunfo, sino en la piedad hacia Dios. Sobre el particular tenían muchos ejemplos en sus mayores, los cuales al luchar por su derecho, sus leyes y sus hijos, frecuentemente habían destruído a miles de enemigos; pues la inocencia es un gran poder. En esta forma persuadió a los suyos que, menospreciando la multitud de sus enemigos, entraran a luchar contra Serón; combatió e hizo huir a los sirios. Habiendo caído su capitán, todos escaparon, como si en él hubieran depositado toda la esperanza. Judas los persiguió por la llanura y mató hasta ochocientos; los restantes se salvaron en la costa marítima.

2. Informado Antíoco de estos acontecimientos, se indignó en gran manera; reunió todas las tropas, a las cuales agregó muchos mercenarios de las islas y se preparó para invadir a Judea a principios de la primavera. Pero después de haber pagado los sueldos, vió que sus tesoros estaban vacíos. Escaseaba el dinero, pues no se pagaban los tributos a causa de diversas sediciones de los pueblos; además, la generosidad del rey hacía que los recursos fueran insuficientes. Determinó primeramente marchar contra Persia y levantar los tributos de esta región.

Dejó a un cierto Lisias encargado de los negocios, con autoridad suficiente, quien administraría las provincias desde el río Eufrates hasta los límites de Egipto y el Asia inferior, con parte de las tropas y de los elefantes. Le ordenó que educara diligentemente a su hijo Antíoco hasta su regreso, y le encargó que derrotara a Judea, redujera a sus moradores a la servidumbre, destruyera a Jerusalén y exterminara a la raza de los hebreos. Luego marchó a Persia, en el año ciento cuarenta y siete, y una vez pasado el Eufrates ascendió a las provincias superiores.

3. Lisias eligió a Ptolomeo hijo de Dorimenes y a Nicanor y Gorgias, personajes poderosos entre los amigos del rey, y los envió a Judea con cuarenta mil soldados de infantería y siete mil de caballería. Estas fuerzas avanzaron hasta Emaús, y establecieron el campamento en la llanura. Allí se les agregaron fuerzas auxiliares de Siria y otras zonas cercanas, y muchos judíos tránsfugas, así como comerciantes, dispuestos a comprar a los que iban a ser reducidos a la servidumbre, llevando consigo grillos para sujetar a los cautivos y plata y oro para comprarlos.

Judas, al contemplar el campamento de los enemigos y advertir su gran multitud, exhortó a sus soldados a que fueran valerosos y a que depositaran en Dios la esperanza de la victoria; que le suplicaran de acuerdo con la costumbre patria, vestidos con sacos, para que les diera fortaleza contra los enemigos. Habiéndolos distribuído en ciliarcas y taxiarcas, de acuerdo con la costumbre antigua, se deshizo de los que se habían casado recientemente o que se habían enriquecido últimamente, para que no lucharan con timidez a causa de su afición a la vida. Luego exhortó a sus soldados con estas palabras:

—Compañeros, no tendréis jamás una mejor oportunidad para demostrar fortaleza y menosprecio del peligro. Ahora luchando valerosamente podemos conseguir la libertad, que por su naturaleza es deseable para todos, pero todavía es más deseable para vosotros, pues con ella tendréis oportunidad de adorar a Dios en la forma debida. Los acontecimientos han llegado a tal extremo, que si recobráis la libertad, con ella renovaréis una vida feliz de acuerdo con las leyes y costumbres de nuestros antepasados; si no, si lucháis con poco ardor, tendréis que sufrir vilmente y pereceréis con toda vuestra raza. Entrad a pelear con este pensamiento. Y si recordáis que aunque no luchéis tendréis que morir igualmente y os persuadís de que luchar por objetivos como la libertad, la patria, las leyes, la piedad, proporcionan gloria eterna, os prepararéis con valor para echaros contra el enemigo mañana, a las primeras horas del día.

4. Estas son las palabras que pronunció Judas, para animar a sus soldados. Los enemigos enviaron a Gorgias con cinco mil soldados de infantería y mil de caballería para que cayera de noche sobre el campamento de los judíos, utilizando como guías a algunos judíos tránsfugas. Informado de esto el hijo de Matatías, determinó también irrumpir de noche en el campamento enemigo en el momento en que estuvieran divididas sus fuerzas. Habiendo, pues, cenado en una hora oportuna y dejado muchas hogueras en el campamento, durante toda la noche marcharon contra el enemigo, que se encontraba cerca de Emaús. Al ver Gorgias que no había nadie en el campamento, sospechando que se habían retirado por miedo y escondido en el monte, determinó buscarlos.

Judas, al amanecer, estaba a la vista del enemigo acampado cerca de Emaús, con tres mil hombres, mal armados a causa de la escasez. Cuando vió al enemigo bien fortificado en un campamento debidamente trazado, exhortó a los judíos a que no dudaran a entrar a la lucha incluso a cuerpo desnudo, recordando que en otra oportunidad Dios, admirando su valor, los hizo salir vencedores de una multitud mayor y bien armada; luego ordenó que se tocaran las trompetas. Cayendo de improviso sobre los soldados enemigos aterrorizados y perturbados, mató a muchos que opusieron resistencia, y a los restantes los persiguió hasta Gadara y las llanuras de Idumea, Azot y Jamnia. Murieron unos tres mil.

Judas prohibió a los suyos que se apoderaran de los despojos; todavía tenían que luchar contra Gorgias y su ejército. Una vez que los hubieran vencidos, estarían en condiciones de apoderarse de los despojos, pues no tendrían ninguna otra cosa que hacer. Mientras Judas decía estas cosas a los soldados, los hombres de

Gorgias vieron desde el monte al ejército que habían dejado en el campamento, disperso y en fuga, y el campamento incendiado; el humo que contemplaban desde lo alto les indicaba lo que había pasado. De modo que, ante todo esto y convencidos de que el ejército judío estaba preparado para la lucha, ellos también, aterrorizados, se dieron a la fuga.

Judas, cuando comprobó que los soldados de Gorgias habían sido vencidos sin lucha, de regreso se apoderó del botín. Se retiró con gran cantidad de oro y plata, y telas de jacinto y púrpura, contento y alabando a Dios por haberle otorgado buen éxito; pues esta victoria contribuyó mucho a la obtención de la libertad.

5. Lisias quedó confundido con el desastre de los que habían sido enviados contra los hebreos.

Al año siguiente, después de reunir sesenta mil hombres seleccionados de infantería y cinco mil de caballería, marchó contra Judea y, luego de ascender a los montes, dispuso su campamento en Betsura, pueblo de Judea [1]. Judas le hizo frente con diez mil; al ver la multitud del enemigo pidió el auxilio de Dios. Atacó la vanguardia del enemigo y la venció. Los soldados restantes fueron dominados por el terror, al saber que Judas había matado a cinco mil de los suyos. Lisias reflexionó sobre la disposición en que se encontraban los judíos, prontos a morir si no podían disfrutar de la vida con libertad; y reputando que lo que les daba fuerza era su desesperación, luego de reunir a las tropas que le quedaban regresó a Antioquía. Allí se dedicó a reclutar mercenarios, pues pensaba dirigirse contra Judas con un ejército mayor.

6. Después de haber vencido tantas veces a los generales de Antíoco, Judas convocó una asamblea. Dijo que convenía, después de haber obtenido tantas victorias, subir a Jerusalén para purificar el Templo y ofrecer los sacrificios acostumbrados. Cuando con todo el pueblo se acercó a Jerusalén, encontró el Templo desierto, las puertas incendiadas y el santuario invadido por las plantas; a la vista del espectáculo que ofrecía el Templo se lamentó en compañía de los suyos.

Ordenó a algunos de sus soldados que atacaran a los que estaban en la fortaleza, mientras él purificaba el Templo. Después de puri-

---

[1] Sobre el camino de Hebrón, a treinta kilómetros al sud de Jerusalén.

ficarlo con sumo cuidado, colocó vasos nuevos, el candelabro, una mesa, todo de oro; de nuevo suspendió velos en las puertas y puso a éstas en su lugar. Además, luego de demoler el ara de los sacrificios, construyó una nueva de piedras no cortadas con hierro. El día veinticinco del mes de caslev, llamado por los macedonios apelaios, encendieron las luces del candelabro, el incienso humeó en el altar, colocaron los panes sobre la mesa y ofrecieron holocaustos en el nuevo altar.

Esto se realizó el mismo día que, tres años atrás, el culto sagrado había sido reemplazado por un culto impuro, adoptándose las costumbres de otros pueblos. El Templo, que había sido desolado por Antíoco, permaneció en este estado por espacio de tres años [1]; pues estos acontecimientos tuvieron lugar el día veinticinco del mes de apelaios, en la olimpíada ciento cincuenta y tres. Fué restaurado el mismo día, el veinticinco del mes de apelaio, año ciento cuarenta y ocho, olimpíada ciento cincuenta y cuatro. La desolación del Templo se realizó de acuerdo con lo predicho por Daniel cuatrocientos años antes; profetizó que los macedonios lo destruirían.

7. Judas celebró por espacio de ocho días la restauración de los sacrificios en el Templo, sin omitir señal ninguna de alegría; ofreció a sus compatriotas magníficos y espléndidos sacrificios, honrando también a Dios con himnos y salmos. Fué tan grande el gozo por la restauración de los ritos y por la libertad religiosa recuperada inesperadamente después de tanto tiempo, que establecieron por ley la conmemoración anual de la restauración del Templo. Desde entonces hasta la actualidad celebramos lo que se llama la fiesta de las Luminarias; creo que se le da este nombre porque en forma inesperada lució para nosotros la libertad.

Judas rodeó a la ciudad de murallas y construyó torres altas contra las incursiones de los enemigos, colocando en ellas guardianes; luego fortificó la ciudad de Betsura, para que sirviera de avanzada contra las agresiones del enemigo.

[1] Según *La Guerra* (I, 1, 1), tres años y seis meses.

CAPITULO VIII

Expedición victoriosa de Judas contra los amonitas y los idumeos. Simón, hermano de Judas, derrota a los habitantes de Tiro y Ptolemáis

1. Los pueblos vecinos, contrariados al comprobar que los judíos habían recobrado sus fuerzas, conspiraron y mataron a muchos, de los cuales se apoderaban mediante engaños y emboscadas. Judas guerreaba contra ellos de continuo y se esforzaba en impedir sus incursiones para evitar los males que ocasionaban a los judíos. En Acabratena cayó sobre los idumeos, hijos de Esaú, mató a muchos de ellos y les arrebató despojos. Luego bloqueó a los hijos de Baanos, que molestaban también a los judíos, los sitió, incendió sus torres y destruyó a los hombres. Después marchó contra los amonitas, que disponían de un ejército numeroso y poderoso, comandado por Timoteo. Los venció, se apoderó de su ciudad Jazorón y, luego de reducir a cautividad a sus mujeres e hijos, incendió la ciudad y regresó a Jerusalén.

Los pueblos vecinos, informados de que había regresado a Jerusalén, reunieron sus fuerzas en el país de Galaad contra los judíos establecidos en su territorio. Estos se refugiaron en la plaza fuerte de Datema y enviaron mensajeros a Judas para comunicarle que Timoteo intentaba apoderarse del lugar donde se habían encerrado. Mientras Judas tomaba conocimiento de la novedad, tuvo noticia por mensajeros de Galilea de que se formaba una liga de los habitantes de Ptolemáis, Tiro, Sidón y de otros extranjeros de Galilea.

2. Judas analizó lo que convenía hacer para acudir en ayuda de ambas partes. Envió a Simón, su hermano, con tres mil hombres elegidos, a defender a los judíos que se encontraban en Galilea; él, con su otro hermano Jonatás, y con ocho mil soldados, marchó a Galaad. Dejó a José hijo de Zacarías y a Azarías al frente de lo que restaba del ejército, con la orden de guardar con todo cuidado a Judea y de no luchar con nadie antes de su regreso.

Simón, una vez llegado a Galilea, atacó al enemigo y lo puso en fuga; persiguió a los fugitivos hasta las puertas de **Ptolemáis** y mató cerca de tres mil de ellos; luego de apoderarse de sus despojos y de librar a los judíos que tenían en cautividad y su bagaje, se retiró.

3. Judas Macabeo y su hermano Jonatás pasaron el Jordán, y a tres días de camino encontraron a los nabateos que venían con intenciones amistosas, y que les dieron noticias sobre los judíos que se encontraban en Galaad y los males que los afligían, muchos de ellos obligados a servir en las fortalezas y pueblos del país; les aconsejaron que se apresuraran a marchar contra los extranjeros y que hicieran todo lo posible para vengar a sus conciudadanos.

Convencido Judas, marchó por el desierto, cayendo primeramente sobre los habitantes de Betsura; una vez conquistada esta ciudad, mató a todos los varones en edad de combatir e incendió la ciudad. Ya de noche, no dejó de luchar, aprovechando para dirigirse a la fortaleza donde se encontraban los judíos sitiados por Timoteo con su ejército. Llegó en las primeras horas de la mañana, en el momento en que el enemigo daba el asalto, aproximando escaleras a los muros y usando máquinas de asalto. Ordenó que tocaran la trompeta y exhortó a sus soldados a que se sometieran valerosamente a los peligros por sus hermanos y parientes; dividió sus tropas en tres partes y atacó la retaguardia enemiga. Los soldados de Timoteo, al saber que quien los atacaba era el Macabeo, cuyo valor y éxito en las batallas ya antes habían experimentado, de inmediato se dieron a la fuga. Pero Judas los persiguió con su ejército, mató a unos ocho mil y, desviándose, se apoderó de Male, pueblo extranjero, mató a todos los varones e incendió la población. Desde allí marchó contra Casfota, Bosor y otras muchas poblaciones de los galaaditas.

4. Poco después Timoteo reunió un gran ejército y recibió a muchos en su ayuda e incluso persuadió a los árabes mediante regalos que se le unieran; les hizo atravesar el torrente que está en frente de Rafón, un poblado, y exhortó a los soldados a que si, por casualidad, se toparan con los judíos, lucharan reciamente y les impidieran el paso del torrente; pues si llegaban a pasarlo, serían vencidos.

Pero Judas, informado de que Timoteo se estaba preparando para la lucha, reuniendo todas sus tropas se dirigió contra el enemigo, atravesó el torrente y cayó sobre ellos; mató a los que se resistían. Los demás, atemorizados, abandonaron las armas y se dieron a la fuga.

Algunos de los que escaparon se refugiaron en el templo que se encontraba en Carnain, con la esperanza de que así estarían a salvo. Pero Judas se apoderó de la ciudad, los mató e incendió el templo y procuró de todos modos la muerte de los enemigos.

5. Después de esto, se puso en marcha acompañado de los judíos de Galaad con sus mujeres e hijos, para trasladarlos a Judea. Cuando llegó a la ciudad de Efrón, situada en su camino, sin poder desviarse hacia ningún lado y sin ánimo para retroceder, envió mensajeros para que suplicaran que les abrieran las puertas y permitieran su paso por la ciudad. Pues habían obstruído las puertas con piedras y dificultado el tránsito.

Como los de Efrón se negaron, sitió la ciudad rodeándola con sus soldados. Después de un sitio que duró un día y una noche, se apoderó de ella y se abrió paso matando a todos los varones y prendiendo fuego a la ciudad.

Fué tan elevado el número de los muertos, que tuvieron que caminar sobre los cadáveres. Después de haber atravesado el Jordán, llegaron a una gran llanura situada frente a la villa de Bezana, llamada por los griegos Escitópolis. Desde allí pasaron a Judea, tocando instrumentos y cantando con todas las señales de alegría que se estilan en estos casos para celebrar una victoria. Ofrecieron holocaustos por el feliz resultado de los acontecimientos, así como también por la seguridad del ejército, pues en esta campaña no había muerto ni un solo judío.

6. Entre tanto José hijo de Zacarías y Azarías, a quienes Judas dejara como comandantes de las tropas, mientras Simón hacía la guerra en Galilea contra los moradores de Ptolemáis, y él y su hermano Jonatás se encontraban en Galaad, ávidos de conseguir gloria por sus virtudes bélicas, con los soldados marcharon hacia Jamnia. Gorgias, que estaba al frente de la guarnición de Jamnia, los combatió; perdieron dos mil hombres y escaparon hacia los límites de Judea. Sufrieron este desastre, por no haber cumplido lo que les ordenara Judas, esto es que no lucharan con nadie, antes de que llegara él.

A más de sus condiciones militares, hay que admirar en Judas su perspicacia, que le hizo comprender la derrota a que estarían expuestos José y Azarías, si se apartaban lo más mínimo de sus órdenes. Pero Judas y sus hermanos no dejaron de proseguir la guerra contra los idumeos, a quienes acosaron por todos lados. Luego que se apoderaron de la ciudad de Hebrón y destruyeron sus fortificaciones, incendiaron las torres, asolaron el territorio extranjero y la villa de Marisa. Después, una vez en Azot, la tomaron y saquearon. Llevando consigo muchos de los despojos regresaron a Judea.

CAPITULO IX

Muere en Persia Antíoco Epífanes. Antíoco Eupátor ataca a los judíos con Lisias. Judas es sitiado en el Templo. Paz honorable

1. Por este tiempo el rey Antíoco, en expedición por las regiones superiores del país, supo que en Persia había una ciudad, de nombre Elimáis, célebre por sus riquezas, y que en la misma existía un templo, dedicado a Diana, muy opulento y lleno de ofrendas de toda índole; que había también allí armas y corazas que, según la fama, había dejado Alejandro, hijo de Filipo, rey de Macedonia. Estimulado por estas noticias, se apresuró a trasladarse a Elimáis, y acercándose con el ejército la sitió.

Pero sus esperanzas resultaron frustradas, pues los que estaban en ella, lejos de atemorizarse por su venida y por el sitio, resistieron valerosamente. Lo rechazaron y saliendo de la ciudad, lo persiguieron; en su fuga se refugió en Babilonia, luego de perder gran parte del ejército.

Estando todavía angustiado por el mal cariz que tomaban sus empresas, le comunicaron que los jefes que había enviado a luchar contra los judíos también habían sido derrotados y que aumentaban las fuerzas de los judíos. Apremiado por noticias tan adversas, enfermóse de ansiedad. Como la enfermedad durara largo tiempo y aumentaran los tormentos, pensando que iba a morir, convocó a los amigos; les dijo que padecía una grave enfermedad y que ello se debía al hecho de haber maltratado a los judíos, despojando el Templo y menospreciando a Dios. Dichas estas cosas, expiró.

No puede menos de admirarme que Polibio de Megalópolis, por otra parte un honesto varón, diga que Antíoco murió por haber querido despojar el templo de Diana. Pues el propósito de hacerlo, sin haberlo llevado a cabo, no era digno de castigo. Pues si a Polibio le parece que Antíoco falleció por este motivo, es mucho más verosímil que la verdadera causa fuera el robo sacrílego del Templo de Jerusalén. Pero sobre este problema no quiero entrar en discusión con aquellos que consideran que el motivo de la muerte de Antíoco presentada por el megalopolitano se acerca a la verdad más que la nuestra.

2. Antíoco, antes de morir, llamó a uno de sus amigos, Filipo, y le confió la custodia del reino; le entregó la diadema, el vestido y el anillo con la orden de entregarlos a su hijo, suplicándole que vigilara su educación y le conservara el reino. Antíoco falleció en el año ciento cuarenta y nueve. Lisias, después de anunciar al pueblo su muerte, declaró rey a su hijo Antíoco, que estaba a su cargo, y lo llamó Eupátor.

3. Durante este tiempo los guardas de la fortaleza de Jerusalén y los tránsfugas judíos causaron muchos perjuicios a los judíos. Los que subían al Templo con el propósito de ofrecer sacrificios, eran inmediatamente perseguidos y muertos por los soldados, pues la ciudadela dominaba al Templo. En vista de lo que acontecía, Judas decidió quitar de en medio la fortaleza, y luego de convocar a todo el pueblo la sitió resueltamente. Esto aconteció en el año ciento cincuenta de los seléucidas. Preparó máquinas adecuadas y levantó terraplenes y puso todas sus fuerzas para apoderarse de la fortaleza.

Pero muchos prófugos que se encontraban en ella, salieron de noche y, reuniendo a algunos impíos como ellos, se dirigieron al rey Antíoco, pidiéndole que no los abandonara, pues estaban sufriendo muy duramente de parte de sus conciudadanos; y esto lo sufrían a causa de su padre, por haber abandonado la religión nacional y seguir la que él había establecido. Ahora corrían el peligro de que Judas y los que con él estaban se apoderaran de la fortaleza y de la guarnición que en ella el rey había establecido, si no les procuraban ayuda.

Cuando oyó esto el joven Antíoco se encolerizó, reunió a sus capitanes y amigos y les ordenó que juntaran mercenarios y los varones que en el reino estaban en edad para entrar en la milicia. Y formó un ejército de cien mil soldados de infantería, veinte mil de caballería y treinta y dos elefantes [1].

4. El rey salió de Antioquía con estas tropas juntamente con Lisias, quien tenía el mando del ejército. Una vez en Idumea, ascendió a Betsura, ciudad muy bien protegida y difícil de tomar; la rodeó e inició el asedio. Pasó mucho tiempo en este sitio, pues los de Betsura resistían valerosamente y, con incursiones, incendiaban las máquinas de guerra.

Judas, informado de la expedición del rey, cesó en el sitio de la ciudadela; salió al encuentro del rey y dispuso su campamento a la entrada de los desfiladeros en el lugar que se denomina Betzacaria, a una distancia de setenta estadios del enemigo.

El rey, abandonando Betsura, condujo el ejército hacia los desfiladeros, contra el campamento de Judas. Desde las primeras horas de la mañana dispuso sus tropas para el combate. En vista de que no podía ordenar los elefantes en una línea, por lo angosto del lugar, los dispuso uno tras otro. Rodeaban a cada uno de los elefantes mil soldados de infantería y quinientos de caballería; los elefantes llevaban torres muy altas y arqueros. En cuanto al resto de las tropas las hizo subir por los lados de las colinas, estando al frente de las mismas sus amigos.

Ordenó al ejército que gritara fuertemente, y así se lanzó contra el enemigo, haciendo levantar los escudos de oro y hierro, a fin de que produjeran abundantes reflejos. El eco de los montes respondía a los gritos.

Pero no se consternó el ánimo de Judas a la vista de todo esto, sino que resistiendo fuertemente el ímpetu de los enemigos, mató a seiscientos de ellos, los primeros que se le acercaron. Eleazar, su hermano, al que llamaban Auran, al ver que uno de los elefantes era mayor que los otros y que llevaba corazas de lujo real, sospechando que en él se encontraba el rey, se dirigió impetuosamente en su contra. Después de matar a muchos que estaban cerca del elefante y de alejar a otros, se ubicó bajo su vientre y con repetidas heridas, lo mató; pero el animal, cayendo sobre Eleazar,

---

[1] En *La Guerra* da estas cantidades: 50.000 hombres de infantería, 5.000 de caballería y 80 elefantes.

con su peso lo aplastó. Así murió este varón, después de haber exterminado a muchos enemigos.

5. En cuanto a Judas, cuando se dió cuenta del poderío del enemigo, se refugió en Jerusalén, preparándose para sufrir el asedio [1]. Antíoco envió parte del ejército al sitio de Betsura y con el resto marchó a Jerusalén. Los habitantes de Betsura, aterrorizados por la multitud del enemigo y luego de comprobar que les faltarían recursos, se rindieron bajo juramento de que no les causaría ningún daño. Antíoco, una vez que se apoderó de la ciudad, se limitó a echarlos desarmados de la misma, en la que estableció su guarnición.

Pero el sitio del Templo de Jerusalén le llevó mucho tiempo, por la resistencia que ofrecían los que se encontraban dentro de él. A cada una de las máquinas que el rey dirigía en su contra, ellos respondían con otras para contrarrestarlas. A los sitiados empezaron a faltarles recursos, estando agotadas sus provisiones de trigo, pues no habían cultivado la tierra en aquel año por ser un año séptimo durante el cual, de acuerdo con nuestras costumbres, la tierra descansa, y no se siembra. Muchos de los asediados, por la indigencia en que se encontraban, escaparon; finalmente fueron pocos los que quedaron en el Templo.

6. Esa era la situación de los sitiados en el Templo. Lisias, comandante de las tropas, y el rey Antíoco, informados que Filipo venía desde Persia con la intención de tomar el poder, convinieron en que, abandonando el asedio, marcharían contra Filipo; pero determinaron ocultar esta decisión tanto a los jefes como a los soldados. El rey ordenó a Lisias que hablara a los jefes, sin mencionar para nada a Filipo, sino que expresara que el sitio duraría mucho tiempo pues se trataba de un lugar muy bien fortificado, que pronto el ejército carecería de víveres y que, por otro lado, había mucho que hacer en el reino. Por lo tanto, sería mucho mejor pactar con los sitiados y estar en buenos términos con toda aquella gente, y dejar que se atuvieran a sus propias leyes, cuya privación era causa de la guerra. La propuesta de Lisias agradó tanto a los jefes como a los soldados.

[1] En la *Guerra* dice que Judas fué derrotado y se retiró, no a Jerusalén, sino a la toparquía de Gofna.

7. Entonces el rey envió mensajeros a Judas y a los que estaban sitiados con él, les ofreció la paz y la libertad de vivir de acuerdo con las leyes patrias. Aceptada la propuesta y confirmadas las promesas con juramento, los sitiados salieron del Templo.

Pero Antíoco, al penetrar en el Templo vió que se trataba de un lugar muy bien fortificado; violó su juramento y ordenó al ejército que destruyera y arrasara sus muros.

Después volvió a Antioquía, llevando consigo a Onías, llamado Menelao. Pues Lisias había aconsejado al rey que matara a Menelao, si quería que los judíos se aquietaran y no le creasen dificultades; pues el sumo sacerdote había sido el responsable de todo, por haber persuadido al padre del rey que obligara a los judíos a abandonar el culto de sus antepasados. El rey envió, pues, a Menelao a Berea, en Siria, y lo hizo matar, después de haber estado diez años en el pontificado; era un hombre malo e impío el cual, para poder ejercer el poder, obligó al pueblo a violar las leyes tradicionales.

Después de la muerte de Menelao fué elegido pontífice Alcimo, también conocido como Jacimo. El rey Antíoco encontró que Filipo era ya dueño del poder; le declaró la guerra, lo hizo prisionero y lo mató. Pero Onías, hijo del pontífice, que, como ya hemos dicho, fué dejado de lado a causa de su poca edad, después de la muerte de su padre, al ver que el rey, después de haber muerto a su tío Menelao, había entregado el sumo pontificado a Alcimo, que no era de la familia sacerdotal, siguiendo el consejo de Lisias de que pasara ese honor a otra familia, Onías escapó a la tierra de Ptolomeo, rey de Egipto. Fué recibido honrosamente por él y por su esposa Cleopatra, a quienes pidió le cedieran lugar en la provincia de Heliópolis, para construir un templo similar al de Jerusalén. Pero trataremos este asunto oportunamente.

CAPITULO X

Báquides, general de Demetrio, hace una expedición contra los judíos, sin resultado. Nicanor, enviado después de Báquides, es aniquilado con su ejército

1. Por este tiempo Demetrio hijo de Seleuco, prófugo en Roma, luego de ocupar la ciudad de Trípoli en Siria, se impuso la diadema, y con ayuda de soldados y mercenarios ocupó el palacio real, con agrado de todos los que se le sometieron. Antíoco y Lisias fueron capturados y entregados vivos a Demetrio, quien ordenó que los mataran inmediatamente. Antíoco había reinado dos años, como ya lo hemos dicho.

Se le unieron también muchos judíos prófugos e impíos, acompañados por el pontífice Alcimo, y acusaron a todo el pueblo, y a Judas y sus hermanos. Dijeron que éstos habían eliminado a los amigos de Demetrio y a todos los que confiaban en él; que a ellos los habían expulsado de su propia tierra obligándolos a peregrinar por países extraños, y le pidieron que enviara a alguno de sus amigos para que le informara de lo que había hecho Judas.

2. Demetrio, irritado, envió a Báquides, amigo del rey Antíoco Epífanes, hombre de prestigio, gobernador de toda la Mesopotamia; le entregó tropas, le recomendó al sumo sacerdote Alcimo, y le ordenó que aniquilara a Judas y a los que estaban con él.

Báquides salió de Antioquía con su ejército; ya en Judea, envió mensajeros a Judas y a sus hermanos ofreciéndoles hacer con ellos la paz y establecer amistad. Su propósito era apoderarse de Judas por la astucia. Pero Judas no le dió crédito, porque lo vió acompañado por un ejército demasiado grande, más apto para la guerra que para la paz.

Pero algunos del pueblo creyeron lo que decían los mensajeros de parte de Báquides; confirmados en su opinión por Alcimo, su conciudadano, quien les aseguró que no les iba a acontecer nada malo, se pasaron a su lado; con juramentos de que no los dañarían ni a ellos ni a los que estaban de su parte, lograron su sumisión.

Pero Báquides, sin cuidarse de su juramento, mató a seiscientos de ellos; con lo cual hizo desistir a los demás que pensaban hacer lo mismo. Báquides se alejó de Jerusalén y se estableció en un suburbio denominado Betzeto; y envió a buscar y apresar a muchos tránsfugas y a algunos del pueblo y los mató a todos. Ordenó que todos los que se encontraran en aquella región obedecieran a Alcimo, con quien dejó soldados para que lo ayudaran en la vigilancia de la provincia. El se marchó a Antioquía a reunirse con Demetrio.

3. Alcimo hizo todo lo posible para afirmarse en el gobierno. Comprendió que gobernaría con mayor seguridad, si lograba la

benevolencia del pueblo; por eso se esforzó en conquistarlo mediante hábiles discursos, a fin de halagarlos y atraerlos. Es así como en poco tiempo logró organizar un poderoso ejército, en su mayoría con judíos tránsfugas e impíos; a la vez empleó a sus servidores y soldados para asesinar a todos los partidarios de Judas que encontraba.

Judas, al ver que se acrecentaba el poder de Alcimo y que había muerto a muchos de sus seguidores, hombres buenos y piadosos, él por su parte también empezó a salir por la región a matar a los partidarios de Alcimo.

Viendo Alcimo que no podía resistir a Judas y considerando que sus fuerzas eran inferiores, determinó pedir ayuda a Demetrio. Fué, pues, a Antioquía e indispuso en gran manera al rey contra Judas, acusando a éste de haberle hecho mucho daño, y previniendo que le haría muchísimo más si no tomaba la delantera enviando contra él un poderoso ejército.

4. Demetrio, pensando que sería peligroso para sus asuntos permitir que aumentara el poder de Judas, envió a Nicanor, el más abnegado y fiel de sus amigos (el que lo había acompañado cuando escapó de Roma), con un ejército suficiente, a su parecer, para luchar contra Judas, y con la orden de que no perdonara a ninguno de sus partidarios. Nicanor, una vez en Jerusalén, pensó que no le convenía luchar inmediatamente, sino tratar de apoderarse de él con engaños. Le transmitió mensajes pacíficos, diciéndole que no había razón para que lucharan y resolvieran sus diferencias con las armas, y que por su parte estaba dispuesto a darle con juramento garantías de seguridad. Por eso había ido acompañado de amigos, para expresarle las intenciones de Demetrio y su opinión sobre su pueblo.

Hechas estas promesas de Nicanor por intermedio de sus legados, Judas y sus hermanos, que estaban dispuestos a darles crédito sin sospechar que se trataba de un engaño, recibieron a Nicanor con su ejército. Nicanor saludó a Judas y durante la conversación hizo una señal a los suyos para que se apoderaran de él Judas lo advirtió, salió corriendo y se unió con los suyos.

Nicanor, viendo que se habían descubierto sus intenciones, decidió hacer la guerra abiertamente contra Judas. Reunió a su ejército y lo organizó para la lucha, atacándolo cerca de la aldea de

Cafarsalama, derrotándolo y obligándolo a refugiarse en la fortaleza de Jerusalén [1].

5. En cierta ocasión en la que descendió de la ciudadela para ir al Templo, algunos sacerdotes y ancianos encontraron a Nicanor, lo saludaron y le mostraron los sacrificios que decían iban a ofrecer por el rey. Nicanor respondió con blasfemias y los amenazó con que, si el pueblo no le entregaba a Judas, destruiría el Templo a su regreso. Después de estas amenazas salió de Jerusalén. Pero los sacerdotes, angustiados por lo que había dicho, prorrumpieron en lágrimas y suplicaron a Dios que los librara de las manos de sus enemigos. Nicanor se trasladó de Jerusalén a cierto lugar llamado Bezorón, donde acampó; allí se le unió otro ejército procedente de Siria.

Judas acampó en Adasa, otro pueblo situado a una distancia de treinta estadios de Bezorón, no disponiendo sino de mil hombres. Los exhortó valerosamente a que no se afligieran por la multitud del enemigo, y que no pensaran contra cuántos tenían que luchar, sino quiénes eran ellos y qué esperaban a cambio de la lucha y, por lo tanto, que marcharan animosamente contra el enemigo.

Trabados en acerba lucha, Judas venció al adversario y mató a muchos enemigos, incluso al mismo Nicanor que cayó después de luchar denodadamente. Muerto Nicanor se dispersó el ejército; puesto que habían perdido al jefe, arrojaron las armas y escaparon. Judas los persiguió haciendo una gran matanza; los toques de trompetas avisaban a los pueblos vecinos que hostigaran al enemigo. Los que se encontraban en estos pueblos salían armados, y frente a frente mataban al enemigo, de modo que no escapó ni uno solo, a pesar de que el ejército constaba de nueve mil hombres.

Esta victoria se logró el día trece del mes que los judíos denominan adar y los macedonios distro. Todos los años en este día

---

[1] El texto parece atribuir la victoria a Nicanor, salvo que deba leerse *"Judas* reunió a su ejército..." etcétera. Esta interpretación estaría confirmada por el hecho de que la ciudadela de Jerusalén no estaba en manos de los judíos sino de los sirios, como también por el texto del párrafo siguiente. Esta es, por otra parte, la versión de I *Macabeos,* VII, 32, según la cual Nicanor perdió unos cinco mil hombres y huyó a refugiarse en la ciudadela de David.

ofrecen sacrificios y lo consideran festivo. Desde este tiempo el pueblo judío descansó de la guerra y gozó de paz, pero luego volvió a la lucha y a los peligros.

6. Queriendo el pontífice Alcimo derribar el muro viejo construído por los santos profetas, fué castigado por Dios. Sin voz cayó al suelo y después de sufrir por espacio de varios días falleció, habiendo sido sumo pontífice durante cuatro años[1].

Después de su muerte el pueblo entregó el sumo sacerdocio a Judas. Este, informado del poder de los romanos, que habían sometido Galia, Iberia y Cartago y que además Grecia se había reducido a su poder, triunfando sobre los reyes Perseo, Filipo y Antíoco el Grande, determinó entrar en amistad con este pueblo. Envió a Roma a sus amigos Eupolemo hijo de Juan y Jasón hijo de Eleazar; por su intermedio pidió que establecieran alianza y amistad y que escribieran a Demetrio para que no les hiciera la guerra.

Cuando los legados llegaron a Roma, el senado los recibió e informado de los motivos de su visita, aceptó la alianza propuesta. Se aprobó un decreto, del que se envió una copia a Jerusalén, guardándose el original en el Capitolio, grabado en tablas de bronce.

Decía así:

"Decreto del senado sobre la alianza y amistad con el pueblo judío. Nadie que pertenezca como súbdito a Roma hará guerra a los judíos, ni suministrará a sus enemigos trigo, naves ni dinero. Si alguien invadiera su territorio, los romanos les prestarán ayuda en lo posible. A su vez, si alguien invadiera a los romanos, los judíos darán su ayuda. Si los judíos quisieran agregar o anular alguna cláusula de este tratado, ello sea hecho con el consentimiento del pueblo romano, y todo agregado goce de autoridad."

Este decreto fué escrito por Eupolemo hijo de Juan y Jasón hijo de Eleazar, siendo sumo sacerdote de la nación Judas y general su hermano Simón.

Y es así como se hizo la primera alianza y tratado de amistad entre romanos y judíos.

[1] Según I *Macabeos*, IX, 34-57, la muerte de Alcimo se produjo después de la muerte de Judas, durante el gobierno de Jonatás.

CAPITULO XI

Báquides es enviado por segunda vez a Judea, y vence.
Judas muere en el combate

1. Demetrio, cuando supo la muerte de Nicanor y el desastre del ejército que lo acompañaba, envió de nuevo a Báquides con tropas de refresco. Este, luego que saliera de Antioquía y llegara a Judea, estableció el campamento en la villa de Arbela, en Galilea. En las cavernas había muchos refugiados a los cuales sitió e hizo prisioneros. Salió de estos lugares y marchó a Jerusalén. Informado de que Judas había acampado en la villa denominada Betzeto, reunió en su contra veinte mil soldados de infantería y dos mil de caballería. Judas solamente disponía de tres mil hombres.

Cuando vieron el gran ejército de Báquides, aterrorizados escaparon del campamento, con la excepción de ochocientos hombres. Judas, abandonado por sus soldados, cuando ya estaba cerca el enemigo, sin tiempo para reunir nuevos soldados, se vió obligado a luchar contra Báquides con sólo los ochocientos que habían quedado; después que los exhortó a que sufrieran los peligros con ánimo decidido, dió orden de ir al combate. Pero ellos respondieron que no era posible luchar con un ejército tan grande, y le aconsejaron que se retirase y cuidara de su seguridad; y que luego, más adelante, cuando dispusiera de tropas peleara con el enemigo.

—Que jamás vea el sol que he dado las espaldas al enemigo —contestó Judas—. Si ha llegado la hora fatal de que tenga que morir, y es absolutamente necesario que perezca, seguiré firmemente en mi puesto. Estoy dispuesto a sufrir todo lo que pueda acontecerme, antes que deshonrar con una torpe huida mis triunfos anteriores y la gloria conquistada.

Después de decir estas palabras, exhortó a los que le quedaban a que, menospreciando el peligro, lucharan contra el enemigo.

2. Entre tanto, Báquides salió de su campamento y dispuso sus tropas en esta forma: la caballería dividida en dos alas, las tropas ligeras y los arqueros precediendo a toda la falange; él se encontraba en el lado derecho. Así colocadas las tropas, ya cerca del enemigo, dió orden de que tocaran las trompetas y que los soldados a gritos iniciaran la lucha. Lo mismo hizo Judas entrando a luchar con el enemigo, peleando intensamente ambas partes. La batalla se prolongó hasta la puesta del sol; Judas, dándose cuenta de la presencia de Báquides y de que encabezaba el ejército encontrándose del lado derecho, tomó consigo a los más animosos y se precipitó contra ese lado. Atacando a los que allí estaban, disolvió su falange. Luego penetró en su interior, los puso en fuga y los persiguió hasta el monte denominado Aza.

Pero los que estaban en el lado izquierdo, viendo derrotados a los de la otra ala, persiguieron a Judas y lo rodearon, encontrándose éste en medio del enemigo. Puesto que no tenía por donde evadirse, rodeado por todas partes, se hizo fuerte con los suyos y luchó. Después de haber muerto a un gran número de enemigos, agotado él mismo, cayó y murió. Su fin no fué menos glorioso que sus acciones realizadas anteriormente. Fallecido Judas, los que estaban con él, privados de jefe tan excelso, escaparon.

Simón y Jonatás, hermanos de Judas, mediante un tratado obtuvieron del enemigo la entrega de su cuerpo, lo trasladaron al pueblo de Modim, donde estaba enterrado en un monumento el cuerpo de su padre, y allí lo sepultaron después que el pueblo lo lloró durante varios días y lo honró con los ritos de costumbre.

Así falleció Judas, varón fuerte y valeroso, quien recordando las órdenes de su padre Matatías estuvo dispuesto a sufrirlo todo por la libertad de sus compatriotas. Dotado de tanta virtud, dejó glorioso recuerdo y fué muy honrado, habiendo conseguido la libertad de su pueblo al que arrebató de la servidumbre de los macedonios. Murió después de haber sido pontífice durante tres años.

LIBRO XIII

Contiene un período de ochenta y dos años

CAPITULO I

Muerto Judas, es elegido comandante su hermano Jonatás,
quien hace la guerra a Báquides y lo obliga a aceptar la paz
y retirarse del país

1. En el libro anterior expusimos cómo el pueblo judío, sometido a servidumbre por los macedonios había recuperado la libertad y cómo Judas luchando por ellos murió después de librar muchas batallas. Muerto Judas, los hombres perversos, aquellos que
habían violado las leyes paternas, surgieron de nuevo contra los
judíos y los persiguieron y oprimieron. A esta perversidad se
agregó el hambre que azotó la región; muchos, llevados por la
necesidad, se pasaron a los macedonios. Báquides reunió a los
judíos que habían abandonado las leyes patrias y preferido la
vida de los gentiles y les encomendó el gobierno de la región, y
ellos, luego de prender a los amigos y protectores de Judas, los
entregaron a Báquides.

Este empezaba por atormentarlos a su placer, para luego matarlos. En medio de tantas calamidades, como no se habían sufrido
desde que volvieran de Babilonia, los judíos que quedaban de los
amigos de Judas, al ver cómo la gente perecía miserablemente, se
presentaron ante Jonatás, el hermano de Judas, y le rogaron que
tomara en cuenta el ejemplo de su hermano, quien se preocupó de
sus conciudadanos y murió por la libertad de la patria; que lo
imitara y que no dejara sin defensa a su pueblo, especialmente
cuando se encontraba en gran peligro. Jonatás replicó que estaba

315

dispuesto a sufrir la muerte por ellos, y como no lo consideraban inferior a su hermano, lo nombraron jefe.

2. Cuando lo supo Báquides, temeroso de que Jonatás creara dificultades al rey y a los macedonios, como lo había hecho antes Judas, buscó la forma de matarlo a traición. No se les ocultó este propósito ni a Jonatás, ni a su hermano Simón; por eso, en compañía de los suyos, marcharon a un desierto, el más cercano a la ciudad, y al llegar al lago Asfar se detuvieron.

Cuando Báquides supo que se habían ido y establecido en el lugar mencionado, reuniendo todas sus tropas marchó contra ellos; y acampó al otro lado del Jordán para que sus tropas se repusieran. Informado Jonatás de que Báquides lo buscaba, envió a su hermano Juan, llamado también Gadín, a ver a los árabes nabateos (que eran amigos), para que dejara con ellos sus bagajes, mientras luchaban contra Báquides.

Cuando Juan se dirigía a la tierra de los nabateos, los hijos de Amareo, que habían salido de la ciudad de Medaba para atacarlo, lo capturaron con los que lo acompañaban, y luego de robarles todo lo que llevaban, lo mataron a él y a sus compañeros. No tardaron sus hermanos en darles el castigo que por este hecho merecían, como veremos más adelante.

3. Informado Báquides que Jonatás había establecido su campamento en los pantanos del Jordán, marchó contra él un día sábado, pensando que no lucharía por respeto a la ley. Jonatás arengó a los suyos, diciéndoles que sus vidas estaban en peligro; encerrados entre el enemigo y el río, no tenían por dónde huir, pues el enemigo estaba delante y el río a sus espaldas [1]. Rogó a Dios que les otorgara la victoria y entró a luchar.

Después de eliminar a muchos, vió que Báquides se dirigía contra él impetuosamente; entonces Jonatás extendió la mano derecha para golpearlo. Báquides esquivó el golpe; Jonatás con los suyos saltaron al río, lo atravesaron a nado y se pusieron a salvo al otro lado del Jordán. Los enemigos no atravesaron el río y regresaron a la fortaleza de Jerusalén.

---

[1] Báquides, según el párrafo anterior, había atravesado el Jordán, donde acampó; o sea en la orilla este. No se explica, por lo tanto, que Jonatás y los suyos estuviesen entre el río y el enemigo, con el río detrás, ni menos aún que luego se hayan puesto a salvo atravesándolo a nado.

Perdieron cerca de dos mil soldados. Báquides se adueñó de varios poblados de Judea y los fortificó: Jericó, Emaús, Bezorón, Bezela, Tamnata, Faratón, Tocoa y Gazara. En cada una de ellos edificó torres y los rodeó de murallas muy fuertes; puso en ellos guarniciones, para que salieran y persiguieran a los judíos. De una manera especial aseguró la fortaleza de Jerusalén. Tomó como rehenes a los hijos de los principales de Judea, a quienes encerró en la fortaleza e hizo custodiar.

4. Por aquel entonces un mensajero informó a Jonatás y su hermano Simón que los hijos de Amareo celebrarían un casamiento, trayendo a la novia, hija de un importante personaje árabe [1], desde la ciudad de Gabata, con un séquito espléndido y suntuoso. Jonatás y Simón, considerando que aquélla sería una ocasión propicia para vengar a su hermano, y que sería muy fácil imponer a los culpables el castigo por la muerte de Juan, se trasladaron a Medaba y se emboscaron en la montaña, a la espera de sus enemigos. Cuando los vieron llegar, conduciendo a la doncella y al novio y acompañados por numerosos amigos, como se acostumbra en las bodas, salieron de su escondite y los mataron a todos. Después de recoger los adornos y los efectos de todos los hombres, regresaron.

De este modo se vengaron de los hijos de Amareo por la muerte de su hermano Juan; perecieron los culpables, los amigos que los acompañaban y sus mujeres e hijos, en un total de unas cuatrocientas personas.

5. Simón y Jonatás regresaron a los pantanos del río, donde acamparon. En cuanto a Báquides, después de establecer guarniciones en toda Judea, marchóse al lado del rey.

Por espacio de dos años hubo tranquilidad en Judea. Pero los tránsfugas y malvados, viendo que Jonatás con los suyos, gracias a que había paz, recorrían libremente el país, enviaron legados al rey Demetrio pidiéndole que les enviara a Báquides para capturar a Jonatás. Indicaban que era asunto fácil y que, en una sola noche, si cayeran de improviso todos juntos sobre ellos, los vencerían.

El rey envió a Báquides; una vez en Judea éste escribió a todos

---

[1] Según el libro de los *Macabeos* la novia no era árabe, sino cananea.

sus amigos, a los judíos, a sus aliados, que le entregaran a Jonatás como prisionero.

Todos procuraron con gran ahinco cumplir el pedido, pero inútilmente, porque Jonatás, que conocía sus intenciones, se cuidaba bien. Báquides, indignado contra los tránsfugas que le habían informado falsamente, a él y al rey, se apoderó de cincuenta de los más importantes y los mató. Pero Jonatás, con su hermano y los suyos, por miedo a Báquides se retiró a Bezalaga, un pueblo ubicado en el desierto. Construyó torres y las rodeó de murallas, y allí permaneció fuera de peligro.

Cuando Báquides supo esto, con las tropas que tenía a su disposición, y con la ayuda de los judíos, se dirigió contra Jonatás para atacarlo en su refugio; lo sitió durante muchos años.

Jonatás no cedió en lo más mínimo al ataque intensivo de los que lo combatían; después de resistir valerosamente, dejó a su hermano Simón en la ciudad para que mantuviera a raya a Báquides, y él salió ocultamente, reunió numerosos partidarios, y durante la noche cayó impetuosamente sobre el campamento de Báquides. Mató a muchos e hizo anunciar a su hermano Simón que atacara también al enemigo.

En vista de la carnicería que había hecho su hermano contra los enemigos, salió de la fortaleza, incendió las máquinas preparadas por los macedonios para el asedio y mató a muchos de ellos.

Báquides, al verse rodeado por todas partes de enemigos, que atacaban unos de frente y otros por la espalda, desesperado por el fracaso repentino del sitio, descargó su indignación sobre los judíos tránsfugas que lo habían sacado del lado del rey, acusándolos de haberlo engañado. Ahora sólo deseaba finalizar el asedio y regresar, si ello era posible, sin gran deshonra.

6. Cuando supo esto Jonatás envió legados para ofrecerle un pacto de amistad y alianza, y la devolución de los cautivos que cada uno de ellos tuviera en su poder [1]. Báquides, pensando que sería la mejor salida, hizo pacto de amistad con Jonatás, comprometiéndose ambas partes a no atacarse.

Y es así como recibiendo y entregando mutuamente los cau-

---

[1] *Macabeos* sólo menciona prisioneros judíos.

tivos, Báquides regresó a Antioquía; y en adelante no emprendió ninguna lucha contra Judea. Jonatás, sintiéndose seguro, se estableció en Macma donde gobernó al pueblo. Castigó a los malvados e impíos y purificó a la nación.

CAPITULO II

Alejandro, hijo de Antíoco Epífanes, entra en Siria y hace la guerra a Demetrio. Este envía una embajada a Jonatás, pacta con él una alianza y lo llena de presentes. Alejandro supera la liberalidad de Demetrio y nombra a Jonatás sumo sacerdote

1. En el año ciento sesenta aconteció que Alejandro, hijo de Antíoco Epífanes, subió a Siria y ocupó a Ptolemáis, gracias a la traición de los soldados apostados en la guarnición. Estaban éstos descontentos con Demetrio por su soberbia y por la dificultad de acercarse a él. Se había encerrado en un palacio rodeado de cuatro torres, construído no lejos de Antioquía y no admitía a nadie; y era a la vez descuidado y negligente en la administración del reino. De ahí que se acrecentara el odio de sus súbditos, como dijimos en otro lugar.

Cuando supo Demetrio que Alejandro se encontraba en Ptolemáis, reunió a todas sus tropas y marchó contra él. También envió legados a Jonatás, para que se convirtiera en su aliado; era su propósito anticiparse a Alejandro, a fin de que éste no pidiera su ayuda. Se esforzó tanto más en conseguir su alianza, cuanto que temía que Jonatás, recordando las injurias recibidas, pudiera ser fácilmente persuadido a declararse contra él. Lo invitó a que reuniera sus fuerzas y tuviera preparadas las armas y a que recuperara los rehenes judíos que Báquides había encerrado en la fortaleza de Jerusalén. Después que le fueron expresados estos deseos de Demetrio, Jonatás pasó a Jerusalén donde dió a conocer las cartas recibidas, informando de ellas tanto al pueblo como a los soldados que estaban en la fortaleza. Los impíos y tránsfugas que se encontraban en la fortaleza, se aterrorizaron, al comprobar que el rey permitía a Jonatás formar un ejército y le entregaba los rehenes. Jonatás devolvió los rehenes a sus padres.

Después se instaló en Jerusalén, y restauró la ciudad de acuerdo con sus deseos. Dispuso que los muros se construyeran con piedras cuadradas, para mayor seguridad contra el enemigo. Ante estos hechos los los soldados de las guarniciones de Judea abandonaron sus puestos y se fueron a Antioquía, con excepción de los que se encontraban en Betsura y en la fortaleza de Jerusalén, que eran en su mayor parte judíos tránsfugas e impíos y por eso no abandonaron las fortalezas.

2. Alejandro se informó de las promesas que Demetrio hiciera a Jonatás, así como también de los hechos valerosos de este último y de las derrotas que en la guerra había infligido a los macedonios y de lo mucho que había sufrido de parte de Demetrio y del jefe de sus tropas, Báquides; comentando con sus amigos afirmó que no podía esperar mejor aliado que Jonatás, valiente contra los enemigos y que odiaba particularmente a Demetrio de quien había recibido muchos males y a quien, por otra parte, también había atacado. Por eso, si lo quería convertir en amigo y aliado contra Demetrio, nada mejor que invitarlo ahora a formalizar una alianza. De acuerdo con la opinión de sus amigos, le envió la siguiente carta:

"El rey Alejandro a Jonatás su hermano, salud. Hemos oído hablar de tu fidelidad y valor; por lo tanto te pedimos amistad y alianza. Te nombramos pontífice de los judíos, y determinamos que te llames amigo nuestro. Te envío como regalo una estola de púrpura y una corona de oro. Te pido que ya que cuentas con nuestra consideración, te comportes en igual forma con nosotros."

3. Después de recibir esta carta, Jonatás se puso la estola pontifical, con motivo de la fiesta de los Tabernáculos, cuatro años después de la muerte de su hermano Judas, pues durante aquel tiempo nadie había ejercido el pontificado. Reunió un gran ejército y fabricó muchas armas. Cuando supo todo esto Demetrio se dolió por su demora en atraerse a Jonatás y por no anticiparse a Alejandro, conquistándose su benevolencia con mayores obsequios, en lugar de dejar pasar tanto tiempo. Sin embargo, le envió una carta, dirigida a él y al pueblo:

"El rey Demetrio a Jonatás y a su pueblo, salud. Puesto que habéis conservado la amistad que yo inicié con vosotros, y no os pasasteis a los enemigos que procuraban atraeros, elogio vuestra fidelidad y os exhorto a que permanezcáis en ella, por la que recibiréis de nosotros beneficios. Os libraré de los tributos e impuestos que antes pagabais a los reyes mis antecesores; y desde ya os eximo de los tributos permanentes. Además desde ya os perdono el precio de la sal y de las coronas, que acostumbrabais a pagarme; así como también de la parte que me tocaba del tercio de la cosecha y de la mitad del fruto de los árboles. También en adelante os eximo de las tasas que tenían que pagarme por cabeza los habitantes de Judea y de las tres toparquías vecinas, Samaria, Galilea y Perea, y esto para siempre. Quiero que la ciudad de Jerusalén sea sagrada e inviolable; y que esté exenta hasta sus límites de pagar el diezmo y los derechos de aduana. También estoy de acuerdo con que la fortaleza de Jerusalén sea entregada en custodia a los que el pontífice Jonatás considere amigos y fieles, para que la guarden bajo nuestro nombre. Además pongo en libertad a los judíos prisioneros de guerra que se encuentran en nuestro territorio. Prohibo también que sean requisadas las bestias de carga de los judíos. Estos estarán exentos de todo servicio los días sábado y durante todas las fiestas y tres días antes de cada fiesta. Igualmente libro a los judíos que viven en mi reino de toda carga, y si algunos quisieran ser soldados a mi lado que se los admita, hasta la cantidad de treinta mil; se les pagará el mismo sueldo que reciben nuestros soldados, vayan a donde vayan. A algunos los ubicaré en fortalezas, a otros los convertiré en guardias personales míos y les daré el mando de las fuerzas de mi palacio. Permito también que vivan de acuerdo con sus leyes nacionales y quiero que estén al frente de tres prefecturas en Judea y que el pontífice vigile que ningún judío disponga de otro templo para su culto que el que se encuentra en Jerusalén. Además ofrezco de mis bienes ciento cincuenta mil dracmas anualmente para los sacrificios y si algo sobrare quiero que sea vuestro; perdono también las diez mil dracmas que los reyes percibían del Templo, que pertenecerán a los sacerdotes que están al cuidado del mismo. Aquellos que se refugiaran en el Templo de Jerusalén o en sus dependencias, por ser deudores del tesoro real o por cualquier otro motivo, serán absueltos y nada tendrán que temer por sus bienes. Permito también que el Templo sea restaurado a mis expensas; también dispongo que se reedifiquen los muros y las altas torres, por mi cuenta. Además, si se considera conveniente fortificar alguna plaza fuerte en el territorio de los judíos, que esto se haga por cuenta mía."

4. En esta forma escribió Demetrio, queriendo atraerse a los judíos. El rey Alejandro, luego de reunir un gran ejército, formado tanto por mercenarios como por soldados que habían pasado a su lado desde Siria, marchó contra Demetrio.

Se inició la batalla; el ala izquierda de Demetrio puso en fuga a los enemigos y mató a muchos de ellos; pero el ala derecha, donde se encontraba Demetrio, fué vencida. Todos los demás escaparon, pero Demetrio, que luchaba valientemente, mató a muchos y mientras seguía a los suyos, su caballo se metió en un pantano cenagoso y profundo, del cual no pudo salir, y murió. Los soldados enemigos, al ver caído a Demetrio, lo rodearon y le tiraron muchas flechas. Demetrio, aun sin caballo, resistió valerosamente, pero al final, lleno de heridas, no pudo resistir por más tiempo, y sucumbió. Este fué el fin de Demetrio, después de haber gobernado por espacio de once años, según dijimos en otra parte.

CAPITULO III

La amistad de Onías con Ptolomeo Filométor. Onías funda un templo similar al de Jerusalén

1. Onías, hijo de aquel pontífice del mismo nombre, que vivía prófugo en Alejandría junto al rey Ptolomeo llamado Filométor, según dijimos antes, al ver la opresión que los macedonios y sus reyes ejercían en Judea y para conquistar gloria y recuerdo eternos, determinó, luego de enviar cartas al rey Ptolomeo y a la reina Cleopatra, solicitarles que le permitieran edificar en Egipto un templo semejante al de Jerusalén y que en el mismo actuaran levitas y sacerdotes. Se apoyaba para esto en lo que dijera el profeta Isaías, seiscientos años antes, de que en Egipto un judío levantaría un templo al Dios supremo [1]. Onías, pues, entusiasmado por la profecía, escribió la siguiente carta a Ptolomeo y Cleopatra:

[1] *Isaías*, XIX, 19: "En aquel tiempo habrá altar para Jehová en medio de la tierra de Egipto, y el trofeo de Jehová junto a su término".

"Después de haberos prestado grandes servicios en la guerra [1] recorrí la Baja Siria y Fenicia y llegué con los judíos a Leontópolis, ciudad de la prefectura heliopolitana; he encontrado en todas partes templos levantados fuera de toda conveniencia, lo cual indisponía entre sí a los fieles. Es lo que pasa también entre los egipcios por su multitud de templos, de modo que no se entienden en lo que se refiere al culto. He encontrado un lugar sumamente oportuno en la fortaleza que lleva el nombre de Bubastis Agreste, lleno de maderas de toda índole y de animales sagrados; pido que se me permita limpiar y purificar el templo abandonado y derruído, y dedicarlo al Dios máximo a semejanza del que está en Jerusalén, y con las mismas medidas, bajo tu invocación, la de tu esposa y de tus hijos. Así los judíos que viven en Egipto estarán en un lugar donde podrán vivir en mutua concordia y servirán a tus intereses. Pues el profeta Isaías predijo esto, que habría en Egipto un altar consagrado al Dios máximo; y este lugar le ha sugerido muchas profecías similares."

2. Esto es lo que Onías escribió al rey Ptolomeo. Se puede conjeturar la piedad del rey y de su esposa Cleopatra por la respuesta a esta carta; hicieron que el pecado y la prevaricación contra la ley cayera sobre la cabeza de Onías. La contestación fué la siguiente:

"El rey Ptolomeo y la reina Cleopatra, a Onías, salud. Leímos tu solicitud por la cual nos pides que te permitamos limpiar el templo derruído que se encuentra en Leontópolis, prefectura de Heliópolis, denominado Bubastis Agreste. Nosotros nos preguntamos si será del agrado de Dios levantar un templo en lugar impuro y lleno de animales salvajes. Pero puesto que tú nos dices que esto fué predicho por el profeta Isaías, nosotros te otorgamos el permiso, con tal que no sea contrario a la ley, pues no queremos aparecer culpables en ninguna forma ante Dios."

3. Es así que Onías, estableciéndose en el lugar, edificó un templo con altar similar al de Jerusalén, pero más pequeño y más pobre. No me parece conveniente indicar sus medidas y los

---

[1] Estas palabras parecerían dar asidero a la suposición de que este Onías es el mismo que, según el *Contra Apión* (II, 5), fué general de Ptolomeo y Cleopatra.

vasos que poseía, pues sobre el particular ya escribí en el libro séptimo de la guerra judía. También encontró Onías judíos semejantes a él, levitas y sacerdotes, que instauraron allí el culto de Dios. Pero bastante hemos dicho sobre este templo.

4. En Alejandría surgió una contienda entre los judíos y los samaritanos, que introdujeron el culto en el templo fundado en el monte Garizim en tiempo de Alejandro. Llevaron ante Ptolomeo la disputa sobre los templos, pretendiendo los judíos que el construído según las leyes de Moisés era el de Jerusalén, y los samaritanos que lo era el de Garizim. Rogaron al rey que en una reunión con sus amigos se tratara esta causa, con la condición de que los vencidos fueran muertos.

Por los samaritanos hablaron Sabeo y Teodocio; por los jerosolimitanos y judíos Andrónico hijo de Mesalam. Juraron por Dios y por el rey, que traerían pruebas de la ley, y pidieron a Ptolomeo que castigara con la muerte al que violara el juramento. De modo que el rey, reuniendo a muchos de sus amigos, se aprestó a oír a los contendientes. Los judíos alejandrinos tenían mucho miedo a aquellos que atacaban los derechos del Templo de Jerusalén; pues le parecía muy penoso que se destruyera un templo tan antiguo y célebre en todo el mundo.

Sabeo y Teodosio estuvieron de acuerdo en que primeramente hablara Andrónico. Este fundamentó sus argumentos en la ley y en la sucesión de los pontífices, pues cada uno de ellos estaba al frente del Templo por sucesión paterna; recordó que todos los reyes de Asia lo habían honrado con donaciones y regalos. En cuanto al de Garizim, como si no existiera, nadie lo tuvo en cuenta.

Con estas y otras razones similares Andrónico convenció al rey de que declarara que el Templo de Jerusalén había sido construído de acuerdo con la decisión de Moisés y que Sabeo y Teodosio tenían que ser condenados a muerte. Estas son las cosas que acontecieron con los judíos alejandrinos bajo Ptolomeo Filométor.

CAPITULO IV

Muerto Demetrio, Alejandro colma de honores a Jonatás.
Demetrio, el hijo de Demetrio, vence a Alejandro, hace
amistad con Jonatás y ocupa el trono

1. Después que Demetrio muriera en la guerra, según dijimos
antes, Alejandro ocupó el reino de Siria y escribió a Ptolomeo
Filométor pidiéndole a su hija en matrimonio. Le parecía conveniente que Ptolomeo se aliara con un príncipe que había recuperado el imperio paterno y que por providencia divina había vencido a Demetrio y que en adelante no sería indigno de una alianza
con él.

Ptolomeo contestó diciendo que accedía de buen grado a su
pedido, y agregando que se alegraba que hubiera obtenido el
reino paterno; prometióle darle a su hija en matrimonio y le
pidió que se encontrara con él en Ptolemáis, donde la entregaría
a su hija; la acompañaría desde Egipto hasta ese lugar donde se
la daría en matrimonio.

Una vez escritas estas cosas, Ptolomeo se fué a toda prisa a
Ptolemáis con su hija Cleopatra. Como se lo había expresado por
carta allí encontró a Alejandro; le dió a su hija por esposa y una
gran cantidad de oro y plata, propia de un rey.

2. Durante las fiestas del matrimonio, Alejandro envió cartas
a Jonatás el pontífice, pidiéndole que fuera a Ptolemáis. Jonatás
se presentó ofreciendo espléndidos obsequios a los reyes, y fué
honrado por ambos. Alejandro hizo que se despojara de su vestido
y que se vistiera de púrpura, haciéndolo sentarse a su lado en el
solio; ordenó a sus oficiales que fueran con él por la ciudad y
proclamaran por medio de un heraldo la prohibición de hablar
contra él y de suscitarle dificultades. Después que así lo cumplieron
los oficiales, los que querían acusarlo y estaban con ánimo malévolo en su contra, al ver el honor que se le confería, escaparon
temerosos de que no les aconteciera algún mal. Era tan grande
la buena voluntad de Alejandro para Jonatás que lo inscribió entre
sus primeros amigos.

3. En el año ciento sesenta y cinco, Demetrio hijo de Demetrio,
con muchos mercenarios que le suministró Lastenes el cretense,

pasó de Creta a Cilicia. Al saberlo Alejandro se afligió y perturbó mucho y al punto determinó volver de Fenicia a Antioquía, a objeto de tomar todas las medidas necesarias antes de la llegada de Demetrio. Dejó como gobernador de la Baja Siria a Apolonio Daos [1]. Este con un gran ejército se trasladó a Jamnia e hizo decir al pontífice Jonatás, que era injusto que él fuera el único que viviera a su capricho, sin estar subordinado al rey; que en todas partes se le reprochaba esta falta de sumisión. "No te engañes de tu poder —añadía—, por estar tranquilamente instalado en los montes; si en algo confías en tus fuerzas, desciende a la llanura y lucha con los nuestros; y evidentemente será el más fuerte aquel que logre vencer. Sin embargo, conviene que sepas que los más fuertes de todas las ciudades están conmigo; pues son aquellos mismos que siempre vencieron a tus antepasados. Lucharás con nosotros en un terreno donde hay que luchar con armas, no con piedras y donde no hay lugar para refugiarse al que resultare vencido."

4. Indignado Jonatás por estas palabras salió de Jerusalén con diez mil hombres elegidos y con su hermano Simón. Al llegar a Jope estableció el campamento fuera de la ciudad, pues los habitantes de Jope le cerraron las puertas; en el interior se encontraba una guarnición colocada por Apolonio. Mientras Jonatás se preparaba para el asedio, temerosos los de la ciudad de que se apoderara de ella violentamente, le abrieron las puertas. Cuando Apolonio se informó que Jonatas ocupaba Jope, vino a Azot con tres mil soldados de caballería y ocho mil de infantería; desde allí prosiguió su camino tranquila y lentamente. Ya cerca de Jope, simuló retirarse para atraer a Jonatás a la llanura, confiado en la caballería en la cual depositaba todas ls esperanzas de su victoria. Jonatás se adelantó y persiguió a Apolonio hasta Azot. Este, cuando vió que el enemigo se encontraba en la llanura, se dió vuelta y lo atacó.

Insidiosamente Apolonio apostó mil soldados de caballería en un barranco, para atacar al enemigo por la espalda; pero Jonatás, que se dió cuenta de la maniobra, estuvo muy lejos de conster-

---

[1] Aquí hay, al parecer, un error cometido por Josefo; porque según el libro de los *Macabeos* (10, 69), Apolonio era gobernador de Celesiria nombrado por Demetrio, y no por Alejandro.

narse; disponiendo a su ejército en cuadro lo exhortó a que empujara al enemigo por todos lados y que resistiera tanto de frente como por la espalda. La batalla se alargó hasta el anochecer. Jonatás, dando parte del ejército a su hermano Simón, le ordenó que presentara batalla al enemigo; pero por su lado ordenó a los suyos, protegidos por los escudos, que recibieran las flechas adversarias. Estos cumplieron lo que les había ordenado; el enemigo desde los caballos lanzaron hasta la última flecha, sin herir a nadie, pues no llegaban a los cuerpos, sino que, formando los escudos una densa coraza, caían en ellos sin causar daño alguno.

Cuando el enemigo estuvo fatigado de tirar flechas desde la mañana hasta la noche, y Simón advirtió su cansancio, atacó a la falange; y sus soldados lucharon valerosamente, poniendo en fuga al enemigo.

Cuando vieron los de la caballería que la infantería huía, no resistieron más; cansados de estar luchando de la mañana a la noche y habiendo perdido la esperanza que habían depositado en los de a pie, escaparon sin orden, confusamente, vagando dispersos por la llanura.

Jonatás persiguió a los vencidos hasta Azot, y luego de haber muerto a muchos, obligó a los restantes, que desesperaban de salvarse, a refugiarse en el templo de Dagón, que se encontraba en Azot. Pero Jonatás, luego de apoderarse de la ciudad al primer impulso, la incendió así como también a los pueblos vecinos; no descuidó el templo de Dagón, el que también incendió, matando a todos los que se encontraban en él. El número de hombres que perecieron en la batalla o que murieron incendiados en el templo, fué de ocho mil.

Luego de haber derrotado a fuerzas tan importantes, desde Azot se dirigió a Ascalón. Acampó fuera de la ciudad; pero los ascalonitas lo visitaron ofreciéndole regalos y hospitalidad. Jonatás, luego de apreciar su buena disposición, partió de allí para Jerusalén con un gran botín obtenido en sus victorias sobre los enemigos.

Alejandro, cuando supo que su general Apolonio había sido vencido, simuló alegrarse por haber atacado contra su voluntad a Jonatás, que era su amigo y aliado; envió también a Jonatás, como prueba de su satisfacción y para honrarlo, un broche de oro, tal como se acostumbra dar a los consanguíneos del rey; finalmente, le otorgó Acarón a título hereditario con la toparquía que depende de ella [1].

5. Por el mismo tiempo Ptolomeo, por sobrenombre Filométor, con una flota y tropas terrestres, vino a Siria, para ayudar a Alejandro; pues éste era su yerno. Todos lo recibieron alegremente, por así haberlo ordenado Alejandro, y lo guiaron a la ciudad de Azot, donde se lamentaron de que se hubiera incendiado el templo de Dagón. Acusaron a Jonatás de haberlo destruído por completo, de haber asolado la región y muerto a muchos de ellos. Ptolomeo escuchó las acusaciones y guardó silencio.

Jonatás se encontró con Ptolomeo en Jope, donde recibió de él espléndidos presentes y grandes honores. Luego de acompañar al rey hasta el río que se denomina Eleutero, regresó a Jerusalén.

6. Ptolomeo llegó inesperadamente a Ptolemáis, donde poco faltó para que pereciera, víctima de las asechanzas de Alejandro, a manos de Amonio, que era su amigo. Una vez descubierto, Ptolomeo envió cartas a Alejandro, para que castigara a Amonio, diciéndole que había conspirado contra él, y por lo tanto era justo que sufriera la pena merecida. Al no querer acceder Alejandro, Ptolomeo conjeturó que él era autor de la maquinación, por lo cual se indignó en gran manera. Los de Antioquía ya previamente estaban en contra de Alejandro a causa de Amonio: pues por su causa habían sufrido mucho. Pero Amonio sufrió el castigo merecido por sus crímenes, siendo muerto vergonzosamente como si fuera una mujer, pues intentó ocultarse con ropas femeninas, como dijimos en otro lugar.

7. Ptolomeo, disgustado consigo mismo por haber entregado su hija a Alejandro, y haberse aliado con él contra Demetrio, rompió su parentesco con aquél.

Después de quitarle su hija, propuso a Demetrio un pacto de amistad y alianza, prometiendo otorgarle su hija como esposa y restituirlo en el trono paterno. Demetrio, satisfecho por el ofrecimiento de los legados, aceptó la alianza y el matrimonio. Le faltaba sin embargo a Ptolomeo superar una dificultad: persuadir

---

[1] Considerando a Apolonio general de Alejandro y no de Demetrio (V. nota de la pág. 326), Josefo trata de explicar de este modo las manifestaciones de Alejandro y los presentes que envió a Jonatás.

a los de Antioquía que recibieran a Demetrio, pues estaban alejados de él a causa de las injurias que les había inferido su padre Demetrio. Pero también en el particular tuvo éxito.

Los de Antioquía odiaban sumamente a Alejandro a causa de Amonio, como dijimos; por eso fueron fácilmente convencidos de que lo expulsaran de la ciudad. Expulsado de Antioquía se dirigió a Cilicia. Cuando Ptolomeo estuvo en Antioquía, fué proclamado rey por sus habitantes y por el ejército, y se vió precisado a imponerse dos diademas, una de Asia y la otra de Egipto. Pero siendo por naturaleza hombre bueno, justo y sin deseo de lo ajeno, y previendo además sabiamente lo futuro, determinó abstenerse del reino de Asia, a fin de no dar motivo de rencor a los romanos.

Reunió a los de Antioquía en una asamblea y los exhortó a que aceptaran a Demetrio, diciendo que agradecido por sus beneficios, no les guardaría ningún rencor por lo que habían hecho a su padre; y que si intentara algo inconveniente, él no lo permitiría. En cuanto a él, tenía bastante con Egipto. Es así como convenció a los de Antioquía que recibieran a Demetrio.

8. Sin embargo Alejandro, con un gran ejército y mucho material, desde Cilicia irrumpió en Siria; devastó los campos de Antioquía con robos e incendios; pero Ptolomeo y su yerno Demetrio (pues ya le había dado a su hija en matrimonio) le hicieron frente.

Obtenida la victoria, Alejandro escapó y se refugió en Arabia. Aconteció en la batalla que el caballo de Ptolomeo, aterrorizado por el bramido de un elefante, hizo caer al suelo a su jinete; al verlo los enemigos se precipitaron sobre él, hiriéndolo en la cabeza y poniéndolo en peligro de muerte. Arrancado del poder de los enemigos por los suyos, se encontró tan mal que durante cuatro días estuvo sin recuperar el conocimiento ni el habla.

Entretanto Zabel, príncipe de los árabes, cortó la cabeza a Alejandro y se la envió a Ptolomeo. Este, vuelto en sí el día quinto y repuesto de sus heridas, supo y vió dos cosas que le agradaron sobremanera: se enteró del fin de Alejandro y vió su cabeza. Murió poco después, lleno de gozo por la muerte de Alejandro.

Alejandro, llamado Balas, como dijimos, gobernó en Asia durante cinco años.

9. Demetrio, llamado Nicátor [1], una vez dueño del poder, a causa de su malignidad empezó a destruir las tropas de Ptolomeo, olvidando la alianza que había hecho con él y que era su yerno por su matrimonio con Cleopatra. Los soldados, para escapar a sus maldades, pasaron a Alejandría, pero los elefantes quedaron en poder de Demetrio. El pontífice Jonatás, habiendo reunido un ejército en Judea, determinó apoderarse de la fortaleza de Jerusalén, ocupada por una guarnición de macedonios y por algunos judíos apóstatas que habían abandonado las costumbres de sus padres.

Estos al principio menospreciaron las máquinas que Jonatás había preparado para el asedio, confiados en la seguridad del lugar; pero durante la noche algunos escaparon de la fortaleza y se dirigieron a Demetrio, para anunciarle el asedio. Este, indignado, salió con el ejército de Antioquía contra Jonatás. Al llegar a Ptolemáis, le escribió ordenándole que se presentara inmediatamente. Jonatás no interrumpió el asedio de la fortaleza, pero poniéndose al frente de los ancianos y sacerdotes, y llevando consigo oro, plata, vestidos y mchos otros regalos, se dirigió al encuentro de Demetrio; con los presentes que le ofreció, apaciguó la ira del rey, y fué recibido con honores. El rey lo confirmó en el pontificado que había recibido de sus antecesores. Demetrio no dió oídos a las acusaciones de los tránsfugas, sino que ante el pedido de Jonatás, que ofreció trescientos talentos por toda Judea y las tres toparquías de Samaria, Perea y Galilea, le dió una carta concebida en los siguientes términos:

"El rey Demetrio a su hermano Jonatás y al pueblo judío, salud. Os enviamos una copia de la carta que escribimos a nuestro pariente Lastenes, para que os informéis de su contenido: «El rey Demetrio a su padre Lastenes, salud. He dispuesto reconocer la benevolencia del pueblo judío que es mi amigo y respeta la justicia. Les entrego tres prefecturas, Aferima, Lida y Ramata, que fueron separadas de la provincia de Samaria para ser agregadas a la de Judea; además les perdono todos los impuestos que los reyes, nuestros antecesores, percibían por los sacrificios del Templo, y los tributos de los frutos de la tierra y de los árbo-

---

[1] *Demetrius Nicator*, o sea Demetrio el conquistador.

les, y otros que se nos entregaban, como el impuesto de la sal y las coronas; de ahora en adelante no estarán obligados a pagar estos impuestos. Por lo tanto, procura que se saque copia de esta carta y se envíe a Jonatás y sea colocada en algún lugar del Templo sagrado.»"

Este era el contenido de la carta. Viendo, pues, Demetrio que había paz y que no amenazaba ninguna guerra, licenció a los soldados, y disminuyó el estipendio que les pagaba; sólo se quedó con los extranjeros que había reunido y que habían ido con él desde Creta y otras islas. Con esto se granjeó la enemistad y el odio de los soldados, por no querer darles más, mientras que los reyes sus antecesores les pagaban incluso en tiempo de paz, a fin de tener asegurada su fidelidad en caso de guerra, si ello fuera necesario.

CAPITULO V

Trifón de Apamea derrota a Demetrio, entrega la corona a Antíoco, hijo de Alejandro, y hace alianza con Jonatás

1. Sabedor del odio de los soldados contra Demetrio, uno de los generales de Alejandro, Diodoto, de Apamea, llamado Trifón, se dirigió al árabe Malco, que educaba a Antíoco, el hijo de Alejandro. Le informó del gran rencor que los soldados tenían a Demetrio, y quiso convencerlo que le entregara a Antíoco, a quien haría rey restituyéndole el trono paterno. Malco, al principio, se negó, pues desconfiaba de él; luego, ante la insistencia de Trifón, accedió a lo que solicitaba. Así se obraba de este lado.

2. Interín el pontífice Jonatás, deseoso de expulsar a los que se encontraban en la fortaleza de Jerusalén, no menos que a los judíos tránsfugas y apóstatas, así como a todas las guarniciones del país, envió legados a Demetrio con varios regalos para pedirle que eliminara a las tropas ubicadas en las fortalezas de Judea. Demetrio prometió no sólo hacer lo que le pedía, sino mucho más, una vez finalizada la guerra en la que estaba ocupado [1]; pues ésta le absorbía por el momento todo el tiempo. Le pidió

[1] No se sabe a qué guerra se refiere. *Macabeos* (11, 43) sólo habla de un éxodo de tropas.

que le enviara soldados auxiliares, pues los suyos le habían hecho defección. Jonatás le envió tres mil soldados seleccionados.

3. Por otro lado los habitantes de Antioquía, que detestaban a Demetrio por lo que habían sufrido de su parte, siendo además sus enemigos a causa de las aflicciones a que los había sometido su padre, esperaban que se les presentara una oportunidad para atacarlo. Al saber que Jonatás le enviaba ayuda, y considerando que el rey reuniría un gran ejército, si no se lo impedían prestamente, reunieron gente armada, rodearon el palacio real como para sitiarlo, y ocuparon las salidas, buscando apoderarse de su persona. Al ver que el pueblo de Antioquía se había levantado en armas, le hizo frente con ayuda de los mercenarios y de los judíos enviados por Jonatás; pero no pudo resistir su empuje, pues eran muchísimos, y fué vencido.

Los judíos, al comprobar que los de Antioquía eran superiores en la lucha, subieron al techo del palacio real; desde allí atacaron a los antioquenos, estando ellos suficientemente lejos para poder ser alcanzados; les infirieron grandes daños, por la altura del lugar, y los rechazaron hacia las casas vecinas. Luego prendieron fuego a las casas, propagándose las llamas por toda la ciudad, pues las casas estaban muy juntas y eran en su mayoría de madera.

Toda la ciudad resultó destruída. Los habitantes de Antioquía, al no disponer de ayuda e incapaces de dominar el fuego, escaparon. Los judíos saltaron de casa en casa y los persiguieron de manera singular. El rey al ver que los antioquenos estaban ocupados en salvar a sus hijos y sus esposas y que habían dejado de luchar, los atacó por otros lados; mató a muchos de ellos y los obligó a tirar las armas y a entregarse. Luego, dominada la sedición, los perdonó.

Después de recompensar a los judíos con los despojos del botín y de darles las gracias como autores principales de la victoria, los envió a Jerusalén, otorgándoles testimonio del auxilio que le habían prestado.

Pero más adelante se portó malvadamente con Jonatás, faltó a las promesas y lo amenazó con la guerra, en el caso de que no le pagara los tributos que los judíos entregaban a los primeros reyes. Y le habría hecho la guerra, si no fuera por Trifón, quien lo obligó a dirigir contra él las tropas preparadas para atacar a Jonatás.

Trifón pasó de Arabia a Siria con el joven Antíoco, todavía de corta edad, a quien impuso la diadema; acudieron a él todos los soldados que se alejaron de Demetrio a causa de los sueldos impagos. Declaró abiertamente la guerra a Demetrio, a quien venció, apoderándose tanto de los elefantes como de la ciudad de Antioquía.

4. Una vez vencido, Demetrio se retiró a Cilicia. El joven Antíoco, por intermedio de cartas y legados, notificó a Jonatás su amistad y alianza y lo confirmó en el pontificado y le cedió cuatro prefecturas que estaban cercanas al territorio de los judíos. Además le envió vasos y copas de oro y un vestido de púrpura, otorgándole potestad para usarlo; le regaló también un prendedor de oro y ordenó que se lo considerara entre sus primeros amigos.

Nombró también a Simón, gobernador de la costa desde Tiro hasta Egipto. Jonatás, satisfecho por las concesiones de Antíoco, por intermedio de legados que envió tanto a él como a Trifón, se comprometió a ser su amigo y aliado, y a luchar junto con ellos contra Demetrio, recordando que éste fué un desagradecido, al no reconocer los beneficios que le había hecho y responder con la injusticia a los favores.

5. Habiendo permitido Antíoco que organizara un gran ejército en Siria y Fenicia para hacer la guerra a los capitanes de Demetrio, Jonatás sin demora marchó a esas provincias. Algunas poblaciones lo recibieron espléndidamente, pero se negaron a suministrarle soldados. Se dirigió a la ciudad de Ascalón, recibiéndolo sus ciudadanos con regalos y honrosamente. Les aconsejó, a ellos así como a las ciudades de la Baja Siria, que abandonaran a Demetrio y se unieran a Antíoco, y que junto con él se vengaran de aquél por las ofensas que habían recibido. Tenían muchos motivos para proceder de esta forma: Luego que persuadió a sus ciudadanos a hacer pacto de alianza con Antíoco, se dirigió a Gaza, para lograr la conciliación y alianza de sus ciudadanos con Antíoco.

Pero encontró que los ciudadanos de Gaza estaban en una disposición de ánimo muy diferente de lo que esperaba. Le cerraron las puertas, y no quisieron abandonar a Demetrio para seguir a

Antíoco. Jonatás se indignó de tal manera por esta actitud, que puso sitio a la ciudad y devastó la región; con una parte del ejército asedió a la ciudad y con la restante, mediante incursiones, asoló e incendió la región.

Entonces los de Gaza, sometidos a tales penalidades y en vista de que no podían esperar ayuda ninguna de Demetrio, considerando que los inconvenientes de su actitud los sufrían ahora mientras que el provecho era incierto y lejano, juzgaron que harían bien y sabiamente si, abandonando a Demetrio, accedían a lo que pedía Jonatás.

Por lo tanto, por intermedio de mensajeros, ofreciéronle a Jonatás amistad y alianza. Esta es la característica de los seres humanos; antes de sufrir perjuicios no comprenden lo que les conviene hacer, y cambian luego de opinión, se inclinan por lo que debieran haber hecho antes sin exponerse a sufrir daños. Jonatás hizo pacto de amistad con los habitantes de Gaza, recibiendo rehenes, que envió a Jerusalén. El penetró en el país hasta Damasco.

6. Se informó que los capitanes de Demetrio, con un gran ejército, se dirigían a Cedasa, que se encuentra entre el territorio de Tiro y Galilea. Pensaban que así ló alejarían de Siria, atrayéndolo a Galilea para ayudar a esta última; creían que no abandonaría a los galileos, hombres de su territorio, cuando los viera envueltos en la guerra. Jonatás marchó a su encuentro, dejando en Judea a su hermano Simón.

Este a su vez reunió un ejército, el más grande que pudo, con hombres de la región; acampó cerca de Betsura, plaza fuerte de Judea, y la sitió; había en ella una guarnición que respondía a Demetrio, según hemos dicho antes. Cuando Simón elevó terraplenes y acercó máquinas y organizó con tanta decisión el asedio, la guarnición defensora temió que, una vez conquistado el lugar, ellos serían muertos; enviaron entonces mensajeros a Simón y le solicitaron que, bajo juramento, les prometiera no causarles ningún mal; ellos se retirarían de la región y se irían a reunir con Demetrio. Simón se lo prometió con juramento, los echó de la ciudad y dejó una guarnición de sus fuerzas.

7. Entretanto Jonatás partió de Galilea, de las orillas del lago de Genesara, donde acampaba, hasta la llanura de Asor, ignorando que allí se encontraba el enemigo. Los capitanes de Demetrio que supieron con un día de antelación que Jonatás venía contra ellos, le prepararon una emboscada en la montaña, y ellos con el ejército salieron a su encuentro.

Divisándolos Jonatás preparados para la lucha, él con sus soldados se dispuso a pelear. Pero los que estaban ocultos en la emboscada atacaron por la espalda a los judíos; éstos, temerosos de que los mataran, rodeados como estaban, se dieron a la fuga. Casi todos abandonaron a Jonatás, pero pocos, en número de quinientos, quedaron a su lado, con Matatías hijo de Absalón y Judas hijo de Capseo, jefes de todo el ejército. Audazmente y como desesperados irrumpieron contra el enemigo, intrépidamente lo atacaron y por su vigor lo obligaron a huir. Al ver los soldados de Jonatás que habían huído que el enemigo estaba en derrota, desistiendo de la huída cargaron sobre ellos; y los persiguieron hasta Cedasa, donde se encontraba el campamento enemigo.

8. Jonatás, después de esta brillante victoria en la que mató a dos mil soldados enemigos, regresó a Jerusalén. Al ver que todo, por providencia divina, le resultaba satisfactorio, envió legados a Roma, con el propósito de renovar la amistad que el pueblo judío había hecho antes con los romanos. Ordenó también a sus mensajeros que, de regreso de Roma, visitaran a los espartanos y les recordaran la amistad y alianza pactadas con ellos.

Llegaron los legados a Roma y se dirigieron al senado, donde expusieron lo que Jonatás les había ordenado, para confirmar la alianza anterior. El senado ratificó la amistad con los judíos y entregó cartas a los legados para presentar a los reyes de Asia y Europa y a los jefes de las ciudades, a fin de que pudieran regresar sin inconvenientes a su patria. Los emisarios partieron y entregaron las cartas que recibieron de Jonatás a los espartanos. Su contenido era el siguiente:

"Jonatás, sumo pontífice de los judíos, la asamblea de los ancianos y el pueblo, a los éforos, senado y pueblo de los lacedemonios, hermanos, salud. Si gozáis de buena salud, si vuestros asuntos públicos y privados se desarrollan prósperamente, será conforme a nuestros deseos; nosotros también gozamos de buena salud. Anteriormente, vuestro rey Areo, por intermedio de Demóteles, envió una carta a nuestro pontífice Onías sobre el parentesco que teníais con nosotros, carta cuya copia se encuentra más abajo;

aceptamos aquella carta con buen ánimo y manifestamos gran benevolencia a Demóteles y a Areo; sin embargo, no teníamos necesidad de esta demostración, pues ya estábamos informados de este parentesco por nuestros libros sagrados. A nosotros no nos pareció conveniente ser los primeros en hacer este reconocimiento, para que no pareciera que buscábamos la gloria que recibiríamos de vuestra parte. A pesar de haber pasado mucho tiempo desde que se renovara este parentesco con vosotros, en los sacrificios que hacemos en las fiestas y días sagrados, suplicamos a Dios que os otorgue salud y victoria. A pesar de habernos visto constreñidos a librar muchas guerras por la excesiva codicia de nuestros vecinos, sin embargo no quisimos ser gravosos para vosotros o para otros de nuestros parientes. Ahora, después de vencer a nuestros enemigos, al enviar a los romanos a Numenio hijo de Antíoco y a Antípáter hijo de Jasón, varones que pertenecen a nuestro senado, les hemos dado carta para vosotros, a fin de renovar nuestra mutua amistad. Por esto obraríais bien si nos escribierais a nosotros y nos indicarais si precisáis algo, persuadidos de que nosotros estamos dispuestos a cumplir vuestra voluntad."

Los lacedemonios recibieron benignamente a los legados y enviaron un decreto confirmando la amistad y alianza.

9. Por esta época existían tres sectas judías, que opinaban diversamente sobre problemas humanos: la de los fariseos, la de los saduceos y la de los esenios. Los fariseos decían que algunas cosas, no todas, se deben al destino; otras dependen de nuestra voluntad que se cumplan o no. Los esenios afirmaban que todo se debe al destino, y que los hombres nada pueden hacer que escape al destino. En cuanto a los saduceos suprimían el destino, diciendo que no es nada y que no interviene para nada en los asuntos humanos, sino que todo está sometido a nuestro arbitrio; de modo que somos autores tanto de los bienes como de los males que nos acontecen por imprudencia nuestra. Pero sobre el particular hablé más extensamente en el segundo libro de mi *Historia Judía* [1].

10. Los capitanes de Demetrio, queriendo resarcirse de la derrota sufrida, habiendo reunido mayores fuerzas que antes, marcharon contra Jonatás. Pero éste, informado de que se acercaban,

---

[1] *La Guerra de los Judíos* (II, 8); aquí la llama "Historia Judía".

repentinamente les hizo frente en la región de Amatitis; no quería darles tiempo para invadir a Judea.

Encontrándose a una distancia de quinientos estadios del enemigo, envió a algunos que exploraran su campamento y vieran cómo estaba dispuesto. Los espías le informaron de todo e hicieron prisioneros que revelaron que durante la noche se atacaría a los judíos. Con estos informes, atendió a su seguridad, colocó centinelas más allá del campamento e hizo que sus soldados durante toda la noche estuvieran atentos a las armas. Los exhortó a que tuvieran ánimo y estuvieran bien dispuestos, de modo que aunque fuera necesario luchar durante la noche no los sorprendiera el proyecto del enemigo.

Los capitanes de Demetrio cuando supieron que Jonatás conocía sus propósitos se desalentaron y perturbaron al verse descubiertos, pues creían que no les quedaba esperanza ninguna de vencer, una vez puestas en evidencia sus intenciones. Creían que si atacaban a Jonatás a campo abierto, en ninguna forma podrían imponérsele. Pensaron escaparse y, haciendo grandes fogatas, para que creyeran que permanecían en el campamento, se alejaron.

Jonatás, a primera hora de la mañana, se acercó a su campamento y lo encontró abandonado; en vista de que el enemigo había escapado, lo persiguió. Pero no logró alcanzarlo; pues una vez traspasado el río Eleutero estaba en lugar seguro.

De allí pasó Jonatás a Arabia, donde luchó contra los nabateos; luego de apoderarse de un gran botín y muchos cautivos, se dirigió a Damasco, donde vendió todo. Por el mismo tiempo Simón su hermano, luego de recorrer toda Judea y Palestina hasta Ascalón, construyó fortificaciones y dispuso guarniciones. Pasó a Jope y luego de ocuparla dejó una fuerte guarnición, pues se había enterado de que sus habitantes querían entregar la ciudad a los soldados de Demetrio.

11. Después que Jonatás y Simón realizaron estos hechos, regresaron a Jerusalén. Jonatás convocó al pueblo en el Templo y dispuso restaurar las murallas de Jerusalén, refeccionar aquella parte del cerco del Templo que estaba derruída y fortificar los lugares cercanos con torres muy altas. Además propuso construir otro muro que corriera por en medio de la ciudad, para impedir los suministros a la guarnición de la fortaleza. En fin, estableció fortificaciones en el país, mucho más fuertes que antes. El pueblo estuvo de acuerdo; así él aseguró la ciudad con muros y edificios, mientras Simón fué enviado al interior del país, para reforzar los fuertes.

Demetrio, pasando el río Eufrates, llegó hasta Mesopotamia con el propósito de ocuparla, así como también a Babilonia; de tal manera que dueño de las satrapías superiores, desde allí podría apoderarse de todo el imperio. Pues los griegos y los macedonios que habitaban aquellas regiones de continuo le enviaban legaciones, prometiéndole que si llegaba hasta ellos se someterían y luego juntos emprenderían la guerra contra Arsace, el rey de los partos.

Con esta esperanza marchó a aquella región, pensando que si lograba someter a los partos, atacaría luego a Trifón y lo expulsaría de Siria. Fué recibido alegremente por los hombres que vivían allí; luego de reunir un gran ejército, hizo la guerra a Arsace; pero perdió todo el ejército y fué capturado vivo, como dijimos en otro lugar.

CAPITULO VI

Trifón viola su compromiso y mata a traición a Jonatás.
Simón es nombrado sumo sacerdote

1. Trifón, cuando supo el fin que había tenido Demetrio, no continuó permaneciendo fiel a Antíoco, sino que se puso a imaginar la manera de librarse de él y ocupar el trono. Pero no se aventuraba a hacerlo por miedo a Jonatás, amigo de Antíoco. Pensó, pues, quitar primeramente de en medio a Jonatás y luego tomar una decisión contra Antíoco. Decidió matar a Jonatás traidora y astutamente; con este propósito de Antioquía pasó a Bezana, que los griegos llaman Escitópolis.

Jonatás le salió al encuentro con cuarenta mil hombres seleccionados, pues sospechaba que su presencia tenía por objeto hacerle la guerra. Cuando Trifón supo que Jonatás estaba dispuesto a luchar, lo conquistó con regalos y buenas palabras y ordenó a sus capitanes que lo obedecieran. Quería ganarse su benevolencia y librarse de sospechas, de modo que, descuidado y sin guardarse, pudiera apoderarse de él. Lo convenció que licenciara al ejército, pues no tenía necesidad de él una vez finalizada la guerra y estando en buenos términos; y que reteniendo unos pocos consigo, lo acompañara hasta Ptolemáis; quería entregarle la ciudad y todos los lugares fortificados de la región, pues éste era el motivo de su venida.

2. Jonatás, sin sospechar sus propósitos, confió en Trifón, que lo persuadió de su ánimo benévolo y veraz, y se desprendió del ejército. Sin embargo, retuvo tres mil hombres consigo, dejó dos mil en Galilea y se llevó mil consigo para ir con Trifón a Ptolemáis.

Los habitantes de Ptolemáis le cerraron las puertas, como les había ordenado Trifón; éste se apoderó de Jonatás, vivo, y mató a todos su hombres. Envió luego soldados a Galilea para que mataran a los dos mil que se encontraban allí. Pero éstos, que supieron lo que había acontecido a Jonatás, antes que llegaran los que fueran enviados por Trifón, protegiéndose con las armas se alejaron de la región. Los que fueron enviados para perseguirlos, cuando comprobaron que estaban dispuestos a luchar por su vida, regresaron sin atacarlos.

3. Los habitantes de Jerusalén, cuando supieron que Jonatás había sido capturado y los soldados que lo acompañaban muertos, deploraron lo acontecido y se lamentaron de su pérdida. Con toda razón temían que privados del valor, cuidado y moderación de Jonatás, los pueblos vecinos, sus enemigos, que estaban aquietados por temor a Jonatás, se lanzaran a combatirlos, con lo cual se verían expuestos a los mayores peligros.

Y aconteció como lo habían temido. Aquellos pueblos, cuando se informaron de la muerte de Jonatás, empezaron a guerrear contra los judíos, a quienes consideraban privados de jefe. El mismo Trifón, luego de reunir un ejército, se propuso ascender a Judea para atacar a sus habitantes.

Simón, ante el temor que se había apoderado de los ciudadanos de Jerusalén, trató de animarlos para que estuvieran dispuestos a resistir valerosamente a Trifón. Reunió al pueblo en asamblea en el Templo y empezó a exhortarlo con estas palabras:

—No debéis ignorar, queridos compatriotas, que mi padre, mis hermanos y yo gustosamente afrontamos el peligro de muerte mirando por vuestra libertad. Los grandes ejemplos que he tenido y mi seguridad de que el destino de nuestra familia es el de morir en defensa de la religión y de la ley, hacen que nada me obligue a desistir de este propósito, y que nada me induzca a amar la vida y a menospreciar la gloria. Por lo tanto, no creáis que os falta un jefe que esté dispuesto a sufrir y realizar el máximo por vosotros. Debéis seguirme con entusiasmo a donde yo os conduzca; no soy superior a mis hermanos para que tenga en gran aprecio mi vida, ni inferior a ellos para rehusar lo que a ellos les pareció dignísimo: morir por las leyes y el culto de Dios. En todas aquellas cosas en que convenga portarme como digno de aquellos hermanos, sabré cumplir. Estoy convencido de que rechazaré al enemigo, que os libraré de sus manos a vosotros, a vuestras esposas y a vuestros hijos y que el Templo, con la ayuda de Dios, será preservado de toda devastación; pues compruebo que las naciones han empezado a luchar, menospreciándoos, como si no tuvierais jefe.

4. Las palabras que Simón pronunció dieron valor al pueblo y le hicieron perder el miedo; llenos de esperanza, todos al unísono exclamaron que Simón era su jefe y que ocupaba el lugar que habían ocupado Judas y Jonatás; y todos prometieron obedecer lo que ordenara.

Habiendo reunido a los que estaban en condiciones de figurar en el ejército, se apresuró a reconstruir los muros de la ciudad y la fortificó con torres fuertes y altas. Envió a Jonatás, hijo de Absalón, uno de sus amigos, con tropas a Jope con la orden de expulsar a sus moradores, pues temía que éstos entregaran la ciudad a Trifón. El quedóse en Jerusalén para guardar la ciudad.

5. En cuanto a Trifón, habiendo salido de Ptolemáis con sus tropas, se dirigió a Judea, llevando consigo a Jonatás prisionero. Simón le salió al encuentro en Adida con su ejército, colocado en un monte al pie del cual se extiende la llanura de Judea.

Cuando Trifón se informó de que Simón había sido elegido jefe por los judíos, le envió mensajeros con el propósito de atraérselo dolosamente, y le pidió que si quería que dejara libre a su hermano Jonatás le enviara cien talentos de oro y dos de los hijos de éste como rehenes, pues temía que una vez en libertad sublevara a Judea contra el rey. Pues si todavía lo retenía como prisionero era por el dinero que había recibido del rey y que le debía.

Pero Simón no ignoraba las maquinaciones de Trifón, sabía que perdería el dinero y que su hermano no sería puesto en libertad, y que además el enemigo se apoderaría de los hijos de Jonatás. Pero temeroso de que el pueblo lo acusara de haber causado la muerte de su hermano, por no querer entregar el dinero y los hijos de éste, lo convocó a asamblea; le refirió las propuestas de Trifón, agregando que escondían fraude y engaño, pero que era mejor entregarle los hijos y el dinero antes que dar lugar, al no atender las propuestas de Trifón, a que se sospechara que no deseaba la seguridad de su hermano. Le envió, pues, los hijos de Jonatás y el dinero.

Trifón los recibió, pero no fué fiel a su palabra y no dejó en libertad a Jonatás, sino que con el ejército rodeó la región y remontando por Idumea ascendió a Jerusalén. Llegó hasta Adora, población de la Idumea. Simón salió con los suyos para hacerle frente y se mantuvo acampado frente a él.

6. Entretanto los que se encontraban en la fortaleza enviaron mensajeros a Trifón, exhortándole a que viniera rápidamente y les llevara víveres; éste preparó la caballería como si aquella noche pudiera ya encontrarse en Jerusalén. Pero, durante la noche, cayó mucha nieve que obstruyó los caminos y a causa de su profundidad se hizo difícil el tránsito; se encontró sin poder pasar a Jerusalén.

Trifón se trasladó a la Baja Siria, invadió rápidamente la Galaadítida, y allí hizo matar a Jonatás y sepultarlo; luego entró en Antioquía. Simón envió al poblado de Basca a buscar los restos de su hermano. Los sepultó en su tierra, Modim, siendo su muerte muy lamentada por todo el pueblo.

Además Simón hizo construir un gran monumento a su padre y hermanos, de piedra blanca y pulida. Estaba ubicado en un lugar alto, rodeado de un pórtico, con columnas cada una de ellas de una sola piedra, obra digna de admiración. Elevó también siete pirámides, para cada uno de sus padres y hermanos, admirables por su hermosura y su magnitud; todavía se conservan en la actualidad. Se ve con qué cuidado Simón se preocupó de la sepultura de Jonatás y de los monumentos consagrados a los suyos. Jonatás murió después de haber sido pontífice durante diez años y estado al frente de su pueblo por espacio de dieciocho.

7. Simón, que fué elegido pontífice por el pueblo, en el primer año de su pontificado libró a los suyos de la servidumbre de los macedonios, de modo que no pagaran más tributos. Consiguieron los judíos esta libertad y la exención de los tributos en el año ciento setenta del reino de los asirios, a contar del día en que Seleuco, por sobrenombre Nicátor, se apoderó de Siria. Estaba el pueblo tan ansioso de honrar a Simón que tanto en los contratos como en los actos públicos escribían: "En el primer año de Simón, benefactor de los judíos y etnarca."

Fueron muy felices bajo su gobierno y vencieron a los enemigos que los rodeaban. Simón redujo a su dominio a Gazara, Jope y Jamnia. Después de apoderarse de la fortaleza de Jerusalén, la destruyó y arrasó, para que no fuera refugio de sus enemigos, pues cuando éstos la habían ocupado habían sufrido mucho.

Hecho esto les pareció conveniente rebajar el monte en que se encontraba la fortaleza, a fin de que sobresaliera el Templo. Con este propósito convocó al pueblo a asamblea pidiéndoles que se lo permitieran, recordando lo que habían padecido de parte de las guarniciones y de los judíos tránsfugas; y lo que sufrirían en adelante, si de nuevo lo ocuparan fuerzas extranjeras y establecieran una guarnición en la fortaleza. Con esto persuadió al pueblo, pues lo que les decía era para su seguridad. Pusieron todos manos a la obra para rebajar la colina, y durante tres años día y noche no dejaron de trabajar, hasta reducirla a la altura de la planicie. Desde entonces el Templo dominó la ciudad, habiendo sido reducidas a la nada la fortaleza y la colina donde se encontraba. Estos son los hechos realizados por Simón.

CAPITULO VII

Muerte de Trifón. Simón derrota a Cendebeo. Asesinato de Simón

1. Poco después de que Demetrio fuera hecho prisionero, Trifón, su tutor, mató a Antíoco hijo de Alejandro, llamado Theos, y declaró que había muerto de resultas de una operación; después envió a sus amigos y parientes a reunirse con los soldados, prometiéndoles darles gran cantidad de dinero si lo nombraban rey. Decía que Demetrio había caído prisionero de los partos y que su hermano Antíoco, en caso de que llegara al poder, los castigaría por traición. Los soldados, con la esperanza de vivir holgadamente si entregaban el reino a Trifón, accedieron. Pero una vez que Trifón tuvo el reino en sus manos reveló su índole perversa. Mientras había sido un particular, aduló al pueblo y simuló moderación, procurando en esta forma atraérselo; pero así que consiguió el reino se desenmascaró y se mostró el verdadero Trifón.

Con todo esto sólo consiguió que sus enemigos se hicieran más poderosos. Los soldados, movidos por el odio, se pasaron a Cleopatra, la esposa de Demetrio, que se había retirado a Seleucia con sus hijos. El hermano de Demetrio Antíoco, denominado Sóter, ambulaba de una ciudad a otra, sin que ninguna se atreviera a recibirlo por miedo a Trifón. Cleopatra lo invitó a casarse con ella y a ponerse al frente del reino. Le hizo esta invitación tanto porque así se lo aconsejaron sus amigos como por temor de que algunos ciudadanos de Seleucia entregaran la ciudad a Trifón.

2. Una vez en Seleucia, Antíoco vió aumentar su poderío de día en día. Hizo la guerra contra Trifón, lo venció y lo expulsó de la Siria superior. Trifón huyó a Fenicia, y hasta allí lo persiguió Antíoco, sitiándolo en Dora, donde se había refugiado en una fortaleza muy difícil de capturar. Antíoco envió mensajeros a Simón, el pontífice de los judíos, proponiéndole un pacto de amistad y alianza.

Simón accedió a su pedido y, después de enviar una embajada a Antíoco, mandó dinero y víveres a las tropas que asediaban a Dora. En poco tiempo figuró entre sus amigos más íntimos. Trifón escapó de Dora a Apamea; aquí fué capturado y muerto, después de reinar durante tres años.

3. Antíoco, de índole avara y perversa, olvidó la ayuda que le había prestado Simón cuando estaba en apuros; envió a su amigo Cendebeo con equipo y soldados a Judea para que la devastara y prendiera a Simón.

Simón, informado de tal iniquidad, a pesar de lo avanzado de su edad, se indignó sobremanera al comprobar que nada equitativo podía esperarse de Antíoco; con muchos bríos y juvenil decisión condujo a las tropas a la guerra.

Envió delante a sus hijos con los más valientes de sus soldados; él con el grueso del ejército siguió por otro camino. Ubicó a los suyos en los desfiladeros de los montes y, sin haber sido jamás vencido, derrotó totalmente al enemigo.

Disfrutó de paz durante el resto de su vida, habiendo hecho él también una alianza con los romanos.

4. Gobernó durante ocho años a los judíos, y murió en un banquete, a causa de un complot urdido por su yerno Ptolomeo. Este, habiéndose apoderado de la esposa de Simón y de dos de sus hijos, los encarceló; envió también a que mataran a Juan, el tercero, conocido con el nombre de Hircano. Pero el joven, informado de sus intenciones, evitó el peligro y se dirigió a la ciudad, confiado en el pueblo, que había recibido beneficios del padre y odiaba a Ptolomeo. El pueblo, que ya había recibido a Hircano, rechazó a Ptolomeo, que intentaba entrar por otra puerta.

CAPITULO VIII

Hircano asume el mando y sitia a Ptolomeo en la fortaleza de Dagón. Guerra de Antíoco con Hircano. Las expediciones de Hircano a Siria

1. Ptolomeo se retiró a una fortaleza ubicada en Jericó, de nombre Dagón. Hircano, después de obtener el pontificado paterno, primeramente ofreció a Dios sacrificios, luego se dirigió contra Ptolomeo; atacó el lugar donde se encontraba. En todo era superior a él, pero le paralizaba su amor a su madre y sus hermanos, a quienes Ptolomeo hizo conducir hasta los muros y los hizo maltratar, amenazando precipitarlos si Hircano no desistía del asedio.

Pensó que si ponía menos ardor en la empresa evitaría mayores males a los seres que le eran tan queridos, y procedió más lentamente en el asedio. Sin embargo, la madre, extendiendo las manos, le pidió que no cejara por causa de ellos, sino que, al contrario, extrajera de la indignación mayores bríos para reducir al enemigo y vengar a los seres queridos; ella moriría con placer en el tormento sabiendo que el autor de la perfidia sufriría la pena que merecía.

Con estas palabras de la madre, Hircano se sintió fortalecido para tomar la ciudadela. Pero cuando la vió golpear y atormentar, nuevamente languideció su entusiasmo, compadecido de las aflicciones a que estaba sometida. Y así, con un asedio tan largo, vino el año en el cual los judíos acostumbran descansar; pues descansan cada siete años, en la misma forma que descansan cada siete días. Ptolomeo, libre de la guerra por esta causa, mató a la madre y a los hermanos de Hircano. Hecho esto, se refugió al lado de Zenón, conocido por Cotilas, tirano de la ciudad de Filadelfia.

2. Antíoco, indignado por las derrotas que le había infligido Simón, invadió a Judea en el año cuarto de su reinado, primero del gobierno de Hircano, en la centésima sexagésima segunda olimpíada. Después de devastar los campos, obligó a Hircano a encerrarse en la ciudad, que rodeó con siete campamentos. Al principio no hizo ningún progreso, tanto por la solidez de los muros como por el valor de los sitiados y la falta de agua, aunque esta última calamidad la remedió una abundante lluvia que cayó a la puesta de las Pléyades. Del lado norte de la muralla, donde el lugar era plano, levantó cien torres de tres pisos, en las cuales colocó destacamentos militares.

Todos los días atacaba, y habiendo hecho un gran hoyo de mucha longitud, bloqueó a los habitantes. Estos, por su parte, hacían frecuentes salidas, y si encontraban al enemigo descuidado le ocasionaban grandes pérdidas; si lo veían alerta, se retiraban a lugar seguro.

Hircano, cuando comprendió que la presencia de mucha gente era perjudicial, que muy pronto se terminarían los víveres y que no se hace nada útil cuando intervienen muchos, separó a los inútiles y los expulsó; sólo retuvo a los fuertes y en condiciones de luchar. Pero Antíoco impidió que pudieran salir los excluídos; y fué así que muchos de ellos, vagando entre los muros y hambrientos, perecieron miserablemente.

Sin embargo, al llegar la fiesta de los Tabernáculos, los que se encontraban dentro de la ciudad, conmovidos, los aceptaron de nuevo. Hircano envió una delegación a Antíoco pidiéndole una tregua de siete días a causa de la fiesta; Antíoco, por veneración a Dios, accedió, y además dispuso un gran sacrificio, toros con cuernos dorados y vasos de oro y plata llenos de perfumes de toda índole. Recibieron el sacrificio los que se encontraban en las puertas y lo introdujeron en el Templo.

Antíoco, durante este tiempo, ofreció un banquete a su ejército;

muy diferente de Antíoco Epífanes quien, después de apoderarse de la ciudad, sacrificó cerdos sobre el altar y esparció la grasa sobre los muros del Templo, violando la ley y las costumbres patrias de los judíos, a quienes el sacrilegio empujó a la guerra y los hizo irreconciliables. En cuanto a este Antíoco, por su religiosidad conquistó el nombre de *Eusebio* (piadoso).

3. Es así que Hircano, habiendo comprobado su equidad y su buena voluntad hacia Dios, le envió legados, pidiéndole que les permitiera vivir de acuerdo con sus leyes y costumbres. Antíoco desechó el consejo de aquellos que le decían que debía destruir a una clase de gente cuyo género de vida era tan diferente del de los otros pueblos. Decidió conformar todos sus actos a la piedad; respondió a los mensajeros que daría fin a la guerra con las siguientes condiciones: los sitiados entregarían las armas, pagarían tributos por Jope y los otros pueblos limítrofes de Judea y aceptarían una guarnición.

Los judíos estuvieron de acuerdo en todo, pero no admitieron la guarnición, pues se negaban a relacionarse con otros pueblos. En vez de la guarnición ofrecieron rehenes y quinientos talentos de plata, todo lo cual fué del agrado de Antíoco; entre los rehenes estaba el hermano de Hircano. Antíoco destruyó, además, el cerco de murallas que rodeaba a la ciudad. Con estas condiciones Antíoco levantó el asedio y se retiró.

4. Hircano, habiendo abierto el sepulcro de David que sobrepasaba en riqueza a todos los sepulcros de los otros reyes, extrajo de allí tres mil talentos de plata; con este dinero hizo lo que no había realizado ningún otro judío, alquilar mercenarios. Hizo amistad y alianza con Antíoco, y habiéndolo recibido en la ciudad, suministró de todo, abundante y magníficamente, al ejército. Cuando Antíoco emprendió una expedición contra los partos, Hircano lo acompañó. Sobre esto nos suministra testimonio Nicolás de Damasco, quien dice:

"Antíoco, después de haber levantado un trofeo en las orillas del río Lico, por haber derrotado a Indates, comandante de los partos, permaneció allí durante dos días a pedido del judío Hircano, por ser una fiesta de los judíos durante la cual no se les permite viajar."

Al afirmar esto no decía nada falso; la fiesta de Pentecostés tenía que celebrarse después del sábado, pues a nosotros nos está prohibido viajar los sábados o días festivos.

En cuanto a Antíoco, habiendo emprendido la guerra contra el parto Arsace, perdió gran parte de su ejército y él mismo murió.

Le sucedió en el reino de Siria su hermano Demetrio, a quien Arsace libró de la cautividad cuando Antíoco invadió el país de los partos, como se ha dicho en otro lugar.

CAPITULO IX

Las conquistas de Hircano en Siria. Su alianza con Alejandro Zebina

1. Hircano, así que se informó de la muerte de Antíoco, marchó sobre las ciudades de Siria, confiado, como era la verdad, que las encontraría libres de combatientes y defensores. Se apoderó de Medaba, con grandes esfuerzos de su ejército, al sexto mes de sitio. Luego capturó Samega y los lugares vecinos, así como también Sicima y Garizim y el país de los cuteos; estos últimos adoraban en un templo similar al de Jerusalén que Alejandro había permitido edificar a su capitán Sanabaleta para su yerno Manasés, hermano del pontífice Jad, según dijimos antes.

Este templo fué devastado después de doscientos años. Hircano se apoderó de las poblaciones de Idumea, Adora y Marisa, y sometió a todos los idumeos, a los cuales les permitó que se quedaran en su país, con tal que se circuncidaran y observaran las leyes de los judíos. Por amor a su país se circuncidaron y adoptaron las leyes de los judíos. Desde esta época son verdaderos judíos.

2. El sumo sacerdote Hircano, deseoso de renovar su amistad con los romanos, les envió legados. El senado, aceptadas las cartas de presentación, pactó en la siguiente forma:

"Fanio, hijo de Marco, pretor, convocó al senado el día ocho antes de los idus de febrero, estando presentes Lucio Manlio hijo de Lucio, de la tribu Mentina, y Cayo Sempronio hijo de Cayo, de la tribu Falerna, para deliberar sobre los asuntos que presentaron Simón hijo de Dositeo y Apolonio hijo de Alejandro y Diodoro hijo de Jasón, varones honestos y buenos, enviados por el pueblo de los judíos, que expusieron la amistad y alianza que existe con los romanos. Han pedido que Jope, los puertos, Gazara y las fuentes y todas las otras ciudades y lugares de los cuales se apoderó Antíoco en contra del decreto del senado, les sean devueltos; y que no se permita a los soldados reales transitar por sus límites y los de sus súbditos. Además que se considere sin valor lo dispuesto por Antíoco sin sentencia del senado; y que, mediante el envío de legados, se procure la devolución de lo que les fuera sustraído por Antíoco y se contemplen las destrucciones ocasionadas por la guerra; y que se les den cartas para los reyes y pueblos libres a fin de que puedan regresar con seguridad a su patria. Sobre el particular se ha decretado: renovar la amistad y la alianza con los buenos varones, enviados por un pueblo bueno y amigo."

En cuanto a las cartas dijeron que deliberarían sobre las mismas, cuando el senado tuviera oportunidad para ello; y que procurarían que en adelante no se les causara ningún perjuicio. Se ordenó al pretor Fanio que les suministrara dinero del erario, para que regresaran a su patria.

Fanio despidió a los legados de los judíos, dándoles dinero del erario, y una disposición del senado para aquellos que debían guiarlos y asegurarles un viaje sin peligros.

3. La situación del pontífice Hircano era la siguiente. El rey Demetrio, que anhelaba hacer la guerra a Hircano, no disponía de tiempo ni de oportunidad; por ser un hombre perverso, no contaba con las simpatías ni de los soldados ni de los sirios, quienes enviaron a decir a Ptolomeo, conocido por Fiscón, que les enviara a alguien de la familia de Seleuco para hacerse cargo del reino. Ptolomeo envió a Alejandro, de sobrenombre Zebina, con el ejército.

Trabado en lucha con Demetrio, éste resultó vencido y huyó a Ptolemáis a reunirse con Cleopatra, su esposa. Esta no lo admitió; entonces se dirigió a Tiro, donde fué capturado y muerto después de los muchos sufrimientos a los que fué sometido por sus enemigos.

Alejandro, una vez en el reino, hizo pacto de amistad con el pontífice Hircano. Después, atacado por Antíoco hijo de Demetrio, conocido por Gripo, fué derrotado y falleció en el combate.

CAPITULO X

Antíoco Ciziceno, derrotado por Hircano, es expulsado de Judea

1. Antíoco, ya dueño del reino de Siria, temía atacar a los judíos, sabiendo que su hermano de parte de madre, que también se llamaba Antíoco, reunía en su contra tropas en Cizico. Determinó no salir de sus fronteras a fin de prepararse contra su hermano, denominado Ciziceno, por la ciudad de Cizico donde se había criado; su padre era Antíoco Sóter, que murió entre los partos, y que era hermano de Demetrio, padre de Gripo. Cleopatra se había casado con dos hermanos, conforme dijimos en otro lugar.

Antíoco Ciziceno marchó a Siria y durante muchos años estuvo en guerra con su hermano. Durante todo este tiempo hubo paz para Hircano. Después de la muerte de Antíoco se libró de los macedonios, y no los tuvo en cuenta ni como súbdito ni como amigo.

Aprovechó la paz y prosperidad de la época de Alejandro Zebina, y especialmente de la época de los dos hermanos. La guerra que se había declarado entre los hermanos le ofrecía oportunidad de explotar a Judea con toda seguridad, de modo que reunió una gran cantidad de dinero. Sin embargo, cuando Ciziceno devastó abiertamente su territorio, Hircano mostró cuáles eran sus intenciones; cuando vió a Antíoco privado de su ayuda de Egipto, y que tanto uno como el otro hermano sufrían mucho en los combates, menospreció a ambos por igual.

2. Hizo una expedición contra Samaria, ciudad muy fortificada, la cual, como diremos en su lugar, ahora se llama Sebaste, reedificada por Herodes. La atacó con gran violencia, indignado contra los samaritanos por haber injuriado a los marisenos, colonos y aliados de los judíos, por orden de los reyes de Siria. Rodeó la ciudad de una fosa y de un doble muro de unos ochenta estadios; confió las operaciones a sus hijos Antíoco y Aristóbulo. Presionados por los hermanos, los samaritanos se vieron reducidos a un hambre tan extrema que comían cosas desacostumbradas y pidieron auxilio a Antíoco Ciziceno.

Este se lo otorgó de buen grado; pero fué vencido por Aristóbulo, y puesto en fuga por los dos hermanos escapó hasta Escitópolis.

De nuevo volvieron a atacar a los samaritanos, a los que obligaron a replegarse dentro de las murallas, de modo que, enviando mensajeros al mismo Antíoco, le solicitaron ayuda. Antíoco hizo pedir seis mil hombres a Ptolomeo Laturo; éste los otorgó en contra de la voluntad de su madre, que casi le hizo perder el trono.

Con las fuerzas egipcias Antíoco comenzó por invadir el país de Hircano y se dedicó a asolarlo como un bandido, no atreviéndose a entrar en guerra directamente, pues carecía de fuerzas para ello, y esperaba que con la devastación de los campos obligaría a Hircano a suspender el asedio de Samaria. Pero perdió muchos hombres en las emboscadas, y se retiró a Trípoli, encargando a Calimandro y Epícrates la prosecución de la guerra con los judíos.

3. Calimandro, en sus ataques contra el enemigo, fué derrotado y murió; Epícrates, por avidez, entregó Escitópolis y otros lugares a los judíos, pero no logró que se levantara el sitio de Samaria [1].

Hircano, después de un año de asedio, la tomó; y no contento con esto, la destruyó por completo, inundándola por medio de torrentes, socavándola para precipitarla a las barrancas y borrando toda señal de que allí hubiera existido una ciudad.

Se cuenta un hecho extraordinario del pontífice Hircano, a quien Dios habló. Se narra que cierto día que sus hijos estaban luchando con el Ciziceno, estando él solo en el Templo ofreciendo incienso, oyó una voz que le decía que sus hijos habían vencido a Antíoco. Una vez fuera del Templo informó a todo el pueblo. Y así fué en verdad.

Estos son los hechos de Hircano.

4. Por este tiempo la buena suerte no sólo sonreía a los judíos que se encontraban en Judea, sino también a los que vivían en Alejandría, Egipto y Chipre. Cleopatra, en disentimiento con su hijo Ptolomeo, por sobrenombre Laturo, nombró comandantes a Celcías y Ananías, hijos de Onías, el que había construído un templo similar al de Jerusalén en la prefectura de Heliópolis, se-

---

[1] Según la *Guerra* las fuerzas de Hircano toman primeramente Samaria, la arrasan y marchan en seguida contra Escitópolis, saqueando todo su territorio hasta el monte Carmelo (I, 2, 7).

gún dijimos en otro lugar. Cleopatra les encargó el ejército, y no tomaba ninguna determinación sin consultarlos, como lo atestigua el siguiente pasaje de Estrabón de Capadocia [1]:

"Muchos de los que fueron enviados a Chipre por Cleopatra desertaron para unirse a Ptolomeo; únicamente los judíos de la facción de Onías permanecieron fieles, por estar sus compatriotas Celcías y Ananías en gran estima de la reina."

Esto es lo que dice Estrabón.

5. La prosperidad de Hircano despertó envidias entre los judíos. Especialmente estaban contra él los fariseos, una de las sectas de los judíos, como hemos dicho anteriormente. Gozan de tanta autoridad en el pueblo que si afirman algo incluso contra el rey o el pontífice, son creídos. Sin embargo Hircano había sido uno de sus discípulos a quien tenían en gran estima.

En cierta oportunidad los invitó a un banquete y los festejó sobremanera. Cuando los vió animados, empezó a decirles que ellos sabían muy bien que quería ser justo y obrar de acuerdo con la voluntad de Dios, pues esto lo enseñan los fariseos. Les pidió que si veían que en algo pecaba y se desviaba que lo corrigieran y le señalaran el buen camino.

Cuando ellos le testimoniaron su virtud, quedó satisfecho con sus elogios. Pero uno de los invitados, de nombre Eleazar, hombre perverso y sedicioso, dijo:

—Puesto que pides conocer la verdad, si quieres ser justo, despréndete del pontificado y conténtate con ser príncipe del pueblo.

Hircano preguntó por qué debía abdicar el pontificado.

—Porque hemos sabido por nuestros mayores —respondió— que tu madre fué esclava durante el reinado de Antíoco Epífanes.

Era falso. Hircano se indignó, lo mismo que todos los fariseos.

6. Pero un miembro de la secta de los saduceos, que tenía opiniones contrarias al pensamiento de los fariseos, un tal Jonatás, que era uno de los principales amigos de Hircano, afirmó que Eleazar había expresado una convicción propia de todos los fariseos. Esto se pondría en evidencia, si les preguntara de qué castigo era digno Eleazar por lo que había manifestado. Preguntando a los fariseos qué castigo merecía, Hircano sabría si aquél había

---

[1] Famoso geógrafo e historiador griego (60 a. J. C. - 21/25 d. J. C.).

hablado en nombre de todos, juzgando por la pena que propondrían.

Los fariseos dijeron que merecía azotes y prisión. Creían que ese insulto no merecía la muerte; por otro lado, los fariseos, por naturaleza, son indulgentes en la aplicación de los castigos.

Esta respuesta indignó de tal manera a Hircano que opinó que Eleazar había hablado en nombre de todos. Además Jonatás lo empujó y estimuló con el fin de apartarlo de los fariseos y hacerlo pasar a la secta de los saduceos. Hircano abolió las prácticas impuestas al pueblo por los fariseos y castigó a los que las observaban. De ahí surgió el odio del pueblo tanto contra él como contra sus hijos.

Sobre el particular hablaremos más adelante. Por ahora quiero simplemente decir que los fariseos habían introducido prácticas recibidas de los antepasados pero que no se encuentran en las leyes de Moisés; por esto las rechazan los saduceos, quienes afirman que deben observarse únicamente las leyes escritas, no las que han sido transmitidas por la tradición. Sobre el particular se produjeron graves discusiones: los ricos se inclinaban por los saduceos, mientras que los fariseos contaban con la simpatía de la multitud. Pero de estas dos sectas, así como también de la secta de los esenios, hemos tratado en el segundo libro que escribimos sobre los judíos[1].

7. Hircano, apaciguada la discusión, vivió luego felizmente, y durante treinta y un años hizo un buen gobierno hasta que murió, dejando cinco hijos. Tres dones consiguió de Dios: el mando del pueblo, el honor de ser pontífice y el don de la profecía. Tenía este don, y presentía y predecía los acontecimientos futuros, de modo que de sus hijos mayores predijo que no permanecerían en el gobierno durante mucho tiempo. Nos conviene explicar la caída de éstos, para que veamos cómo su padre los superó en felicidad.

CAPITULO XI
Aristóbulo hereda el poder y toma el título de rey

1. Una vez muerto el padre, su hijo mayor Aristóbulo, juzgando conveniente cambiar por su propia autoridad el gobierno del reino,

---

[1] *La Guerra*, II, 8, 2-14 (V. nota 2 de la pág. 289).

se impuso la diadema, cuatrocientos ochenta y un años y tres meses después de que el pueblo, libre de la esclavitud de Babilonia, volvió a su país. De entre sus hermanos sólo apreciaba al que le seguía en edad, Antígono, a quien hizo partícipe del mismo honor; a los demás los puso en la cárcel. También encarceló a su madre, que le disputaba el poder, pues Hircano la había dejado dueña de todo; y procedió contra ella tan cruelmente que la mató de hambre en la cárcel.

Siguió la misma suerte su hermano Antígono, a quien parecía amar y que había asociado al reino. Lo alejaron de su lado las calumnias a las cuales primeramente no dió crédito, pensando que se originaban en la envidia. Pero en una oportunidad en que Antígono volvió lleno de gloria de una expedición militar, durante la festividad en la que se levantan tiendas en honor de Dios, aconteció que Aristóbulo enfermó y tuvo que permanecer en cama. Antígono subió al Templo, para celebrar la fiesta, magníficamente vestido y rodeado por sus soldados, y rogó principalmente por la salud de su hermano.

Algunos perversos, deseosos de destruir la concordia existente entre los hermanos, aprovecharon el brillante séquito de Antígono y su éxito militar para presentarse ante el rey y exagerar maliciosamente los hechos, como si los actos de Antígono no fuesen los de un hombre particular, sino los de un aspirante a apoderarse del trono; añadieron que se proponía matar a Aristóbulo, presentándose con sus tropas, por considerar necio que, pudiendo gobernar solo, tuviera que participar del gobierno con otro.

2. Aristóbulo, convencido contra su voluntad, para evitar las sospechas del hermano y cuidar al mismo tiempo su seguridad, colocó a algunos de los suyos en cierto lugar subterráneo, pues estaba acostado en una torre que se denominaba Antonia [1], y les ordenó que no tocaran a Antígono si venía desarmado, pero si quería acercársele con armas que fuera muerto.

Al mismo tiempo envió a decir a Antígono que se presentara sin armas.

Había sido levantada por Hircano, según dice más adelante (*Antig.*, XVIII, 4, 3). Hircano le dió ese nombre en homenaje a Antonio, que era su amigo.

Pero la reina y los que con ella conspiraban contra Antígono persuadieron al mensajero que dijera todo lo contrario; que el rey, informado de que se había hecho una hermosa armadura e instrumentos bélicos, le pedía que se presentara con ellos, para que los pudiera ver.

Antígono, que no sospechaba engaño alguno y que confiaba en la benevolencia del hermano, se dirigió a ver a Aristóbulo completamente armado. Cuando llegó a la torre que se llamaba Estratón, en un lugar donde la entrada era muy oscura, fué muerto por los guardias.

Su muerte comprobó que no hay nada más fuerte que la envidia y la calumnia y que nada sobrepasa a estas pasiones para romper la benevolencia y la unión prescritas por la naturaleza. Sobre el particular pasó algo digno de admiración a un cierto Judas, esenio, el cual en sus predicciones nunca se apartó de la verdad. Este, al ver a Antígono pasar cerca del Templo, exclamó, dirigiéndose a sus compañeros y amigos, que lo rodeaban para escuchar sus predicciones sobre lo futuro:

—Merezco morir por haber mentido, puesto que Antígono todavía vive.

Había predicho que Antígono moriría en la *Torre de Estratón* y ahora lo veía pasar, y el lugar donde tenía que morir se encontraba a una distancia de seiscientos estadios; había ya pasado la mayor parte del día, de modo que corría el peligro de que su oráculo resultara falso. Mientras decía estas cosas y se lamentaba, fué anunciada la muerte de Antígono en un lugar subterráneo, que se denominaba torre de Estratón, el mismo nombre que el de la ciudad marítima de Cesárea. Esta había sido la causa de la perturbación del profeta.

3. No tardó Aristóbulo en sufrir el castigo por la muerte de su hermano; con el espíritu conturbado por el recuerdo de su crimen, corrompidas sus entrañas, vomitó sangre. Uno de los criados que lo servían, pienso que por disposición divina, mientras la transportaba, al pasar por el lugar donde todavía se encontraba la sangre de Antígono, resbaló y derramó la que llevaba. Los espectadores gritaron que lo había hecho adrede; habiéndolo oído Aristóbulo, preguntó cuál era la causa de la gritería. Como no se lo dijeran, insistió con más calor en saberlo; pues la naturaleza humana es tal que supone siempre peor que la realidad lo que se empeñan en ocultar. Finalmente, cuando mediante amenazas logró arrancarles la verdad, afligido intensamente por los remordimientos, derramó muchas lágrimas y exclamó en alta voz:

—No era posible que crímenes tan horrendos e impíos permanecieran ocultos a Dios; me ha invadido la aflicción por la muerte de mi hermano. ¿Hasta cuándo, oh cuerpo miserable, retendrás un alma que pertenece a los manes de mi hermano y de mi madre? ¿Por qué no la entregas de golpe, en vez de derramarla gota a gota como libación por mis víctimas?

Murió mientras decía estas cosas, después de reinar durante un año. Era considerado admirador de los griegos. Hizo muchos beneficios a su patria; declaró la guerra a Iturea y anexó gran parte de su territorio a Judea, obligando a sus moradores, si querían vivir en el país, a que se circuncidaran y vivieran de acuerdo con las leyes de los judíos. Fué por naturaleza equitativo y muy modesto, como lo atestigua Estrabón, según Timágenes:

"Este varón mostró ser justo y muy útil a los judíos, pues amplió su país, y parte de la región de Iturea, unida por el vínculo de la circuncisión, pasó a formar parte del mismo."

CAPITULO XII

Muerto Aristóbulo, lo sucede su hermano Alejandro. Sus campañas guerreras

1. Habiendo fallecido Aristóbulo, su esposa Salomé, llamada por los griegos Alejandra, después de poner en libertad a los hermanos de Aristóbulo a los cuales, como ya dijimos, éste había encarcelado, nombró rey a Janea, denominado Alejandro, el menor y más moderado. Este nunca contó con el amor de su padre el cual, mientras vivió, siempre rehusó verlo. El motivo de este odio fué el siguiente: Hircano tenía gran amor a sus hijos mayores, Antígono y Aristóbulo, e interrogó a Dios, que se le apareció en sueños, cuál de sus hijos le sucedería; al manifestarle Dios las letras con que se escribe el nombre de Janea, tomó a mal el que fuera en lo futuro el sucesor de todos sus bienes y lo hizo educar en Galilea, donde había nacido.

Pero Dios no engañó a Hircano. Janea, habiendo logrado el reino después de la muerte de Aristóbulo, hizo morir a uno de los hermanos que intentaba apoderarse del trono, y trató con honores al otro, que estaba dispuesto a llevar una vida pacífica.

2. Luego de disponer el principado en la forma que consideraba más conveniente, emprendió una expedición contra Ptolemáis; después de haber vencido a los ciudadanos los obligó a entrar en la ciudad, que sitió. Sólo le faltaba someter a las ciudades marítimas de Ptolemáis y Gaza y al tirano Zoilo que tenía bajo su dominio las de Torre de Estratón y Dora. Pues mientras Antíoco Filométor y su hermano Antíoco, llamado Ciziceno, guerreaban entre sí y gastaban sus fuerzas mutuamente, los de Ptolemáis no podían esperar ningún auxilio de su parte.

Durante el asedio se presentó para ayudarlos Zoilo, que ocupaba la Torre de Estratón y Dora, y que tenía unas pocas tropas y aspiraba a aprovecharse de la discordia de los dos reyes para quedarse con la tiranía.

La situación de los reyes era tal que no cabía esperar ayuda ninguna de su parte. Pues les estaba pasando lo que acontece con los atletas que, cansados y desfallecientes, se avergüenzan de ceder y perseveran, y entre descansar y respirar van difiriendo la lucha. Les quedaba, sin embargo, la esperanza de ayuda de parte de los reyes de Egipto y de Ptolomeo Laturo que retenía Chipre, donde se había refugiado después de haber sido expulsado del imperio por su madre Cleopatra.

Le enviaron mensajeros pidiéndole auxilio y que los librara del peligro en que estaban de caer en poder de Alejandro. Los legados le dieron la esperanza de que si pasaba a Siria, tendría como aliados a los de Gaza, Zoilo, los sidonios y muchos otros que se les juntarían. Con esta esperanza, aprestó sus naves para ir a ayudarlos.

3. Entretanto Demeneto, hombre popular y elocuente y que contaba con autoridad entre los de Ptolemáis, los hizo cambiar de parecer, diciéndoles que más les convenía sufrir los peligros de una lucha contra los judíos, que aceptar una servidumbre expresa, entregándose a un dueño; y, por añadidura, no sólo sufrir la guerra actual, sino otra mucha mayor de parte de Egipto. No era de creer que Cleopatra se olvidara de tal manera de sus asuntos que permitiera que los de Ptolemáis recibieran ayuda de sus vecinos; los atacaría con un gran ejército, pues procuraría echar a su hijo de Chipre. Ptolomeo, si las cosas no le salían bien, se podía refugiar en Chipre; pero ellos se verían reducidos a lo último.

Ptolomeo se informó, mientras se encontraba navegando, que los de Ptolemáis habían cambiado de opinión; no por eso suspendió el viaje, y después de abordar en un lugar llamado Sicaminos, desembarcó con sus tropas. Su ejército estaba compuesto por cerca de treinta mil soldados, de caballería y de infantería. Acampó cerca de Ptolemáis, muy inquieto y preocupado, pues los habitantes de la ciudad no recibían a sus legados ni escuchaban sus palabras.

4. Zoilo y los de Gaza fueron a verlo y le rogaron que los ayudara, pues los judíos y Alejandro les estaban devastando los campos. Alejandro resolvió levantar el asedio por temor a Ptolomeo. Se retiró con el ejército a su país, procurando astutamente enemistar a Cleopatra con Ptolomeo, mientras simulaba amistad y alianza con el último; incluso prometió darle cuatrocientos talentos si quitaba de en medio al tirano Zoilo y entregaba su país a los judíos.

Ptolomeo hizo pacto de amistad con los judíos gustosamente y se apoderó de Zoilo. Pero cuando luego supo que Alejandro, clandestinamente, había enviado mensajeros a su madre Cleopatra, se deshizo del juramento prestado, y puso sitio a Ptolemáis, la ciudad que no había querido admitirlo. Dejó en el sitio a sus capitanes y parte de las tropas, y él con las restantes invadió a Judea.

Alejandro, conocida la intención de Ptolomeo, reunió cincuenta mil habitantes del país o, según afirman algunos escritores, ochenta mil; con estas tropas se dispuso a hacerle frente. Ptolomeo cayó sobre Asoquín en Galilea un día sábado, hizo cerca de diez mil prisioneros y se apoderó de un gran botín.

5. Luego hizo una tentativa contra Séforis, ciudad que no se encontraba muy lejos de la que acababa de devastar, pero perdió un gran número de soldados.

De allí partió para luchar contra Alejandro. Este lo enfrentó cerca del río Jordán, en un lugar denominado Asofón, colocando su campamento cerca del enemigo. Como combatientes de primera línea puso a ocho mil hombres a quienes llamaba "campeones de cien hombres", armados con escudos recubiertos de bronce. La primera línea de los soldados de Ptolomeo estaba formada por soldados armados de la misma manera. Pero en todo lo demás eran inferiores los soldados de Ptolomeo e iban a la lucha más tímidamente. Sin embargo, el táctico Filostéfano les infundió gran valor al hacerles atravesar el río que los separaba.

Alejandro no consideró conveniente hacer pasar el río a los suyos; pues creía que le sería mucho más fácil vencer al enemigo, si éste luchaba de espaldas al río, porque entonces tendría cortada la retirada. Al principio la lucha fué dudosa, tanto por el entusiasmo como por las acciones; hubo muchos muertos de ambas partes. Cuando los soldados de Alejandro parecía que estaban en ventaja, Filostéfano dividió sus tropas, para ir enviando auxilio a las que cedían. Pero como nadie iba en auxilio del conjunto de los judíos en derrota, éstos escapaban sin contar con la ayuda de los más próximos, que también escapaban; y los soldados de Ptolomeo atacaban contra todos. Perseguían a los judíos y los mataban y los pusieron a todos en fuga, ocasionando una matanza tan grande, que las espadas se embotaron y las manos se cansaron. Se cuenta que hubo treinta mil muertos, aunque Timágenes dice que fueron cincuenta mil; y los restantes en parte fueron hechos cautivos y en parte buscaron refugio en sus hogares.

6. Ptolomeo, después de la victoria, recorrió el país y, durante la noche, se detuvo en algunas poblaciones de los judíos; las encontró llenas de mujeres y niños, ordenando a sus soldados que los degollaran y cortaran a pedazos y que echaran los pedazos en marmitas de agua hirviendo, antes de partir. Ordenó esto, para que los escapados de la lucha al regresar a sus casas creyeran que los enemigos se alimentaban con carne humana, y así su terror sería mucho mayor. Estrabón y Nicolás dicen que los soldados de Ptolomeo cumplieron la orden. Luego tomó a la fuerza Ptolemáis, como ya dije.

CAPITULO XIII

Alejandro conquista a Gaza y aplasta una sedición en Judea

1. Viendo Cleopatra que su hijo crecía en poderío, que devastaba a Judea y que estaba en su poder la ciudad de Gaza, decidió no descuidar por más tiempo sus asuntos, pues ya lo tenía muy cerca, y si iba creciendo en poder luego desearía apoderarse de Egipto. Inmediatamente, con tropas de mar y tierra marchó en su contra, poniendo al frente de todo el ejército a los judíos Celcías y Ananías. También envió a Cos, en depósito, la mayor parte de sus riquezas, y mandó allí a sus nietos con su testamento.

Ordenó a su hijo Alejandro que se dirigiera a Fenicia con las naves, y ella marchó con sus tropas a Ptolemáis; pero, al no querer recibirla esta ciudad, la sitió.

Ptolomeo, desde Siria, se apresuró a dirigirse a Egipto, considerando que podría oprimirla y apoderarse de ella, desprovista como estaba de tropas. Pero se engañó. Por el mismo tiempo, Celcías, uno de los comandantes de las tropas de Cleopatra, murió en la Baja Siria, mientras perseguía a Ptolomeo.

2. Cleopatra, informada de los propósitos de su hijo y de que, como esperaba, no logró en Egipto el éxito deseado, envió a una parte del ejército para expulsarlo de aquella región.

Ptolomeo salió de Egipto y se detuvo a invernar en Gaza. Interin Cleopatra se apoderó de la fortaleza y ciudad de Ptolemáis.

Alejandro se presentó con muchos regalos y honores, actitudes propias de un hombre que había sido maltratado por Ptolomeo, y a quien no se le ofrecía otra alternativa. Los amigos de Cleopatra le aconsejaron que aceptara los regalos y que luego impetuosamente invadiera el país; que se apoderara de él y no permitiera que una multitud tan grande de valientes judíos obedecieran a un solo hombre. Pero Ananías opinó de otro modo:

—Obrarías injustamente si privaras de sus bienes a un aliado que además es nuestro compatriota. No quiero que ignores que si se obra con él injustamente, todos nosotros que somos judíos nos convertiremos en tus enemigos.

Con estos consejos de Ananías, se convenció Cleopatra de que no debía comportarse injustamente con Alejandro; al contrario, concertó una alianza con él en Escitópolis, en la Baja Siria.

3. Libre de Ptolomeo, Alejandro llevó seguidamente el ejército a la Baja Siria. Se apoderó de Gadara [1], después de un sitio de diez meses; y después de Amato, la ciudad más fortificada de las que se encuentran más allá del Jordán, donde Teodoro hijo de Zenón guardaba sus objetos más apreciados y hermosos. Pero éste, cayendo de improviso sobre los judíos, mató a diez mil de ellos, y robó el botín de Alejandro. Sin embargo, Alejandro no se detuvo por todo esto, sino que hizo una expedición contra las zonas martítimas, Rafia y Antedón [2], denominada más tarde Agripias por el rey Herodes, ciudades que tomó por la fuerza.

Al saber que Ptolomeo desde Gaza se había pasado a Chipre y que su madre Cleopatra se había retirado a Egipto, encolerizado contra los de Gaza por haber implorado la ayuda de Ptolomeo, sitió a la ciudad y devastó sus campos.

Apolodoto, comandante de los de Gaza, a la cabeza de dos mil mercenarios y diez mil ciudadanos, invadió durante la noche el campamento de los judíos. Mientras duró la oscuridad se impusieron los de Gaza, gracias al engaño en que estaban los judíos, que creían que quien los atacaba era Ptolomeo; pero ya de día y libres del error, sabedores de la verdad, los judíos se reunieron y atacaron impetuosamente a los de Gaza y mataron unos mil. Los de Gaza resistieron, a pesar de su número reducido y de la multitud de muertos, pues estaban dispuestos a sufrir cualquier cosa antes que caer en poder del enemigo. Su ánimo se acrecentó con el auxilio prometido por Aretas, rey de los árabes.

Pero aconteció que antes de que pudiera cumplirse esta promesa, murió Apolodoro; su hermano Lisímaco, celoso de su popularidad entre los ciudadanos, lo mató, reunió parte de las tropas y entregó la ciudad a Alejandro.

Entró Alejandro y al principio se comportó pacíficamente; pero luego abandonó sus habitantes a los soldados y permitió que los asesinaran.

[1] Situada al sudeste del lago Tiberíades.
[2] Rafia era la primera ciudad de la costa siria, de sud a norte; Antedón se hallaba entre Gaza y Ascalón.

Los soldados se esparcieron por toda la ciudad y mataron a sus habitantes. Sin embargo los de Gaza no dejaron de ofrecer resistencia, hicieron frente a sus atacantes y mataron más judíos de los que ellos eran. Algunos abandonaron las casas y las incendiaron, para que no quedara ningún despojo para el enemigo; otros, con sus propias manos mataron a sus esposas e hijos, a fin de librarlos de caer en la esclavitud.

Los consejeros, en número de quinientos, se refugiaron en el templo de Apolo; la toma de la ciudad los había sorprendido estando en sesión. A éstos también los mató Alejandro, y los sepultó bajo las ruinas de su ciudad. Alejandro regresó a Jerusalén, después del asedio de Gaza, que duró un año.

4. Por el mismo tiempo murió Antíoco, llamado Gripo, asesinado por Heracleón, a la edad de cuarenta y cinco años, después de haber reinado veintinueve. Le sucedió en el trono su hijo Seleuco, quien hizo la guerra a Antíoco, hermano de su padre, conocido por el Cíciceno; venciólo, lo hizo prisionero y lo hizo morir. Poco después Antíoco el hijo de Cíciceno, denominado Eusebio (el Pío), vino a Arado y se impuso la diadema; declaró la guerra a Seleuco, y después de vencerlo lo expulsó de toda Siria. Seleuco se fugó a Cilicia y se estableció en Mopsuestia, donde empezó a exigir dinero. Pero el pueblo de Mopsuestia, irritado, prendió fuego al palacio real, y lo hizo perecer con sus amigos.

Cuando Antíoco el hijo de Cíciceno reinaba en Siria, Antíoco, el hermano de Seleuco, le declaró la guerra, pero fué vencido y perdió el ejército y la vida. Después de él su hermano Filipo, impuesta la diadema, reinó en una parte de Siria.

Entretanto Ptolomeo hizo venir de Cnido a su hermano Demetrio, llamado el Intempestivo, a quien nombró rey de Damasco. Resistiendo intensamente Antíoco a estos dos hermanos, al poco tiempo falleció; pues queriendo ayudar a Laodice, la reina de los galadenos, que estaba en guerra con los partos, murió luchando valerosamente. Dos hermanos, según hemos dicho, gobernaban en Siria, Demetrio y Filipo.

5. En lo referente a Alejandro se levantaron contra él los suyos; su propia gente se sublevó. Mientras celebraba una fiesta y estaba en el altar para ofrecer sacrificios, lo atacaron con limones. Era costumbre de los judíos en la fiesta de los Tabernáculos, que cada uno presentara ramas de palmera y limones, como declaramos en otro lugar. Empezaron a injuriarlo, enrostrándole que era hijo de cautivos [1] y, por lo tanto, indigno del honor pontifical y de ofrecer sacrificios. Airado por todo esto, mató como a seis mil del pueblo; luego hizo construir un cerco de madera alrededor del altar y la parte del Templo en la cual sólo podían entrar los sacerdotes; así tuvo alejada a la multitud.

Disponía también de tropas mercenarias de Pisidas y Cilicia, pues no utilizaba a los sirios, por ser sus contrarios. Sometió a los moabitas y galaaditas, que eran de raza árabe, para imponerles tributos; demolió también a Amato, sin que Teodoro se atreviera a atacarlo.

Hizo la guerra a Obedas, rey de los árabes; pero cayó en una emboscada en un lugar áspero y difícil. Fué empujado por la multitud de camellos a un valle profundo cerca de Gadara, población de los galaaditidas, y pudo escapar sólo con gran dificultad. De allí marchóse a Jerusalén.

Esta catástrofe le ocasionó la enemistad de los judíos; les hizo la guerra durante seis años, matando no menos de cincuenta mil. Pidió entonces a sus compatriotas que pusieran fin a sus ataques, pero éstos lo odiaban todavía más a causa de su malevolencia. Como les preguntara qué querían, le contestaron:

—Tu muerte.

Con este fin enviaron legados a Demetrio el Intempestivo para pedir su alianza.

CAPITULO XIV

Demetrio Eucero, el Intempestivo, hace la guerra a Alejandro y lo derrota

1. Demetrio partió con su ejército, acrecentado con aquellos que lo habían llamado, y acampó cerca de la ciudad de Siquem. Alejandro, a la cabeza de seis mil doscientos mercenarios, además de unos veinte mil judíos que estaban de su lado, marchó contra

---

[1] Alude a la acusación lanzada por el fariseo Eleazar contra Hircano, el padre de Alejandro (v. *supra*, XIII, 10, 5).

Demetrio. Este disponía de tres mil hombres de caballería y cuarenta mil de infantería. Ambas partes procuraron atraerse a los soldados: Demetrio solicitaba a los mercenarios que se le unieran por ser griegos, mientras que Alejandro trataba de atraerse a los judíos. Pero ni uno ni otro lograron convencerlos; y entonces se pasó a la guerra, en la cual triunfó Demetrio. Murieron todos los mercenarios de Alejandro, portándose fiel y vigorosamente, así como también muchos de los soldados de Demetrio.

2. Habiéndose Alejandro escapado a los montes, seis mil judíos, compadecidos de su suerte adversa, pasaron a su lado. Demetrio tuvo miedo y se retiró. Los judíos continuaron su guerra contra Alejandro, pero fueron vencidos y murieron en gran número. Alejandro encerró a los más poderosos de ellos en el poblado de Bezoma y la sitió; habiéndose apoderado de la ciudad y de sus enemigos, los condujo a Jerusalén, donde los trató en la forma más cruel. En un banquete que dió en presencia de todos, con sus concubinas, ordenó que unos ochocientos de ellos fueran crucificados y estando todavía vivos hizo degollar frente a ellos a sus esposas e hijos, vengándose en esta forma de las ofensas recibidas; pero con una severidad mayor de la que cabe esperar de un hombre, que estuvo a punto de perder la vida y el reino. Sus adversarios no se habían limitado a luchar contra él, sino que pidieron ayuda exterior. Lo redujeron a extremos tan angustiosos, que se vió obligado a ceder las zonas que había sometido en Moab y Galaad, con sus lugares fortificados, al rey de los árabes, a fin de que éste no formara alianza bélica en su contra; para no decir otras muchas cosas que lo perjudicaron. Pero no procedió de acuerdo con sus intereses, de modo que fué llamado por los judíos, a causa de su gran crueldad, Tracidas [1]. Sus adversarios, cuyo número era cerca de ocho mil, durante la noche escaparon y siguieron desterrados mientras vivió Alejandro. Y éste, librado desde entonces de esta turba, reinó pacíficamente.

3. Demetrio, habiendo salido de Judea a Berea, luchó contra su hermano Filipo, disponiendo de diez mil soldados de infantería y mil de caballería. Estratón, tirano de Berea, aliado de Filipo,

---

[1] No se conoce el sentido exacto del sobrenombre, suponiéndose que se refería a la ferocidad proverbial de los tracios.

llamó en su ayuda a Zizo, que estaba al frente de las tribus de los árabes y a Mitrídates Sináces, prefecto de los partos. Fueron en su ayuda con un gran ejército y cercaron a Demetrio en sus trincheras, en las cuales con una lluvia de flechas y por la sed obligaron a los que estaban con él a que se rindieran.

Se apoderaron de un gran botín e hicieron cautivo a Demetrio, que enviaron a Mitrídates, rey de los partos, y entregaron gratuitamente a los habitantes de Antioquía todos sus compatriotas cautivos.

Mitrídates, rey de los partos, retuvo consigo a Demetrio con todos los honores, hasta que falleció de enfermedad. Filipo, después de la lucha, dirigióse a Antioquía, y así se convirtió en rey de toda Siria.

CAPITULO XV

Expedición victoriosa a Judea de Antíoco Dionisio

1. Después Antíoco, llamado Dionisio, hermano de Filipo, que aspiraba al poder, fuése a Damasco, y allí, convertido en su dueño, lo hicieron rey.

Entretanto su hermano Filipo, que estaba en una expedición contra los árabes, informado de la novedad se dirigió a Damasco. Le fué entregada la ciudad por Milesio, prefecto de la fortaleza; pero se comportó ingratamente con Milesio, quien no recibió de él ninguna de las recompensas que esperaba. Prefirió que se pensara que la ciudad había caído en su poder por el miedo.

Puesto que no lo recompensó como convenía, resultó sospechoso, y de nuevo perdió a Damasco. Un día que había salido para ir al hipódromo, Milesio le cerró las puertas y reservó Damasco para Antíoco.

Este, al enterarse de lo que le había acontecido a Filipo, regresó de Arabia. Se dirigió a Judea con un ejército de ocho mil hombres de infantería y ochocientos de caballería[1].

Alejandro, temeroso por su venida, cavó una profunda fosa

---

[1] Según *La Guerra* (I, 4, 7) Antíoco se dirigía a Arabia y no a Judea, por donde sólo debía pasar.

desde Cabarzaba, llamada actualmente Antipatris, hasta el mar de Jope, la única parte por donde era posible el ingreso. Levantó muros y torres de madera y otras máquinas bélicas por un espacio de ciento cincuenta estadios, y esperó a Antíoco.

Pero éste incendió todas estas obras y pasó con sus tropas hacia Arabia. Al principio parecía que los árabes cedían, luego repentinamente le hicieron frente con diez mil hombres de caballería, contra las cuales luchó denodadamente; resultó vencedor, pero perdió la vida, mientras acudía en ayuda de una parte de su ejército que parecía flaquear. Muerto Antíoco, su ejército escapó a un poblado llamado Caná, donde la mayor parte murió de hambre.

2. Después de él en la Baja Siria reinó Aretas[1], llamado al gobierno por los que tenían en su poder a Damasco, por odio a Ptolomeo hijo de Meneos. De allí Aretas marchó a Judea y venció a Alejandro cerca de Adida, lugar fortificado. Después de haber hecho un pacto, se retiró de Judea.

3. Alejandro se dirigió de nuevo hacia el pueblo de Dión, que capturó. Después pasó a Esa, donde se encontraban las riquezas más preciosas de Zenón. Rodeó la plaza de un triple muro y la tomó sin combate.

Luego se dirigió a Gaulana y Seleucia. Una vez que se hubo apoderado de ellas, sometió también a su poder el valle y la fortaleza de Gamala. Y como tuviera muchas quejas contra Demetrio, prefecto de estos lugares, le quitó la provincia. Pasó tres años en estas expediciones, volvió a su patria, siendo recibido con mucho entusiasmo por los judíos a causa del éxito obtenido.

4. Por aquel tiempo los judíos dominaban en las siguientes poblaciones de los sirios, idumeos y fenicios. En la costa, la Torre de Estratón, Apolonia, Jope, Jamnia, Azot, Gaza, Antedón, Rafia y Rinocorura. En el interior, Adora, Marisa y Samaria. el monte Carmelo y el monte Itubrio, Escitópolis y Gadara; en Gaulanítida, Seleucia y Gabala; en Moabítida, Herbón, Medaba, Lemba, Oronas, Telitón, Zara, el valle de Cílices y Pela. Esta última fué destruída porque sus moradores no quisieron prometer que adoptarían

---

[1] Era el rey de Arabia que había resistido el ataque de Antíoco.

las costumbres nacionales judías. Además otras principales poblaciones de Siria que se sometieron.

5. Después de todos estos éxitos, el rey Alejandro cayó enfermo a consecuencia de haberse embriagado. Durante tres años lo atormentó la fiebre cuartana, pero no dejó de guerrear, hasta que agotado por la fatiga falleció en los límites de la tierra de los gerasenos, mientras sitiaba la fortaleza de Ragaba, más allá del Jordán.

La reina, viendo que estaba próximo a la muerte sin que le quedara ninguna esperanza, rompió a llorar y a lamentarse, deplorando la soledad en que se encontrarían ella y sus hijos:

—¿Por qué —le decía— me dejas a mí y a mis hijos necesitados de ayuda ajena, cuando no ignoras cómo te odia el pueblo?

Pero él le respondió que se atuviera a sus consejos, para conservar con seguridad el reino y los hijos. Debía ocultar su muerte a los soldados, hasta que conquistara el lugar. Luego marcharía a Jerusalén como vencedora, y otorgaría algún poder a los fariseos. Estos, estimulados por el honor recibido, le procurarían la benevolencia nacional. Tenían mucho poder entre los judíos, y perjudicaban a los que odiaban y, en cambio, ayudaban a los que querían. El vulgo, sobre todo, les creía, cuando hablaban mal de alguien, aunque fuera por envidia; él había incurrido en el odio del pueblo, por haberlos injuriado.

—Por lo tanto, tú —añadió—, una vez en Jerusalén, llama a sus jefes. Muéstrales mi cuerpo y permíteles, habiendo preparado bien lo que les dirás, que hagan con él lo que más les plazca, ya sea privar a mi cadáver del honor de ser sepultado, por lo mucho que han sufrido por mi causa, ya sea infligir cualquier otra injuria a mi cuerpo a causa de su indignación. Diles que sin su consentimiento no pensabas hacer nada en el reino. Si les hablas en esta forma, yo seré sepultado con mucho más honor del que podría recibir de ti, por el hecho de habérseles permitido tratarme injuriosamente; y tú gobernarás con toda seguridad.

Luego que diera estos consejos a la esposa, falleció, habiendo reinado veintisiete años y siendo de edad de cuarenta y nueve.

CAPITULO XVI

**Muerto Antíoco, su viuda Alejandra ocupa el trono y muere
después de nueve años de reinado pacífico**

1. Alejandra, conquistado el lugar, de acuerdo con los consejos
del marido habló a los fariseos y todo lo puso bajo su dominio,
tanto en lo referente a su esposo muerto, como en lo tocante al
reino; en esta forma aplacó su ira contra Alejandro y se ganó
su benevolencia y amistad. Los fariseos se esparcieron entre el
pueblo, comentando los hechos de Alejandro y diciendo que había
fallecido un rey justo. Fueron tan grandes los elogios, que el
pueblo lo lloró, y el difunto fué más elogiado que cualquiera de
los reyes anteriores.

Alejandro dejó dos hijos, Hircano y Aristóbulo, pero el reino
lo encomendó a Alejandra. Hircano era poco hábil para el gobierno y prefería una vida tranquila; en cuanto al menor, Aristóbulo, era activo y emprendedor. La mujer era amada por el pueblo, puesto que parecía deplorar las faltas cometidas por el marido [1].

2. Nombró sumo pontífice a Hircano, por su edad, pero sobre
todo por su indiferencia por el gobierno, y entregó todo el poder
a los fariseos. Ordenó que la multitud los obedeciera. Restituyó
las antiguas costumbres de los fariseos que habían sido abolidas
por su suegro Hircano. De modo que ella gobernaba de nombre,
pero el poder lo ejercían los fariseos. Estos hacían regresar a los
desterrados, ponían en libertad a los encarcelados, en pocas palabras, actuaban como si fuera de ellos el poder.

Sin embargo la mujer se ocupaba del reino; reunió muchos
soldados mercenarios y aumentó su poder, atemorizando a los
tiranos vecinos y recibiendo rehenes de ellos. Todo el país estaba
tranquilo, con excepción de los fariseos. Pues éstos insistían ante
la reina, tratando de persuadirla que condenara a muerte a los
responsables de la matanza de los ochocientos.

Finalmente lograron que fuera muerto uno de ellos, Diógenes,

---

[1] Y también, según dice Josefo en *La Guerra*, porque seguía fielmente
las normas fariseas.

y luego otros y otros, hasta que en una oportunidad los grandes, junto con Aristóbulo, quien parecía estar disgustado por lo que estaba pasando y sostenía que, si estuviera en el poder, no permitiría tales cosas a su madre, se dirigieron al palacio y recordaron a la reina todos los peligros que habían sufrido por servir a su señor, a quien fueron fieles, tanto que de él lograron los mayores bienes, y le pidieron que su esperanza no se convirtiera en todo lo contrario. Ahora que habían eludido los peligros de los enemigos, en su mismo país los mataban como a animales, sin que nadie les prestara ayuda. Si sus adversarios se declararan satisfechos con los que habían muerto, ellos, por el innato afecto que sentían hacia sus señores, olvidarían pacientemente lo pasado; pero si seguirían repitiendo los mismos hechos, pedían a la reina los dejara en libertad de acción. No eran hombres que aceptaran una salvación no consentida por ella, pues antes morirían voluntariamente a las puertas del palacio que cargarse la conciencia con una infidelidad. Les parecía vergonzoso tanto para ellos como para la reina, que, abandonados por ella, fueran recibidos por los enemigos de su marido. El árabe Aretas y los restantes príncipes los tendrían en gran honor, si pudieran atraerse tales varones, cuyo nombre anteriormente les había parecido terrible. Si lo último no fuera del agrado de la reina, si tan grande era el poder de los fariseos, que les asignara como morada las fortalezas. Mientras un genio tan malo se apoderaba de la familia de Alejandro, ellos no se negaban a vivir en una condición tan humilde [1].

3. Dijeron estas y muchas otras cosas, implorando que los manes de Alejandro se compadecieran de sus amigos muertos y de ellos, que estaban en peligro, y prorrumpieron en lágrimas. Sobre todo Aristóbulo mostró cuál era su pensamiento por los reproches que hizo a su madre; dijo que aquellos hombres habían sido ellos mismos la causa de las calamidades que estaban sufriendo, al otorgar las riendas del reino a una mujer deseosa de poder, como si a Alejandro le faltaran hijos.

La reina, no sabiendo cómo proceder honestamente, les confió la guarda de los lugares fortificados, con excepción de Hircania,

---

[1] Esta parte del texto, poco inteligible, parece mutilada.

Alexandreion y Maquero, donde guardaba sus riquezas más preciosas.

Poco después envió a su hijo Aristóbulo a Damasco contra Ptolomeo llamado Meneos, que era un vecino incómodo. Pero regresó sin haber hecho nada importante.

4. Por el mismo tiempo se supo que Tigranes, rey de los armenios, había invadido a Siria al frente de quinientos mil hombres y se disponía a atacar a Judea. Esto, como es natural, atemorizó a la reina y al pueblo. Por lo cual, mediante mensajeros, le enviaron magníficos y preciosos regalos, mientras estaba sitiando a Ptolemáis. La reina Selene, que también se llamaba Cleopatra, gobernaba en Siria y había inducido a sus moradores a que cerraran las puertas a Tigranes.

Los mensajeros judíos se presentaron ante Tigranes y le pidieron que otorgara sus favores a la reina y al pueblo. El los congratuló por haber venido de tan lejos, infundiéndoles buenas esperanzas. No bien se apoderó de Ptolemáis, cuando se enteró que Lúculo, que había perseguido a Mitrídates, sin poder alcanzarlo porque había huído a Iberia, estaba asolando y sitiando a Armenia. Tigranes, cuando supo esto, determinó regresar a su reino.

5. Después de esto, habiendo enfermado la reina, creyendo Aristóbulo que había llegado el momento de apoderarse del reino, durante la noche salió ocultamente del palacio y se hizo presente en las plazas fuertes donde se encontraban los amigos de su padre. Disgustado desde tiempo atrás por los actos de su madre temió que si ésta fallecía, toda su familia cayera bajo el poder de los fariseos, sobre todo teniendo en cuenta la debilidad de su hermano, que sería el sucesor en el gobierno. Solamente conocía sus intenciones su esposa, a quien dejó en compañía de sus hijos.

Se dirigió primeramente a Agaba, siendo recibido por Galestes, que era uno de los poderosos. Supo la reina al día siguiente la fuga de Aristóbulo y por un tiempo no pensó que tuviera por objeto fomentar una revolución; pero cuando día tras día le fueron anunciando que había ocupado la primera fortaleza, luego la segunda y las restantes, pues habiendo uno dado el ejemplo todos los demás lo siguieron, tanto la reina como el pueblo se vieron en gran confusión. Veían que poco faltaba para que Aristóbulo se adueñara del poder, y temían especialmente su castigo por las ofensas inferidas a su casa. Determinaron encerrar a su esposa e hijos en la fortaleza que dominaba al Templo.

Acudió a unirse a Aristóbulo tanta gente, que pronto estuvo rodeado por un verdadero cortejo real. En cerca de quince días ocupó veintidós lugares fortificados, de los que obtuvo los recursos para reunir un ejército en el Líbano, la Traconítida y entre los príncipes. Los hombres, cediendo a la mayoría, lo obedecían fácilmente; confiaban que si lo ayudaban en lo que esperaba, no sería menor el fruto y recompensa que recibirían por haber contribuído a su obtención. Los judíos ancianos e Hircano se presentaron ante la reina y le pidieron su opinión sobre lo que estaba aconteciendo; Aristóbulo había ocupado tantos lugares, que casi ya tenía el poder en sus manos; pero, agregaron, no convenía que ellos solos tomaran una resolución, pues a pesar de estar muy enferma la reina todavía vivía; el peligro era inminente. La reina ordenó que hicieran lo que consideraran justo; disponían de numerosos recursos, un pueblo valiente, el ejército y el dinero de los gazofilacios. Ella no tenía por qué preocuparse de los asuntos públicos, pues carecía de fuerzas corporales.

6. Esta fué la respuesta de la reina. Poco después murió, luego de reinar durante nueve años y haber vivido setenta y tres. Fué una mujer que en nada manifestó la debilidad propia de su sexo. Estuvo poseída de un gran afán de mando, demostró la energía de su carácter y a la vez las tonterías propias de los hombres en el ejercicio del poder. Consideraba que valía más aprovechar lo presente que esperar lo futuro, y lo tenía todo a menos con tal que pudiera dominar y no apreciaba ni el bien ni lo justo por ellos mismos. Administró los asuntos de su familia hasta tal extremo de infelicidad, que el poder que se había preparado con muchos peligros y trabajos, por el afán de aquello que no convenía a una mujer, lo perdió poco después, pues estuvo del lado de aquellos que tenían mala voluntad contra la familia real y dejó al reino privado de la vigilancia de los poderosos. Las medidas que adoptara durante su administración, después de su muerte llenaron el palacio de tribulaciones y malestar. Sin embargo, a pesar de comportarse de esta manera, conservó el reino en paz. Y este fué el resultado que tuvo la administración de Alejandra.